Mariana Hausleitner

Deutsche und Juden in Bessarabien (1814-1941)

Veröffentlichungen des Instituts für deutsche Kultur und
Geschichte Südosteuropas (IKGS)

Wissenschaftliche Reihe (Geschichte und Zeitgeschichte)
Herausgegeben von
Edgar Hösch, Thomas Krefeld und Anton Schwob

Band 102

Mariana Hausleitner

Deutsche und Juden in Bessarabien 1814-1941

Zur Minderheitenpolitik Russlands und Großrumäniens

IKGS Verlag
München 2005

Bibliografische Information Der Deutschen Bibliothek

Die Deutsche Bibliothek verzeichnet diese Publikation in der Deutschen Nationalbibliografie; detaillierte bibliografische Daten sind im Internet über http://dnb.ddb.de abrufbar.

ISBN 3–9808883– 8–X

Umschlag: IKGS

Gedruckt mit Unterstützung der Beauftragten der Bundesregierung für Kultur und Medien

ISBN 3–9808883–8–X

D-81379 München, Halskestraße 15
Satz und Layout: IKGS Verlag
Herstellung: Schoder Druck GmbH, D-86368 Gersthofen

Inhalt

Vorwort

Der erste Entwurf dieses Buches war das Ergebnis eines Projektes, das von der Beauftragten der Bundesregierung für Kultur und Medien gefördert wurde. Ich hatte es über den Lehrstuhl von Professor Dr. Holm Sundhaussen am Osteuropa-Institut der Freien Universität Berlin beantragt. Die Quellen über die Beziehungen zwischen den Deutschen und Juden in Bessarabien bearbeitete ich vor allem in Kischinew im Zentralen Staatsarchiv der Republik Moldau. Im Zentrum standen Akten der Sicherheitspolizei aus der russischen und rumänischen Herrschaftszeit in Bessarabien. Sie werden im Weiteren unter ANRM für Arhiva Naţională a Republicii Moldova (bis 1991: Central'nyi Gosudarstvennyj Archiv Moldavskoj Respubliki) zitiert. Außerdem las ich die Berichte zur Kulturpolitik der Deutschen Gesandtschaft Bukarest aus den dreißiger Jahren des 20. Jahrhunderts im Politischen Archiv des Auswärtigen Amtes Berlin (PA des AA). Die rumänische Literatur über Bessarabien vor 1944 konsultierte ich in der Bukarester Akademiebibliothek. Viele deutsche Veröffentlichungen aus den dreißiger und vierziger Jahren fand ich in der Bibliothek des Herder-Instituts in Marburg. Bei der 2004 erfolgten Überarbeitung des Typoskriptes konnte ich auch Publikationen aus den Beständen des Instituts für deutsche Kultur und Geschichte Südosteuropas in München benutzen.

Im Text gebe ich slawische Namen und Namen russifizierter Juden in der Bibliotheksumschrift wieder. Die Zarennamen sind eingedeutscht. Bei Ortsnamen in Bessarabien verwende ich für die russische Herrschaftszeit bis Ende 1917 die slawische Form und danach die rumänische Bezeichnung. Ausnahmen bilden Kischinew (russisch: Kišinev, rumänisch: Chişinău) sowie die deutschen Kolonien, für die ich durchgehend die deutsche Bezeichnung gebrauche. Die unterschiedliche Schreibweise für Rumänien in englischen Titeln (Romania, Roumania, Rumania) wird beibehalten.

Für inhaltliche Anregungen und stilistische Korrekturen bedanke ich mich bei Guido Hausmann, Gerhard Heß, Stefan Ihrig, Brigitte Mihok, Gertrud Ranner, Monika Rossteuscher, Cornelia Schlarb, Eduard Schneider und Richard Wagner.

1. Die Deutschen und Juden Bessarabiens in der Forschung

Über die Beziehungen zwischen den in Bessarabien vor 1944 lebenden Ethnien ist bisher nur ansatzweise geforscht worden. Die deutsche Minderheit lebte im 19. Jahrhundert in abgeschotteten Ortschaften und wurde 1940 fast vollständig ins Deutsche Reich umgesiedelt. Aber auch über die Geschichte der weitaus größeren Gruppe der Juden wurde wenig gearbeitet. Die Juden Bessarabiens sind durch Massenmorde und Vertreibungen im Zweiten Weltkrieg zahlenmäßig stark dezimiert worden. Diese zwei Bevölkerungsgruppen, die 1930 einen Anteil von 10% an der Gesamtbevölkerung hatten, kommen heute in dem Gebiet nur noch auf knapp über 1%.[1]

Neben dem Verschwinden dieser Gruppen aus dem Gedächtnis der Mitbewohner lassen sich weitere Gründe für die geringe Beschäftigung mit dem multiethnischen Spektrum in Bessarabien aufführen. Dabei muss zwischen den Historikern im östlichen Europa einerseits und denen in Westeuropa sowie in den USA andererseits unterschieden werden.

Im östlichen Europa widmeten sich nach 1944 vor allem Historiker in der Moldauischen SSR (Moldawien) der Geschichte Bessarabiens. Das Gebiet wurde 1944 zum großen Teil dieser Republik zugeordnet, ein Teil des Südens gehörte zur Ukrainischen SSR. Wie überall in der Sowjetunion stand bis 1991 die Arbeiterbewegung im Vordergrund des Forschungsinteresses. Die Publikationen zur sozialistischen Bewegung hatten mit der tatsächlichen sozio-politischen Situation wenig gemeinsam, denn in Bessarabien waren bis zum Zweiten Weltkrieg 87% der Bevölkerung Bauern. Die einzige einflussreiche linke Organisation war der „Allgemeine Jüdische Arbeiterbund", der wegen seiner sozialdemokratischen Ausrichtung in der kommunistischen Ära sehr verzerrt dargestellt wurde.[2]

---

[1]   Iulian Fruntaşu: O istorie etnopolitică a Basarabiei 1918-2002 [Eine ethnopolitische Geschichte Bessarabiens 1918-2002]. Chişinău/ Bucureşti 2002, S. 193.

[2]   Lenin und Stalin hatten das Bestreben des Jüdischen Arbeiterbundes nach einer eigenständigen Organisierung im Rahmen der russischen Sozialdemokratie schon vor 1917 kritiziert und die sowjetischen Historiker übernahmen deren negatives Urteil. Vgl. Jack Jacobs: Sozialisten und die „jüdische Frage" nach Marx. Mainz 1994, S. 119-124; Nora Levin: The Jews in the Soviet Union since 1917, Bd. 1. New York 1988, S. 11-26.

Als sich in Rumänien seit 1964 die nationalkommunistische Tendenz zu artikulieren begann und Bessarabien gelegentlich als „rumänisches Territorium" beansprucht wurde, publizierten sowjetische Historiker viele Beiträge, in denen sie die rumänische Herrschaftszeit zwischen 1918 und 1940 als Okkupation beschrieben.[3] Um den sowjetischen Herrschaftsanspruch in der Moldauischen SSR zu legitimieren, stellten sie die Geschichte der „Moldauer" als besonders eng verbunden mit der des russischen Volkes dar. Sie kritisierten den zunehmenden Trend in Rumänien, Bessarabien in die Nationalgeschichte der Rumänen zu integrieren, weil dabei die Traditionen der großen slawischen Bevölkerungsgruppen ignoriert würden.[4]

Seit dem Zerfall der Sowjetunion wurde offen über die territoriale Zugehörigkeit des Gebietes gestritten. In Rumänien wurden Stimmen laut, die eine Vereinigung der rumänischen Gebiete nach dem Vorbild der deutschen Vereinigung forderten. Die slawischen und anderen Sprachgruppen in der seit 1991 unabhängigen Republik Moldau, die über 35,5% der Bevölkerung stellen, wehrten sich gegen ihre Verdrängung aus der Verwaltung und die zunehmende Rumänisierung des Bildungssektors. Ihre Anliegen wurden von verschiedenen Kräften in der Republik und in Russland instrumentalisiert, um die anstehenden grundlegenden Veränderungen in der Wirtschaft und den Abzug der 14. Armee Russlands zu verhindern.[5] Die bis dahin von Moskau eingesetzten Führungskräfte fanden besonderen Rückhalt in dem Gebietsstreifen östlich des Dnjestr. In diesem Gebiet, in dem 1991 die völkerrechtlich nicht anerkannte Moldauische

---

[3] Der Anspruch auf Bessarabien wurde in Rumänien erst Ende der 80er Jahre offen thematisiert, davor nur auf verbrämte Weise. Auftakt der neuen Orientierung war die Veröffentlichung einiger Exzerpte von Marx, in denen von 896.000 Rumänen in Bessarabien die Rede war. Vgl. Karl Marx: Însemnări despre români [Aufzeichnungen über die Rumänen]. Hrsg. von Andrei Oţetea und Stanislas Schwann. Bucureşti 1964, S. 170.

[4] Stellvertretend zitiert sei das über 700 Seiten starke Hauptwerk von Artem M. Lazarev: Moldavskaja sovetskaja gosudarstvennost' i bessarabskij vopros [Die moldawische sowjetische Staatlichkeit und die bessarabische Frage]. Kišinev 1974. Zur Kritik vgl. Wilhelmus Petrus van Meurs: The Bessarabian Question in Communist Historiography. Nationalist and Communist Politics and History-Writing. New York 1994 und Flavius Solomon: Die ethnokulturelle Politik der UdSSR und die „moldauische Nation". In: Flavius Solomon/ Alexander Rubel/ Alexandru Zub (Hrsg.): Südosteuropa im 20. Jahrhundert. Ethnostrukturen, Identitäten, Konflikte. Konstanz 2004, S. 131-146.

[5] Die Führung Russlands wollte die dort stationierten Truppen nicht abziehen, sie mischten sich 1992 in die ethnopolitischen Konflikte ein. Der Abzug ist inzwischen vertraglich festgehalten, doch wird er nicht in Angriff genommen. Die Republik Moldau hat keine Möglichkeiten Druck auszuüben, da sie auf Energieträger aus Russland angewiesen ist. Vgl. Claus Neukirch: Die Republik Moldau. Nations- und Staatsbildung in Osteuropa. Münster 1996, S. 117-122.

Sozialistische Republik Transnistrien deklariert wurde, leben aufgrund der stärkeren Industrialisierung 60% Nichtrumänen. Durch die vielen Todesopfer während der bewaffneten Auseinandersetzungen von 1992 verhärteten sich die Fronten.[6] Die Gewaltspirale konnte zwar durch das Konfliktmanagement der Nachbarstaaten und der KSZE (später OSZE) blockiert werden, aber die gegensätzlichen politischen Interessen sind noch nicht vertraglich geregelt. Sie wurden seit 1992 vor allem auf zwei Ebenen ausgetragen. Einerseits wird über den Vorrang der rumänischen oder russischen Sprache in den Bildungseinrichtungen gestritten.[7] Andererseits findet eine Auseinandersetzung darüber statt, welche Identifikationsmuster den Schülern im Geschichtsunterricht angeboten werden sollen. Statt der Geschichte der Sowjetunion war 1991 die Geschichte der Rumänen als Pflichtfach eingeführt worden, nun wird über eine Geschichte der Moldauer diskutiert, die auch jene der Minderheiten einschließen könnte.[8] In der Republik Moldau entstanden 1991 zwei Strömungen unter den Historikern, deren Grundpositionen sich in den letzten vierzehn Jahren nur geringfügig verändert haben. Diejenigen, welche die zweite Rumänisierung der Institutionen unterstützen, stellen die rumänische Herrschaft in der Zwischenkriegszeit als Vorbild dar. Wie damals sei die „Entrussifizierung" die zentrale Aufgabe, der Anspruch der Nichtrumänen auf kulturelle Autonomie gilt als Gefahr. Dagegen schreiben einige russische Historiker, die sich nach 1992 um die Universität von Tiraspol' in Transnistrien konzentriert haben, wie in der Sowjetunion die Darstellung der rumänischen Jahre als Besatzungszeit fort.[9]

---

[6] Eine Publikation aus Transnistrien führt die Namen von 457 Opfern der bewaffneten Zusammenstöße an. Vgl. Kniga pamjati zaščinikov Pridnestrov'ja [Erinnerungsbuch für die Verteidiger Transnistriens]. Tiraspol' 1995. Die Regierung der Republik Moldau gab 77 Tote aus ihrem Gebiet an. Vgl. Helsinki Watch: Human Rights in Moldova. The Turbulent Dniester. New York 1993, S. 63.

[7] Dieser Streit hat prekäre Auswirkungen auf die Beziehungen zwischen den unterschiedlich sozialisierten Eltern und Kindern besonders in den Städten. Die Stadtbewohner der Moldauischen SSR hatten vor 1991 mit 36% den höchsten Anteil an ethnisch gemischten Familien in der Sowjetunion, und sozialer Aufstieg war nur möglich durch eine Akkulturation an das Russische. Die nach 1991 eingeschulten Kinder wollten die Schulbehörden zu Rumänen erziehen. Vgl. Vasile Dumbrava: Sprachkonflikt und Sprachbewusstsein in der Republik Moldau. Frankfurt a. M. 2005, S. 37.

[8] Mariana Hausleitner: Die Moldaurepublik – ein Staat mit umstrittenen Grenzen. In: Thede Kahl/ Elisabeth Vyslozil/ Alois Woldan (Hrsg.): Herausforderung Osteuropa. Die Offenlegung stereotyper Bilder. Wien 2004, S. 25-41; Stefan Ihrig: Welche Nation in welcher Geschichte? Eigen- und Fremdbilder der nationalen Diskurse in der Historiographie und in den Geschichtsbüchern in der Republik Moldova, 1991-2003. Berlin 2005 (im Erscheinen).

[9] Hier sei als Beispiel einer positiven Darstellung der rumänischen Herrschaft in Bessarabien folgendes Buch genannt: Anton Moraru: Istoria Românilor. Basarabia şi Transnistria 1812-1993 [Die Geschichte der Rumänen. Bessarabien und Transnistrien 1812-1993]. Chişinău 1995, S. 179-262. Zur Sicht der Historiker aus der separatisti-

Für Historiker aus der Republik Moldau und Rumänien ist die Geschichte der deutschen und jüdischen Minderheit Bessarabiens ein unbedeutendes Thema. Selbst die heute noch vorhandenen großen Minderheiten werden oft aus der nationalen Geschichte ausgespart. Einige rumänische Historiker bezeichnen die Nichtrumänen neuerdings mit dem Begriff „Allogene", der „Fremdstämmige" bedeutet.[10] Wenn es um die Zwischenkriegszeit geht, hat das Wort für Angehörige der Minderheiten (minoritari) zumeist den Beiklang nichtloyale Bürger. Werden Juden erwähnt, sind manchmal unreflektierte antisemitische Untertöne zu vernehmen. So ist bei Veaceslav Stavilă zu lesen, dass es in Bessarabien in der Zwischenkriegszeit eine „Überfremdung" des Handels gab, wodurch die Entwicklung der rumänischen Mittelschicht behindert worden sei. Zwar waren tatsächlich überproportional viele Juden im Handel tätig, doch erklärt der junge Historiker aus der Republik Moldau dies nicht mit den beruflichen Beschränkungen, denen die Juden bis 1917 unterlagen. Als großen Erfolg stellt er die „Rumänisierung" des Handels während des Zweiten Weltkrieges dar, ohne zu erwähnen, dass sie erst durch die Vertreibung und Ermordung von einer Viertelmillion Juden möglich wurde.[11] Einige Historiker aus der Republik Moldau und aus Rumänien setzten Ion Antonescus Vorwand für die Deportation der Juden erneut in die Welt, wonach viele von ihnen in Bessarabien und der Nordbukowina 1940 die rumänische Armee während ihres Rückzuges angegriffen hätten. Sie behaupten auch, dass besonders viele Juden dort zwischen 1940 und 1941 mit dem Sowjetregime kollaboriert hätten.[12] Mit Hilfe von Dokumenten der rumänischen Sicherheitspolizei jener Jahre werden die Juden insgesamt als

---

schen Dnjestr-Republik vgl. Nikolaj B. Babilunga/ Boris G. Bomeško: Pažin' din istorija plaiuluj natal [Aspekte aus der Geschichte des Heimatgebietes]. Tiraspol 1997, S. 58-75; Bessarabskij vopros i obrazovanie Pridnestrovskoj Moldavskoj Respubliki [Die bessarabische Frage und die Bildung der Moldauischen Dnjestr-Republik]. Tiraspol' 1993.

[10] Auch Autoren, welche die positive Rolle der Minderheiten bei der wirtschaftlichen Entfaltung Rumäniens anerkennen, gebrauchen diesen Begriff. Vgl. Dumitru Vitcu/ Dumitru Ivănescu/ Cătălin Turliuc (Hrsg.): Modernizare şi construcţia naţională în România. Rolul factorului alogen 1832-1918 [Modernisierung und die nationale Konstruktion in Rumänien. Die Rolle des allogenen Faktors]. Iaşi 2002.

[11] Veaceslav Stavilă: Economia Basarabiei în anii celui de al doilea război mondial: românizare şi alogenizare [Die Wirtschaft Bessarabiens in den Jahren des Zweiten Weltkriegs: Rumänisierung und Überfremdung]. In: Kurt Treptow (Hrsg.): Romania and World War II. Iaşi 1996, S. 165-172.

[12] Valeriu F. Dobrinescu/ Ion Constantin: Basarabia în anii celui de al doilea război mondial [Bessarabien in den Jahren des Zweiten Weltkrieges], Iaşi 1995, S. 186-188; Alesandru Duţu/ Constantin Botoran: Al doilea război mondial [Der Zweite Weltkrieg], Bd. 1. Cluj 1994, S. 62, 64 und 82; Anatol Petrencu: Problema evreilor din Basarabia 1941-1942 [Die jüdische Frage in Bessarabien 1941-1942]. In: Kurt Treptow (Hrsg.): Romania and World War II. Iaşi 1996, S. 154.

prokommunistisch dargestellt und die jüdischen Gegner des Bolschewismus unterschlagen.[13] Gerade jene Historiker, die in der Ceauşescu-Ära die Arbeiterbewegung apologetisch behandelt hatten, bezeichnen heute die Kommunisten als subversive Elemente, die den als multinational eingeschätzten Staat zerstören wollten.[14] In einer Publikation eines vom Verteidigungsministerium Rumäniens finanzierten Instituts wird behauptet, dass 1940 „Gruppen aus der jüdischen Bevölkerung" Bessarabiens einige rumänische Staatsangestellte umgebracht hätten. Angeblich hätten diese „terroristischen Banden" auch die Guthaben veruntreut, die beim Rückzug der Armee abhanden kamen.[15] In dem Bericht der internationalen Historikerkommission über den Holocaust in Rumänien, der im Oktober 2004 präsentiert wurde, werden solche Darstellungen widerlegt. Es wird aufgezeigt, dass die Militärbehörden 1940 mit dieser Behauptung die Massendesertionen und das Zurücklassen von Rüstungsgütern gerechtfertigt haben.[16]

Es gibt heute in der Republik Moldau nur noch eine begrenzte Anzahl von Juden. Durch Förderungen aus Israel konnte ihr Kulturzentrum in Kischinew seit 1991 einige Publikationen über die Geschichte der Juden in Bessarabien veröffentlichen.[17] Auf diesem Gebiet besteht aber noch viel Forschungsbedarf.

Die deutsche Minderheit ist seit der Umsiedlung in das Deutsche Reich im Herbst 1940 aus der Geschichte des Gebietes fast vollständig verschwunden. In der kommunistischen Ära wurde die deutsche Minderheit Bessarabiens von Historikern ignoriert, weil ihre Umsiedlung eine Folge des Vertrages zwischen Molotov und Ribbentrop gewesen war, über den nicht gearbeitet wurde. Die Sowjetunion galt als Kraft, die immer den Faschismus bekämpft hatte, da passte der deutsch-sowjetische Freundschaftsvertrag vom September 1939 nicht ins Bild. Über die Folgen des Paktes wurde in der Sowjetunion erst seit 1987 diskutiert.[18] In der Moldauischen SSR begann diese Debatte ein Jahr später. Unmittelbar nach

---

[13] Gheorghe Buzatu vertritt sogar die Vorstellung, dass die bessarabischen Rumänen seit 1940 einem „Holocaust" durch kommunistische Juden ausgesetzt worden seien. Vgl. Gheorghe Buzatu: Aşa a început holocaustul împotriva poporului român [So begann der Holocaust gegen das rumänische Volk]. Bucureşti 1995.

[14] Vgl. Ion Agrigoroaiei: România interbelică [Rumänien in der Zwischenkriegszeit], Bd. 1. Iaşi 2001, S. 50.

[15] Alesandru Duţu/ Mihai Retegan: Eliberarea Basarabiei şi a nordului Bucovinei 22 iunie – 26 iulie 1941 [Die Befreiung Bessarabiens und des Nordens der Bukowina 22. Juni – 26. Juli 1941]. Bucureşti 1999, S. 25.

[16] Der Bericht ist einsehbar unter: http://www.yadvashem.org/.

[17] Die Schriften von Jakov M. Kopanskij, Izrael E. Levit, Sarra Špitalnik und anderen werden im Weiteren oftmals zitiert.

[18] Mariana Hausleitner: Die sowjetische Osteuropapolitik in den Jahren der Perestrojka. Frankfurt a. M. 1994. S. 241-248.

1991 wurde dort im Zuge der Bestrebungen zur Vereinigung der Republik Moldau mit Rumänien über den Pakt viel publiziert und am Rande auch die Umsiedlung der Deutschen gestreift.[19] Heute ist der Vertrag zwischen der Sowjetunion und dem Deutschen Reich nur noch ein untergeordnetes Thema. Historiker aus der Republik Moldau erwähnen die deutsche Minderheit nur punktuell, so zum Beispiel wenn es um rechte Kräfte in Bessarabien in der Zwischenkriegszeit geht.[20]

In Westeuropa und in den USA erschienen über Bessarabien viele Publikationen, die sich vor allem mit der territorialen Zugehörigkeit beschäftigten. In solchen Arbeiten stand zumeist die Diskriminierung von Rumänen in der russischen Herrschaftszeit im Vordergrund.[21] Eine in den USA veröffentlichte Monografie über die Kulturpolitik in der Zwischenkriegszeit thematisiert in einem Kapitel die Rumänisierung in Bessarabien.[22] Bezüglich der bessarabischen Juden haben westliche Historiker insbesondere über zwei Themen gearbeitet: den Pogrom von Kischinew 1903 und den Holocaust.[23] Weniger bekannt ist der wichtige Beitrag der Juden zur wirtschaftlichen Entfaltung in den bessarabischen Städten, wo sie oft über ein Drittel der Bevölkerung stellten. Nur zwei Autoren verwiesen darauf, dass viele Juden Bessarabiens in der Zwischenkriegszeit erfolgreiche Landwirte waren. Ihre Genossenschaften erhielten Unterstützung von jüdischen Organisationen aus dem Ausland, die, was den finanziellen Umfang betraf, nach Palästina an zweiter Stelle kam.[24]

Bisher wurde nicht thematisiert, wie diese transnationalen Beziehungen zur Grundlage der antisemitischen Konstrukte von den weltweiten Verbindungen der Freimaurer wurden. Ebenfalls unerforscht sind die wichti-

---

[19] Die Umsiedlung der Deutschen wurde im Zusammenhang mit dem danach erfolgten Zuzug slawischer Bevölkerung erwähnt. Vgl. Ion Şişcanu/ Vitalie Vărătec (Hrsg.): Pactul Molotov-Ribbentrop şi consecinţele lui pentru Basarabia [Der Molotov-Ribbentrop-Pakt und seine Folgen für Bessarabien]. Chişinău 1991, S. 105-106

[20] Viorica Nicolenco: Extrema dreaptă în Basarabia 1923-1940 [Die extreme Rechte in Bessarabien 1923-1940]. Chişinău 1999, S. 56 und 69.

[21] Ausführliche Literaturübersicht in: Maria Manoliu-Mania (Hrsg.): The Tragic Plight of a Border Area: Bessarabia and Bucovina. Los Angeles 1983.

[22] Es wurden Quellen aus Rumänien, Israel und Frankreich, aber nicht aus dem Staatsarchiv der Republik Moldau ausgewertet. Vgl. Irina Livezeanu: Cultural Politics in Greater Romania. Regionalism, Nation Building and Ethnic Struggle 1918-1930. Ithaca/ London 1995, S. 315.

[23] Edward Judge: Ostern in Kischinjow. Anatomie eines Pogroms. Mainz 1995. Die weitaus umfangreichere Literatur zum Holocaust wird im vorletzten Kapitel genannt.

[24] Der eine Bericht stammt von einem leitenden Mitglied der Genossenschaften, der andere baut darauf auf. Vgl. Moshe Ussoskin: Struggle for Survival. A History of Jewish Credit Co-operatives in Bessarabia, Old-Rumania, Bukovina and Transylvania. New York 1975; Keith Hitchins: Jewish Credit Cooperatives in Bessarabia and Integration 1920-1940. In: Ion Stanciu (Hrsg.): The Jews in Romanian History. Bucureşti 1997, S. 194.

gen Impulse der bessarabischen Juden zur Bildung einer Jüdischen Partei.[25] Die Frage, warum die rumänische Sicherheitspolizei in der Zwischenkriegszeit allen Juden Bessarabiens bolschewistische Sympathien unterstellte, schnitt Kate Sorrels in einem Beitrag an.[26]

Über die Deutschen in Bessarabien wurde in der Bundesrepublik Deutschland einiges publiziert, doch weitaus weniger als über die in der Bukowina, die gleichzeitig umgesiedelt wurden. Die meisten Arbeiten stammen aus dem Kreis der 1940 Umgesiedelten und ihrer Nachkommen. Über die Beziehungen der Deutschen zu ihren jüdischen, russischen, bulgarischen oder rumänischen Nachbarn wurde selten berichtet.[27] Auch die Hinwendung vieler Deutscher zum Nationalsozialismus war lange kein Thema. Ein Grund des Schweigens war wohl, dass Otto Broneske, der die Deutschen in Bessarabien zwischen 1934 und 1940 geführt hatte, von 1953 bis 1976 Vorsitzender der Landsmannschaft der Bessarabiendeutschen war.

Luminiţa Fassel hob hervor, dass eine Lücke in der Forschung über die interethnischen Beziehungen in Bessarabien besteht.[28] Eine sehr breit angelegte Arbeit über die Bessarabiendeutschen legte Ute Schmidt vor. Im Zentrum stehen Interviews mit Umgesiedelten, in denen aber nur selten von nichtrumänischen Nachbarn die Rede ist.[29]

Für die Zeit bis 1914 ging Detlef Brandes auf die geringen Austauschbeziehungen zwischen den Kolonisten unterschiedlicher Ethnien ein, wobei Bessarabien aber nur einen Teilbereich seiner Arbeit darstellte. Hildrun Glass analysierte in ihrer Dissertation das deutsch-jüdische Verhältnis in den Jahren 1918 bis 1938. Bessarabien wird dort nicht so ausführlich thematisiert wie beispielsweise Siebenbürgen und die Bukowina. Das hat

---

[25]   Viele Informationen entnahm ich den Erinnerungen ihres Abgeordneten Michel Landau. Ich verwende die Schreibweise seines Vornamens aus dem Text, nur im Titel erscheint: Michael Landau: O viaţă de luptă [Ein kampferfülltes Leben]. Tel Aviv 1971.

[26]   Kate Sorrels schreibt in Pittsburgh ihre Doktorarbeit über die Juden in Bessarabien und wir bearbeiteten teilweise dieselben Akten im Staatsarchiv der Republik Moldau. Die ersten Ergebnisse ihrer Arbeit sind veröffentlicht. Vgl. Kate Sorrels: Ethnicity as Evidence of Subversion. National Stereotypes and the Secret Police Investigations of Jews in Interwar Bessarabia. In: *Transversal. Zeitschrift des Centrums für Jüdische Studien*, III(2002), H. 2, S. 3-18.

[27]   Ludwig Layer: Von den fremdstämmigen Nachbargemeinden Lichtentals. In: *Heimatkalender der Bessarabiendeutschen*. Hannover 1972, S. 98-102.

[28]   Luminiţa Fassel: Ethnische Kontakte in Bessarabien. Rumänische Äußerungen über die Bessarabiendeutschen, in: *Südostdeutsche Vierteljahresblätter*, 40(1991), H. 3, S.127-133; Luminiţa Fassel: Das deutsche Schulwesen in Bessarabien 1812-1940. Eine komparativ-historische und sozio-kulturelle Untersuchung. München 2000.

[29]   Ute Schmidt: Die Deutschen aus Bessarabien. Eine Minderheit aus Südosteuropa (1814 bis heute). Köln/ Wien 2003.

seine Berechtigung, weil es in den anderen Gebieten einen intensiveren Kontakt zwischen den beiden Minderheiten gab.[30]

Durch meine Forschungen im Nationalen Staatsarchiv der Republik Moldau konnte ich das Bild über diese Kontakte in Bessarabien erweitern. Dieses gelang mir besonders für die Zwischenkriegszeit, weil ich die erst kürzlich freigegebenen Akten der rumänischen Sicherheitspolizei aus der Zeit zwischen 1918 und 1944 auswertete. Ergänzt habe ich meine Dokumentation mit den Berichten der Deutschen Gesandtschaft Bukarest, die sich im Politischen Archiv des Auswärtigen Amtes in Berlin befinden. Weil vom Deutschen Reich nach 1933 in immer größerem Umfang Mittel für die Arbeit der Deutschen in Bessarabien bereitgestellt wurden, nahm der Einfluss des Nationalsozialismus schnell zu. Auch wenn diese Quellen Deutsche und Juden unter einem von den politischen Gegebenheiten bestimmten Blickwinkel sehen, enthalten sie dennoch wertvolle Informationen über die organisatorischen Strukturen der beiden Minderheiten.

Ausgangspunkt der Analyse des deutsch-jüdischen Verhältnisses war die Frage, inwieweit es in Bessarabien eine andere Tendenz als in der Bukowina gab, wo die Deutschen und Juden gemeinsam bis zum Ersten Weltkrieg die „Kulturträger" der Provinz waren. In der Bukowina verband die deutsche Sprache die beiden Ethnien, in Bessarabien waren beide Gruppen mit der russischen Amtssprache konfrontiert. Die staatlichen Maßnahmen zur Russifizierung trafen seit den siebziger Jahren des 19. Jahrhunderts Deutsche und Juden gleichermaßen. Warum orientierten sich seit Ende des 19. Jahrhunderts zwar viele Juden, aber nur wenige Deutsche an der russischen Kultur? In der rumänischen Herrschaftszeit fanden die meisten Deutschen aus Bessarabien einen Modus Vivendi mit den Behörden. Dagegen sah die Sicherheitspolizei in den Juden vor allem wegen ihrer russischen Umgangssprache eine potenzielle Gefahr. Hat das Feindbild der Juden als Anhänger des Kommunismus mit der Realität in Bessarabien etwas zu tun? Warum wehrten sich die Juden gegen die Rumänisierung der Institutionen, obwohl sie zuvor die Russifizierung akzeptiert hatten? Kam es zur Zusammenarbeit zwischen Deutschen und Juden, als ihre kulturellen Institutionen von denselben staatlichen Eingriffen bedroht wurden? Wie veränderte sich das Verhältnis zwischen Deutschen und Juden, als das Deutsche Reich sich nach 1933 immer stärker in die Angelegenheiten der deutschen Minderheit einmischte? Inwieweit sind Unterschiede im Verhalten der Deutschen aus der Bukowina und Bessarabien festzustellen, als sich nationalsozialistische Ideen auszubrei-

---

[30] Detlef Brandes: Von den Zaren adoptiert. Die deutschen Kolonien und die Balkansiedler in Neurussland und Bessarabien 1751-1914. München 1993; Hildrun Glass: Zerbrochene Nachbarschaft. Das deutsch-jüdische Verhältnis in Rumänien 1918-1938. München 1996.

ten begannen? Gab es unter den Deutschen in Bessarabien Resistenz? Einige von ihnen stammten von Pietisten ab, die aus Glaubensgründen eine besondere Beziehung zu den Juden hatten. Immerhin beklagte sich noch 1940 ein Funktionär der Umsiedlungsbehörde, dass bei der aus Bessarabien umgesiedelten Bevölkerung aufgrund ihrer Sicht des Christentums die Abneigung gegenüber dem Judentum „unverständlich gering" sei.[31] Ich überprüfe, inwieweit solche Aussagen verallgemeinert werden können.

Es geht im Weiteren um zwei Stränge: Einerseits wird verfolgt, welche Politik die Staatsbehörden gegenüber den Nichtrumänen in Bessarabien betrieben. Andererseits wird untersucht, ob die Nichtrumänen ihre Anliegen nach kultureller Autonomie und freier wirtschaftlicher Entfaltung gemeinsam vertraten.[32]

Eingangs wird ausführlich auf die Ansiedlung der Deutschen eingegangen, weil ihre Konzentration in einem abgelegenen Steppengebiet die Möglichkeit zur Kooperation mit anderen Ethnien minimierte. Da die Deutschen und Juden verschiedenartige Sozialstrukturen entwickelten, unterschied sich ihre Haltung zur Februarrevolution von 1917. Es wird analysiert, warum Deutsche und Juden nach dem Anschluss an Rumänien auf unterschiedliche Weise auf Maßnahmen reagierten, die ihre kulturelle Autonomie einschränkten. Es soll geklärt werden, wie diese beiden Gruppen Widerstand gegen die unterschiedlichen Formen der Rumänisierungspolitik in den 1920er, 30er und 40er Jahren leisteten. Im Mittelpunkt der Darstellung steht die Lage der Deutschen und Juden, doch es wird auch auf die anderen ethnischen Gruppen eingegangen. Nur auf diese Weise kann herausgearbeitet werden, welche Maßnahmen eine antisemitische Stoßrichtung hatten und welche sich gegen alle Nichtrumänen richteten.

---

[31] Zit. n.: Schmidt, Die Deutschen, S. 82, Fußnote 102.

[32] Diese Prozesse habe ich am Beispiel der Bukowina untersucht, hier geht es darum, Gemeinsamkeiten und Unterschiede zu ermitteln. Vgl. Mariana Hausleitner: Die Rumänisierung der Bukowina. Die Durchsetzung des nationalstaatlichen Anspruchs Großrumäniens 1918-1944. München 2001.

2. Die Entstehung von Multiethnizität im zarischen Bessarabien

Als eigenständige Provinz entstand Bessarabien erst 1812 durch die Abtrennung vom moldauischen Fürstentum, das seit dem 16. Jahrhundert unter osmanischer Herrschaft stand. Auf diese Weise war bereits 1775 die österreichische Provinz Bukowina gebildet worden. Aufgrund der zunehmenden militärischen Schwäche der Osmanen konnten im 18. Jahrhundert sowohl die Habsburger als auch die russischen Zaren deren Gebiete erobern. Die Moldau lag im Schnittpunkt der Interessensphären der drei Großmächte und war daher oft Schauplatz von kriegerischen Auseinandersetzungen. Durch den Bukarester Frieden 1812 musste die Pforte die fruchtbare Region zwischen Pruth, Dnjestr und Donaumündung an Russland abtreten.

Bis dahin war das bessarabische Gebiet nur schwach besiedelt. Im waldreichen Norden lebten vor allem Rumänen/ Moldauer und Ukrainer.[33] In den Kriegsjahren von 1806 bis 1812 war ein Teil der rumänischen Adligen geflohen. Diejenigen, die in Bessarabien blieben, wurden 1818 den russischen Adligen rechtlich gleichgestellt. Seit 1847 konnten sie alle Staatsämter und einige militärische Ränge einnehmen. Wenn sie in der russischen Armee Dienst leisteten, bekamen sie zur Belohnung umfangreichen Bodenbesitz. Doch den besten Ackerboden im Nordosten Bessarabiens erhielten unmittelbar nach 1812 Adlige russischer Herkunft, die sich im Krieg bewährt hatten. Im Nordosten um Belcy und Soroki besaßen Großgrundbesitzer 54% des Bodens, im bessarabischen Durchschnitt waren es 43%.[34]

Außer russischen und rumänischen Adligen gehörten große Ländereien und Wälder bis zu ihrer Säkularisierung 1863 den orthodoxen Klöstern. Es gab nur wenige Leibeigene, doch hatten die Bauern Zwangsdienste für jene Großgrundbesitzer zu leisten, die staatliche Funktionen ausübten.

---

[33] Zwar kann zu diesem Zeitpunkt nur von Moldauern die Rede sein, der Begriff „Rumänen" kam erst nach der Vereinigung der Moldau und Walachei von 1859 in Umlauf. In Bessarabien war er wegen der Zensur bis 1917 nicht gebräuchlich, und die Mehrheit der Bevölkerung hatte auch kein ausgeprägtes Bewusstsein der Zugehörigkeit zu einer größeren nationalen oder staatlichen Einheit. Dennoch gebrauche ich durchgehend den Begriff „Rumänen", um ihn nicht doppelt anführen zu müssen.

[34] Moraru, Istoria, S. 18; Carl Uhlig: Die bessarabische Frage. Eine geopolitische Betrachtung. Breslau 1926, S. 70.

Die Autonomie Bessarabiens wurde 1828 aufgehoben, seitdem war Russisch die einzige Amtssprache. Das führte zu einem Wechsel im Verwaltungsapparat, denn bis 1830 dominierten noch rumänischsprechende Beamte. Neben diesen Rumänen lebten in den kleinen Städten vor allem Armenier, Griechen und Juden, die Handel betrieben.[35]

Im Steppengebiet im Süden Bessarabiens hatten vor 1806 tatarische Viehhirten gelebt und dafür den Begriff Budschak (teilweise Budjak geschrieben, russisch: Budžak; rumänisch: Bugeac) geprägt, was „Winkel" bedeutet.[36] Als die russischen Truppen dorthin vorrückten, vertrieben sie die islamischen Nogajer. Von ihnen zeugten später nur noch einige tatarische Ortsbezeichnungen wie Bairamcea und Tatar Bunar.[37] Vor allem in diesem Gebiet wurden seit 1811 Bulgaren, Gagausen und Deutsche angesiedelt.

2.1 Die Ansiedlung der Bulgaren, Gagausen und Deutschen

In diesem nur von einigen Rumänen bewohnten Landstrich im Süden Bessarabiens setzte Zar Alexander I. die von Katharina II. im benachbarten „Neurussland" begonnene systematische Besiedlung mit Kolonisten fort. Bereits seit 1811 kamen auf Grund der in Aussicht gestellten Privilegien (Steuerfreiheit und Landvergabe) Siedler aus Gebieten südlich der Donau, insbesondere Bulgaren. 1812 gab es 60 Dörfer mit ca. 6.000 bulgarischen Kolonisten in Bessarabien. Da sie mit den klimatischen Bedingungen vertraut waren, lernten die kurz darauf eingewanderten deutschen Siedler von ihnen und den verstreut lebenden Rumänen die in dieser Region ertragreichen Anbaumethoden für Mais und Tabak. Auch bei der Schafzucht und Herstellung von Käse erlernten die Deutschen die Fertigkeiten von ihren bulgarischen Nachbarn.[38] Später tauschten die Bulgaren ihre Büffelkarren gegen die von den Deutschen hergestellten Pferdefuhrwerke.[39]

---

[35] Nicolae Ciachir: Basarabia sub stăpînire țaristă 1812-1917 [Bessarabien unter der Herrschaft der Zaren 1812-1917]. București 1992, S. 22, 31 und 33; Nicolae Iorga: La vérité sur le passé et le présent de la Bessarabie. Bucarest 1940, S. 48 und 61.

[36] Schmidt, Die Deutschen, S. 38.

[37] Herlihy meint, dass 1805 aus dem Budschak 17.000 Nogajer, die größtenteils auf der russischen Seite gegen die Osmanen gekämpft hatten, nordwärts zogen, Brandes dagegen schreibt, sie seien deportiert worden. Vgl. Brandes, Von den Zaren, S. 116; Patricia Herlihy: Odessa. A History 1794-1914. Cambridge 1986, S. 29. Zu den Ortsbezeichnungen vgl. Andrei Tabureanu: Istoria satului Tartaul [Die Geschichte des Dorfes Tartaul]. Chișinău 1996, S. 10.

[38] Alfred Camann: Vom Volkstum der Deutschen in Bessarabien. Würzburg 1962, S. 25.

[39] Schmidt, Die Deutschen, S. 81.

Gemeinsam mit den Bulgaren kamen aus der Dobrudscha Gagausen, die der orthodoxen Kirche angehörten. Teilweise lebten sie in denselben Dörfern wie die Bulgaren, wodurch auch viele Bulgaren deren türkischen Dialekt sprachen. Für 1821 wird die Anzahl der Bulgaren und Gagausen gemeinsam mit 32.000 angegeben und 1856 die der Gagausen allein mit 57.045.[40]

Zar Alexander I. erließ 1813 einen Werbeaufruf an Deutsche im Herzogtum Warschau, die seit 1806 dorthin ausgewandert waren. Viele von ihnen stammten aus Württemberg und hatten durch die napoleonischen Kriege ökonomische Einbußen erlitten. Als Protestanten hatten sie in Polen auch Konflikte mit der katholischen Umwelt. Daher waren sie bereit, in das neu eroberte Bessarabien zu ziehen, dessen fruchtbarer Boden bekannt war.[41]

In dem Aufruf war ihnen freie Religionsausübung, Verzicht auf Rekrutenaushebung und eine zehnjährige Befreiung von Steuern zugesichert worden. Außerdem sollten sie je 60 Desjatinen (1 Desjatine = 1,09 ha) Land für Ackerbau erhalten.[42] Aufgrund dieser Privilegien kamen seit 1814 immer neue Gruppen von Einwanderern aus Süddeutschland nach Bessarabien. Besonders viele siedelten aus Württemberg aus, wo das Auswanderungsverbot durch die Verfassung von 1818 aufgehoben worden war. Viele Württemberger waren durch die lang anhaltenden Kriege geschädigt und wollten nach Nordamerika oder Russland auswandern. Zu den Emigranten zählten viele Pietisten, die mit der staatlich verordneten Änderung bei der Taufe nicht einverstanden waren. Eine Strömung der Pietisten brachte die Nöte mit Prophezeiungen aus der Offenbarung des Johannes in Verbindung. Diese Chiliasten berechneten die Wiederkunft Christi und deuteten Napoleons Herrschaft als das „Reich des Antichrist", das dem Tausendjährigen Reich vorausgehen sollte. Die Auswanderung ins Heilige Land war ihr ursprüngliches Ziel. Da ihnen die Einreise nicht genehmigt wurde, suchten sie 1814 einen anderen „Bergungsort" im Osten. 1815 trug die Baronin Juliane von Krüdener, die Witwe eines russischen Diplomaten, Zar Alexander I. den Wunsch vor, dass fromme Schwaben sich in der Gegend um den Berg Ararat im Kaukasus ansiedeln

---

[40] Statistische Beschreibung Bessarabiens und des sogenannten Budschaks. Akkerman 1899 (Aus dem Russischen übersetzte Neuausgabe des Heimatmuseums der Deutschen aus Bessarabien. Mühlacker 1969); Ciachir, Basarabia, S. 72.

[41] Zu weiteren Gründen zur Auswanderung vgl. Viktor Schirmunski: Geschichtliches. In: Ders.: Linguistische und ethnographische Studien über die alten deutschen Siedlungen in der Ukraine, Russland und Transkaukasien 1926-1931. Hrsg. von Claus Jürgen Hutterer. München 1992, S. 22f.; Die Deutschen in Bessarabien. Saratow 1894, S. 1.

[42] Ştefan Ciobanu: Basarabia. Populaţia, istoria, cultura [Bessarabien. Bevölkerung, Geschichte, Kultur]. Bucureşti 1992 (1. Auflage 1941), S. 38; Schmidt, Die Deutschen, S. 47.

dürfen.[43] Der religiös orientierte Zar gab sein Einverständnis, und 1817 gelangten zahlreiche schwäbische Einwanderer per Schiff auf der Donau bis Ismail. Von den Entbehrungen sehr geschwächt, stimmten sie einer vorläufigen Unterbringung in der neuen Provinz Bessarabien zu. Da sie in der abgelegenen Gegend nach ihren Vorstellungen leben konnten und viele Privilegien erhielten, blieb ein Teil von ihnen in Bessarabien.[44]

Viele Ankömmlinge der ersten Jahre verehrten den Zaren wegen seines Kampfes gegen den „Antichristen". Die russische Verwaltung nutzte diesen Umstand bei der Vergabe von Ortsnamen. Einige erinnerten an Schlachten, in denen Napoleon vom russischen Heer besiegt worden war: Beresina, Brienne, Leipzig, La Fère Champénoise, Arzis (Arcis sur Aube) und andere.[45] Die Siedler wählten oft Bezeichnungen, die ihre religiöse Einstellung zeigten: Friedenstal, Hoffnungstal und Gnadental.

Für die meisten der etwa 40.000 zwischen 1814 und 1843 aus Süddeutschland nach Russland Ausgewanderten waren ökonomische Gründe ausschlaggebend.[46] Von ihnen ließen sich bis 1826 etwa 9.000 in den 26 Kolonien Bessarabiens nieder. Dort bekamen sie nicht nur große Parzellen Land zugewiesen, sondern konnten ihren Besitz auch vergrößern. Laut Kolonisationsgesetz durfte die zugewiesene Parzelle nicht verkauft oder geteilt werden. Da die Deutschen kinderreiche Familien hatten und nur der jüngste Sohn den Hof und das Land vom Vater erbte, rodeten oder kauften die Gemeinden anfangs Land in der Umgebung, später in ganz Südrussland. Das Fürsorgekomitee unterstützte diese Ausbreitung durch Gründung von „Tochterkolonien". Es war für alle ausländischen Kolonisten in Südrussland zuständig und wurde staatlich subventioniert. Doch gingen die Subventionen nach dem Tod von Alexander I. 1825 merklich zurück. Das Fürsorgekomitee hatte bis 1822 seinen Sitz in Jekaterinoslav, bis 1833 in Kischinew und bis 1871 in Odessa. Nach seiner Auflösung 1871 wurde der Landkauf für die Kolonisten immer schwieri-

---

[43] Erich Bauer: „Väter und Mütter" der württembergischen Auswanderer aus Glaubensgründen im Jahre 1817. In: *Jahrbuch der Deutschen aus Bessarabien*, 54(2003), S. 37-44; J(akob) Becker: Wie's daheim war. Der Schicksalsweg der Bessarabiendeutschen. Asperg 1950, S. 12ff.

[44] Zu den Gründen der Auswanderung vgl. Brandes, Von den Zaren, S. 91-105; Georg Leibbrandt: Die Auswanderung aus Schwaben nach Russland 1816-1823. Ein schwäbisches Zeit- und Charakterbild. Stuttgart 1928, S. 117ff.

[45] Camann, Vom Volkstum, S. 9.

[46] So schlossen sich zum Beispiel Deutsche aus mehreren Ortschaften zusammen und kauften 1880 von einem jüdischen Gutsbesitzer Land, um das Dorf Gnadenfeld zu gründen. Vgl. Karl L. Pesch/ W. Schürmann: Gnadenfeld. Ein Bericht über bevölkerungsbiologische, hygienische und gesundheitliche Untersuchungen in einer deutschen Siedlung in Bessarabien. Stuttgart 1938, S. 169f.

ger. Seit diesem Zeitpunkt begannen viele Kolonistensöhne verstärkt auch als Handwerker oder Unternehmer tätig zu werden.[47]

In den Anfangsjahren brachte das Steppenland nur wenig Ertrag. Erst als neben Weizen zusätzlich Mais, Gerste, Kartoffeln, Wein und Tabak angebaut wurden, kam ein gewisser Wohlstand auf. Dank des auch religiös motivierten Arbeitsethos der evangelischen Siedler begannen sich die Kolonien nach einigen schweren Anfangsjahren in den dreißiger Jahren ökonomisch zu stabilisieren. Es gab zwar immer wieder Rückschläge durch Pest, Cholera oder Schädlinge (Mäuseplagen), doch erholten sich die betroffenen Ortschaften dank der gegenseitigen Unterstützung innerhalb kurzer Zeit. Die Anzahl der deutschen Kolonisten erreichte 1862 bereits 24.158 Personen.[48]

Da bis zur Jahrhundertwende außer den Deutschen, einigen Schweizern und Bulgaren keine andere Bevölkerungsgruppe Wein anbaute, war dessen Absatz gesichert. Die Steppe eignete sich besonders gut für die Zucht von Schafen und Pferden. Um 1900 begannen die Deutschen mit der Zucht von Karakulschafen. Deren Wolle wurde die Grundlage für die deutschen Tuchfabriken, die in Tarutino, Teplitz, Arzis und Sarata entstanden. Eiserne Ackergeräte wurden in Sarata, Holzgeräte in Alt-Elft und Paris, Wagen in Teplitz, Arzis und Wittenberge hergestellt.[49]

Die Kolonien hatten begrenzte Selbstverwaltung, wichtige Beschlüsse traf die Gemeindeversammlung. Sie organisierte Arbeiten wie Brunnenbau, Mähen des Gemeindeheus oder Schlagen des Gemeindeholzes, Verrichtungen, an denen sich alle Mitglieder beteiligen mussten. Der von der ganzen Gemeinde gewählte Schulze sprach außer in Kriminalfällen Recht und vertrat sie gegenüber den staatlichen Stellen. Er entschied über das Ausmaß der Körperstrafen, die der Büttel verabreichte. Die Strafen dokumentieren eine religiös geprägte Welt, die stark auf Abschottung bedacht war: Mit über zehn Rutenhieben wurden nicht nur Diebstahl, sondern auch Teilnahme am sonntäglichen Tanzvergnügen am Sonntag oder Besitz von ausländischem Wein bestraft.[50]

Die deutschen Kolonien Bessarabiens lagen alle südlich der Provinzhauptstadt Kischinew und hatten ihre Zentren in Tarutino und Sarata. Die ersten Siedlungen wurden 1814 in Tarutino, Borodino und Krasna gegründet. In Tarutino befand sich das für die deutschen Kolonisten zustän-

---

[47] Schmidt, Die Deutschen, S. 48-50; A(ndreas) Widmer: Denkwürdigkeiten aus der Geschichte der deutschen Kolonien in Bessarabien. In: *Beiträge zur bessarabischen Geschichte und Kultur*, Museum und Archiv, H. 5. Stuttgart 2004, S. 10.

[48] Antony Babel: La Bessarabie. Étude historique, éthnographique et économique. Paris 1926, S. 206; Ciobanu, Basarabia, S. 38.

[49] Camann, Vom Volkstum, S. 25 und 27.

[50] Brandes, Von den Zaren, S. 187; Fassel, Das deutsche Schulwesen, S. 18; Jakob Becker: Bessarabien und sein Deutschtum. Bietigheim 1965, S. 54.

dige Inspektorat des Fürsorgekomitees. In den ersten Jahren erhielten sie von dort Wirtschaftsgerät, Saatgut und Mehl. Später fand in Tarutino der vierzehntägige Großmarkt statt und dadurch wurde dieser Ort zum Wirtschaftszentrum der Region.[51]

Die Beziehungen der deutschen Kolonisten zur Obrigkeit waren anfangs nicht frei von Spannungen. Überliefert ist ein heftiger Konflikt in Tarutino mit dem Aufseher (smotritel') des Fürsorgekomitees aus dem Jahre 1815. Der Inspektor Mendelsohn hatte ein großes Stück Land, das die Gemeinde als Holzschlag verwendete, einem Gutsbesitzer verpachtet. Die Kolonisten behinderten dessen Landarbeiter, und der Inspektor setzte gegen sie Kosaken ein. Es kam zu einer Schlägerei, und der Inspektor floh nach Kischinew. Von dort rückte der Statthalter General Harting mit Bewaffneten an. Mehrere Kolonisten wurden hart bestraft, mindestens einer kam dabei um. Pastor Friedrich Schnabel saß eineinhalb Jahre im Gefängnis, für seine Freilassung setzte sich der orthodoxe Metropolit ein.[52]

Noch folgenreicher war der Konflikt mit der chiliastischen Bewegung um den ursprünglich katholischen Pater Ignaz Lindl. Zu seinen sonntäglichen Predigten versammelten sich in Sarata seit 1822 immer mehr katholische und evangelische Kolonisten der ganzen Umgebung. Lindl verkündete eine gemeinwirtschaftliche Utopie: Die Felder sollten gemeinsam bestellt und die Ernte nach Bedarf verteilt werden. Er vertrat die Vorstellung der unmittelbar bevorstehenden Wiederkunft Christi und seine Anhänger bereiteten sich auf dieses Ereignis vor. Deren Zusammenströmen werteten die staatlichen Behörden als Aufruhr. Der Gouverneur verweigerte der „Neuen Kirche" die Anerkennung. Auch die evangelischen Pastoren setzten Lindls Anhänger unter Druck, indem sie deren Taufen und Ehen nicht registrierten. 1823 wurde Lindl von der Obrigkeit zur sofortigen Ausreise aufgefordert und er verließ Bessarabien. Seine Anhänger blieben mit ihm bis zu seinem Tod 1845 in Verbindung. Nachdem das erwartete Ereignis nicht eintraf, schlossen sie sich der evangelischen Kirche an.[53]

Lindl riet seinen Anhängern zu einer autarken Wirtschaftsform und beantragte daher für ein Gemeindemitglied das Recht des Bierbrauens und der Destillation von Branntwein. Dies begründete er folgendermaßen: „Der tiefe Verfall der bisherigen Kolonisten, die am Schwarzen Meer mit den Sklaven und den schlechtesten Menschen in eine Kategorie gesetzt werden, kommt auch großenteils von dem Unfuge der geldgierigen Juden her."[54] Die deutschen Kolonisten hatten durch die abgeschlossene Siedlungsweise in den ersten sechzig Jahren nur punktuelle Kontakte zu Ju-

---

[51] Camann, Vom Volkstum, S. 23; Schmidt, Die Deutschen, S. 67f.
[52] Brandes, Von den Zaren, S. 108; Die Deutschen, S. 4; Schmidt, Die Deutschen, S. 55.
[53] Zu Lindls Werdegang in Russland vgl. Brandes, Von den Zaren, S. 105-110; Die Deutschen, S.10 f. und S. 27ff.
[54] Zit. n.: Brandes, Von den Zaren, S. 108.

den, die als Kaufleute in ihre Ortschaften kamen, oder wenn sie Waren in den Städten einkaufen mussten. Eine positive Haltung ihnen gegenüber ist von Lindl nicht überliefert.

Die Gründung der deutschen Lehrerbildungsanstalt in Sarata war eine langfristige Folge der chiliastischen Bewegung. 1823 wanderte der pietistische Kaufmann Christian Friedrich Werner aus Württemberg ein und hinterließ bei seinem Tod 1828 der Gemeinde Sarata ein ansehnliches Vermögen. Die ursprünglich geplante Missionsschule wurde von den russischen Staatsbehörden nicht genehmigt. So erhielt die 1844 eröffnete „Wernerschule" die Bestimmung, deutsche Lehrer für die Kolonien in Südrussland auszubilden. Ihr erster Direktor war Johann Karl Baisch, der von der Lehrerbildungsanstalt Lichtenstern in Württemberg kam und von dort während seiner vierzigjährigen Wirkungszeit in Sarata noch drei weitere pietistische Lehrer nach Bessarabien kommen ließ. Die russischen Behörden unterstützten die seit 1869 in „Zentral-Schule" umbenannte Anstalt, weil sie eine Verbesserung der Russischkenntnisse der deutschen Lehrer und Schreiber anstrebten. Außer in den Fächern, die im Schulunterricht üblich waren, wurden die zukünftigen Lehrer auch dazu ausgebildet, Gottesdienste, Taufen und Beerdigungen abhalten zu können. Das war nötig, weil die Pastoren oft sehr große Kirchspiele mit vielen Gemeinden zu betreuen hatten.[55] Die Absolventen wirkten in allen deutschen Ortschaften Russlands. Die Schule war bis 1940 ein wichtiges kulturelles Zentrum.

Sprachlich dominierten unter den Kolonisten die süddeutschen Mundarten. In Schabo (Chabag) im Bezirk Akkerman waren Winzer aus der Schweiz angesiedelt worden, von denen einige noch im 20. Jahrhundert Französisch sprachen.[56] Die große Mehrheit der Einwanderer waren Protestanten, nur in Krasna/ Krasnoe und zwei weiteren Orten gab es Katholiken. Die Schweizer Kolonisten waren Reformierte, doch die waren im Russischen Reich 1832 in die Lutherische Kirche eingegliedert worden. 1832 wurde ein Kirchengesetz erlassen, das als oberste Kirchenbehörde ein Generalkonsistorium festlegte, das dem Justizministerium unterstellt war. Beginnend mit 1840 mussten die Gemeinden für das Gehalt des Pfarrers aufkommen, die Lehrer finanzierten sie von Beginn an selbst. Weil viele Gemeinden für diese Ausgaben zu arm waren, gab es oft einen gewählten Küsterlehrer, der sowohl die pastorale Vertretung als

---

[55] Becker, Wie's daheim war, S. 71; Die Wernerschule und Lehrer Karl Baisch von 1844 bis 1883. Odessa 1884 (Nachdruck des Heimatmuseums der Deutschen aus Bessarabien. Mühlacker 1969).

[56] Einen Überblick über die Einwanderer bietet Karl Stumpp: Die Auswanderung aus Deutschland nach Russland in den Jahren 1763 bis 1862. Tübingen o. A., S. 85. Nach Schabo zogen 1840 auch 20 deutsche Familien. Vgl. Babel, La Bessarabie, S. 215; Brandes, Von den Zaren, S. 111f.

auch den Schuldienst übernahm. Seit 1838 verlangte das Fürsorgekomitee den regelmäßigen Schulbesuch der Kinder vom 6. bis zum 14. Lebensjahr, ab dem 14. Lebensjahr gingen die Jugendlichen nur an drei halben Tagen zur Schule. Der Schulunterricht fand zwischen Oktober und März statt, im Sommer und Herbst waren die Kinder bei der Feldarbeit. Die Bauern schickten ihre Kinder im Winter in die Schulen, weil bei der Konfirmation die Fähigkeit geprüft wurde, in der Bibel zu lesen.[57] So wurden die Deutschen und die Juden, die ebenfalls aus religiösen Gründen die Lesefähigkeit förderten, die am besten ausgebildeten Gruppen Bessarabiens.

2.2 Die Lage der Russen, Juden, Rumänen und Ukrainer

Russen kamen nach Bessarabien in nennenswerter Zahl erst nach der Inkorporation des Gebietes in das Zarenreich 1812. In der osmanischen Zeit waren schon einige russische Leibeigene dorthin geflohen, die sich vor allem im Budschak niederließen, als die Nogajer 1806 wegzogen. Außerdem hatten sich vor 1812 auch russische Altgläubige (Raskolniki), die Lipowaner genannt wurden, in den unzugänglichen Donausümpfen niedergelassen.[58] Nach 1812 stellten die Russen in den ersten fünfzig Jahren eine kleine Schicht unter den Großgrundbesitzern dar. Zwar konnten seit 1825 auch russische Bauern als Kolonisten in Bessarabien angesiedelt werden, und einige kamen in den Budschak. Da sie aber nicht dieselben Privilegien wie die Deutschen und Bulgaren erhielten, wuchs ihre Zahl nur langsam.[59] Seit der Preisgabe der Provinzautonomie Bessarabiens 1828 wirkten in den Städten verstärkt Russen in der Verwaltung und Justiz. Sie waren auch in den oberen Positionen des orthodoxen Klerus dominant. Es gab eine begrenzte Zahl russischer Händler und Handwerker.[60] Doch die ökonomische Entwicklung in den Städten wurde vor allem von Juden getragen.

Neben Griechen und Armeniern betrieben im 18. Jahrhundert vor allem Juden Handel zwischen Russland, Polen und den rumänischen Fürsten-

---

[57] Cornelia Schlarb: Die Neuordnung der evangelisch-lutherischen Kirche in Bessarabien nach dem 1. Weltkrieg. Marburg 1986 (unveröffentlichte Magisterarbeit), S. 7 und 11; Fassel, Das deutsche Schulwesen, S. 60-63.

[58] Ipatiov weisst darauf hin, dass im Donaudelta auch viele Ukrainer leben, die sich nicht als Lipowaner verstehen. Vgl. Filip Ipatiov: Ruşii-lipoveni din România [Russen-Lipowaner in Rumänien]. Cluj 2001, S. 34.

[59] Ivan A. Ancupov: Russkoe naselenie Bessarabii i levoberežnogo Podnestrov'ja v konce XVIII-XIX v. [Die russische Bevölkerung am linken Dnjestrufer am Ende des 18.-19. Jahrhunderts]. Kišinev 1996, S. 13-42.

[60] Ion Nistor: Istoria Basarabiei [Die Geschichte Bessarabiens]. Bucureşti 1991 (2. Auflage), S. 208.

tümern.[61] Am Anfang der russischen Herrschaft 1817 soll es in Bessarabien ca. 25.000 Juden (5.000 Familien) gegeben haben, das entsprach etwa 5% der Bevölkerung. Einige stammten aus der Moldau und waren Sephardim, doch die Mehrheit waren Aschkenasim aus polnischen Gebieten. Da alle, die in die neue Provinz kamen, drei Jahre Steuerfreiheit hatten und keinen Militärdienst leisten mussten, stieg ihre Anzahl schnell an und erreichte 78.751 im Jahre 1856. Die Juden konnten sich in Bessarabien überall niederlassen, nur einige Kolonistendörfer und die unmittelbare Grenzzone waren ausgenommen. Es kam zu einer Verdichtung jüdischer Präsenz vor allem im Norden.[62]

Die rechtliche Lage der Juden im gesamten Russland war in Sondergesetzen festgelegt und änderte sich unter Nikolaus I. zuungunsten der Juden. Nach den Teilungen Polens war die Zahl der jüdischen Bewohner Russlands auf über eine Million angestiegen. Aufgrund der Gesetze von 1793 durften Juden nur in Polen, Litauen, Weißrussland und der Ostukraine ihren Wohnsitz beliebig wechseln und die Gemeinden gemäß ihren Traditionen organisieren.[63] Dieses Gebiet wurde später „Ansiedlungsrayon" genannt. Die dort geltenden Sondergesetze fanden nach 1840 auch in Bessarabien Anwendung.[64]

In den Anfängen galten noch besondere Bestimmungen, um die Ansiedlung im schwach besiedelten Bessarabien zu fördern. Das Autonomiestatut vom 6. April 1817 billigte allen Händlern, die sich ansiedelten, Privilegien zu. Die Steuerfreiheit wurde 1830 um fünf Jahre verlängert. Weil auch danach noch weitere fünf Jahre lang geringere Steuern als in anderen Teilen des Ansiedlungsrayons zu zahlen waren, nahm die Zahl der Händler zu. Dazu trug bei, dass seit dem Frieden von Adrianopel 1829 durch die Öffnung der Meerengen das osmanische Handelsmonopol im Schwarzen Meer beseitigt worden war und dadurch der Export von Getreide über den Hafen von Odessa expandierte.[65]

---

[61] Schätzung für 1862: Griechen 2.000, Armenier 2.725; vgl. Ciobanu, Basarabia [Bessarabien], S. 28f. Zu den Juden vgl. Nicolae Iorga: Basarabia Noastră [Unser Bessarabien]. In: Nicolae Iorga: Neamul Românesc în Basarabia [Das Rumänentum in Bessarabien]. Bucureşti 1995, S. 255f.

[62] Ciobanu, Basarabia, S. 30; Glass, Zerbrochene Nachbarschaft, S. 55; Pavel A. Kruševan: Bessarabija [Bessarabien]. Moskva 1903, S. 186f.; Nistor, Istoria, S. 210.

[63] Michael Stanislawski: Russian Jewry, the Russian State, and the Dynamics of Jewish Emancipation. In: Pierre Birnbaum/ Ira Katznelson (Hrsg.): Path of Emancipation. Jews, States and Citizenship. Princeton 1993, S. 265 und 270.

[64] Zur Entstehung des Ansiedlungsgebietes und zu seinen Sondergesetzen vgl. Manfred Hildemeier: Die rechtliche Lage der jüdischen Bevölkerung im Zarenreich und in Polen: Einige vergleichende Aspekte. In: Gotthold Rhode (Hrsg.): Juden in Ostmitteleuropa. Von der Emanzipation bis zum Ersten Weltkrieg. Marburg 1989, S. 187f.; John D. Klier: Imperial Russia's Jewish Question 1855-1881. Cambridge 1995.

[65] Ciobanu, Basarabia, S. 29; Herlihy, Odessa, S. 100.

Jüdische Großhändler kauften die Erträge der Gutsbesitzer auf und organisierten den Weitertransport. Sie waren auch im Viehhandel und Verkauf von Wolle aktiv. Besonders bei Wolle vermarkteten sie in den Anfangsjahren auch die Produkte deutscher Kolonisten. Als Kleinhändler zogen Juden von Dorf zu Dorf und kauften den Bauern die Überschüsse an Eiern, anderen Lebensmitteln sowie Rohleder ab, um sie in den Städten zu veräußern.[66]

Die Mehrheit der Juden lebte im 19. Jahrhundert in den Städten als kleine Händler und Handwerker. Staatliche Ämter durften sie nicht bekleiden, einige waren Lehrer an jüdischen Schulen. Obwohl in Bessarabien Juden Land pachten und besitzen durften, blieb die Zahl der ländlichen Juden gering. Doch es entstanden zwischen 1836 und 1853 mit staatlicher Förderung 17 landwirtschaftliche Kolonien, in denen 10.859 Personen (1858) lebten. Daher waren 12,5% der Juden Bessarabiens Bauern. Ein großer Teil des Landes (14.000 Desjatinen), auf dem die Kolonien in den Bezirken Bendery, Soroki und Akkerman entstanden waren, hatte Baron Joseph Günzburg gepachtet.[67] Die Kolonien lagen zumeist in rumänischen oder ukrainischen Siedlungsgebieten im Norden.[68] In deutschen oder bulgarischen Kolonistendörfern waren Juden im 19. Jahrhundert nur selten anzutreffen.

Die 1827 unter Zar Nikolaus I. eingeführte Konskription von Juden zum Wehrdienst veränderte die bis dahin völlig abgeschottete jüdische Welt stark. Es wurden zwölfjährige Knaben eingezogen und einem jahrelangen brutalen Umerziehungsprozess unterworfen. Die Wut der Eltern richtete sich gegen die Gemeindevorsteher, die zumeist die Kinder der armen Juden preisgaben. Die staatlichen Behörden nutzten die Unzufriedenheit, um 1844 die Selbstverwaltung der Gemeinde (Kahalim-System) abzuschaffen. Zwar konnten die Juden weiterhin gemäß ihren Traditionen in der Gemeinde Recht sprechen lassen und ihre Vertreter wählen. Doch diese unterstanden nun einer stärkeren Kontrolle durch die lokalen und regionalen Behörden.[69]

Die größte Bevölkerungsgruppe war beim Anschluss Bessarabiens an Russland die der Rumänen/ Moldauer, ihre Anzahl wird unterschiedlich

---

[66] Babel, La Bessarabie, S. 325; Ingo Rüdiger Isert/ Kuno Kehrer: Kisil, ein Schwabendorf in Bessarabien. Stuttgart 1999, S. 69f.

[67] Jacob Letschinsky: Bessarabia. In: Universal Jewish Encyclopedia, Bd. 2. New York 1948, S. 246.

[68] Bessarabskaja gubernija. Sel'skohozjajstvennaja dejatel'nost [Bessarabisches Gouvernement. Landwirtschaftliche Tätigkeit]. In: Evrejskaja Enciklopedija, Bd. 4. St. Petersburg 1909-1913, S. 386-391; Glass, Zerbrochene Nachbarschaft, S. 57; Nistor, Istoria, S. 209f.

[69] Stanislawski, Russian Jewry, S. 267.

angegeben.[70] Durch die Ansiedlung der Deutschen, Bulgaren und Gagausen sowie den starken Zuzug von Juden und Ukrainern ging ihr Bevölkerungsanteil zurück: 1817 noch 78,2%, 1835 58,2% und 1859 nur mehr 54,9%.[71] In anderen Darstellungen wird der Anteil der Rumänen für 1862 mit 75% angeben.[72]

Bis 1825 wirkten rumänische Adlige als Zivilgouverneure. 1828 dekretierte Nikolaus I. Russisch zur einzigen Amtssprache, wodurch Angehörige anderer Sprachgruppen aus der Verwaltung weitgehend entfernt wurden. Auch die Rechte der griechisch-orthodoxen Kirche der Rumänen wurden schrittweise eingeschränkt: Unmittelbar nach 1812 konnten noch religiöse Bücher und einige Lehrbücher in rumänischer Sprache gedruckt werden. Es gab immer weniger rumänische Volksschulen und ab 1867 wurde dort in russischer Sprache unterrichtet. Da die Einheimischen keine Bodenparzellen wie die Kolonisten bekamen, lebten sie zumeist unter ungünstigeren Umständen. Die Adligen, die staatliche Funktionen ausübten, verlangten von den Bauern viele unbezahlte Arbeitsdienste und daher kam es unter den Rumänen wiederholt zu lokalen Unruhen. Diese wurden zwischen 1861 und 1867 durch Einsätze der Armee niedergeschlagen.[73]

Während die Rumänen Großgrundbesitzer, freie Bauern und abhängige landlose Bauern waren, hatten die Ukrainer insgesamt wenig eigenes Land. Ihre Anzahl ist umstritten, von rumänischer Seite wird behauptet, dass es 1817 bloß 30.000 Ukrainer gab und erst danach eine starke Zuwanderung einsetzte. Viele kamen nach Bessarabien, weil sie dort lange Zeit keinen Militärdienst leisten mussten. Aufgrund der gemeinsamen Religion assimilierten sich viele Ukrainer in rumänischen Ortschaften. Wo sie in der Mehrzahl waren, assimilierten sie die Rumänen. Die Zuwanderer waren zumeist entlaufene Leibeigene aus Podolien und Pokutien, daher verfügten sie über kein eigenes Land. Sie verdingten sich als Tagelöhner bei rumänischen und russischen Gutsbesitzern. Die Mehrheit lebte im Norden Bessarabiens um Chotin, aber einige auch im Süden im Bezirk Akkerman.[74]

---

[70] So behauptet ein rumänischer Historiker aus der Republik Moldau, dass viele Rumänen kurz nach 1812 aus Angst vor der Leibeigenschaft in die osmanischen Fürstentümer flohen. Vgl. Marcel Şuveică: Basarabia în politica imperială a Rusiei 1812-1878 [Bessarabien in der imperialistischen Politik Russlands 1812-1878]. Iaşi 1999, S. 18.

[71] Solomon entnimmt die Daten einer russischen Darstellung von 1979. Vgl. Flavius Solomon: Identitatea etnică şi minorităţi în Republica Moldova. O bibliografie [Die ethnische Identität und Minderheiten in der Republik Moldau. Eine Bibliographie]. Iaşi 2001, S. 157.

[72] George W. Prothero (Hrsg.): Bessarabia. Handbooks prepared under the Direction of the Foreign Office. London 1920, S. 8.

[73] Fassel, Das deutsche Schulwesen, S. 36, 48 und 54; Nistor, Istoria, S. 256.

[74] Babel, La Bessarabie, 210f.; Ciobanu, Basarabia, S. 29 und 32; Nistor, Istoria, S. 199 und 205.

2. Das parallele Leben der Ethnien in Bessarabien 1856-1918

3.1 Der Modernisierungsschub unter Zar Alexander II.

Die Regierungszeit von Alexander II. zwischen 1855 und 1881 brachte wesentliche Einschnitte in das Leben der Kolonisten, die 1871 ihre Sonderrechte verloren. Die Veränderung erfolgte aufgrund der Eingliederung Bessarabiens als „Gubernium" (Gouvernement) in die gesamtrussische Struktur und war keine gegen die Kolonisten gerichtete Maßnahme. Sie war Teil eines umfangreichen Reformprogramms, das Russland den Anschluss an das westeuropäische Entwicklungstempo ermöglichen sollte. Die Niederlage Russlands im Krimkrieg (1853-1856) hatte seine Rückständigkeit deutlich gemacht.

Für Bessarabien waren die Pariser Verträge von 1856/1857 insofern folgenreich, als Russland die drei südlichen Bezirke abtreten musste.[75] Doch der Berliner Kongress von 1878 sprach den Süden Bessarabiens wieder Russland zu, dafür erhielt Rumänien als Kompensation die bis dahin osmanische Dobrudscha.[76] Für die Deutschen und Juden im rumänischen Teil Bessarabiens veränderte sich zwischen 1856 und 1878 wenig. Die Eigentumsverhältnisse blieben unangetastet. Antisemitismus gab es auch in den Vereinigten Fürstentümern: Der erste größere Pogrom ereignete sich in Ismail im Januar 1872.[77]

Die Aufhebung der Leibeigenschaft, die Alexander II. im Februar 1861 in dem „Manifest an das Volk" ankündigte, verlieh der Modernisierung sehr wichtige Impulse. Die Bauern wurden aus der patrimonialen Gewalt der Gutsherren entlassen und erhielten ihre persönliche Freiheit. In Bessarabien versuchten die rumänischen Großgrundbesitzer die Reform zu um-

---

[75] Einige Kolonien von Bulgaren und Gagausen wurden auf die drei rumänischen Bezirke Cahul, Bolgrad und Ismail aufgeteilt. Sie gehörten bis 1878 zu den rumänischen Fürstentümern, die sich 1859 vereinigt hatten. Nach dem russisch-osmanischen Krieg von 1877/78 erlangten die Fürstentümer die Unabhängigkeit von der Pforte.

[76] Brandes, Von den Zaren, S. 133; Keith Hitchins: Rumania 1866-1947. Oxford 1994, S. 50. Einige Rumänen protestierten gegen den Beschluss des Berliner Kongresses bezüglich Bessarabiens. Vgl. Mihai Eminescu: Basarabia [Bessarabien]. Chișinău 1991.

[77] Adolphe Stern: Din viața unui evreu român [Aus dem Leben eines rumänischen Juden]. Bd. 1. București 2001, S. 71.

gehen. Eine Delegation argumentierte beim zuständigen Minister, dass es keine Leibeigenen gebe. Dennoch mussten sie im Juli 1868 die Bestimmungen zur Vergabe von Land akzeptieren.[78] Die bessarabischen Bauern erhielten 1869 etwas größere Parzellen als im russischen Durchschnitt. Die meisten Rumänen und die Kolonisten waren bereits vor der Reform freie Bauern gewesen.[79] Leibeigene der Klöster oder der Adligen waren bis 1868 vor allem Zigeuner/ Roma, deren Anzahl mit 11.589 (1856) angegeben wird. Sie erhielten keine Bodenparzellen und lebten als Handwerker, Musiker und Tagelöhner.[80]

An den Diensten, die Bauern denjenigen Gutsbesitzern leisten mussten, welche die Staatsgewalt vertraten, änderte sich bis 1917 wenig. Insgesamt hatte die Agrarreform die Lage der Mehrheit der Bauern in Bessarabien nicht wesentlich verbessert, doch es entstand eine kleine Mittelschicht. Vor 1869 hatten 72% der bearbeitbaren Fläche dem Adel und den Klöstern gehört.[81] Unmittelbar vor dem Ersten Weltkrieg gab es 1.993 Eigentümer von Gütern über 100 Hektar, die eine Fläche von insgesamt 1.718.148 ha hatten. Neben diesen wenigen Großgrundbesitzern verfügten 71.586 Eigentümer mit Gütern zwischen 10 und 100 ha über 1.155.330 ha. Die große Masse der 216.563 Eigentümer hatte Bodenparzellen bis zu 10 ha und bearbeitete eine Fläche von nur 626.382 ha.[82] Viele von ihnen betrieben eine Subsistenzwirtschaft. Mittelbauern waren vor allem Deutsche und Bulgaren, sie wendeten auch moderne Ackerbaumethoden an und verkauften ihre Überschüsse. Direkt für den Export produzierten die russischen und rumänischen Großgrundbesitzer sowie einige Deutsche. Nur sie hatten genügend Kapital für Saatgut und besorgten sich seit Anfang des 20. Jahrhunderts auch Landmaschinen aus dem Ausland.[83]

Zu den Modernisierungsmaßnahmen unter Alexander II. gehörte auch die umfassende Reform der Administration von 1864. Zur Entlastung der Gouvernements- und Kreisverwaltung wurde das dezentrale System der Zemstvo geschaffen. Die regionalen Landschaftsverbände hatten eine begrenzte Selbstverwaltung. In Bessarabien wurde die Zemstvo mit Verspätung 1869 eingeführt.[84] Ihre Organe wurden nach dem Zensussystem ge-

---

[78] Nistor, Istoria, S. 220.

[79] Vgl. Fruntaşu, O istorie, S. 68.

[80] Kruševan, Bessarabija, S. 189.

[81] Ciachir, Basarabia, S. 47.

[82] Babel, La Bessarabie, S. 300; Prothero, Bessarabia, S. 8.

[83] Ein Wissenschaftler aus den USA sollte 1910 auf Anforderung der Zemstvo den Bauern eine Methode zur Saatgutauswahl beibringen, einige Großgrundbesitzer behinderten jedoch ständig seine Arbeit. Vgl. Louis Guy Michael: More Corn for Bessarabia. Russian Experience 1910-1917. Detroit 1983.

[84] Babel, La Bessarabie, S. 155; Fassel, Das deutsche Schulwesen, S. 39.

wählt. Auf der Kreis- und Gouvernementsebene gab es drei Kurien: die der Landbesitzer, der Städter und der Landgemeinden. Die Großgrundbesitzer hatten darin das entscheidende Gewicht, doch wirkten erstmals auch Vertreter der Bauern an öffentlichen Aufgaben mit. In den Jahren bis 1890 hatte die Zemstvo umfangreiche Kompetenzen im lokalen Verkehr, im Gesundheitswesen und bei Schulfragen, danach wurden diese eingeengt. Beschnitten wurde vor allem das Mitspracherecht der Bauern. Komplementär zur Zemstvo auf dem Land wurden in den Städten 1870 Selbstverwaltungsorgane eingeführt. Hausbesitzer und Kaufleute aller Kategorien wählten die Stadtversammlung, die Magistrate bestellte. 1864 wurde die Standesgerichtsbarkeit abgeschafft: Es entstanden unabhängige Gerichte, vor denen formal alle Bürger dieselben Rechte hatten.[85]

Im Zuge der Reformen zur Modernisierung änderte sich die Lage der Kolonisten. Die staatliche Förderung ging nur noch an Kosaken, die seit 1868 nach ihrem Dienst in der Armee mit Bodenparzellen in den Grenzgebieten Russlands ausgestattet wurden. Bis 1875 erhielten die 6.970 Kosaken in Bessarabien 45.300 Desjatinen, das waren im Schnitt 6,7 Desjatinen pro Person.[86] Für die Deutschen, Bulgaren und Gagausen brachte besonders das Jahr 1871 einen tiefen Einschnitt mit der Aufhebung ihres Kolonistenstatus. Ihre Selbstverwaltung wurde in das System der Zemstvo eingegliedert. Seit 1874 mussten sie der allgemeinen Wehrpflicht nachkommen. Seit dieser Zeit verstärkte sich die Auswanderung von Deutschen nach Übersee, einige zogen in die benachbarte Dobrudscha, die damals noch unter osmanischer Herrschaft stand. Auch einige Bulgaren und Gagausen wanderten in die Dobrudscha ab, wo alle Christen keinen Wehrdienst leisteten.[87]

Durch die Eingliederung Bessarabiens in die gesamtrussische Verwaltung 1873 nahm die Anzahl der Funktionsträger aus den Reihen der rumänischen Adligen ab und erreichte 1912 nur mehr einen Anteil von 69%. Diejenigen Rumänen, die Funktionen in der Verwaltung übernahmen, identifizierten sich immer stärker mit dem Staat, und viele assimilierten sich an die russischen Kreise.[88] 1864 war auch ein Dekret über die Förde-

---

[85] Brandes, Von den Zaren, S. 475f. Insgesamt zur Bedeutung der Zemstvo vgl. Charles E. Timberlake: The Zemstvo and the Development of a Russian Middle Class. In: Edith W. Clowes/ Samuel D. Kassow/ James L. West (Hrsg.): Between Tsar and People. Educated Society and the Quest for Public Identity in Late Imperial Russia. Princeton 1991, S. 164-179.

[86] Ciachir, Basarabia, S. 48.

[87] Emil I. Diaconescu: Basarabia. Scurtă privire istorico-etnografică [Bessarabien. Kurzer historisch-etnografischer Überblick]. Botoşani 1918, S. 16; Johannes Florian Müller: Ostdeutsches Schicksal am Schwarzen Meer. Regensburg 1981, S. 17-19; Schmidt, Die Deutschen, S. 49f.

[88] Fruntaşu, O istorie, S. 66. Bei den oberen acht Positionen in den Rängen waren nur 30% Rumänen. Vgl. George F. Jewsbury: An Overview of the History of Bessarabia.

rung des Volksschulwesens erlassen worden, es zeigte aber in Bessarabien besonders bei der großen Bevölkerungsgruppe der Rumänen geringe Wirkung, weil der Schulunterricht nicht kostenlos war.[89]

Bessarabien erhielt in der Regierungszeit von Alexander II. wichtige Impulse zur wirtschaftlichen Anbindung an Russland und das Ausland. In dieser Phase förderte der Staat die Getreideausfuhr, und auch die Nachfrage danach stieg in den wachsenden Städten schnell an.[90] Bis dahin war das Straßennetz in schlechtem Zustand und wurde nur nach militärischen Prioritäten ausgebaut. Daher fand ein großer Teil des Handelsverkehrs mit Podolien und der Bukowina auf dem Pruth statt. Unter Alexander II. wurden die Häfen von Akkerman und Odessa modernisiert, in Odessa nahm die Nachfrage nach allen landwirtschaftlichen Produkten zu. In Bessarabien wurden 35% der Getreideernte exportiert. Ausgeführt wurden vor allem Weizen und Mais, aber auch Gerste und Hafer.[91] Die Vermarktung lag lange in den Händen einiger jüdischer Familien, die über Kapital verfügten, um das Getreide in den ländlichen Gebieten aufzukaufen und im Hafen von Akkerman zu verschiffen. Aufgrund der Flachheit des Dnjestr-Limans wurden die Güter auf kleinen Schiffen nach Odessa transportiert und dort in Hochseeschiffe verladen. Besonders nach Österreich-Ungarn wurden Getreide, Rinder, Schafe, Pferde, Wolle und Leder ausgeführt, nach Griechenland Getreide. Der bessarabische Wein war in Odessa, St. Petersburg und Moskau gefragt.[92]

Durch die Fertigstellung der Eisenbahnlinie Kischinew–Tiraspol'–Odessa 1871 stieg der Absatz der bessarabischen Güter schnell an. Nach 1875 kam eine Verbindung von Bendery und Kischinew über Lipcani und Ungheni bis ins rumänische Iaşi hinzu. Doch der Austausch mit Rumänien, wo es ausreichend landwirtschaftliche Produkte gab, war gering. Die Bahnlinie Rybnica-Belcy-Novoselicy stellte den Anschluss mit Lemberg und Czernowitz in der österreichischen Bukowina 1892/94 her und über Šmerinka bestand eine Verbindung mit der Linie Odessa-Kiev. Aus Podolien ging eine Strecke über Moghilev und Atachi nach Kischinew.[93]

In: Maria Manoliu-Manea (Hrsg.): The Tragic Plight of a Border Area: Bessarabia and Bucovina. Los Angeles 1983, S. 10.

[89] Ciachir, Basarabia, S. 52.

[90] Heinrich Scherer: Der Aufbruch aus der Mangelwirtschaft. Die Industrialisierung Russlands unter dem Zarismus (1860 bis 1914). Giessen 1985, S. 130.

[91] Traian Stoianovich: Russian Domination in the Balkans. In: Taras Hunczak (Hrsg.): Russian Imperialism from Ivan the Great to the Revolution. New Brunswick 1974, S. 219.

[92] Zamfir Arbore: Basarabia în secolul al XIX-lea [Bessarabien im 19. Jahrhundert]. Bucureşti 1898, S. 47f.; Ciachir, Basarabia, S. 78f.

[93] Während des Krieges 1877/78 wurde eine Bahnlinie von Bendery über Kainari zu den Donauhäfen Reni und Galaţi gebaut. Das letzte Stück bis Galaţi wurde nach dem

Die Industrie entwickelte sich vor dem Ersten Weltkrieg nur in rudimentärer Form: die meisten Fabriken waren in Kischinew und dienten der Verarbeitung von Tabak.[94] Außerdem gab es viele Mühlen und Lederverarbeitung. Die Eisenbahn hatte Reparaturwerkstätten in Ungheni, Bendery und Reni. Mit Ausnahme der staatlichen Eisenbahnwerke gehörten die Betriebe zumeist Juden oder Russen.[95]

Bessarabien hatte aufgrund der schwachen Industrialisierung 1910 bloß 8.600 Arbeiter, das entsprach 0,15% der Bevölkerung.[96] Daher waren die gewerkschaftliche Organisierung und der Einfluss der linken Parteien in Bessarabien vor 1917 gering. Einige Russen, Bulgaren und Rumänen sympathisierten mit den Sozialrevolutionären. Da die Mehrheit der Handwerker Juden waren, hatte der Allgemeine Jüdische Arbeiterbund Jüdische Arbeiterbund (Allgemyner Yidischer Arbeter Bund in Lite, Polyn un Rusland), der 1897 gegründet worden war, einen starken Einfluss.[97] Diese Organisation förderte auch Kulturarbeit in jiddischer Sprache und baute Einheiten zur Selbstverteidigung auf. Während sich 1905 im benachbarten Odessa eine breite revolutionäre Bewegung entfaltete, kam es in Kischinew nur zu zwei kleinen Streiks für materielle Verbesserungen.

Die Revolution von 1905 bewirkte jedoch die ersten Impulse für national orientierte Organisationen bei den Rumänen und Deutschen. Durch die 1. Duma festigte sich dieser Prozess, so dass auch nach der Auflösung der 2. Duma 1907 noch einige lose Verbände fortbestanden.

Die Reformphase ging mit dem Attentat auf Alexander II. 1881 zu Ende. Unter Alexander III. (1881-1894) wurde der Nationalismus zur Staatsdoktrin, und unter Nikolaus II. (1894-1917) setzte eine fremdenfeindliche Politik ein. Sie traf die verschiedenen Ethnien Bessarabiens in unterschiedlichem Maß, was im Weiteren dargestellt wird.

3.2 Entwicklungen bei den Deutschen 1856-1914

Die Anzahl der Deutschen war 1862 mit 30.020 angegeben worden, das entsprach einem Anteil von 2,9%. Bis zur Zählung von 1897 hatte sich ihre Anzahl mit 59.998 fast verdoppelt, doch der Anteil an der Bevölke-

---

[94] Krieg demontiert und Reni blieb ein sehr kleiner Hafen. Vgl. Ancupov, Russkoe naselenie, S. 225-227; Prothero, Bessarabia, S. 32f.

Arbore, Basarabia, S. 473; Harald Heppner: Hauptstadt in Moldawien – ein Problem? In: Ders. (Hrsg.): Hauptstädte in Südosteuropa. Wien/ Köln 1994, S. 98.

[95] Moraru, Istoria, S. 138.

[96] Fruntaşu, O istorie, S. 74. In einer Studie des britischen Außenministeriums wird die Zahl der Fabrikarbeiter auf nur 3.000 geschätzt. Vgl. Prothero, Bessarabia, S. 42.

[97] John Bunzl: Klassenkampf in der Diaspora. Zur jüdischen Arbeiterbewegung in Osteuropa. In: Helga Krohn (Hrsg.): Arbeiter und Revolutionäre. Die jüdische Arbeiterbewegung. Frankfurt. a. M. 1996, S. 7f.

rung Bessarabiens änderte sich nur geringfügig auf 3,1%. In großer Konzentration lebten sie im Bezirk Akkerman, wo sie einen Anteil von 18,2% der Gesamtbevölkerung stellten. Der Anteil der Russen betrug ebenfalls 18,2%, die größte Gruppe waren die Bulgaren mit 23,7%. Im Durchschnitt der Provinz stellten die Deutschen 0,7% der Stadtbevölkerung und 3,5% der Landbevölkerung.[98]

Im Zuge der Neuordnung der Rechtsbeziehungen im ländlichen Bereich wurde am 4. Juni 1871 der Kolonistenstatus aufgehoben. Das bedeutete für die Deutschen das Ende ihres abgeschotteten Daseins, denn ihre Selbstverwaltung wurde in das System der Zemstvo integriert. Russisch wurde nun auch für sie die verbindliche Amtssprache.[99]

Die größte Unruhe löste 1874 die Einführung der allgemeinen Wehrpflicht aus, die damals 4-6 Jahre betrug. In dieser Zeit konnten die Soldaten zumeist aufgrund der Entfernungen zwischen Garnison und Wohnort keinen Heimaturlaub wahrnehmen. Viele junge Deutsche verließen in dieser Situation Bessarabien. Besonders die Mennoniten verweigerten aus Glaubensgründen den Militärdienst, und Tausende gingen nach Nord- oder Südamerika. Einige zogen in die benachbarte osmanische Dobrudscha.[100] Bald aber nahm die Aufregung ab, da der russische Staat nicht alle wehrfähigen jungen Männer brauchte und nur einige je Ortschaft im Losverfahren ermittelt wurden.[101]

Seit 1864 wurden die Schulen der Kolonisten vom russischen Kreisschulrat kontrolliert, und seit 1871 musste in staatlichen Schulen 2/3 des Unterrichts in russischer Sprache stattfinden. Der Kreisinspektor durfte Lehrer absetzen, die zu wenig Russisch konnten. Die Schulen, die der Aufsicht der evangelischen Kirche unterstanden, waren davon noch nicht betroffen. Seit 1887 sollte der gesamte Unterricht in Russisch abgehalten werden, doch viele Lehrer unterliefen bis in die neunziger Jahre diese Bestimmung. 1906 erhielten die Konfessionsschulen die Erlaubnis, in den beiden ersten Schuljahren die deutsche Unterrichtssprache zu gebrauchen. Erst danach wurde mit der Einführung ins Russische begonnen. Da die Schulleiter zumeist Deutsche waren und Inspektoren selten in die entlegenen Orte kamen, hatten die Schulen bis zum Ersten Weltkrieg eine deutsche Prägung. Das galt nicht nur für die Volksschulen, sondern auch für das Knaben- und das Mädchengymnasium in Tarutino, die seit 1908 bestanden. Nur in der Lehrerbildungsanstalt von Sarata, der bereits er-

---

[98] Petre Cazacu: Moldova dintre Prut și Nistru 1812-1918. Iași 1924, S. 74, 77 und 147; Ciachir, Basarabia, S. 72.

[99] Fassel, Das deutsche Schulwesen, S. 39.

[100] Müller, Ostdeutsches Schicksal, S. 17-19; Schmidt, Die Deutschen, S. 49-50.

[101] Friedrich Ernst: Friedenstal in Bessarabien. Geschichte einer deutschen Siedlung in Bessarabien und ihrer Menschen. Stuttgart 1984, S. 102; Fassel, Das deutsche Schulwesen, S. 56 und 77f.

wähnten „Wernerschule", wurde 1881 ein russischer Direktor eingesetzt. Insgesamt stieg die Anzahl der russischen Lehrer in den Volksschulen der Kolonisten.[102] Trotz dieses Einschnitts blieb der Bildungsstand der Deutschen in Bessarabien vorbildlich: 63,5% der Männer und 62,9% der Frauen konnten 1897 in russischer Schrift lesen und schreiben. Die Deutschen nahmen damit den Spitzenplatz ein, gefolgt von den Juden mit 49,6% Lesekundigen.[103]

Die Deutschen hatten sehr wenige Kontakte mit Deutschland und betrachteten sich als loyale russische Untertanen. Doch der Vorwurf russischer Nationalisten, dass sie sich von der übrigen Bevölkerung absonderten, ließ sich nicht von der Hand weisen. Hierbei spielten die separierte Ansiedlung, die verschiedene Religion sowie der Bildungsunterschied gegenüber den Bauern anderer Ethnien eine Rolle. Eine interne Abschottung bestand selbst zwischen Lutheranern, Mennoniten, Reformierten und Katholiken, so dass sich kein übergreifendes Gruppenbewusstsein aller Deutschen Russlands herausbildete. Kontakte mit anderen Ethnien bestanden vor allem dort, wo Arbeitskräfte angeworben wurden.[104]

Unmittelbar nach dem Manifest des Zaren, das 1905 mehr Rechte versprochen hatte, entstanden der „Südrussische Deutsch-Evangelische Bildungsverein" und der „Südrussische Deutsche Lehrerverein" mit Sitz in Odessa. Deren Mitglieder forderten in Petitionen, dass „aus den Schulen kein Werkzeug einer künstlichen Durchführung russifizierender Prinzipien werden soll".[105] Nun wurden in den größeren Orten Bessarabiens Vereine zur Förderung der deutschen Kultur begründet, die Lesestuben einrichteten. Die Obrigkeit verfolgte diese Initiativen mit Misstrauen und behinderte ihre Tätigkeit. Seit 1906 wirkten diese Organisationen unter dem Dach der evangelischen Kirche als deren Kulturvereine.

Der Aufschwung der ersten russischen Revolution war nicht von Dauer, weil die 1. Duma im Juli 1906 nach 40 Sitzungen aufgelöst wurde. Sie hatte außer einer Agrarreform auch konstitutionelle Rechte und eine Amnestie gefordert. In der 1. Duma war Andreas Widmer der Vertreter deutscher Kolonien aus Bessarabien. Er hatte seit 1881 in der Zemstvo von Akkerman gewirkt und war 1903 zu ihrem Vizepräsidenten ernannt wor-

---

[102] Becker, Wie's daheim war, S. 83 und 132; Fassel, Das deutsche Schulwesen, S. 54, 59 und 76-82.

[103] Cazacu, Moldova, S. 147.

[104] Dietmar Neutatz: Deutsche Bauern in den Steppen Russlands. In: Deutsches Historisches Museum Berlin (Hrsg.): Deutsche im Osten. Geschichte. Kultur. Erinnerungen. Berlin 1994, S. 133f.

[105] Zit. n.: Wladimir Süss: Deutsch und Russisch im Widerstreit. Die Schulsituation in den „Odessaer Kolonien" 1803-1917. In: Metropolen im russischen Vielvölkerreich. Petersburg und Odessa seit dem 18. Jahrhundert, *Nordost-Archiv*, XX(2003). Lüneburg 2004, S. 259.

den. Die deutschen Kolonisten vertrat in der 2. Duma der Großgrundbesitzer Johannes Gerstenberger.[106]

Gegen die zunehmenden Behinderungen im ökonomischen Bereich versuchten die Deutschen durch die Bildung von Genossenschaften vorzugehen. Die ersten Genossenschaften entstanden um die Jahrhundertwende (1897 Sarata, 1898 Lichtental), doch auf breiter Basis entfalteten sie sich erst nach 1907. Angeblich wurde die „Deutsch-Bessarabische Wirtschaftsorganisation" deshalb gegründet, weil zuvor jüdische Kaufleute das Getreide zu „Spottpreisen" aufgekauft hätten.[107] Seitdem es in den deutschen Ortschaften Gemeindeläden für die Überschüsse der Bauern gab, mussten die Bauern nicht mehr bis auf die Märkten in Akkerman oder gar in Odessa fahren. Sie vermarkteten auch ihre Molkereiprodukte gemeinsam. In Akkerman gründeten Deutsche 1910 die „Bank für Landwirtschaft, Handel und Industrie".[108] Die Genossenschaften entstanden aus den Gemeindeläden und wurden von der Regierung unterstützt. Ein Autor aus Deutschland hebt 1929 hervor, dass die bessarabischen Bauern lange den „Intelligenzlern" misstraut hätten, die Konsumvereine aufbauen wollten. Sie hätten die Ansicht, „Der Schwab gehört aufs Feld, für den Handel ist der Jude da", vertreten.[109]

Durch den Weizenexport wuchs der Wohlstand der Kolonisten Anfang des 19. Jahrhunderts. Einige konnten sich nun voll dem Handwerk widmen. Bald waren bessarabische Fuhrwerke und Ackergeräte in ganz Südrussland und in der rumänischen Moldau bekannt.[110] Insgesamt investierten aber nur wenige Deutsche in Gewerbe und Unternehmen zur Verarbeitung landwirtschaftlicher Produkte. Die meisten begüterten Deutschen versuchten ihre vielen Söhne mit Bodenparzellen zu versorgen.[111] Die starke Ausdehnung der Fläche, die in deutschen Händen war, rief Ablehnung bei national orientierten Russen hervor. Sie kritisierten einerseits

---

[106] In der 3. Duma war kein deutscher Vertreter aus Bessarabien. Zu den anderen vgl. Brandes, Von den Zaren, S. 482-485; Fassel, Das deutsche Schulwesen, S. 94.

[107] Konstantin Mayer: Der Weg aus der Steppe 1940. Ludwigsburg 1985, S. 17. Oebser benennt das Problem jüdischer Konkurrenz erst für die Zeit nach 1919. Vgl. Arno Oebser: Das deutsche Genossenschaftswesen in den Gebieten der ehemaligen Tschecho-Slowakei, in Rumänien, Südslawien und Ungarn. Stuttgart 1940, S. 208.

[108] Marianne Kraus: Staat und Kreditinstitute in Rumänien. Speyer 1939, S. 28.

[109] Zit. n. Günter Wehenkel: Deutsches Genossenschaftswesen in Rumänien. Stuttgart 1929, S. 109.

[110] Ein rumänischer Autor bezeichnete sie 1895 als „nemţoaice" (Deutsche). Vgl. Fassel, Ethnische Kontakte in Bessarabien. In: *Südostdeutsche Vierteljahresblätter*, 41(1992), 2, S. 139. Zur Verbreitung in Russland vgl. Babel, La Bessarabie, S. 209 und 312; Ernst, Friedenstal, S. 91.

[111] Diese Einstellung wurde auch literarisch thematisiert. Vgl. Rudolf Zeiler: Der Landfresser. In: Friedrich Fiechtner: Heimat in der Steppe. Stuttgart 1964, S. 123.

die Landkäufe von Deutschen und andererseits den deutschen Einfluss im kulturellen Bereich, besonders an den russischen Universitäten.[112]

Nach der Reform von 1906, die individuelles Eigentum förderte, betrug die durchschnittliche Bodenfläche der Bauern im Bezirk Akkerman 134 ha, wobei die Besitzer zumeist Deutsche oder Bulgaren waren.[113] Je mehr Boden die deutschen Kolonisten aufkauften, desto vehementer forderten russische Nationalisten, dass ihre Ausbreitung eingeschränkt werden müsse. Die Angriffe richteten sie zwar vornehmlich gegen die Deutschen in Wolhynien, doch wurde das Verbot, Immobilien im ländlichen Raum zu erwerben oder zu pachten 1892 auf alle Deutschen ausgedehnt. Diese Regelung wurde aus wirtschaftlichen Gründen wieder gelockert, bis die Nationalisten das Thema nach der Bosnien-Krise 1908/09, als es Spannungen mit Deutschland gab, erneut aufgriffen.[114]

Der von den Nationalisten eingebrachte Entwurf des „Gesetzes zur Begrenzung des Grundbesitzes" für Bessarabien und Wolhynien fand 1909 in der Duma keine Mehrheit. Er hätte die Möglichkeit, Tochterkolonien zu gründen, abgeschnitten. Als im Dezember 1912 ein neuer Gesetzentwurf mit Beschränkungen eingebracht wurde, versuchten zwei Deutsche aus Bessarabien in St. Petersburg zu intervenieren.[115] Im Januar 1913 trafen sich in Moskau Vertreter der Deutschen, um ihr Vorgehen gegen das geplante Gesetz zu besprechen. Aus Bessarabien waren Andreas Widmer und sieben weitere Vertreter dort anwesend. Widmer publizierte 1914 seine Denkschrift, in der er auf die Regierungstreue der Deutschen in Bessarabien hinwies. Er entkräftete den Vorwurf der Abschottung damit, dass auch russische, bulgarische und Kinder anderer Nationalitäten die Gymnasien in Tarutino besuchten, welche die deutsche Gemeinde finanziere. Die Gemeinde habe in Tarutino unentgeltlich ein Stück Land zum Bau einer orthodoxen Kirche und Kirchenschule zur Verfügung gestellt.[116]

Die Abwehr der nationalistischen Angriffe war schwierig, weil es unter den Deutschen in Bessarabien wenige Intellektuelle gab, welche die Voraussetzungen für den zähen Kampf mit der Bürokratie mitbrachten. Vor dem Ersten Weltkrieg besuchten sehr wenige Kolonistensöhne Universitäten. Evangelische Theologie konnte in Russland nur im baltischen Dorpat (heute: Tartu) studiert werden. Von dort kam Erich Gutkewitsch, der

---

[112] Alfred Eisfeld (Hrsg.): Die Russlanddeutschen. München 1992, S. 68-73.

[113] David Mitrany: The Land and the Peasant in Rumania. New York 1968 (1. Aufl. 1930), S. 202.

[114] Erst seit dem Berliner Kongress 1878 wurde Bismarcks Außenpolitik als gegen Russlands Interessen in Südosteuropa gerichtet wahrgenommen. Vgl. Hans Hecker: Die Deutschen im Russischen Reich, in der Sowjetunion und ihren Nachfolgestaaten. Köln 1994, S. 23.

[115] Brandes, Von den Zaren, S. 486f.; Fassel, Das deutsche Schulwesen, S. 48.

[116] Widmer, Denkwürdigkeiten, S. 14-16.

1907 als Pastor zusammen mit dem Zahnarzt Jakob Flemmer den Deutschen Kulturverein in Kischinew gründete. Nach dem Studium in Dorpat wurde Daniel Haase 1908 Pastor in Tarutino und begann im Budschak den Kulturverein zu aktivieren. Odessa blieb bis 1914 das geistige Zentrum der Deutschen in Bessarabien. Dort waren unter den Studenten der Medizin, Philologie und Rechtswissenschaft auch einige Deutsche.[117] In Odessa kamen die zwei deutschen Zeitungen der Region heraus: der „Christliche Volksbote" und die „Odessaer Zeitung". Die „Odessaer Zeitung", die zwischen 1863 und 1914 erschien, wurde die wichtigste deutsche Zeitung in Südrussland. Sie brachte auch viele Artikel über die Schulen und das Kirchenwesen in Bessarabien. Ihr leitender Redakteur, Karl Wilhelm, war dort geboren.[118] Eine eigene deutsche Zeitung für Bessarabien entstand erst 1919, als der enge Kontakt mit Odessa nicht mehr möglich war.

3.3 Entwicklungen bei den Juden bis 1914

Mit dem Modernisierungsschub unter Alexander II. wuchs die Anzahl der Juden weiter schnell an: 1856 hatten sie mit 95.927 einen Anteil von 9,5% an der Gesamtbevölkerung und 1897 mit 288.168 sogar 11,8%. 1912 erreichten sie einen Anteil von 37,2% an der Stadtbevölkerung und 7,3% an der Landbevölkerung. Die Juden verdienten ihren Lebensunterhalt zum überwiegenden Teil als Kleinhändler, Handwerker, Arbeiter und Tagelöhner. Zwischen 1836 und 1853 waren 16 landwirtschaftliche Kolonien entstanden. 1882 gerieten sie unter Druck wegen des allgemeinen Verbots für Juden, in ländlichen Gemeinden zu leben. Für bestimmte Berufsgruppen gab es aber Wege, Ausnahmeregelungen vor Ort zu erwirken: Nicht alle Juden zogen in die Städte. Etwa 10.000 jüdische Familien lebten in ländlichen Gebieten und seit 1899 bekamen die landwirtschaftlichen Kolonien Unterstützung von der „Jewish Colonization Association" aus Paris. In Russland entstand 1880 die „Gesellschaft zur Förderung handwerklicher und landwirtschaftlicher Arbeit unter den Juden" (Obščestvo dlja rasprostranenija remeslennogo i zemledel'českogo truda sredi evreev) – im weiteren ORT, die auch Lehrwerkstätten in den Kolonien Bessarabiens förderte und Subventionen von jüdischen Organisationen aus dem Ausland erhielt.[119]

---

[117] Otto Broneske: Deutsches Schicksal in der Fremde. Stuttgart 1976, S. 67; Fassel, Das deutsche Schulwesen, S. 43.
[118] Süss, Die Schulsituation, S. 262.
[119] Ussoskin, Struggle for Survival, S. 19.

Unter Alexander II. war eine liberale Politik gegenüber den Juden betrieben worden, da die Regierung sie als wichtigen Modernisierungsfaktor betrachtete. Im Bereich der Wirtschaft hatte es nur noch wenige Beschränkungen innerhalb des „Ansiedlungsrayons" gegeben. Um Positionen in staatlichen Institutionen wahrzunehmen, konvertierten einige gebildete Juden zum orthodoxen oder lutherischen Glauben.[120] Im rückständigen Bessarabien waren aber getaufte Juden sozial völlig isoliert, weshalb sie Ausnahmeerscheinungen blieben.[121]

Der Mord an Alexander II. 1881 wurde von seinem Nachfolger Alexander III. den Juden angelastet.[122] Es begann eine harte Repressionszeit, die sich auch unter Nikolaus II. fortsetzte. 1881 kam es zu einer grausamen Pogromwelle in der Ukraine und Weißrussland, weshalb viele Juden nach Bessarabien auswanderten.[123]

Sie wurden zu Nicht-Einheimischen (Inorodcy) erklärt und unterlagen dadurch vielen Beschränkungen im Berufsleben. Sie durften nicht mit Alkohol handeln, waren nicht als vereidigte Rechtsanwälte zugelassen, sie wurden aus Börsenkomitees und der dörflichen Selbstverwaltung ausgeschlossen.[124]

Damals wurden auch viele Juden aus den ländlichen Gegenden vertrieben und die Neuankömmlinge fanden in den Städten oft keine Arbeit, weil die Industrialisierung nur in wenigen Zentren voranschritt. Eine Regierungskommission suchte nach Auswegen aus der unhaltbaren Situation. Nach fünfjähriger Beratung schlug sie 1888 einen Stufenplan vor, welcher die Diskriminierung der Juden schrittweise aufheben sollte. Alexander III. akzeptierte diese Vorschläge nicht. In allen staatlichen Schulen und Uni-

---

[120] Lutheraner waren zum Beispiel die Eltern des Führers des Jüdischen Arbeiterbundes Vladimir Medem geworden, der getauft wurde. Vgl. Zvi Gitelman: A Century of Ambivalence. The Jews of Russia and the Soviet Union, 1881 to the Present. New York 1988, S. 10.

[121] Noch 1864 wurde nach einem Übertritt in Kischinew der Bannbrief der Synagoge an vielen Straßenecken ausgehängt. Vgl. Glass, Zerbrochene Nachbarschaft, S. 275.

[122] Aufgrund der nachfolgenden Pogrome kam es zu harten Auseinandersetzungen zwischen russischen und jüdischen Revolutionären in Russland. Vgl. Erich Haberer: Jews and Revolution in nineteenth-century Russia. Cambridge 1995, S. 206-229.

[123] Der Begriff Pogrom entstand in Odessa 1871 und bürgerte sich nach 1881 schnell ein. Vgl. Andrei Oişteanu: Imaginea evreului în cultura română [Das Bild des Juden in der rumänischen Kultur]. Bucureşti 2001, S. 194. Zu den Pogromen im Umland von Odessa im 19. Jahrhundert vgl. Yvonne Kleinmann: An zwei Meeren und doch am Land. Eine vergleichende Skizze des soziokulturellen Profils der jüdischen Bevölkerung St. Peterburgs und Odessas im 19. Jahrhundert. In: Metropolen im russischen Vielvölkerreich. Petersburg und Odessa seit dem 18. Jahrhundert, *Nordost-Archiv*, XII(2003). Lüneburg 2004, S. 152ff.

[124] Werner Bergmann: Geschichte des Antisemitismus. München 2002, S. 60; Guido Hausmann, Paradise Anticipated – The Jews of Odessa in the 19th and 20th Centuries. In: *Jahrbuch des Simon-Dubnow-Instituts*, II(2003), S. 157f.

versitäten wurde ein Numerus clausus für Juden eingeführt. Juden durften nicht mehr als Anwälte oder Militärärzte tätig sein. Sie verloren das Stimmrecht bei den Wahlen zur Zemstvo und den Stadtverwaltungen. 1891 wurden Tausende von Juden, hauptsächlich Handwerker, aus Moskau verjagt.[125]

In Bessarabien dominierten einige Juden im Getreidehandel, der zumeist mit Schiffen über die Häfen von Akkerman und Odessa lief. Durch neue Verkehrswege war auch der Transport von Getreide in die rumänischen Donauhäfen Galaţi und Reni möglich geworden. Da nur wenige russische Banken Filialen in Bessarabien hatten, wirkten einige Juden als private Kreditgeber. Zinsen von 18-24% waren üblich. Seit 1894 vergab die Staatsbank auch Kredite, doch die sollten vor allem die Entwicklung industrieller Unternehmen fördern.[126]

Um den vielen kleinen Kaufleuten und Handwerkern eine Perspektive ohne Verschuldung zu eröffnen, gründeten einige jüdische Gemeindeführer 1901 eine genossenschaftliche Darlehenskasse. Der Finanzminister verlangte, dass Nichtjuden in der Leitung vertreten seien und deswegen wurde der deutsche Bürgermeister von Kischinew, Karl Schmidt, beteiligt. Weitere Leitungsmitglieder waren die jüdischen Ärzte Jakob Bernstein-Kohan (Cohen) und J. Mučnik, der Journalist Nahum Rojtman und andere.[127]

Die Kooperation dieser Juden mit Schmidt sollte sich 1903 als sehr wichtig erweisen, insbesondere als es im April zu einem Pogrom in Kischinew kam. Er wird ausführlicher geschildert, um die Einstellung der Träger verschiedener Institutionen in Russland gegenüber den Juden deutlich zu machen.

In Kischinew war es durch Zuwanderung zu einer besonders großen Konzentration von Juden gekommen. 1897 betrug ihr Anteil an der Stadtbevölkerung 45%, das entsprach etwa 50.000 Personen. 30% dieser Juden waren in anderen Provinzen des Ansiedlungsrayons geboren, Kischinew hatte demnach eine große Anziehungskraft. Drei Viertel der Fabriken befanden sich in jüdischen Händen. Von 1900 bis 1903 ging die russische Industrieproduktion allgemein zurück und dadurch gab es viele

---

[125] Heinz-Dietrich Löwe: Antisemitismus und reaktionäre Utopie. Russischer Konservatismus im Kampf gegen den Wandel von Staat und Gesellschaft. Hamburg 1978, S. 32.

[126] P. V. Synadino: Creditul din Basarabia [Der Kredit in Bessarabien]. In: *Buletin Oficial al camerei de comerţ şi industrie*. Chişinău 1929, S. 10f.

[127] Ussoskin, Struggle, S. 20f. Der Erste war auch Teilnehmer des 3. Zionistischen Kongresses 1899 und wird unter Ia. Kogan-Bernshtein angeführt. Vgl. Aleksandr Lokšin: Tsarist Policy Toward Zionism in Russia. In: Heiko Haumann (Hrsg.): Der Traum von Israel. Die Ursprünge des modernen Antisemitismus, Weinheim 1998, S.174.

arbeitslose Arbeiter und Handwerker.[128] Die Unzufriedenheit schlug sich unterschiedlich nieder: Viele jüdische Arbeiter und Handwerker schlossen sich der Sozialdemokratie an. Dagegen wuchs unter den Russen, Ukrainern und Rumänen der Antisemitismus. Dazu trug besonders die einzige in Kischinew seit 1898 erscheinende Tageszeitung „Bessarabec" (Der Bessarabier) bei. Ihr Herausgeber, Pavel A. Kruševan, war gebürtiger Rumäne, propagierte aber den großrussischen Chauvinismus. Häufig druckte er Artikel ab, in denen Juden wegen unehrlichen Geschäftsgebarens angegriffen wurden. Die Erfolge der Juden in der Wirtschaft und die transnationalen Verbindungen der jüdischen Genossenschaften wurden als Verschwörung interpretiert. Im März 1903 publizierte das Blatt ein Gerücht über einen angeblichen Ritualmord der Juden im benachbarten Dubossary, aber aufgrund der Unruhe bestand der Gouverneur auf einer Gegendarstellung.[129] Danach kursierten in Kischinew Gerüchte von einer geheimen Anweisung des Zaren, wonach an Ostern die Juden drei Tage lang geschlagen und ausgeplündert werden könnten, ohne dass die Behörden einschreiten würden.[130]

Als am Ostersonntag, dem 6. April 1903, jüdische Lebensmittelgeschäfte und Weinläden überfallen wurden, schritt die Polizei nicht sofort ein. Am nächsten Morgen trieb sie aber über 100 jüdische Männer auseinander, die sich bewaffnet zur Selbstverteidigung auf dem Marktplatz versammelt hatten. Diese Maßnahme deuteten die Antisemiten als Freibrief: Am 7. April wurden bei den Plünderungen viele Juden ermordet. Da in den besseren Vierteln der Stadt, wo relativ wenige Juden lebten, Polizei präsent war, tobte sich die brutale Gewalt in den ärmeren Vierteln aus und ebbte erst nach dem Erscheinen von Soldaten in der Nacht ab. Aufgrund der Feiertage erfuhr der Bürgermeister, Karl Schmidt, von dem Pogrom erst, als Randalierer am Sonntagnachmittag die Fenster seines jüdischen Nachbarn einschlugen. Der Gouverneur war vom Chef der Polizei informiert worden und hatte die Verstärkung der Wachtruppen veranlasst. Der Kommandeur der Garnison forderte von auswärts Verstärkung an, die aber verspätet eintraf. Als am Montagmorgen der Pogrom weiterging, versuchte eine vierzigköpfige Delegation von Juden beim Gouverneur Hilfe zu erlangen. Sie wurde nicht vorgelassen und auch der Vizegouverneur

---

[128] Judge, Ostern, S. 32-35.

[129] Löwe meint, dass Mitglieder der Justizbehörde beim „Bessarabec" mitwirkten und das Blatt seit 1905 vom Innenministerium Subventionen erhielt. Vgl. Löwe, Antisemitismus, S. 59. Auch Judge schließt das nicht aus. Vgl. Judge, Ostern, S. 44-48.

[130] Der Zionistische Hilfsfonds in London setzte eine Kommission zur Untersuchung des Pogroms ein, in deren Bericht besonders die religiös verbrämten Hetzschriften und das organisierte Auftreten der Antisemiten hervorgehoben werden. Vgl. Die Judenpogrome in Russland. Hrsg. im Auftrag des Zionistischen Hilfsfonds in London. Köln/ Leipzig 1910, S. 6-12.

unternahm nichts, bis er dazu einen Befehl aus St. Petersburg bekam. Der Vertreter der Geheimpolizei Ochrana, der kurz vor dem Pogrom aus der Hauptstadt angereist war, spielte in jenen Tagen eine undurchsichtige Rolle. Angesichts der vielen Unruheherde in der Stadt verhaftete die Polizei nur einen kleinen Teil der Randalierer. Am Montagnachmittag trafen Soldaten ein und konnten ohne Einsatz von Feuerwaffen die Ordnung wieder herstellen. Sie verhafteten etwa 800 Personen, mehr als das Gefängnis aufnehmen konnte. Etwa 100 Personen wurden später vor Gericht gestellt, die meisten waren junge Russen oder Ukrainer aus den unteren Schichten. Bei dem Pogrom waren 49 Juden und zwei Christen umgekommen. Etwa 500 Juden wurden im Jüdischen Krankenhaus, das Moise Sluckij seit 1889 leitete, behandelt. 800 Gebäude waren beschädigt und die Existenz vieler Familien vernichtet.[131]

Ein Abgesandter des Innenministeriums begann am 11. April, die Vorgänge zu untersuchen. Die befragten Juden verwiesen auf die Hetze des „Bessarabec". Das antisemitische Blatt wurde jedoch im Bericht des Innenministeriums nicht erwähnt. Der Pogrom wurde auf Spannungen zwischen Juden und Christen zurückgeführt. Der Berichterstatter behauptete, dass die Unruhen am zweiten Tag eine Reaktion auf die Angriffe jüdischer Kaufleute auf christliche Bauern waren. Ansonsten wurde das desorganisierte Vorgehen der Polizei gerügt.[132] Der Gouverneur wurde abgelöst, und größere Militäreinheiten blieben noch einige Monate in der Stadt. Die schnelle Hilfe vom Berliner „Hilfsverein der deutschen Juden" und von der Pariser „Alliance Israélite Universelle" linderte die Not der Juden, denen der Staat eine Entschädigung verweigerte. Das Hilfskomitee für die Geschädigten leitete in Kischinew die Gruppe aus dem Vorstand der Genossenschaften um Jakob Bernstein-Kohan, Ju. S. Mučnik und Nahum Rojtman.[133] Über die politische Einstellung dieser auch nach 1918 besonders aktiven Juden ist wenig bekannt. Doch dürfte die Pogromerfahrung Zweifel an den Möglichkeiten der Assimilation bestärkt haben. Die zionistische Orientierung von Jakob Bernstein-Kohan kam darin zum Ausdruck, dass er zwischen 1907 und 1910 in Palästina lebte.[134]

Einige Wochen lang war Kischinew ein breit vertretenes Thema in der russischen und ausländischen Presse. Zum Pogrom äußerten die russischen Schriftsteller Lev Tolstoj, Maksim Gor'kij und Vladimir Korolen-

---

[131] Judge, Ostern, S. 64-72.

[132] Judge, Ostern, S. 75ff., 81, 84f.; David Vital: A People Apart. The Jews in Europe 1789-1939. Oxford 1999, S. 509.

[133] Kopanskij, Jakov M.: Džojnt v Bessarabii. Stranicy istorii [Der Joint in Bessarabien. Aspekte der Geschichte]. Kišinev 1994, S. 13 und 64.

[134] Die Pogromerfahrung bewirkte auch bei Juden im benachbarten Odessa eine Stärkung zionistischer Ideen, eine vergleichbare Wirkung hatte zuvor nur die Dreyfus-Affäre gehabt. Vgl. Hausmann, Paradise Anticipated, S. 177.

ko ihre Empörung und Scham. In vielen Städten Westeuropas und der USA fanden Protestversammlungen statt.[135] Später beschäftigte sich die Presse vor allem mit dem Strom der jüdischen Auswanderer aus Bessarabien. Die meisten wollten in die USA, nur wenigen gelang die Einreise nach Palästina.[136]

Bei den Protesten kam es stellenweise zu einem gemeinsamen Vorgehen von Sozialisten und Zionisten. Doch das sahen die Führer beider Bewegungen als Gefahr. Karl Kautsky befasste sich in einem längeren Artikel mit dem Pogrom von Kischinew. Den Antisemitismus in Russland deutete er als Abwehrkampf der wirtschaftlich in Bedrängnis geratenen Handwerker, deren Arbeitsplätze nun durch billigere Fabrikwaren verdrängt würden, die jüdische Zwischenhändler verkauften. Die Juden könnten nur durch die revolutionäre Bewegung Russlands aus ihrer prekären Lage befreit werden. Er kritisierte die zionistische Bewegung, weil sie die Abkapselung der Juden bestärke und das irreale Ziel einer Massenemigration propagiere.[137]

Theodor Herzl war gegen ein gemeinsames Vorgehen von Zionisten und Sozialisten gegen die Antisemiten, weil dies das Feindbild der russischen Behörden bestärken würde. Der Innenminister Vjačeslav K. Pleve hatte gegenüber ausländischen Journalisten behauptet, dass die Juden an den Spannungen schuld seien, da viele von ihnen den Staat kritisieren würden. Er behauptete, 90% der Revolutionäre im Westen Russlands seien Juden. Nun würden sich die jüdischen Sozialisten mit den Zionisten zusammentun. Pleve war zu einem Treffen bereit, als Theodor Herzl sich im Sommer 1903 an ihn wandte. Der Innenminister bekundete Sympathie für Herzls Plan, möglichst vielen Juden aus Russland die Emigration zu ermöglichen.[138] Herzl bat Pleve um Unterstützung seiner Interventionen beim türkischen Sultan, damit dieser jüdische Siedlungsprojekte in Palästina genehmige. Der zionistische Politiker erhielt daraufhin ein Schreiben, dass die russische Regierung diese Pläne unterstütze. Der Innenminister forderte als Gegenleistung, dass beim bevorstehenden Kongress der Zionisten Russland nicht angegriffen werde. Herzl behauptete im November 1903 beim Kongress in Basel, Kischinew sei überall und verhin-

---

[135] Ein Kreis um den Historiker Simon Dubnow aus Odessa sammelte alle Informationen und sorgte für ihre Verbreitung im Ausland. Vgl. Vital, A People, S. 522-528. Von Dubnow stammt auch eine ausführliche Analyse des Pogroms, vgl. Simon Dubnow: Die neueste Geschichte des jüdischen Volkes, Bd. 3. Berlin 1923, S. 414-421.

[136] Darunter waren 37 Waisenkinder aus Kischinew. Vgl. Mordechai Naor: Eretz Israel. Das Zwanzigste Jahrhundert. Köln 1998, S. 25

[137] Karl Kautsky: Das Massaker von Kischineff und die Judenfrage. In: *Die Neue Zeit*, 21(1902/1903), Bd. 2, H. 36, S. 303-309.

[138] Zu den Argumenten, die Herzl 1896 für die Kolonisation Palästinas durch europäische Juden in seiner Schrift „Der Judenstaat" vorgebracht hatte vgl. Meier Marcell Faerber: Österreichische Juden. Historische Streiflichter. Klagenfurt 1996, S. 76-82.

derte eine Debatte über die Zustände in Russland. Als er vorschlug, mit großen Ansiedlungsprojekten in Uganda zu beginnen, gab es heftigen Widerspruch. Die russischen Delegierten – unter ihnen einige aus Kischinew – sahen darin eine Preisgabe des Ziels, Palästina zur Heimat aller Juden zu machen und verließen demonstrativ den Sitzungssaal. Etwa 200 andere Delegierte unterstützten die russischen Delegierten und es drohte eine Spaltung. Herzl musste sich um ihre Rückkehr bemühen und versprach, sich vor allem für die Ansiedlung in Palästina einzusetzen.[139]

Im Herbst 1903 begannen die Verfahren gegen die beim Pogrom in Kischinew Verhafteten unter Ausschluss der Öffentlichkeit.[140] Karl Schmidt war nicht mehr Bürgermeister und trat vor Gericht sehr entschieden auf. Obwohl der Vorsitzende nur Aussagen zu den Angeklagten zulassen wollte, sprach Schmidt immer wieder die aufwiegelnde Rolle des „Bessarabec" an. Er schilderte die engen Beziehungen zwischen dem Herausgeber Kruševan und dem Vize-Gouverneur, der für die Zensur zuständig war. Schmidt betonte, dass es zuvor in Bessarabien keine Spannungen zwischen Juden und Nichtjuden gegeben hätte. Die Juden würden nur deshalb im Handel dominieren, weil sie von den Dörfern vertrieben worden seien und kaum andere Verdienstmöglichkeiten für sie bestünden. Ein anderer Deutscher, der Stabsarzt Eduard Müller, sagte aus, dass die Polizei den Plünderern untätig zugesehen hätte. Weil die Richter sich weigerten, auch die Drahtzieher des Pogroms in das Verfahren einzubeziehen, verließen mehrere prominente Verteidiger den Prozess. Im Dezember 1903 wurden 25 der 37 Angeklagten zu Strafen von sechs Monaten bis zu sieben Jahren verurteilt.[141]

Der Pogrom von Kischinew hatte noch weitere Folgen, die verdeutlichten, dass den Juden nicht nur von Seiten irregeführter Jugendlicher Gefahr drohte. Der Zar bedankte sich bei Kruševan für die Arbeit seiner Zeitung „Bessarabec" (Der Bessarabier). Der Oberprokurator des Heiligen Synod, Konstantin P. Pobedonoscev, überreichte dem Innenminister ein Memorandum, das den Juden die Aufweichung der Moral, Ausbeutung der einheimischen Bevölkerung und Organisierung revolutionärer Umtriebe anlastete. Außer diesen auch in Westeuropa verbreiteten Stereoty-

---

[139] Steven Beller: Theodor Herzl. Wien 1996, S. 123-125; Pierre Heumann: Israel entstand in Basel. Die phantastische Geschichte einer Vision. Zürich 1997, S. 163-171; Rudolf Kallner: Herzl und Rathenau. Wege jüdischer Existenz an der Wende des 20. Jahrhunderts. Stuttgart 1976, S. 251-261; Judge, Ostern, S. 94-96.

[140] Viorel Roman behauptet fälschlicherweise, dass es keinen Prozess gab. Das Buch enthält noch viele weitere Ungenauigkeiten und wird deshalb nicht mehr zitiert. Vgl. Hannes Hofbauer/ Viorel Roman: Bukowina, Bessarabien, Moldawien. Vergessenes Land zwischen Westeuropa, Russland und der Türkei. Wien 1993, S. 81.

[141] Judge, Ostern, S. 105-109; Löwe, Antisemitismus, S. 60f.; Die Judenpogrome, S. 25-27.

pen kam noch der Vorwurf hinzu, sie seien Werkzeuge der österrei-
chisch-deutschen Großraumpolitik. Hinter ihren Verschwörungen stehe
der allmächtige Kahal, eine geheime jüdische Weltregierung. Kruševan
publizierte in seiner neuen Zeitung „Znamja" (Die Flagge) die russische
Version der „Rede des Rabbiners", jener Fälschung, die unter dem Titel
„Protokolle der Weisen von Zion" später im Repertoire aller Antisemiten
einen zentralen Platz einnahm. Der Innenminister drohte einer Abordnung von jüdischen Notabeln, dass ihr Leben in Russland unmöglich
werde, wenn sie die jüdische Jugend nicht von den revolutionären Kreisen fernhalten würden.[142] Angesichts der immer perspektivloseren Lage
für junge Juden gelang dies den Notabeln nicht. Nach dem Pogrom von
Kischinew entstanden überall Gruppen zur Selbstverteidigung, denen sowohl Zionisten wie Sozialisten angehörten.[143]

Diese Gruppen dürften wie auch anderswo in Russland vor allem vom
Jüdischen Arbeiterbund aufgebaut worden sein. Er war 1905 mit etwa
35.000 Mitgliedern die stärkste linke Organisation. Weil die russische
Sozialdemokratie sich gegen eine föderale Struktur ausgesprochen hatte,
agierte der Arbeiterbund seit 1903 als eigenständige Organisation. Bezüglich der Kritik an den Herrschaftsstrukturen gab es geringe Unterschiede,
doch hatte Lenin sich gegen die kulturelle Autonomie des jüdischen Pro-
letariats gewandt und auf einer zentralistischen Organisation bestanden.[144]
Durch die russische Niederlage im Krieg gegen Japan hatte sich die wirtschaftliche Lage Russlands entscheidend verschlechtert. In den Arbeiter-
zentren gärte es und es entstanden Arbeiterräte. Bauern begannen, den
Gutsbesitz umzuverteilen.[145] Während sich 1905 im benachbarten Odessa
eine revolutionäre Bewegung entfaltete, kam es in Kischinew nur zu kleinen Streiks für materielle Verbesserungen. An dem Generalstreik vom
16. Oktober 1905 zur Durchsetzung demokratischer Forderungen beteiligten sich in Kischinew nur wenige jüdische Arbeiter. Nichtjuden waren

---

[142] Löwe, Antisemitismus, S. 64f. Zur Geschichte dieser Fälschung vgl. Hadassa Ben-
Itto: „Die Protokolle der Weisen von Zion" – Anatomie einer Fälschung. Berlin 1998;
Norman Cohn: Die Protokolle der Weisen von Zion. Der Mythos von der jüdischen
Weltverschwörung. Berlin/ Köln 1969; Michael Hagemeister: „Die Protokolle der
Weisen von Zion" und der Basler Zionistenkongress von 1897. In: Heiko Haumann
(Hrsg.): Der Traum von Israel. Die Ursprünge des modernen Antisemitismus. Wein-
heim 1998, S. 250-273.

[143] Bereits beim Pogrom in Gomel' 1903 setzten sich Juden zur Wehr; ebenso bei den an-
tijüdischen Ausschreitungen von 1905. Vgl. Löwe, Antisemitismus, S. 65.

[144] Mitgliederzahl vgl. Arno Lustiger: Rotbuch: Stalin und die Juden. Berlin 2000, S. 37-
39. Zu Lenins Position vgl. auch Levin, The Jews, S.12- 21.

[145] Ciachir, Basarabia, S. 81; Fruntaşu, O istorie, S. 74; Dietrich Geyer: Der russische
Imperialismus. Göttingen 1977, S. 182f.; Martin Malia: Experiment ohne Zukunft?
Voraussetzungen und Folgen der Russischen Revolution. Hamburg 1989, S. 70f.;
Hans-Heinrich Nolte: Kleine Geschichte Russlands. Stuttgart 1998, S. 156.

bei der Kundgebung kaum vertreten. Einige Rechte provozierten noch vor der Verkündung des Zarenmanifestes Ausschreitungen. Bürgermeister war zu diesem Zeitpunkt der Grieche Pantelimon Synadino, den Zeugen beim Prozess von 1903 bezichtigt hatten, er habe zum Überfall auf eine jüdische Bank aufgerufen. Auch der neue Gouverneur sympathisierte offen mit den Antisemiten, die sich im März 1905 in der „Liga der Patrioten" zusammengeschlossen hatten. Pavel Kruševan konnte mit dessen Erlaubnis in der neuen Zeitung „Drug" (Der Freund) gegen die Juden hetzen. Die Spannungen nahmen zu, als die Juden durch die neue Verfassung das volle Wahlrecht für die Duma-Wahlen erhielten. Am 19. Oktober 1905, zwei Tage nach der Verkündung der Verfassungsrechte, formierten sich Anhänger der „Liga der Patrioten" zu einer Demonstration und überfielen jüdische Häuser. Diesmal trat ihnen eine Abwehrgruppe entgegen, die aus etwa 150 Männern, darunter auch nichtjüdische Sozialrevolutionäre, bestand. Es kamen während des Pogroms 29 Menschen um und der Sachschaden war etwas geringer als 1903.[146]

Auch in anderen Orten Bessarabiens gab es 1905 antisemitische Ausschreitungen, so in Akkerman, Ismail, Bajramča, Kalaraš und Strašeni.[147] Während des Generalstreiks in vielen russischen Städten versammelten sich in Akkerman am 18. Oktober 1905 nur einige Jugendliche. Am 22. Oktober hielten rechte Russen eine Gegenkundgebung ab und begannen, jüdische Läden zu plündern und ihre Inhaber zu ermorden. Die etwa 200 Juden der Selbstwehr wurden überwältigt. Im Fall von Kalaraš, einem reichen Städtchen, in dem etwa die Hälfte der Bewohner Juden waren, beteiligten sich außer den Russen auch Rumänen an den Ausschreitungen. Unter ihnen war zuvor die Flugschrift „Jüdische Pachtverhältnisse" verbreitet worden, in der die Armut der Rumänen auf die Ausbeutung durch die Juden zurückführt wurde. Die Selbstwehr konnte den Schaden nicht verhindern, die Geschäftsstraßen waren nach dem Pogrom ein Schutthaufen.[148]

Im Fall von Akkerman soll hervorgehoben werden, dass 1905 deutsche Bewohner der Stadt und auch die Kolonisten der Umgebung verfolgten Juden Schutz gewährten. In Schabo konnten aufgebrachte Antisemiten aus Akkerman durch eine üppige freie Mahlzeit von der Suche nach versteckten Juden abgelenkt werden.[149] In Klöstitz blieben Juden, die vor

---

[146] Die Judenprogrome, S. 83-89.
[147] Fassel, Das deutsche Schulwesen, S. 54; Judge, Ostern, S. 129-132; Izrael N. Pilat: Iz istorii evreijstva Moldavy [Aus der Geschichte der Juden Moldawiens]. Kišinev 1990, S. 37f.
[148] Als Autor einer dort verbreiteten Hetzschrift wird ein rumänischer Journalist namens Şerban genannt. Vgl. Die Judenpogrome, S. 90-102.
[149] Baldur Höllwarth: Ein Pogrom in Akkerman. In: *Jahrbuch der Deutschen aus Bessarabien*, 56(2005), S. 79-80.

dem Pogrom geflohen waren, danach dauerhaft im Ort.[150] In den deutschen Kolonien gab es 1890 insgesamt 2.927 Juden. Einige schickten ihre Söhne in das deutsche Gymnasium in Tarutino, das etwa 10% jüdische Schüler hatte.[151]

Kruševan, dessen Zeitungen 1903 und 1905 die Pogromstimmung entfacht hatten, war diesmal zu weit gegangen. 1906 lief ein Prozess gegen ihn, weil er behauptet hatte, dass die Verwaltung Bessarabiens in den Händen der Juden sei.[152] Hinter ihm standen aber weiterhin einflussreiche Kräfte: Als er 1909 starb, wurde er auf Wunsch des orthodoxen Metropoliten Serafim Čičiagov neben den Geistlichen in Kischinew beerdigt.[153]

Eine Folge der Pogrome war, dass sich im Januar 1906 in Akkerman eine Unterorganisation der rechtsradikalen „Sojuz Russkogo Naroda" (Union des russischen Volkes) bildete, die Vladimir M. Puriškievič und zwei weitere Russen leiteten. Die Organisation behauptete, Russland sei von zwei Kräften bedroht: vom jüdischen Kapitalismus und vom jüdischen Sozialismus. Die Juden würden von der „Alliance Israélite Universelle" gesteuert und die wolle durch das allgemeine Wahlrecht in Russland ihren Einfluss festigen. Obwohl Puriškievič prinzipiell gegen den Parlamentarismus war, ließ er sich in die 3. Duma wählen, um sie zu diskreditieren. Er bekam auch Stimmen von Deutschen aus dem Bezirk Akkerman, was aber nicht als Ausdruck von Antisemitismus gewertet werden muss, denn Puriškievič setzte sich für deren bedrohte Eigentumsrechte ein. Er begründete dies damit, dass die deutschen Kolonisten bei der Revolution 1905 treu zum Zaren gestanden hätten.[154] Puriškievič war Großgrundbesitzer und daher vertrauten ihm die Landbesitzer aller Ethnien. Viele Unterstützer hatte er in staatlichen Behörden und unter orthodoxen Geistlichen. Seine guten Beziehungen zu Behörden in St. Petersburg stammten aus der Zeit, als er um 1900 persönlicher Referent des Innenministers Pleve war. Seit 1911 leitete Puriškievič einen Zweig des „Bundes des Russischen Volkes", der sich „Sojuz Michaela Arhangelja" (Bund des Erzengels Michael) nannte und offen die Vertreibung der Juden forderte. Diese Organisation hatte in Bessarabien viele Anhänger, staatliche Subventionen spielten dabei eine Rolle.[155]

---

[150] Paul Sauer: Mut zum Neubeginn in der Fremde. Klöstitz, eine der ältesten deutschen Siedlungen in Bessarabien. In: *Jahrbuch der Deutschen aus Bessarabien*, 53(2002), S. 77.

[151] Brandes, Von den Zaren, S. 462; Mayer, Der Weg, S. 62.

[152] ANRM, F. 39, 1048.

[153] Dinu Poştarencu: O istorie a Basarabiei în date şi documente 1812-1940 [Eine Geschichte Bessarabiens in Daten und Dokumenten 1812-1940]. Chişinău 1998, S. 134.

[154] Brandes, Von den Zaren, S. 484.

[155] Löwe, Antisemitismus, S. 142 und 257; Walter Laqueur: Black Hundred. The Rise of the Extreme Right in Russia. New York 1993, S. 18-23. Breite Anerkennung fand Puriškievič mit seiner Rede in der Duma im November 1916, in der er die Beseitigung

Verglichen mit dem benachbarten Odessa, das ein Zentrum der Revolution von 1905 und danach der Repression war, blieb es in Bessarabien relativ ruhig.[156] Da es wenige Arbeiter gab, war die organisierte Linke schwach. Neben dem erwähnten „Jüdischen Arbeiterbund" entstand 1906 die „Jüdische Sozialdemokratische Partei Poale Zion" (Arbeiter Zions), die Zionismus und Sozialismus zusammenführen wollte. Einerseits trat sie für die Organisierung der Arbeiter in Russland ein, andererseits unterstützte sie die Auswanderung nach Palästina.[157] In bessarabischen Dörfern gab es auch Agitation von Sozialrevolutionären.[158] Als die 1. Duma 1906 aufgelöst wurde, schwanden die Hoffnungen auf eine baldige Veränderung und viele Juden wanderten wie schon nach dem Pogrom von 1903 aus.[159]

Die Juden, die in Bessarabien blieben, bauten ihre eigenen Netzwerke aus. 1914 hatten die 31 genossenschaftlichen Vereine etwa 36.000 Mitglieder. Da jedes Mitglied noch mindestens 4 weitere Personen mitversorgte, war mehr als die Hälfte der Juden erfasst. Die Genossenschaften verfügten über sehr gute Beziehungen zu ausländischen Organisationen und erhielten von ihnen Unterstützung. Ihr Vorstandsmitglied Jakob Bernstein-Kohan hatte zwischen 1907 und 1910 in Palästina gelebt und dort Kontakte mit vielen jüdischen Hilfswerken geknüpft.[160] Bernstein-Kohan baute mit dem Arzt Israel Jakir 1915 auch die „Gesellschaft zum Schutz der Gesundheit der jüdischen Bevölkerung"/ OZE auf, welche armen Juden eine ärztliche Versorgung ermöglichte.[161]

3.4 Die Lage der Bulgaren, Ukrainer und Rumänen bis 1914

Bis 1905 gab es so gut wie keine Ansätze zur Organisierung bei den Bulgaren, Ukrainern und Rumänen in Bessarabien. Da nur wenige Angehörige dieser Ethnien höhere Schulen besuchten, hatten sie eine begrenzte

---

des schädlichen Einflusses von Rasputin auf den Zaren forderte. Er war im Dezember wesentlich an Rasputins Ermordung beteiligt. Vgl. Richard Pipes: Die Russische Revolution. Bd. 1: Der Zerfall des Zarenreiches. Berlin 1992, S. 448 und 455-460.

[156] In Odessa kamen im Herbst 1905 über 800 Juden um. Vgl. Geoffrey Hosking: Russland. Nation und Imperium 1552-1917. Berlin 2000, S. 428. Herlity nennt 302 Opfer bei den Zusammenstössen zwischen Polizei und Demonstranten im Oktober. Vgl. Herlity, Odessa, S. 307.

[157] Bunzl, Klassenkampf, S. 12f.

[158] Manfred Hildemeier: Die Sozialrevolutionäre Partei Russlands. Agrarsozialismus und Modernisierung im Zarenreich 1900-1914. Köln 1978, S. 240.

[159] Cazacu, Moldova, S. 178; Judge, Ostern, S. 130; Prothero, Bessarabia, S. 11.

[160] Keith Hitchins: Jewish Credit Cooperatives, S. 194; Sarra Şpitalnic: Evreii în literatura, arta şi ştiinţa Moldovei [Die Juden in der Literatur, Kunst und Wissenschaft auf dem Gebiet der (Republik) Moldau]. Chişinău 1994, S. 303; Ussoskin, Struggle, S. 21.

[161] Sarra Špitalnik: Evrejskij Kišinev [Die Juden von Kischinew]. Kišinev 1995, S. 8.

Zahl von Intellektuellen. Das erschwerte Vereinsbildungen, die über den lokalen Rahmen hinausgingen.

Die Bulgaren erreichten 1897 mit einer Anzahl von 103.220 Personen einen Anteil von 5,33% an der Gesamtbevölkerung. Sie lebten in enger Gemeinschaft mit dem orthodoxen Turkvolk der Gagausen, das auf 57.045 Personen angewachsen war. Die Gagausen stellten 2,95% der Gesamtbevölkerung.[162] Nachdem Bulgarien 1878 von den Osmanen unabhängig geworden war, entstand unter den bulgarischen Siedlern Bessarabiens mehr ethnisches Bewusstsein. In Bolgrad kritisierten einige die Russifizierung ihrer Gemeindeschulen und die Berufung russischer Geistlicher an ihre Kirchen. Während der Revolution von 1905 gärte es in manchen Ortschaften, die Bewohner forderten die Abschaffung der indirekten Steuern auf Waren des täglichen Bedarfs. 1906 kam es zu einem Konflikt, als ein ehemaliger Student wegen revolutionärer Propaganda festgenommen werden sollte. Bulgaren unterstützten ihn und 59 Personen wurden verhaftet.[163] Insgesamt waren aber die bulgarischen Dörfer im Süden Bessarabiens verglichen mit denen der Ukrainer eine Oase der Ordnung. Ein nordamerikanischer Wissenschaftler, der 1910 den Bauern neue Methoden zur Verbesserung des Saatgutes beibrachte, schilderte die Bulgaren als wohlhabend und lernbegierig.[164]

Nachrichten über die Ukrainer im Norden Bessarabiens sind spärlich, weil sie zumeist als Tagelöhner in der Umgebung arbeiteten und kein Aufsehen durch politische Forderungen erregten. Ihre Anzahl wird 1897 mit 379.188 angegeben, was einem Anteil von 19,7% an der Gesamtbevölkerung entsprach. Bei der Landbevölkerung Bessarabiens hatten sie einen Anteil von 20,3% und bei der Stadtbevölkerung von 15,8%. Einige Ukrainer lebten nach 1812 auch im Süden Bessarabiens und arbeiteten gelegentlich auf deutschen Höfen.[165]

Die meisten Publikationen zu Bessarabien beschäftigen sich mit den Rumänen, weil für sie der Streit um die staatliche Zugehörigkeit des Gebietes ein wichtiges Anliegen war und ist. Von vielen rumänischen Autoren werden die Angaben der Volkszählung von 1897 als Fälschung betrachtet, weil sie die Rumänen mit 920.919 Personen und einem Anteil von nur 47,58% ausweisen. 1861 stellten sie noch mit 515.927 Personen 51,44% der Gesamtbevölkerung.[166]

Das Problem bestand aber darin, dass sich große Teile der rumänischen Oberschicht als Russen betrachteten. Auch Aufstiegswillige aus der Mit-

---

[162] Ciachir, Basarabia, S. 72.
[163] Brandes, Von den Zaren, S. 473f.
[164] Michael, More Corn, S. 34.
[165] Cazacu, Moldova, S. 74, Ciachir, Basarabia, S. 72; Layer, Von den fremdstämmigen Nachbargemeinden, S. 101.
[166] Ciachir, Basarabia, S. 72.

telschicht bezeichneten sich aus Prestigegründen bei der Volkszählung als Russen. Weil die Privilegien der rumänischen Gutsbesitzer anerkannt worden waren und sie staatliche Funktionen einnehmen konnten, unterstützten sie das System. Während ihrer Ausbildungszeit lebten sie in den großen russischen Städten und kamen zumeist russifiziert zurück. Es soll nur der Fall von Aleksandr Krupenskij erwähnt werden. Nach dem Studium in Kiev vertrat er den Adel von Bessarabien in St. Petersburg. 1912 empfing er Nikolaus II., als dieser Kischinew anlässlich der Feier zum 100. Jahrestag der Eingliederung Bessarabiens in das Zarenreich besuchte.[167]

Seit den 1870er Jahren verboten die Behörden die Einfuhr von Schriften aus Rumänien, damit nationale Ideen nicht Fuß fassen sollten. Das Interesse war aufgrund der breiten Leseunfähigkeit gering: die Analphabetenquote betrug 1897 noch 90% bei den moldauischen Männer und 98% bei den Frauen.[168] Unter diesen Bedingungen konnte sich in Bessarabien lange keine rumänische Zeitung etablieren, die beiden Versuche von 1871 und 1884 scheiterten nach kurzer Zeit mangels Nachfrage.[169]

Bis 1917 war das Zentrum der rumänischen Kultur das Theologische Seminar von Kischinew. 1883 wurde die Druckerei des Seminars geschlossen und so konnten keine rumänischen religiösen Bücher mehr gedruckt werden. Seit diesem Jahr musste in allen orthodoxen Kirchen Bessarabiens die Liturgie in Kirchenslawisch abgehalten werden, das die rumänischen Bauern nicht verstanden.[170] Doch die Geistlichen, die aufsteigen wollten, akzeptierten die zunehmende Russifizierung. Nur wenige Priester und Lehrer widersetzten sich dem Assimilationsdruck.[171]

Einige gebildete Rumänen sahen keine Berufsperspektive in Bessarabien und emigrierten nach Rumänien. Neben beruflichen Gründen zogen sie auch aus politischen Gründen weg. Das betraf einerseits national orientierte Intellektuelle und andererseits Kritiker des Zarismus. Ende der 1870er Jahre verließen viele Populisten (Narodniki) Russland wegen der zunehmenden Verfolgung. Einige, die später für die Entwicklung in Bessarabien wichtig wurden, sollen erwähnt werden. Zamfir Arbore-Ralli schloss sich während des Studiums in St. Petersburg den Sozialrevolutio-

---

[167] Obwohl Krupenskij aus einer alten moldauischen Bojarenfamilie stammte, trat er als Russe auf. Daher gebe ich seinen Namen in der russischen Form wieder. Er sollte sich nach 1918 entschieden gegen den Anschluss Bessarabiens an Rumänien wenden. Vgl. Colesnic, Generația, S. 103f.

[168] Armand Goșu: Basarabia sub ocupația țaristă [Bessarabien unter zarischer Besetzung]. In: Ioan Scurtu u.a.: Istoria Basarabiei, S. 79

[169] Ion Frunza: Bessarabien. Rumänische Rechte und Leistungen. Bukarest 1941, S. 39ff., 49 und 54.

[170] Ciachir, Basarabia, S. 69, Frunza, Bessarabien, S. 41; Andrei Popovici: The Political Status of Bessarabia. Washington 1931, S. 105.

[171] Babel, La Bessarabie, S. 190.

nären an und wurde deswegen verhaftet. Nach zwei Jahren Festungshaft wurde er verbannt. Er floh aus dem Verbannungsort und unterstützte danach von der Schweiz aus die revolutionäre Bewegung Russlands durch das Einschmuggeln von Schriften über die bessarabische Grenze. Seit 1876 lebte er in Rumänien und thematisierte dort als Journalist auch die Verhältnisse in Bessarabien. Er publizierte 1893 und 1904 Bücher über Bessarabien, in einem geht er ausführlich auf die deutschen Kolonien ein.[172]

Andere von der russischen Polizei gesuchte Sozialrevolutionäre aus Russland wechselten über die illegal leicht zu überschreitende Grenze von Bessarabien nach Rumänien über und begründeten dort in den 1880er Jahren sozialistische Gruppen. Ihre erste Zeitung trug 1879 den Titel „Basarabia" (Bessarabien). Der bekannteste Emigrant war Solomon Katz, der den rumänischen Namen Constantin Dobrogeanu-Gherea annahm. Er wurde ein geachteter Literaturkritiker und der wichtigste Theoretiker der 1893 gegründeten „Sozialdemokratischen Partei der Arbeiter Rumäniens".[173]

Eine wichtige Rolle in der Entwicklung in Bessarabien besonders im März 1918 sollte Constantin Stere spielen. Er kam aus einer bessarabischen Bojarenfamilie und war als Populist lange nach Sibirien verbannt (1886-1892). Nachdem er sich in Rumänien niedergelassen hatte, wurde er Juraprofessor und publizierte Schriften über soziale Fragen.[174] Erstes Aufsehen erregte sein Memorandum, das er kurz nach dem Ausbruch des russisch-japanischen Krieges 1904 dem König Rumäniens, Carol I., übergab. Darin interpretierte er den Pogrom von Kischinew als erfolglosen Versuch der russischen Regierung, das Streben der Bauern nach Land in Hass gegen die Juden zu verwandeln. Nach dem Krieg werde es zu Bauernunruhen kommen und Russland müsse dann auf seine Gendarmenrolle auf dem Balkan verzichten.[175]

Ausgelöst durch Russlands Niederlage in diesem Krieg brachen tatsächlich Bauernunruhen aus. In Bessarabien und anderswo kam es zu Ausschreitungen gegen Juden. Nachdem der Zar die Verfassung zugestanden hatte, hielten einige Rumänen in Kischinew die Zeit zum Handeln für ge-

---

[172] Fassel, Ethnische Kontakte, S. 143.

[173] Zu Dobrogeanu-Gherea und den anderen Linken aus Russland in den 80er Jahren vgl. Zigu Ornea: Viața lui C. Dobrogeanu-Gherea [Das Leben von C. Dobrogeanu-Gherea]. București 1982, S. 25-260.

[174] Zur Entwicklung von Steres Ansichten vgl. Joseph L. Love: Crafting the Third World. Theorizing Underdevelopment in Rumania and Brazil. Stanford 1996, S. 31f. und Dietmar Müller: Agrarpopulismus in Rumänien. Programmatik und Regierungspraxis der Bauernpartei und der Nationalbäuerlichen Partei Rumäniens in der Zwischenkriegszeit. St. Augustin 2001, S. 27-37.

[175] Jochen Schmidt: Populismus oder Marxismus. Zur Ideengeschichte der radikalen Intelligenz Rumäniens 1875-1915. Tübingen 1992, S.128.

kommen. Sie gründeten 1905 die „Societatea pentru cultură națională moldovenească" (Gesellschaft für nationale moldauische Kultur), die nach einem Jahr etwa 600 Mitglieder hatte. Ihre wichtigsten Sprecher waren Pantelimon Halippa, Ion Inculeț und Ioan Pelivan. Alle drei hatten in Dorpat studiert und sich den Sozialrevolutionären angeschlossen. Pelivan war wegen „nationaler Umtriebe" verbannt gewesen und durch die Revolution von 1905 freigekommen.[176] Ihre Gesellschaft erhielt Unterstützung von Zamfir Arbore-Ralli, der auf illegale Weise eine Druckerei nach Kischinew transportieren ließ.[177] Arbore-Ralli hatte zusammen mit Petre Cazacu auch ein radikales Programm erarbeitet, das in der Zeitung „Basarabia" (Bessarabien) Ende 1905 publiziert wurde. Die zentralen Punkte waren allgemeines Wahlrecht und eine umfassende Agrarreform. Constantin Stere hielt diese Richtung für gefährlich angesichts der um sich greifenden Aufstände, die auch rumänische Gutsbesitzer in Bessarabien schädigten. Er fuhr 1906 mehrmals nach Kischinew und drängte die dortigen Rumänen, die kulturelle Förderung der Rumänen in den Vordergrund zu stellen. Die „Basarabia" konnte auch mit dem nationaldemokratischen Konzept nicht die rumänischen Gutsbesitzer und Geistlichen gewinnen, diese gründeten eine andere Zeitung. Die „Basarabia" musste im März 1907 ihr Erscheinen einstellen.[178]

Der einzige bleibende Erfolg dieser ersten Aktivitäten rumänischer Intellektueller war die Einrichtung des Lehrstuhles für rumänische Sprache 1907 am Theologischen Seminar in Kischinew. Doch schon 1908 wurde der Metropolit Vladimir, der rumänische Initiativen unterstützt hatte, durch Serafim ersetzt, der wieder die Russifizierung der Theologen vorantrieb.[179]

Die große Mehrheit der rumänischen Bauern reagierte mit Apathie. Das Fernbleiben der Rumänen von russischen Schulen und teilweise auch vom Gottesdienst wird in rumänischen Darstellungen als „Resistenz" gelobt.[180] Dies hatte aber zur Folge, dass 1897 noch 89,5% der Rumänen Analphabeten waren, sie hatten damit den niedrigsten Bildungsstand in Bessarabien.[181]

[176] Silvia Grossu: Presa din Basarabia în contextul sociocultural al anilor 1906-1944 [Die Presse in Bessarabien im soziokulturellen Kontext der Jahre 1906-1944]. Chișinău 2003, S. 9.

[177] Cazacu, Moldova, S. 156-157; Ion Popescu-Puțuri/ Titu Georgescu (Hrsg.): Zamfir C. Arbore-Ralli. In: Purtători de flamuri revoluționare [Träger revolutionärer Flammen]. București 1971, S. 193-198.

[178] Iurie Colesnic: Basarabia necunoscută [Das unbekannte Bessarabien]. Chișinău 1993, S. 302f.; Nistor, Istoria, S. 270f.; Schmidt, Populismus, S. 129-131.

[179] Alexandru Boldur: Istoria Basarabiei [Die Geschichte Bessarabiens]. București 1992, S. 501; Ciachir, Basarabia, S. 83; Diaconescu, Basarabia, S. 28.

[180] Diaconescu, Basarabia, S. 23.

[181] Babel, La Bessarabie, S. 195.

In Rumänien wurden die Anliegen der Rumänen aus Bessarabien weitaus seltener behandelt als die der Rumänen im Habsburger Reich. Zum 100. Jahrestag der Eingliederung Bessarabiens in das Russische Reich fanden in Bukarest zwei Veranstaltungen mit unterschiedlicher Ausrichtung statt. Der Historiker Nicolae Iorga legte das Buch „Unser Bessarabien" vor, in dem er die „historischen Rechte" der Rumänen thematisierte. Er wandte sich gegen russische Darstellungen der Geschichte Bessarabiens, in denen behauptet worden war, dass dort vor 1812 insbesondere Tataren gelebt hätten.[182] In seiner Rede zum Tag der „nationalen Trauer" 1912 hob er hervor, dass der Sultan kein Recht zur Abtretung von Territorien seiner Vasallen gehabt hätte. Bei der Veranstaltung der Sozialdemokraten ging es dagegen vor allem um die sozialen Missstände in Bessarabien. Die Redner verwiesen darauf, dass in Kischinew rumänische Bojaren an der Feier des Zaren beteiligt gewesen seien. Zamfir Arbore-Ralli betonte, dass die Befreiung Bessarabiens nur vom emanzipierten Proletariat Russlands zu erwarten sei.[183]

Bei Kriegsbeginn hob der Führer der Sozialdemokraten, Christian Rakovskij, hervor, dass in der rumänischen Öffentlichkeit nur Kritik über die Unterdrückung der Rumänen im Habsburger Reich zu vernehmen sei. In der Bukowina und in Siebenbürgen aber gäbe es rumänische Schulen, in Bessarabien jedoch nicht. Dort könnte nicht einmal in den Kirchen rumänisch gebetet werden. Der rumänischen Bourgeoisie sei dies nicht wichtig, sie wolle ein Bündnis mit Russland, um Siebenbürgen zu bekommen. Aufgrund seines Engagements bei den internationalen Treffen der Kriegsgegner wurde Rakovskij 1916 verhaftet, als Rumänien an der Seite Russlands in den Krieg eintrat.[184]

3.5 Repression während des Ersten Weltkrieges

Während des Ersten Weltkrieges waren 12% der Männer Bessarabiens mobilisiert und die Not in den Bauernfamilien wuchs. Etwa eine Viertelmillion Rumänen waren an der Front. Der Krieg bedeutete aber auch, dass viele Bauern zum ersten Mal aus ihrem Dorf herauskamen und mit erweitertem Horizont zurückkehrten. Diejenigen, die in Rumänien einge-

---

[182] Iorga, Basarabia, S. 296.

[183] Nistor, Istoria, S. 275; Schmidt, Populismus, S. 228-229.

[184] Da Rakovskij bulgarischer Herkunft war, verwende ich die slawische Form der Namenswiedergabe. Zu dem Beitrag von 1914 vgl. Cristian Racovski: Scrieri social-politice 1900-1916. [Sozial-politische Schriften 1900-1916]. București 1977, S. 11 und 246. Zu seiner Biographie: Francis Conte: Christian Rakovski (1873-1941): A Political Biography. Boulder 1989.

setzt waren, lernten die Ähnlichkeit der Sprache und Lebensweise ihrer Nachbarn kennen.[185]

Durch die Kriegsgesetze besonders benachteiligt waren jene Ethnien, die des Landesverrates verdächtigt wurden: die Rumänen, die Juden und die Deutschen. Unter den Rumänen propagierte 1914 eine kleine Gruppe um Daniel Ciugureanu eine Kriegsteilnahme Rumäniens an der Seite der Mittelmächte zur Befreiung Bessarabiens. Die Polizei verhaftete einige Mitglieder, unter ihnen war auch die Ärztin Elena Alistar, die 1917 als eine der wenigen Frauen im bessarabischen Landesrat hervortreten sollte.[186]

Die rumänische Zeitung „Cuvânt Moldovenesc" (Das moldauische Wort), die Pantelimon Halippa seit 1913 in Kischinew herausgab und die von den rumänischen Adligen Nicolae Alexandri und Vasile Stroescu finanziert wurde, erschien auch während der Kriegsjahre. Vor dem Krieg waren darin mehr Rechte für die Moldauer im Bereich des Schulwesens, der Kirche und der Verwaltung gefordert worden.[187] Durch die Zensur war sie nur noch ein Nachrichtenblatt, doch die Finanzverwaltung unterstützte sie wegen der Anzeigen von Kriegsanleihen.[188]

Die kriegsbedingten Sondermaßnahmen richteten sich vor allem gegen Juden, die in einem Streifen von 150 Werst (1 Werst=1,067 km) entlang der Grenzen Russlands lebten. Sie mussten von dort wegziehen oder wurden deportiert. Bei dieser Vertreibung kamen viele um. Betroffen waren die Gebiete mit der größten jüdischen Konzentration in Wolhynien und Bessarabien, aber auch jene auf der Krim und im Kaukasus. Außerdem durften die Juden seit Juli 1915 nicht mehr in der Öffentlichkeit in Jiddisch kommunizieren, was für viele eine ausweglose Situation war, weil sie kaum Russisch sprachen. Schriftwechsel in (Neu)Hebräisch war ebenfalls verboten.[189]

Alle so genannten „feindlichen Ausländer", und dazu zählten die Deutschen in Russland ebenfalls, mussten im Herbst 1914 aus den frontnahen Gebieten in Polen und im Baltikum ins Landesinnere umsiedeln. Mehr als 100.000 Deutsche, vor allem aus Wolhynien, aber auch einige aus Bessarabien, wurden nach Sibirien deportiert. Die Anfang 1917 vorbereitete Umsiedlung der Deutschen aus Bessarabien unterblieb durch den

[185] Cazacu, Moldova, S. 180; Fruntaşu, O istorie, S. 79.

[186] Gheorghe Negru: Ţarismul şi mişcarea naţională a românilor din Basarabia [Der Zarismus und die nationale Bewegung der Rumänen aus Bessarabien]. Chişinău 2002, S. 53 und 69.

[187] Cazacu, Moldova, S. 165-176, Colesnic, Basarabia, S. 66-72 und 286-293; Negru, Ţarismul, S. 16 und 49.

[188] Pan(telimon) Halippa: Publicistică [Publizistik]. Hrsg. I. Colesnic. Chişinău 2001. S. 96.

[189] Pilat, Iz istorii, S. 39.

Sturz des Zaren.[190] Obwohl die Russlanddeutschen sich immer loyal zur Obrigkeit verhalten hatten, wurden sie nun vehement in der chauvinistischen Presse angegriffen. Es wurde behauptet, dass sie nur auf dem Papier russische Untertanen seien und sich noch mehr als die Juden vor dem Kriegsdienst drücken würden.[191] Obwohl die Viertelmillion mobilisierter Deutscher ihren Wehrdienst vorbildlich leisteten, wurden 1916 viele Kolonistensöhne von der Westfront abgezogen und im Kaukasus an der türkischen Front eingesetzt.[192] Den Familien wurde untersagt, ihre Muttersprache selbst im Kontakt untereinander und in der Kirche zu verwenden. In Moskau kam es am 25. Mai 1915 zu einem Pogrom gegen Deutsche, bei dem es drei Todesopfer und vierzig Verwundete gab. Im Herbst 1915 verbot Nikolaus II. jeglichen Unterricht in deutscher Sprache mit Ausnahme der Religionsstunden. Nur in wenigen Orten wie etwa in Friedenstal fand noch deutscher Unterricht in Privathäusern statt.[193]

Als Notverordnung wurden nun die in den Jahren zuvor immer wieder von der Duma zurückgewiesenen Gesetze zur Enteignung der Deutschen rechtswirksam. Die so genannten Liquidationsgesetze vom Februar und Dezember 1915 waren ein harter Schlag. Als Vorbereitung für weitere Zwangsumsiedlungen sollten die Deutschen, die in der Grenzzone lebten oder erst nach 1880 russische Untertanen geworden waren, innerhalb von zehn Monaten ihren Boden verkaufen, sonst würde er in öffentlichen Auktionen versteigert werden. Fremdenfeindliche Kräfte in der Duma verlangten die Bildung einer „Kommission für den Kampf gegen die deutsche Übermacht". Zwar stimmten einige Liberale dagegen, doch nahm die Kommission im Juni 1916 ihre Tätigkeit auf. Nur weil die Versorgung der Front Priorität hatte, erlaubte die Regierung den deutschen Bauern, auf dem enteigneten Land die Ernte einzubringen.[194]

Da die deutschen Kolonisten nach 1918 einen Prozess zur Restitution ihres Eigentums anstrengten, wurden die Nutznießer der Enteignung ermittelt: Die Verwaltung des Gouvernements hatte einen Teil des Bodens zu Staatseigentum erklärt. Die anderen Teile hatten Privatpersonen erworben. Einige waren von Hypothekenbanken bei öffentlichen Versteigerungen angeboten worden mit der Begründung, dass die Besitzer ihre Schulden nicht bezahlt hätten. Am 11. März 1917 setzte die Provisorische Re-

---

[190] Neutatz, Deutsche Bauern, S. 135; Alfred Schimke/ Ingo Rüdiger Isert: Halle (Alisowka). Eine deutsche Tochtersiedlung in Bessarabien. Stuttgart 2001, S. 15.
[191] Detlef Brandes: Von den Verfolgungen im Ersten Weltkrieg bis zur Deportation. In: Gert Stricker (Hrsg.): Deutsche Geschichte im Osten Europas. Russland. Berlin 1997, S. 131.
[192] Eisfeld, Die Russlanddeutschen, S. 73.
[193] Ernst, Friedenstal, S. 74; Fassel, Das deutsche Schulwesen, S. 56, 59 und 101.
[194] Brandes, Von den Verfolgungen, S. 132f.

gierung die Dekrete von 1915 außer Kraft, hob sie aber nicht auf. Die Bedingungen der Rückerstattung blieben noch lange ungeklärt.[195]

Auch die Wiedereröffnung der deutschen Schulen erwies sich als schwierig. Beim ersten regionalen Kongress der Deutschen Südrusslands, der Mitte Mai 1917 zusammentraf, forderten die Delegierten vom Staat die Entlohnung deutscher Lehrer und unentgeltlichen Unterricht. Doch vom Staat kam keine Unterstützung und im August 1917 beriet der Verband der Deutschen Südrusslands erneut über die Finanzierung der Schulen.[196] Ihre Wiedereröffnung nach den Kriegsjahren war im September 1917 nur möglich, weil die Zemstvo ein Drittel der Lehrergehälter übernahm. Gerade diese Lösung sollte sich später als neues Problem erweisen: Als die rumänische Regierung im Januar 1919 die Zemstvo auflöste, verstaatlichte sie per Dekret die Schulen der deutschen Kolonisten und versuchte sie schrittweise in rumänische Anstalten umzugestalten.

3.6 Der Umbruch nach der Februarrevolution 1917

Nach der Februarrevolution blieb es in Kischinew durch den Ausnahmezustand noch einige Wochen lang ruhig. Im März bildeten sich in einigen Städten, in denen Militär stationiert war, die ersten Räte. Doch die Mehrheit der Bevölkerung hörte von der Absetzung des Zaren erst nach einigen Monaten, als Soldaten in die Dörfer heimkehrten. Die Petrograder Provisorische Regierung ernannte im März 1917 Constantin Mimi zum Kommissar des Gouvernements Bessarabien und Vladimir Cristi zu seinem Stellvertreter.[197]

Parallel zur Verwaltungsstruktur der Provisorischen Regierung entstanden im März 1917 in Kischinew ein Arbeiter- und ein Soldatenrat. Trotz der schwachen Industrialisierung wurden in mehreren Orten 1917 Arbeiterräte aktiv, die sich für den Achtstunden-Tag, höhere Löhne und die Lösung lokaler Probleme einsetzten. Sie bestanden vor allem aus Russen, Ukrainern und Juden. In den Soldatenräten überwogen die Soldaten aus anderen Regionen Russlands. Aufgrund der unmittelbaren Nähe der Front waren etwa eine halbe Million Soldaten in Bessarabien stationiert. Unter den Soldaten, die zumeist aus Bauernfamilien kamen, hatten die Sozialrevolutionäre den größten politischen Einfluss, weil sie eine radikale Ag-

---

[195] Svetlana Şuveică: Integrarea Basarabiei la România şi minoritatea germană [Die Integration Bessarabiens in Rumänien und die deutsche Minderheit]. In: Cătălin Turliuc/ Flavius Solomon (Hrsg.): Punţi în istorie. Studii româno-germane [Brücken in die Geschichte. Rumänisch-deutsche Studien]. Iaşi 2001, S. 71f.

[196] Fassel, Das deutsche Schulwesen, S. 102; Schmidt, Die Deutschen, S. 111.

[197] Moraru, Istoria, S. 139; Nistor, Istoria, S. 282.

rarreform propagierten. Die Bolschewisten erlangten erst im Dezember 1917 etwas Einfluss.[198]

Seit März 1917 hatten einige rumänische Intellektuelle um Nicolae Alexandri, Pantelimon Halippa, Paul (Pavel) Gore und Ioan Pelivan die „Gesellschaft zur Popularisierung der moldauischen Kultur" (Societatea pentru popularizare a culturii moldoveneşti) reaktiviert, die in den Kriegsjahren nicht getagt hatte.[199] Ihre Zeitung „Cuvânt Moldovenesc" (Moldauisches Wort) kommentierte die Errungenschaften der Petrograder Revolution positiv. Die Leser wurden aufgefordert, bei den Wahlen zur gesamtrussischen Konstituante nur Moldauer – noch nannten sie sich vorsichtshalber nicht Rumänen – zu wählen. Zur Unterstützung dieser Bestrebungen gründeten die Intellektuellen im April 1917 die „Nationale Moldauische Partei" (Partidul Naţional Moldovenesc). Ehrenpräsident wurde Vasile Stroescu, Präsident Vasile Herţa, beide waren adlige Gutsbesitzer.

Den ersten Entwurf für das Programm erstellte Onisifor Ghibu, der aus Siebenbürgen für die Arbeit an der Zeitung geholt worden war.[200] Er hatte zuvor in den dortigen Intellektuellenzirkeln gewirkt und propagierte nun in Bessarabien die Idee der Einheit aller Rumänen. Der wichtigste Punkt war für ihn die Domination des Rumänischen, Russisch sollte nur noch im Kontakt mit der Regierung verwendet werden. Im Mittelpunkt standen Forderungen, die auf die Übernahme aller Staatsämter Bessarabiens durch Rumänen abzielten. Die Verwaltung und Justiz sollten Rumänen leiten. Rumänisch war als einzige Unterrichtssprache in allen staatlichen Volksschulen vorgesehen. Der Metropolit sollte ein Rumäne sein und in den Kirchen rumänisch gebetet werden.[201]

Ghibu war sich wohl nicht dessen bewusst, dass es zu wenige gebildete Rumänen für alle Führungspositionen gab. Viele von ihnen hatten sich an der russischen Kultur orientiert. In seinem Tagebuch vermerkte Ghibu erstaunt, dass rumänische Lehrer untereinander Russisch sprachen.[202] Doch auch die Anwälte, Gutsbesitzer, Lehrer und Geistlichen, die sich in der

---

[198] Charles U. Clark: Bessarabia, Russia and Rumania on the Black Sea. New York 1927, S. 126.

[199] Bei der Gründungssitzung waren zwölf Personen anwesend. Vgl. Onisifor Ghibu: În vîltorea revoluţiei ruseşti. Insemnări din Basarabia anului 1917 [Im Strudel der russischen Revolution. Aufzeichnungen aus Bessarabien im Jahr 1917]. Bucureşti 1993, S. 17; Moraru, Istoria, S. 140-145.

[200] Livezeanu, Cultural Politics, S. 120; Negru, Ţarismul, S. 17.

[201] Ştefan Ciobanu: Unirea Basarabiei. Studiu şi documente cu privire la mişcarea naţională din Basarabia în anii 1917-1918, [Die Vereinigung Bessarabiens. Eine Studie und Dokumente zur nationalen Bewegung in Bessarabien in den Jahren 1917-1918]. Iaşi 2001 (1. Auflage Bucureşti 1929), S. 11-13; Moisuc, Bessarabia, S. 48-50.

[202] Ghibu, În vîltorea revoluţiei, S. 60 und 125f.

„Moldauischen Partei" zusammengeschlossen hatten, wollten die Vorrangstellung und billigten dieses Programm im April 1917.

Die Rumänen waren in der Stadtbevölkerung nur mit einem Anteil 14,2% (1912) vertreten, dagegen stellten die Juden 37,2%, die Russen 24,4% und die Ukrainer 15,8%.[203] Dieses Programm bedeutete die Verdrängung der Mehrheit der Stadtbevölkerung aus zentralen Positionen. Die Forderungen stellten den weiteren beruflichen Werdegang von nichtrumänischen Lehrern, Juristen und Staatsangestellten in Frage. Zusätzlich wurde in einem Programmpunkt die Kolonisation untersagt, womit Landzukäufe der Deutschen und Bulgaren gemeint waren. Allen „Fremden", die in Bessarabien in der Verwaltung und im Wirtschaftsleben Führungspositionen inne hatten, wurde der Kampf angesagt.[204] Die starke Fraktion der Großgrundbesitzer in der Nationalpartei hatte Interesse daran, von der Frage der Landverteilung abzulenken, indem sie das Eigentum der „Fremden" ins Gespräch brachte. Nur ihr Land sollte an die landlosen Bauern verteilt werden. Pantelimon Halippa erkannte, dass die Partei damit keine soziale Basis gewinnen könne und verlangte, dass eine radikale Bodenverteilung ins Programm aufgenommen werde. Ghibu dagegen meinte, die nationale Einheit aller Rumänen sei wichtiger. Er verbreitete in seinen Zeitungsartikeln die in Siebenbürgen im 18. und 19. Jahrhundert entwickelte Argumentation, dass die Rumänen, als von den Römern abstammende Bevölkerung größere „historische Rechte" hätten als die später zugezogenen Ethnien. In Siebenbürgen hatte die Nationalbewegung damit Gleichberechtigung mit den Ungarn und Deutschen durchsetzen wollen, die den meisten Boden besaßen. Dort war die nationale und soziale Emanzipation eng verknüpft, doch in Bessarabien gab es viele rumänische Großgrundbesitzer. Halippa forderte bei der Diskussion des Programms der Moldauischen Nationalpartei, dass die Aufteilung des Großgrundbesitzes im Mittelpunkt stehen müsse. Ghibu notierte im März 1917 entrüstet, wie negativ sich Halippa über die rumänischen Großgrundbesitzer und Pfarrer geäußert habe.[205] Ghibus gegen „die Fremden" gerichteter Kurs stieß im April 1917 auch bei einem Rumänen auf Widerspruch: Petre Cazacu verlangte, dass die Rechte der Minderheiten verankert werden müssten und verwahrte sich besonders gegen Antisemitismus.[206]

---

[203] Catherine Duradin: Istoria Românilor [Die Geschichte der Rumänen]. Bucureşti 1998, S. 163.

[204] Harald Heppner: Intermezzo în Basarabia: Republica moldovenească 1917-1918 [Intermezzo in Bessarabien: Die moldauische Republik 1917-1918]. In: Ders.: Contribuţii la istoria României şi a românilor. Cluj 2002, S. 200; Moraru, Istoria, S. 142.

[205] Ghibu, În vîltorea revoluţiei, S. 20, 24 und 208.

[206] Ebenda, S. 49.

Was die Vertreter der Moldauischen Nationalpartei unter kultureller Autonomie verstanden, konkretisierten sie im Mai 1917 bei einer Versammlung rumänischer Lehrer. Ştefan Ciobanu von der zentralen Verwaltung der Zemstvo forderte, dass im Herbst alle Volksschulen zu rumänischen Schulen umgestaltet werden müssten und Rumänisch in Lateinschrift statt mit kyrillischem Alphabet geschrieben werden sollte. Um ihre Stellen nicht zu verlieren, absolvierten im Sommer 1917 auch nichtrumänische Lehrer Sprachkurse. Im September 1917 wurde in vielen Volksschulen zumindest in einigen Fächern Unterricht in „moldauischer Sprache" erteilt.[207] Auch die Nichtrumänen begannen, Schulen in ihren Sprachen aufzubauen. Neben den Deutschen waren besonders die Ukrainer aktiv geworden, die nun vom Kulturverein „Prosvita" (Aufklärung) aus Kiev Unterstützung erhielten. Die „Prosvita" mobilisierte in Bessarabien ukrainische Lehrer und Geistliche, die bis 1920 200 ukrainische Schulen gründeten.[208] Da viele rumänische und ukrainische Bauern die Kinder nicht zur Schule geschickt hatten, war ihnen der Streit um die Unterrichtssprache fremd.

Außer in Kischinew bildete sich in Odessa eine aktive Gruppe von Moldauern/ Rumänen in den dort stationierten Militäreinheiten. Als Führungsfigur trat Major Emanoil Cateli hervor, der als Offizier beim zarischen Generalstab gewirkt hatte. Im April 1917 gründete er die „Fortschrittliche Moldauische Partei", die sich im Mai der Moldauischen Nationalpartei anschloss.[209] Ebenfalls aus der Militärverwaltung kam Leutnant Gherman Pântea, der sich im Stadtkomitee von Kischinew für Verwaltungsautonomie in Bessarabien einsetzte. Die russischen Sozialrevolutionäre, welche die Mehrheit im Stadtkomitee hatten, forderten von Petrograd die Entsendung von Propagandisten mit Rumänischkenntnissen an, die dem „Separatismus der Nationalisten" entgegenwirken sollten. Die Petrograder Sozialrevolutionäre befürchteten antisemitische Unruhen in Bessarabien wie 1905 und schickten über vierzig Personen. Unter ihnen waren zwei Rumänen, die in Kischinew den Bauernrat ins Leben riefen: Pantelimon Erhan und Ion Inculeţ hatten sich nach der Februarrevolution den Sozialrevolutionären angeschlossen.[210]

Die Sozialrevolutionäre waren im Frühjahr 1917 die aktivsten Kräfte in den Räten Bessarabiens. So gewannen sie bei der Wahl zum Stadtrat von

---

207 Dimitrie Bogos: La răspântie. Moldova de la Nistru 1917-1918 [Am Scheideweg. Die Moldau am Dnjestr 1917-1918]. Chişinău 1998 (1. Auflage 1924), S. 75ff.; Moraru, Istoria, S. 148 und 156.

208 Matei Cazacu/ Nicolas Trifon: La Moldavie ex-soviétique. Histoire et enjeux actuels. Pantin 1993, S. 108; Paul R. Magocsi: A History of Ukraine. Seattle 1996, S. 599.

209 Popovici, The Political Status, S: 129.

210 Georges Filiti: La Bessarabie. In: Georges Cioranescu u. a.: Aspectes des relations russo-roumaines. Paris 1967, S. 65.

Kischinew die meisten Stimmen und wählten Alexander Schmidt zum Bürgermeister.[211] Er war deutscher Herkunft und hatte in Dorpat Jura studiert.[212] Seit April 1917 gab er die einflussreiche russische Tageszeitung „Svobodnaja Bessarabija" (Freies Bessarabien) heraus. Darin griff er wiederholt die Moldauische Nationalpartei an, weil sie den Nichtrumänen nicht gleiche Rechte zubilligen wollte.[213]

Beim ersten Bauernkongress im Mai 1917 führten die Sozialrevolutionäre ebenfalls das Wort. Die Vertreter der Moldauischen Nationalpartei waren auf Ablehnung gestoßen, weil sie vor einer national gemischten Zuhörerschaft nur Rumänisch sprechen wollten. Ihre Forderungen nach Domination des Rumänischen in den Schulen und territorialer Autonomie fanden wenig Interesse.[214] Die Landfrage blieb bei der Nationalpartei bis Oktober 1917 umstritten, da die Großgrundbesitzer nur den Boden der Nichtrumänen verteilt sehen wollten. Um sie in den Reihen der Partei zu behalten, schlug Ghibu einen Zusatz im Programm vor: Die Gutsbesitzer sollten gegen Entschädigungen vom Staat Boden für die Verteilung zur Verfügung stellen. Diese Lösung stellte er vor, nachdem er bei dem Bauernkongress mit Vertretern aus den deutschen Kolonien gesprochen hatte, die ihre Angst vor Enteignungen geäußert hatten.[215] Offen war aber, woher staatliche Stellen Geld für Entschädigungen hernehmen sollten. Im Sommer 1917 konnten nicht einmal die Frontsoldaten zureichend versorgt werden. Für die Finanzierung der Schulen sprang die Zemstvo vorübergehend ein, doch bei den Entschädigungen für Landbesitz ging es um riesige Summen.

Die Sozialrevolutionäre, welche die Provisorische Regierung unterstützten, standen vor einer Gratwanderung. Einerseits bestärkten sie die Bauern in ihren Hoffnungen auf eine radikale Agrarreform, andererseits warnten sie vor spontanen Bodenaufteilungen, weil sie den Nachschub von Lebensmitteln an die Front und in die hungernden Städte gefährdeten. Als der 2. Bauernkongress am 27. August 1917 in Kischinew zusammentrat, forderten viele Delegierte eine Anerkennung der Rechtstitel über die spontan verteilten Bodenanteile der Gutsbesitzer. Zu diesem Zweck sollten Kommissionen in allen Dörfern gebildet werden, die Vorbereitungen für die Agrarreform treffen sollten. Obwohl auch schon die Bildung eines Landesrates thematisiert wurde, setzte die Mehrheit der

---

[211] Marc Slonim: Bessarabskij vopros [Die bessarabische Frage]. In: *Volja Rossij*, III, 6/ 7. Prag 1924, S. 71.

[212] Vermutlich war er der Sohn des deutschen Bürgermeisters Karl Schmidt aus dem Pogromjahr 1903. Zur Berufsangabe vgl. Iurie Colesnic: Generația Unirii [Die Generation der Vereinigung]. Chişinău 2004, S. 304.

[213] Ghibu, În vîltorea revoluției, S. 60 und S. 71.

[214] Meurs, The Bessarabian Question, S. 58.

[215] Ghibu, În vîltorea revoluției, S. 115 und 125.

320 Delegierten auf die gesamtrussische Konstituante, die durch allgemeines Wahlrecht gewählt werden sollte. Der 2. Bauernkongress bestimmte ein Exekutivkomitee aus 27 Personen, in dem die Sozialrevolutionäre stark vertreten waren. Dieser Bauernrat, dem Pantelimon Erhan und Ion Inculeț angehörten, verfügte über gute Beziehungen zur Provisorischen Regierung in Petrograd. Aufgrund seines Einflusses wurde der Großgrundbesitzer Constantin Mimi als Regierungskommissar abgesetzt. Seinen Posten übernahm im August 1917 Vladimir Cristi und Ion Inculeț wurde sein Stellvertreter.[216]

Vladimir Cristi hatte sich im Juli 1917 Ansehen erworben, als er noch als Mimis Stellvertreter Gebietsforderungen der Ukrainischen Rada zurückwiesen hatte. In dem in Kiev konstituierten Zentralrat/ Zentralrada (Central'na Rada) ging man ursprünglich davon aus, dass Bessarabien die 10. Provinz des beanspruchten Verwaltungsgebietes sei. Vladimir Cristi und Pantelimon Erhan protestierten dagegen in Kiev. Zuvor hatte eine Versammlung der Vertreter von zwanzig politischen und nationalen Organisationen in Kischinew sich dafür ausgesprochen, dass Bessarabien eine eigenständige Verwaltungseinheit sein solle. Auch ein prominenter jüdischer Delegierter, Moise Sluckij, trat damals für Autonomie ein. In Petrograd war die ukrainische Sichtweise akzeptiert worden, bis Vladimir Cristi gegenüber der Provisorischen Regierung sich für die Autonomie Bessarabiens einsetzte. Kerenskij akzeptierte nun das Selbstbestimmungsrecht der Bessarabier.[217]

Bis zur Machtübernahme der Bolschewisten in Petrograd betrachtete der neue Regierungskommissar Cristi es als seine Hauptaufgabe, die Versorgung der vielen Soldaten sicherzustellen, die in den Garnisonen Bessarabiens stationiert waren. Zudem versuchte er, die Zemstvo insoweit zu aktivieren, dass sie lokale Konflikte selbstständig schlichtete. Je mehr Deserteure heimkehrten, desto unruhiger war es in den Dörfern geworden. Manchmal teilten die oft bewaffnet Heimgekehrten spontan den Großgrundbesitz auf. Weil es zu Plünderungen und einigen Morden kam, unterstützte Cristi Pläne zur Neugliederung der Truppenverbände nach dem Herkunftsprinzip. Von Seiten der Zentralrada war die Rückkehr ukrainischer Soldaten gefordert worden, und diese Idee wurde nun auch in Bessarabien aufgegriffen. Für die Organisierung der Soldaten aus Bessarabien setzten sich vor allem Emanoil Cateli und Gherman Pântea ein. Doch bei dem im September 1917 in Kischinew tagenden „Kongress der Arbeiter- und Soldatenräte" waren noch kaum Rumänen vertreten, es dominierten Soldaten aus anderen Teilen Russlands. Daher stießen Cateli

---

[216] Cazacu, Moldova, S. 186ff; Clark: Bessarabia, S. 126.
[217] Darstellung von Cristi aus dem Jahre 1933. Vgl. Iurie Colesnic: Generația Unirii [Die Generation der Vereinigung]. Chișinău 2004, S. 26-28.

und Pântea nur auf geringes Interesse, als sie die Bildung eines zentralen Landesrates nach dem Vorbild der Zentralrada vorschlugen. Major Cateli erkannte den Wunsch der Soldaten, die zumeist Bauernsöhne waren, dass sie heimkehren wollten, um bei der Bodenverteilung mitwirken zu können. Es gelang ihm im August 1917, dass ein auf ethnischer Grundlage neu strukturiertes, aus Rumänen gebildetes Bataillon von Odessa nach Kischinew verlagert wurde. Dieses Bataillon war für die Moldauische Nationalpartei in der Folgezeit eine wichtige Stütze im Kampf um die Macht.[218]

3.7 Von der Unabhängigkeit zum Anschluss an Rumänien

Fünf Tage vor der Machtübernahme der Bolschewisten in Petrograd trat am 20. Oktober (2. November der neuen Zeitrechnung) 1917 in Kischinew der „Kongress moldauischer Soldaten" zusammen, den die Regierung von Aleksandr F. Kerenskij genehmigt hatte.[219] Es handelte sich nicht um ein gewähltes Organ, sondern um Delegierte, die per Handzeichen in den Einheiten bestimmt worden waren. Viele der 898 Delegierten waren vom revolutionären Geist der Zeit geprägt, so wurde etwa beim Einzug die Marseillaise gesungen. Beim Kongress sprachen Vertreter des Bauernrates, der Moldauischen Nationalpartei, der Sozialdemokraten, des Jüdischen Arbeiterbundes und anderer Organisationen. Weil die Rumänen überwogen, fanden die Vorschläge der Moldauischen Nationalpartei Resonanz. Der Plan, sofort einen zentralen Landesrat zu gründen, der die Interessen der Moldauer verteidigen sollte, wurde mehrheitlich positiv beschieden. Die Nationalpartei gewann die Soldaten mit dem Argument, dass der autonome Landesrat die Agrarreform schneller als die gesamtrussische Konstituante durchführen könnte. Nach seiner Gründung sollten alle anderen Räte nur noch berufsbezogene Fragen erörtern.[220]

Der Landesrat strebte das Machtmonopol nicht nur im Inneren an, um sich gegen die anderen Räte zu behaupten, die größtenteils aus Nichtrumänen bestanden. Er wandte sich auch gegen die Kiever Regierung, die aufgrund von Kerenskijs Entscheidung nicht mehr das ganze Territorium Bessarabiens beanspruchte. Doch ihre Sprecher forderten mit Hinweis auf eine ukrainische Bevölkerungsmehrheit zwei Gebiete: im Norden den

---

[218] Fruntaşu, O istorie, S. 86.

[219] In Russland wurde der Gregorianische Kalender am 14. Februar 1918 eingeführt. Demzufolge entfallen 13 Tage in der russischen Zeitrechnung. In Großrumänien galt noch bis zum 1. April 1919 der Julianische Kalender. Ich führe daher beide Daten an.

[220] Babel, La Bessarabie, S. 254; Michail Bruchis: Rusia, România şi Basarabia 1812, 1918, 1924, 1940 [Russland, Rumänien und Bessarabien 1812, 1918, 1924, 1940]. Chişinău 1992, S. 185; Moraru, Istoria, S. 158ff.

Bezirk um die Stadt Hotin und im Süden Teile des Bezirkes Akkerman. Bei dem „Kongress moldauischer Soldaten" wurden diese Ansprüche der Ukrainischen Rada in allgemeiner Form zurückgewiesen. Im November 1917 proklamierte die Zentralrada die Ukrainische Volksrepublik innerhalb der gesamtrussischen Föderation.[221]

Das Vorbereitungskomitee zur Bildung des Landesrates bestimmte, dass die 120 Mitglieder zu 70% Rumänen und zu 30% Nichtrumänen sein sollten. Verglichen mit dem 1897 ermittelten Ergebnis des Anteils der Moldauer/ Rumänen von 46% waren die Nichtrumänen nicht angemessen vertreten. Die Moldauische Nationalpartei legitimierte dies damit, dass den Vertretern der „Urbevölkerung" mehr Einfluss zustünde. Die Institution wurde nicht gewählt, sondern der Soldatenrat, die Parteien, der Bauernkongress und die Verbände der Ethnien schickten nach dem vereinbarten Schlüssel Delegierte. Der Kongress moldauischer Soldaten sicherte sich eine Mehrheit von 44 der vorgesehenen 84 Sitze. Es wurde auch festgelegt, dass die Agrarreform nicht von der gesamtrussischen Konstituante, sondern vom Landesrat durchgeführt werden solle.[222]

Gegen die Bildung des rumänisch dominierten Landesrates sprach sich im Oktober 1917 die Mehrheit in der Stadtduma von Kischinew aus. In diesem Punkt waren sich die Vertreter der Sozialdemokraten I. Spivak, der Sozialrevolutionäre Nikolaj Mogileanskij und der Zionisten Jakob Bernstein-Kohan einig. Auch beim Kongress der Vertreter bessarabischer Städte wurde kritisiert, dass im Landesrat die Rumänen zu stark vertreten sein.[223]

Schon bei der ersten Sitzung des Landesrats (Sfatul Țării) am 21. November (4. Dezember) 1917 kam es zu Spannungen zwischen Rumänen und Nichtrumänen. Die Delegierten diskutierten lange, in welcher Sprache die Sitzungen abzuhalten seien. Pantelimon Halippa hatte „Moldauisch" vorgeschlagen und Valentin Prachnickij Russisch. Die Delegierten akzeptierten beide Sprachen. Als es um die Sprache in den Schulen ging, konnte keine Lösung gefunden werden, die alle befriedigte. Samoil Kovarskij, der Vertreter des Jüdischen Arbeiterbundes, forderte staatliche Zuschüsse nicht nur für die Schulen der Rumänen, sondern auch für die der Juden. Der bulgarische Vertreter Christo I. Misirkov und die Vertreter

---

[221] Colesnic, Generația, S. 26-28; Andreas Kappeler: Kleine Geschichte der Ukraine. München 1994, S. 168-171; Magocsi: A History, S. 599; Ion G. Pelivan: L'Union de la Bessarabie à la Mère-Patrie – la Roumanie. Bucarest 1918, S. 35 (Nachdruck: Seeds of Conflict, ser. 1, Rumania. Nedeln 1973).

[222] Cazacu, Moldova, S. 196-215 und 227f.; Frunza, Bessarabien, S. 102.

[223] Negru, Țarismul, S. 96.

der Ukrainer wollten ebenfalls Zuschüsse für ihre Schulen. Viele Rumänen waren gegen die Gleichberechtigung aller Ethnien.[224]

Die Delegierten der Arbeiterorganisationen wandten sich entschieden gegen eine Herauslösung Bessarabiens aus dem gesamtrussischen Kontext. Die Industrialisierung könne nur durch die enge Verflechtung voranschreiten. Die Sozialdemokratin Nadja Grinfeld sah in dem Landesrat nur eine Übergangslösung. Er sei kein gewähltes Organ und die Nichtrumänen seien darin nicht angemessen vertreten. Sie betonte, dass die Vertreter Bessarabiens in einigen Tagen bei der Wahl zur gesamtrussischen Konstituante demokratisch bestimmt würden. Samoil Kovarskij vom Jüdischen Arbeiterbund akzeptierte die Autonomie Bessarabiens, sagte aber auch, dass es im Landesrat zu wenige Vertreter der Nichtrumänen gebe. Der Sozialrevolutionär Myron I. Kogan verlangte die Berücksichtigung des heterogenen Charakters Bessarabiens im Landesrat und in den Bezirksverwaltungen.[225] Ioan Pelivan von der Moldauischen Nationalpartei ging in seiner Rede nur auf die Interessen der Moldauer ein. Er bezeichnete die moldauischen Soldaten als „Nachfahren" von Stefan dem Großen (moldauischer Fürst, der 1504 starb), sie würden die verlorenen Rechte der Moldauer zurückerobern. Bessarabien könne nur von seinen Landeskindern und nicht von „Fremden" verteidigt werden.[226]

Die Delegierten des ethnisch gemischten Bauernrates betrachteten den Landesrat anfangs nur als eine Übergangslösung, bis die gesamtrussische Konstituante handlungsfähig sein würde. Erst nach der Machtübernahme der Bolschewisten in Petrograd am 25. Oktober (7. November) 1917 akzeptierten sie, dass eine Regierung ernannt wurde. Sie sollte die Interessen Bessarabiens nach außen vertreten und Ordnung in dem Chaos schaffen, das durch die marodierenden Soldaten aus anderen Teilen Russlands entstanden war. Viele Sozialrevolutionäre wie der Bürgermeister von Kischinew, Alexander Schmidt, waren aufgrund des Petrograder Putsches nun auch für eine Regierungsbildung durch den Landesrat. Teofil Cotoros vom Arbeiter- und Soldatenrat von Kischinew sah im Landesrat die notwendige Abgrenzung vom „Usurpator Lenin".[227]

Weil die Bolschewisten bei den gesamtrussischen Wahlen wenig Unterstützung erhalten hatten, wurden sie in Bessarabien anfangs nicht als Gefahr wahrgenommen. Bei den Wahlen zur Konstituante im November 1917 errangen die Sozialrevolutionäre mehr als die Hälfte der Stimmen in

---

[224] Rumänische Darstellungen übernehmen den damals üblichen Begriff „Abgeordnete" (deputați) für die Mitglieder des Landesrates. Zur Sprachenfrage vgl. Colesnic, Generația, S. 241; Moraru, Istoria, S. 162ff.

[225] Ciobanu, Unirea, S. 104-109; Colesnic, Generația, S. 35-37.

[226] Colesnic, Generația, S. 38-39.

[227] Colesnic, Generația, S. 34.

Russland.[228] In Bessarabien war die stärkste Gruppe der Bauernrat mit 36,75% der Stimmen, gefolgt von den Sozialrevolutionären mit 31,2% und dem jüdischen Wahlbund mit 10,6%. Die Bolschewisten bekamen nur 6,9% der Stimmen und schnitten damit viel schlechter als im gesamtrussischen Durchschnitt ab. Einen nur sehr geringen Anteil von 2,2% der Stimmen erhielt die Moldauische Nationalpartei.[229]

Trotz des geringen Rückhalts in der Bevölkerung sollte die Moldauische Nationalpartei das weitere Geschehen in Bessarabien wesentlich beeinflussen. Es war ihr gelungen, bei der Wahl der neuen Regierung durch die Delegierten des Landesrates die wichtigsten Ressorts zu besetzen: Vladimir Cristi war Kommissar für Innere Fragen, Ioan Pelivan für Äußeres und Gherman Pântea für den militärischen Bereich. Der Vorschlag des jüdischen Sozialrevolutionärs Myron I. Kogan, statt des Direktors für Auswärtiges einen für interethnische Beziehungen zu wählen, wurde nicht aufgegriffen.[230]

Die Proklamation der autonomen Moldauischen Demokratischen Republik am 2./ 15. Dezember 1917 war im Landesrat umstritten. Kritik kam vor allem aus den Reihen des Bauernrates. Selbst die Mitglieder des Bauernrates, die den Schritt billigten, wollten eine ethnisch neutrale Formulierung wie „Republik Bessarabien", doch konnten sie sich damit nicht durchsetzen. In der Erklärung des Landesrates wurde aber den Nichtrumänen explizit Gleichberechtigung zugestanden.[231] Die Sozialdemokratin Nadja Grinfeld und Samoil Kovarskij vom Jüdischen Arbeiterbund wollten mehr als prinzipielle Erklärungen, sie forderten zusätzliche Mandate für Vertreter der Minderheiten. Auch die Vertreter der Bulgaren und Ukrainer stellten Forderungen.[232]

Um zumindest die Vertreter der Bauern zu gewinnen, verkündete Erhan den Beschluss des Landesrates, dass die Großgrundbesitzer nur mehr über 1/3 ihres Landes verfügen sollten, wenn sie zwischen 100-600 Desjatinen und über ein Viertel, wenn sie über 600 Desjatinen Eigentum hätten. Explizit wurde auch die Kolonisierung in Bessarabien verboten, was den Landerwerb der Deutschen und Bulgaren betraf. Dem Gerücht, dass die Autonomie eine Vorstufe zum Anschluss an Rumänien sei, trat Inculeț entgegen. Er betonte, dass der Landesrat sich nicht Rumänien zuwen-

---

[228] Manfred Hildemeier: Die Russische Revolution 1905-1921. Frankfurt a. M. 1989, S. 258.

[229] Gheorghe Cojocaru: Cu privire la problema Adunării Constituante în Basarabia în anul 1917 [In Bezug auf das Problem der Nationalversammlung in Bessarabien im Jahr 1917]. In: *Revista de istorie a Moldovei*, II(1991), 3, S. 15.

[230] Fruntașu, O istorie, S. 86; Moraru, Istoria, S. 152; Negru, Țarismul, S. 99.

[231] Declarația Sfatului Țării, in: Aurel Karețki/ Aurel Pricop (Hrsg.): Lacrima Basarabiei [Die Träne Bessarabiens]. Chișinău 1993, S. 107.

[232] Colesnic, Generația, S. 36-38; Moraru, Istoria, S. 162-164.

de, weil in Russland durch die Februarrevolution weitaus demokratischere Strukturen geschaffen worden seien. Er nannte das allgemeine Wahlrecht, die Garantien der Minderheitenrechte und die zugesicherte Landreform. Ion Inculeţ wurde Vorsitzender der vom Landesrat ernannten Regierung und Pantelimon Erhan übernahm das Ressort für Landwirtschaft.[233]

Die Autonomie Bessarabiens war am selben Tag erklärt worden, an dem die sowjetrussische Regierung das Recht der unterdrückten Völker Russlands zur Selbstbestimmung bis zur Sezession und Bildung unabhängiger Staaten proklamiert hatte. Zu ihr gab es aber keine offiziellen Beziehungen, weil die Kommissare in Kischinew mit ihrer baldigen Ablösung rechneten.

Nach Russlands Waffenstillstand mit den Mittelmächten am 22. November (5. Dezember) 1917 zogen die Soldaten von der Front in Rumänien ab. Mit der Provisorischen Regierung war auch die russische Militärverwaltung von bolschewistischen Einheiten abgesetzt worden. Viele Soldaten warteten nicht auf die Zurückführung ihrer Einheiten, sondern zogen ungeordnet heimwärts. Sie konnten daher in Bessarabien nur unzureichend versorgt werden. Sie plünderten viele Gutshöfe und es gab auch Morde. Der Landesrat verfügte außerhalb von Kischinew nur über sehr schwache Militäreinheiten. Am 22. Dezember 1917 (4. Januar 1918) berieten Mitglieder des Landesrates, ob sie bewaffnete Unterstützung von Rumänien anzufordern sollten. Bei dieser entscheidenden Sitzung war nicht einmal die Hälfte der Mitglieder anwesend: 40 Delegierte vom Moldauischen Block und einige Vertreter des Bauernrates waren für diesen Antrag, dagegen stimmten 7 Vertreter nationaler Minderheiten, die Sozialisten und der Jüdische Arbeiterbund. Benjamin Grinfeld, der Kommissar für Arbeit und Handel, legte unter Protest sein Amt nieder.[234]

Die Regierung Rumäniens, die seit dem Rückzug aus Bukarest von 1916 ihren Sitz in Iaşi hatte, reagierte mit einiger Verzögerung. Da der am 26. November/ 9. Dezember 1917 abgeschlossene Waffenstillstand mit den Mittelmächten vorsah, dass keine Truppenbewegungen stattfänden, zögerte sie in Bessarabien einzugreifen. König Ferdinand betonte gegenüber dem österreichischen Außenminister, Graf Czernin, dass ihn dieses Gebiet nicht interessiere, weil es „bolschewistisch verseucht" sei.[235]

Die Regierung Rumäniens trug entscheidend dazu bei, dass sich die Spannungen in Bessarabien Anfang 1918 verschärften. Sie gab den Befehl zur Vertreibung der bolschewisierten Einheiten aus dem Militärlager

[233] Fruntaşu, O istorie, S. 86 und 105f.; Moraru, Istoria, S. 160.

[234] Alexandru Chiriac: Membrii Sfatului Ţării 1917-1918 [Die Mitglieder des Landesrates 1917-1918]. Bucureşti 2001, S. 101; Colesnic, Generaţia, S. 218.

[235] Zit. n. Ottokar Czernin: Im Weltkriege. Berlin/ Wien 1919, S. 360.

Socolo bei Iași, nachdem diese den russischen General angegriffen hatten. Diese gut organisierten Einheiten bauten nun ihren Stab in Kischinew auf. Die Regierung der Moldauischen Demokratischen Republik konnte nichts gegen sie unternehmen. Sie gaben in Kischinew die russische Zeitung „Izvestija" (Die Nachricht) heraus. Darin riefen sie die Bauern auf, die neue Regierung in Petrograd zu unterstützen, durch deren Bodendekret sie viel mehr Boden als vom Landesrat erhalten würden. Die nun zahlreich von der Front bewaffnet heimkehrenden Soldaten verteilten in Bessarabien nach Gutdünken Boden, Vorräte und Ackergerät der Gutsbesitzer.[236]

Zwischen den Bolschewisten in Kischinew und der Regierung des Landesrates entbrannte ein Machtkampf. Die Bolschewisten betrachteten ihn als konterrevolutionäres Organ und behinderten seine Sitzungen. Sie erkannten seine militärischen Vertreter nicht an und bestimmten einen eigenen Kommandanten der Garnison. Sie erklärten Bessarabien zu einem Teil Russlands und beriefen sich auf Weisungen aus Petrograd und Odessa.[237]

Am 7. (20.) Januar 1918 trafen sich einige Rumänen aus dem Landesrat unter konspirativen Bedingungen und beschlossen, aus Rumänien Einheiten der Armee anzufordern. Ioan Pelivan als Kommissar für Äußeres und Vladimir Cristi, der für Innere Fragen zuständig war, fuhren nach Iași.[238]

Gleichzeitig schickten die Großgrundbesitzer Bessarabiens eine Abordnung unter Leitung von Pantelimon Synadino nach Iași, die um militärischen Schutz bat. Die Delegation wurde vom König empfangen und die Regierung sicherte ihr zu, dass die Armee Rumäniens bald Soldaten zur Feldarbeit in Bessarabien abkommandieren werde, damit die Versorgung nicht leide. Die Gutsbesitzer erwarteten, dass sie durch den Anschluss an Rumänien, wo es noch keine konkreten Pläne für eine Agrarreform gab, weniger Land verlieren würden als durch die Agrarreform des Landesrates.[239] Um den Landesrat von weiteren Entscheidungen auszuschalten, unterstrich Synadino in seiner Eingabe an die Regierung Rumäniens, dass dieser von „einer Bande maximalistischer Soldaten" gewählt worden sei. In ihm hätten „Agitatoren" wie Erhan und Inculeț das Sagen, die aus Petrograd geschickt wurden. Sie hätten für eine unabhängige Republik und eine Bodenverteilung ohne Entschädigung der früheren Besitzer ge-

[236] Babel, La Bessarabie, S. 257 und 268.
[237] Colesnic, Generația, S. 51. Moraru, Istoria, S. 166-172.
[238] Cazacu, Moldova, S. 250 und 267f, Ciachir, Basarabia, S. 95.
[239] Ion Agrigoroaiei: România interbelică [Rumänien in der Zwischenkriegszeit]. 1. Bd. Iași 2001, S 87; Cazacu, Basarabia, S. 305; Alexandru Marghiloman: Note politice [Politische Notizen], 3. Bd. București 1995, S. 112.

worben. Durch ihre Propaganda seien im Herbst Unruhen auf dem Land ausgebrochen.[240]

Die Vertreter der Mittelmächte bestärkten die rumänische Regierung, den Hilfsersuchen aus Bessarabien stattzugeben. Deutschland wollte die Dobrudscha besetzt halten und sah daher in Bessarabien eine Kompensation für Rumänien.[241]

---

[240] Zit. n. Ciobanu, Unirea, S. 216-220.
[241] Ekkehard Völkl: Bessarabien – Moldova. In: Michael Weithmann (Hrsg.): Der ruhelose Balkan. München 1993, S. 49.

3. Bessarabien unter rumänischer Herrschaft 1918-1940

4.1 Die militärische Intervention Rumäniens

Die Regierung Rumäniens in Iaşi hatte bereits am 30. Dezember 1917/ 12. Januar 1918 die Intervention beschlossen, also lange bevor die Kommissare des Landesrates aus Kischinew eintrafen. Sie befürchtete vor allem ein Übergreifen des revolutionären Funkens auf die Bauern und Soldaten im eigenen Territorium. Mit Misstrauen verfolgte sie Erklärungen der vom Landesrat gewählten Regierung, wie die des Kommissars für Landwirtschaft, Pantelimon Erhan, der eine Landverteilung ohne Entschädigungszahlungen verkündet hatte.[242]

Der Vormarsch der vier Divisionen unter Leitung von General Ernest Broşteanu begann am 7. (20.) Januar 1918. Im Süden Bessarabiens kam es – besonders in den Donauhäfen Chilia, Ismail und Vâlcov – zehn Tage lang zu Kämpfen. Dort lagen mehrere Schiffe vor Anker, deren rumänische und russische Besatzung von revolutionären Ideen erfasst worden war. Sie riefen die Bevölkerung zum Sturz der Oligarchie und des Königs auf.[243] Nach einem massiven Gewalteinsatz setzten sich einige Schiffe in Richtung Odessa ab.[244] Aus Kischinew zogen sich die bolschewistischen Einheiten angesichts der Übermacht kampflos zurück. Sie leisteten in Bendery an der wichtigsten Brücke über den Dnjestr Widerstand. General Broşteanu gab im Januar 1918 in der Zeitung „Cuvânt Moldovenesc" (Moldaisches Wort) bekannt, dass nach dreitägigen Kämpfen bei Bendery die Bolschewisten „etwa 10.000 Opfer zu verzeichnen hatten".[245]

Wegen des Einmarsches der rumänischen Armee und ihres harten Vorgehens erklärte die sowjetrussische Regierung Rumänien den Krieg. Sie in-

---

[242] Cazacu, Moldova, S. 234 und 206.

[243] Keith Hitchins: The Russian Revolution and the Rumanian Socialist Movement 1917/18. In: Slavic Review, 27. Bd.(1968), 2, S. 276f.

[244] Einer der damaligen Führer der Matrosen wurde 1919 bei seiner Rückkehr nach Rumänien verhaftet: Gheorghe Stroiciu wurde zu zwanzig Jahren Zwangsarbeit verurteilt und starb 1928 im Gefängnis. Vgl. Ion Popescu-Puţuri/ Titu Georgescu (Hrsg.): Purtători de flamuri revoluţionare [Träger revolutionärer Flammen]. Bucureşti 1971, S. 308-311.

[245] Comunicatul oficial al generalului Broşteanu [Das offizielle Kommuniqué des Generals Broşteanu]. In: Ştefan Ciobanu: Unirea Basarabiei, S. 193-194.

ternierten in Petrograd den rumänischen Botschafter sowie einige Mitglieder der Militärmission. Auch der Goldschatz Rumäniens wurde beschlagnahmt, der beim Vorrücken der Mittelmächte in die vermeintliche Sicherheit nach Russland gebracht worden war.[246]

Während der Kämpfe fuhr Ion Inculeţ als Vertreter der Regierung der Moldauischen Demokratischen Republik am 12. (25.) Januar 1918 zu General Broşteanus Hauptquartier auf rumänischem Territorium, um dessen Absichten zu erfahren. Dieser behauptete, die Intervention diene nur der Sicherung von Vorräten für die Armee Rumäniens, die auf bessarabischem Gebiet in der Zeit der rumänisch-russischen Allianz angelegt worden waren. Er versprach, die Armee werde sich nicht in innere Angelegenheiten einmischen, solange sie nicht angegriffen werde. Am 13. (26.) Januar 1918 zog General Broşteanu in Kischinew ein, ihn empfingen nun Erhan und Pântea als Vertreter der Regierung der Moldauischen Demokratischen Republik. Kurz nach dem Einzug der Armee Rumäniens wurde diese Regierung umgebildet: den Vorsitz übernahm Daniel Ciugureanu von der Moldauischen Nationalpartei. Erhan als Sprecher des Bauernrates konnte vorerst noch Minister bleiben, nun war er für Bildung zuständig. Das zentrale Agrarressort übernahm Major Cateli, der gute Kontakte zur Besatzungsarmee aufbaute. Die Division aus Rumänien bekam den Auftrag, so genannte „Agitationsherde" zu zerstören und alle nicht in Bessarabien geborenen Soldaten über den Dnjestr zu verdrängen.[247]

Noch während die Armee Rumäniens nordwärts vorrückte und im Bezirk Balţi auf Widerstand stieß, tagte seit dem 18. Januar/ 31. Januar 1918 gemäß dem lange zuvor vereinbarten Termin der 3. Kongress des Bauernrates.[248] Wegen des Ausnahmezustandes erschienen aber nur 118 von 384 Delegierten. Die Mehrheit lehnte Erhan als Vorsitzenden wegen seiner zwielichtigen Haltung gegenüber den Besatzern ab. Gewählt wurde Vasile Rudiev aus dem Bezirk Balţi, und der verlangte unter starkem Beifall die Aufhebung des Ausnahmezustandes und den Abzug der „Okkupanten". Agenten meldeten dies als „Beleidigung" der Armee Rumäniens und eine halbe Stunde später erschien eine bewaffnete Einheit. Major Vladimir Movilă, den die Direktoren des Landesrates zum Kommandanten der Garnison ernannt hatten, verlangte die Auslieferung der Kritiker.[249] Die Delegierten schwiegen, doch Rudiev ging freiwillig mit seinem

---

[246] Agrigoroaiei, România, S. 169-170; Vasile Stati: Istoria Moldovei [Die Geschichte Moldawiens]. Chişinău 2002, S. 294-298.

[247] Cazacu, Moldova, S. 272; Fruntaşu, O istorie, S. 116; Moraru, Istoria, S. 171; Sherman D. Spector: Rumania at the Peace Conference. New York 1962, S. 49f.

[248] Der Widerstand wird selten erwähnt. Vgl. Bogos, La răspântie, S. 156.

[249] Vladimir Movilă wurde im August 1940 vom NKVD verhört. Er gab an, dass er seit Dezember 1917 Kommandant der Stadt Kischinew war. Doch sei er nach dem Eintreffen der Armee Rumäniens von seinem Posten abgelöst worden. Da er eine deut-

Stellvertreter Valentin Prachnickij zur Kommandantur, wo sie festgehalten wurden. Trotz der Belagerung durch Soldaten tagte der Bauernrat noch drei Tage lang. Auch andere Leitungsmitglieder des Kongresses wurden verhaftet: Teofil Cotoros, Prokop Čiumačenko und Ioan Panțiriu.[250] Die beiden Rumänen Cotoros und Rudiev waren im November 1917 auch Kandidaten für die gesamtrussische Konstituante auf der Liste des Bauernrates gewesen, die mit 36,7% die meisten Stimmen errungen hatte. Als der Landesrat seine Tätigkeit wieder aufnahm, richtete er an General Broșteanu die Bitte, die Immunität der verhafteten Mitglieder des Landesrates (Cotoros, Panțiriu und Rudiev) zu achten. Der General lehnte ab, ihre Erschießung wurde erst später bekannt.[251]

Dieses dunkle Kapitel wird in rumänischen Darstellungen wenn überhaupt dann verzerrt wiedergegeben. Die Bewertung, dass der Bauernkongress „eine negative Rolle im Kampf um die nationale Befreiung spielte" ist Ansichtssache, nicht aber dass er sich selbst aufgelöst habe.[252] Diese Darstellung übernehmen die Historiker von dem Verbindungsmann der moldauischen Regierung mit der Armee Rumäniens. Dimitrie Bogos behauptete in seinen Memoiren 1924, der Kongress habe sich aufgelöst, weil „die Bauern gemerkt hätten, dass sie von Abenteurern getäuscht wurden".[253] Bogos verschweigt die Ermordung der Sprecher des Bauernkongresses, dagegen beschreibt er ausführlich seine Teilnahme am Bankett zu Ehren von General Broșteanu. Für ihn waren Rudiev, Panțiriu und Čiumačenko Personen, die von der Provisorischen Regierung aus Petrograd geschickt worden waren, um gegen die moldauische Autonomiebestrebung zu wirken.[254]

Dass ein Beteiligter gerade 1924 – im Jahr eines blutig niedergeschlagenen Aufstandes in Bessarabien, diese Darstellung verfasste, ist nachvollziehbar, nicht aber, dass sie das Bild heutiger Historiker prägt. In einem 2001 erschienen Lexikon der Mitglieder des Landesrates wird bei Coto-

---

sche Ehefrau hatte, welche die Umsiedlung der Familie beantragt hatte, gab ihn der NKVD frei. Vgl. Colesnic, Generația, S. 260.

[250] Moraru, Istoria, S. 172; Stati, Istoria, S. 281-283.

[251] Moisuc führt sie unter den später „ersetzen" Mitgliedern des Landesrates und nennt bei Cotoros kein „Austrittsdatum", bei Rudiev, Prachnickij und Panțiriu den 26. Januar 1918, also den Tag der Ankunft von General Broșteanu in Kischinew. Vgl. Moisuc, Bessarabia, S. 155. Die Erschießung durch die Armee Rumäniens benennt Colesnic. Vgl. Colesnic, Generația, S. 183.

[252] Zit. n. Moraru, Istoria, S. 172.

[253] Zit. n. Bogos, La răspântie, S. 152.

[254] Bogos, La răspântie, S. 83 und 161. Von Bogos übernahmen dies Historiker aus Rumänien wie Paul Cernovodeanu: Basarabia. Drama unei provincii istorice românești în context politic internațional 1806-1920 [Bessarabien. Das Drama einer historischen rumänischen Provinz im internationalen politischen Kontext 1806-1920]. București 1993, S. 139.

ros, Panțiriu, Čiumačenko, Prachnickij und Rudiev angemerkt, dass sie die Armee Rumäniens „beleidigt" hätten. Daher hätten sie Bessarabien verlassen müssen und seien im Januar 1918 vermutlich von rumänischen Grenzern bei der illegalen Überquerung der Grenze am Dnjestr erschossen worden.[255] 2004 schrieb ein Historiker aus der Republik Moldau, dass der Rumäne Panțiriu „aus Versehen" von der Armee erschossen wurde und König Ferdinand sich deswegen bei der Familie entschuldigt habe.[256]

Aufgrund der Verhängung des Kriegsrechtes konnten Angehörige der rumänischen Armee in Bessarabien jeden erschießen, den sie zum Gegner erklärten. Nur die Fälle von öffentlich hervorgetretenen Personen wurden später bekannt. So war im Januar 1918 auch die jüdische Sozialdemokratin Nadja Grinfeld ermordet worden, ihre Leiche wurde später aus dem Dnjestr geborgen. Sie hatte im Landesrat den Hilfsappell an Rumänien kritisiert und den Verdacht geäußert, dass die Armee nicht mehr abziehen würde. Der Redakteur N. Kovsan von der Zeitung „Svobodnaja Bessarabija" (Freies Bessarabien) wurde ebenfalls ermordet, obwohl er wie Grinfeld ein Gegner der Bolschewisten war. Er hatte für die Zeitung, die der Bürgermeister von Kischinew, Alexander Schmidt, herausgab, gearbeitet.[257]

Das harte Vorgehen erfüllte seinen Zweck: Eingeschüchtert durch die Verhaftungen der Kritiker beim Kongress des Bauernrates und die Meldung über die Vernichtung so vieler Bolschewisten protestierten nur wenige Delegierte des Landesrates gegen die Intervention. Die Moldauische Nationalpartei, die bei den Wahlen im November 1917 lediglich 2,2% der Stimmen in Bessarabien verbucht hatte, wurde durch die Kooperation mit der Armee Rumäniens zur einflussreichsten Kraft. Im Landesrat wiesen ihre Vertreter jegliche Kritik von Nichtrumänen aggressiv zurück. Der Vorsitzende des Landesrates, Daniel Ciugureanu, bezeichnete sie als tolerierte „Gäste", die in Bessarabien nur eine „Gier zur Bereicherung" gezeigt hätten. In den Nachfragen der Vertreter des Bauernrates nach ihren Sprechern sah er eine Unruhestiftung.[258]

Am 24. Januar (9. Februar) 1918 erklärte eine Mehrheit im Landesrat die völlige Unabhängigkeit von Russland. Die Regierung versprach, bald eine bessarabische Konstituante wählen zu lassen. Der neue Staat wurde nur von Rumänien anerkannt. Nach der Vertreibung der Bolschewisten dienten Gebietsansprüche der Ukrainer als Legitimation für die Anwe-

---

[255] Chiriac nennt als Datum der Beendigung ihrer Tätigkeit im Landesrat für Panțiriu, Čiumačenko, Prachnickij und Rudiev den 26. Januar 1918. Vgl. Chiriac, Membrii, S. 37-41, 82, 138-139, 173-174.

[256] Colesnic, Generația, S. 271.

[257] Jacob S. Hertz (Hrsg.): Doyres bundistn [Generationen von Bundisten], 1. Bd. 1. New York 1956, S. 358-361; Colesnic, Generația, S. 218.

[258] Diese Rede wird von Bogos zitiert. Vgl. Bogos, La răspântie, S. 167.

senheit der Armee Rumäniens in Bessarabien. Am 13. (26.) Januar 1918 hatte die Ukraine ihre volle Unabhängigkeit erklärt. Da die Ukrainische Zentralrada nur wenige bewaffnete Einheiten hatte, kontrollierten diese lediglich Teile der Ostukraine. Den in Bessarabien stationierten Truppen aus Rumänien konnten sie nichts entgegensetzen. Doch im Separatfrieden der Mittelmächte mit der unabhängigen Ukraine in Brest-Litovsk wurde die ukrainische Grenze am Dnjestr teilweise auf dem Gebiet Bessarabiens festgelegt. Das hatte vorerst keine Wirkung, weil die Rada im Februar 1918 von bolschewistischen Einheiten aus Kiev vertrieben worden war.[259]

Die Bolschewisten hofften nach ihrer Offensive, die Revolution nun auch in Bessarabien entfachen zu können. Besonders aktiv war der aus der Dobrudscha stammende Christian Rakovskij.[260] Er hatte sich 1917 den Bolschewisten angeschlossen und organisierte Anfang 1918 in Odessa eine bewaffnete Einheit aus Rumänen, die gegen die Intervention in Bessarabien eingesetzt werden sollte. Rakovskijs Gruppe rief in rumänischen Flugblättern zum Kampf gegen die Intervention Rumäniens auf. Angesichts der Geiselnahme des Botschafters und anderer Persönlichkeiten in Petrograd stimmte General Averescu am 27. Februar (12. März) 1918 dem Rückzug der Armee innerhalb von zwei Monaten zu.[261]

Rakovskijs Einheiten mussten sich aber noch im Februar 1918 vom Gebiet der Ukraine zurückziehen. Nach dem Abbruch der Friedensverhandlungen mit Russland setzten die Mittelmächte ihre Truppen in Bewegung und besetzten im März Kiev. Deutsche Truppen lösten im April 1918 die Rada auf. General Skoropads'kyj wurde als Hetman der Ukraine eingesetzt. Deutsche Einheiten schützten bis Ende 1918 das Eigentum der Großgrundbesitzer und den Abtransport von Getreide nach Deutschland.[262]

Um ihre Truppen sicher durch Bessarabien in die Ukraine bringen zu können, überließen die Mittelmächte am 5. (18.) März 1918 im vorläufigen Friedensvertrag von Buftea Rumänien Bessarabien, diese Zusage stand in einem geheimen Zusatzprotokoll. Die Mittelmächte sicherten sich im Gegenzug umfangreiche Getreidelieferungen aus Bessarabien und brauchten daher Ordnung. Die Rechte der Nichtrumänen waren für sie

---

[259] Cazacu, Moldova, S. 217; Clark, Bessarabia, S. 138; Prothero, Bessarabia, S. 24; Stati, Istoria, S. 287.

[260] Er hatte vor dem Krieg die rumänische Sozialdemokratie bei den Kongressen der Zweiten Internationale vertreten. Als Kriegsgegner war er 1916 verhaftet worden und wurde von russischen Soldaten am 1. Mai 1917 aus dem Gefängnis in Iaşi befreit. Vgl. Mariana Hausleitner: Die nationale Frage in der rumänischen Arbeiterbewegung vor 1924. Berlin 1988, S. 345-350.

[261] Briefwechsel zwischen Averescu und Rakovskij vgl. Moisuc, Bessarabia, S. 250-256.

[262] Rudolf A. Mark: Die gescheiterten Staatsversuche. In: Geschichte der Ukraine, Hrsg. Frank Golczewski. Göttingen 1993, S. 179-183; John S. Reshetar: The Ukrainian Revolution 1917-1920. New York 1972, S. 188.

kein zentrales Anliegen, die Einbürgerung der Viertelmillion Juden aus Bessarabien wurde nicht festgeschrieben. In Bessarabien hatten die Juden seit der Februarrevolution volle Bürgerrechte, während sie in Rumänien größtenteils staatenlos waren.[263] 1917 waren einige Juden wegen angeblicher Spionage von der Militärverwaltung in Rumänien hingerichtet worden. Das hatte zu Protesten verschiedener ausländischer Institutionen geführt.[264] In den Bukarester Friedensvertrag mit Rumänien wurde im Mai 1918 die Einbürgerung der Juden Rumäniens in einen allgemein gehaltenen Absatz aufgenommen, weil sich jüdische Organisationen aus dem Ausland dafür eingesetzt hatten. Im August 1918 lag der erste Gesetzentwurf zur Einbürgerung eines Teils der Juden vor.[265] Wilhelm Filderman, der Vizepräsident der „Union Einheimischer Juden" geworden war, hielt diesen Entwurf für unzureichend.[266]

Als Vertreter des Landesrates fuhren Inculeț, Ciugureanu und Halippa am 20. März (2. April) 1918 nach Iași, um die Beteiligung der Moldauischen Demokratischen Republik an den Friedensverhandlungen zu besprechen. Sie erhofften sich davon die Anerkennung ihres Staates durch die Mittelmächte, doch die Politiker Rumäniens hatten andere Interessen. In Iași erfuhren die Vertreter des Landesrates am 23. März (5. April) 1918, dass die rumänische Regierung den Anschluss Bessarabiens an Rumänien beschlossen hatte. Ciugureanu und Halippa akzeptierten diese Wende. Inculeț fügte sich erst, nachdem der französische Botschafter versprach, Frankreich werde sich bei einer endgültigen Friedensregelung für die Autonomie Bessarabiens einsetzen.[267]

---

[263] Zu den Gründen, warum die Einbürgerung der Juden trotz der Auflagen des Berliner Kongresses 1878 nicht zustande kam vgl. Mariana Hausleitner: Intervention und Gleichstellung – Rumäniens Juden und die Großmächte 1866-1923. In: *Jahrbuch des Simon-Dubnow-Instituts*, I(2002)S. 476-531; Carol Iancu: Emanciparea evreilor din România 1913-1919 [Emanzipation der Juden in Rumänien 1913-1919]. București 1998.

[264] So verabschiedete der Petrograder Arbeiter- und Soldatenrat eine Erklärung in der die Beendigung der Verfolgung gefordert wurde. Vgl. Simion Bernstein: Die Judenpolitik der rumänischen Regierung. Kopenhagen 1918; J. M. Cargher: Die Judenfrage in Rumänien, Berlin 1918, S. 100.

[265] Elke Bornemann: Der Frieden von Bukarest 1918. Frankfurt a. M. 1978, S. 213-218; Nathan M. Gelber: The Problem of the Romanian Jews at the Bucharest Peace Conference 1918. In: *Jewish Social Studies*, 12(1950), S. 223-246. Zu den Interventionen vgl. Leon Chasanowitsch/ Leo Motzkin (Hrsg.): Die Judenfrage in der Gegenwart. Stockholm 1919, S. 154-156.

[266] S. Schafferman: Dr. W. Filderman. 50 de ani din istoria judaismului român [Dr. W. Filderman. 50 Jahre aus der Geschichte des rumänischen Judentums]. Tel Aviv 1986, S. 38f.

[267] Fruntașu, O istorie, S. 101-103; Meurs, The Bessarabian Question, S. 67; Stati, Istoria, S. 286f.

Nun warb die rumänische Zeitung in Kischinew für den Anschluss an Rumänien, während in den russischen Tageszeitungen „Bessarabskaja Žizn'" (Bessarabisches Leben) und „Svobodnaja Bessarabija" (Freies Bessarabien) dieses Vorhaben vehement kritisiert wurde. Die Sicherheitspolizei verhaftete viele Kritiker und verschonte auch Delegierte des Landesrates nicht.

Nach einer massiven Vorarbeit dieser Art ging die Regierung Rumäniens davon aus, dass die Zustimmung im Landesrat zum Anschluss Bessarabiens an Rumänien nur noch eine Formsache sei. Der Ministerpräsident Alexandru Marghiloman, der Kriegsminister und andere Regierungsmitglieder Rumäniens reisten am 27. März (9. April) 1918 nach Kischinew. Marghiloman versprach die Respektierung der regionalen Autonomie, nur die obersten Amtsträger würden von der Regierung ernannt. Ausdrücklich sprach er von einem bessarabischen Landtag sowie der Beibehaltung der Zemstvo und der gewählten Stadträte. Der bessarabische Landtag würde das Gesetz zur Agrarreform eigenständig verabschieden und über die Gleichberechtigung der nationalen Minderheiten wachen. Diese Zugeständnisse sollten im Vereinigungsbeschluss verankert werden.[268]

Zwei ehemalige politische Häftlinge aus russischen Gefängnissen hielten die wichtigsten Reden für und gegen den Anschluss an Rumänien. Der ehemalige Populist (Narodnik) Constantin Stere behauptete, dass Bessarabien nun für Rumänien ein Vorbild werde, weil durch die russische Revolution alle Privilegien abgeschafft worden seien. Die Vertreter der Minderheiten hätten nicht das moralische Recht, gegen die Sache der Rumänen aufzutreten. Er beschwor die Gefahr, dass die Moldauische Republik von den Nachbarstaaten zerstückelt werde, wenn das Gebiet nicht mit Rumänien vereint werde.[269] Entschieden gegen den Anschluss sprach sich Ivan N. Krivorukov aus. Er war seit 1902 Sozialdemokrat und hatte sich 1905 als Matrose auf dem Panzerkreuzer „Potemkin" an der Rebellion beteiligt. Deswegen saß er bis zur Februarrevolution in einem sibirischen Gefängnis. Seit April 1917 leitete er den Gewerkschaftsverband in Kischinew. Ausführlich schilderte er die Verfolgung der Arbeiterbewegung in Rumänien.[270] Der Sprecher des Bauernrates, Vladimir Cyganko, vertrat den Standpunkt, dass eine so weitreichende Entscheidung nicht vom Landesrat, sondern nur von einer gewählten Konstituante getroffen werden könne. Auch der Bulgare Christo I. Misirkov und der Ukrainer Arkadij Osmolovskij forderten eine Konstituante, in der die nationalen

---

[268] Ciobanu, Unirea, S. 226-228; Katja Lasch: Die Entstehung Großrumäniens. Parallelen und Unterschiede des Anschlusses Siebenbürgens und Bessarabiens an Rumänien 1918. In: *Zeitschrift für Siebenbürgische Landeskunde*, XXVII(2004), H. 2, S. 188.

[269] Colesnic, Generația, S. 65 und 300.

[270] Colesnic, Generația, S. 187.

Minderheiten angemessen vertreten wären. Das Präsidium drängte aber zur sofortigen Entscheidung, die mit der Regierung Rumäniens abgesprochen war. Der Vertreter der Russischen Kulturliga Aleksandr F. Grekulov wünschte darüber eine geheime Abstimmung, ebenso der rumänische Sozialrevolutionär Vladimir Diaconovici. Als diese von der Mehrheit nicht akzeptiert wurde, verließ Diaconovici demonstrativ die Versammlung, Grekulov enthielt sich der Stimme.[271]

Bei der Abstimmung waren von den 138 Delegierten nur 123 anwesend. Für den Anschluss stimmten 84 Delegierte, 36 enthielten sich und 3 stimmten dagegen. Die Ablehnung kam von dem rumänischen Sozialisten Ştefan Balamez sowie den Ukrainern Arkadij Osmolovskij und Mihail Starenickij.[272] Die beiden Vertreter der Deutschen, Philipp Almendinger und Robert von Lösch, enthielten sich der Stimme wie auch vier Juden, fünf Bulgaren und acht Ukrainer. Sie begründeten ihre Enthaltung damit, dass sie ohne Aussprache mit ihrer ethnischen Gruppe nicht über diesen folgenreichen Schritt entscheiden könnten. Von den Nichtrumänen begrüßte nur der Vertreter der Polen, Felix Dudkiewicz, den Anschluss.[273]

Das Abstimmungsergebnis bewertete der Vertreter Frankreichs in Kischinew angesichts der ausgegebenen Bestechungssumme und der breiten Propaganda als dürftig. Die Mehrheit der Bevölkerung von Kischinew sei wohl gegen den Anschluss. Die Militärverwaltung habe nicht verstanden, dass auch die Nichtrumänen – besonders die Juden angesprochen werden müssten.[274]

4.2 Bessarabien unter Kriegsrecht 1918/1919

Der Landesrat tagte noch bis Mai 1918 und bestimmte die Kommission zur Erstellung des Agrargesetzes. In diese wurden nun auch Vertreter der Großgrundbesitzer aufgenommen, die Entschädigungszahlungen durch-

---

[271] Chiriac, Membrii, S. 89 und 100; Colesnic, Generaţia, S. 66-67 und 193.

[272] Balamez wurde in einer Arbeit von 1991 als Bulgare ausgegeben. Er vertrat im Landesrat den Verband der Angestellten. Nach dem Anschluss wurde er verfolgt, ging in die Sowjetunion und verschwand im Gulag. Chiriac und Colesnic, die seine rumänische Herkunft anführen, kommentieren sein Votum gegen den Anschluss mit Verachtung. Vgl. Mihai Adauge/ Alexandru Furtună (Hrsg.): Basarabia şi basarabenii [Bessarabien und die Bessarabier]. Chişinău 1991, S. 245; Chiriac, Membrii, S. 49; Colesnic, Generaţia, S. 114-115.

[273] Er wird als Mitglied des Landesrates bis Mai 1918 erwähnt und schlug dann in Polen eine diplomatische Laufbahn ein. Vgl. Colesnic, Generaţia, S. 196-197; Moisuc, Bessarabia, S. 156 und 296.

[274] Valeriu Florin Dobrinescu/ Ion Pătroiu (Hrsg.): Documente străine despre Basarabia şi Bucovina 1918-1944 [Ausländische Dokumente über Bessarabien und die Bukowina 1918-1944]. Bucureşti 2003, S. 25-27.

setzten. Die Tätigkeit des Plenums des Landesrates wurde von Minister-präsident Marghiloman suspendiert. Es trat erst am 25. November 1918 zusammen, um das Agrargesetz anzunehmen und wurde dann aufgelöst.

Um die Integration des Gebietes in das rumänische politische System zu ermöglichen, wurde nun nach allen potentiellen Gegnern gefahndet. Der Ministerrat verfügte als erste Maßnahme für die neu angeschlossene Provinz im Mai 1918 die Einführung des rumänischen Polizeisystems und der Landgendarmerie.[275] Die Beamten der Geheimpolizei „Siguranța" (Sicherheit) taten sich schwer bei der Überprüfung der vielen Nichtrumänen. In den von ihnen angelegten Akten werden die Namen der Beobachteten in derselben Akte unterschiedlich geschrieben und die politischen Zuordnungen wechseln auf eine nicht nachvollziehbare Weise. So wird etwa ein Russe zum selben Zeitpunkt mal als Bolschewist, dann als Angehöriger der Armee von General Petljura oder der Weißgardisten Denikins eingestuft. Dass es sich dabei um drei Militäreinheiten handelte, die sich im ukrainischen Bürgerkrieg bekämpften, störte die aus Bukarest angereisten Beamten nicht. Sie suchten die Verdächtigen aus den Akten zu ermitteln, die sie von der russischen Geheimpolizei Ochrana übernommen hatten. Auch anonyme Anzeigen wurden geschätzt und reichten für eine Verhaftung aus, wie etwa im Fall eines Deutschen, der ein Juweliergeschäft in Kischinew besaß und die rumänischen Behörden kritisiert hatte.[276]

Bis Ende 1918 standen im Mittelpunkt des Interesses der Polizei und der Militärbehörden jene Delegierten des Landesrates, die sich nicht für den Anschluss an Rumänien ausgesprochen hatten. Hier seien einige Personen erwähnt, die wegen „antirumänischer Tätigkeit" ausgewiesen wurden. Der Sozialdemokrat Ivan N. Krivorukov wurde im Oktober 1918 verhaftet und zu einem Waggon gebracht, in dem sich bereits einige ukrainische Delegierte des Landesrates befanden. Seine Ehefrau verständigte den französischen Konsul aus Kischinew, und nach dessen Interventionen in Iaşi durfte der Sekretär des Landesrates den Sonderzug begleiten. Als die Delegierten nachts über die Brücke in Bendery auf ukrainisches Territorium getrieben werden sollten, protestierte er. So blieben sie am Leben und Krivorukov traf in Odessa seine ebenfalls ausgewiesene Ehefrau wieder.[277] Gegen ihren Willen gelangten auch der bulgarische Gymnasiallehrer Arkadij Osmolovskij und der Serbe Teodor Stanevic im November 1918 nach Odessa.[278]

---

[275] Poştarencu, O istorie, S. 43f.

[276] ANRM, 680, 1, 3167, S. 97-102, 116 und 182f.

[277] Die Darstellung stammt aus seinen Erinnerungen, die 1933 im sowjetischen Tiraspol' publiziert wurden. Vgl. Colesnic, Generaţia, S. 188.

[278] Colesnic, Generaţia, S. 270 und 298.

Aus den Akten der „Siguranța" lässt sich das Schicksal weiterer Delegierter des Landesrates rekonstruieren, die sich gegen den Anschluss an Rumänien ausgesprochen hatten. Mihail Starenickij hatte als Vertreter der Ukrainer eine der drei Gegenstimmen gegen den Anschluss abgegeben. Der Sozialrevolutionär wurde im Oktober 1918 zusammen mit zwölf Abgeordneten des Landesrates ausgewiesen. Er kehrte 1920 illegal zu seiner Frau und den vier Kindern nach Bessarabien zurück und wurde verhaftet. Ein neues Ausweisungsverfahren wurde vorbereitet, doch ließ sich gegen ihn nur anführen, dass er als Justizangestellter den Eid auf den König verweigert hatte. Weil der rumänische Senator Nicolae Alexandri für ihn bürgte, bekam er eine Duldung. 1930 galt er noch als Staatenloser, weil sich die Akte mit der Ausweisungsverfügung von 1918 bei den Behörden „verirrt" hatte.[279]

Christo I. Mișirkov, der Vertreter der Bulgaren und Gagausen, war bis Ende Oktober 1918 als Sekretär des Landesrates tätig. Die Polizei observierte ihn, um einen Grund zur Verhaftung zu finden. In den Akten wird der Gymnasiallehrer als Verdächtiger bezeichnet, weil er 1917 im Landesrat vorgeschlagen hatte, dass neben dem Rumänischen auch das Russische als Amtssprache anerkannt werde.[280]

Trotz der Ausweisung vieler Kritiker waren sich die Vorsitzenden des Landesrates nicht sicher, ob das Agrargesetz verabschiedet werden würde. Sie luden daher am 26. November 1918 nur 48 Delegierte vom „Moldauischen Block" ein. Die Kritik der radikalen Kräfte sollte unterbunden werden, weil laut Gesetzentwurf die Großgrundbesitzer jeweils 100 Hektar behalten durften und die Bauern für die Parzellen hohe Entschädigungen zahlen sollten. Der Bauernrat hatte Bodenzuteilungen ohne Entschädigungen gefordert und dies hatte Anfang 1918 auch der Vorsitzende des Landesrates versprochen. Aufgrund des Protestes des Russen Vladimir Cyganko und anderer wurden am nächsten Tag noch weitere Vertreter des Bauernrates und der Nichtrumänen benachrichtigt. Nach längeren Debatten wurde am 27. November 1918 das Agrargesetz verabschiedet, danach kündigte Pantelimon Halippa an, dass der Landesrat nun keine Aufgabe mehr habe. Anschließend verlas General Artur Văitoianu, der neue königliche Kommissar für Bessarabien, das Dekret über dessen Auflösung.[281]

Einige Mitglieder des Bauernrates protestierten gegen die Auflösung und verwiesen darauf, dass Ministerpräsident Marghiloman im März 1918 die Beibehaltung der regionalen Autonomie versprochen hatte. Unter den

---

[279] ANRM, 680, 1, 3167, S. 27-44, Zitat der Polizeibehörde, S. 27.

[280] Chiriac, Membrii, S. 123; Colesnic, Generația, S. 255; Stati, Istoria, S. 278 und 285.

[281] Das Ende des Landesrates wird von rumänischen Historikern zumeist als Selbstauflösung dargestellt. Die Ermordung oder Ausweisung von Delegierten ist vielen Darstellungen nicht zu entnehmen. Vgl. Moisuc, Bessarabia, S. 154f.

schärfsten Kritikern war der Adlige Nicolae Alexandri, der seit 1905 rumänische Projekte gefördert hatte. Am 26. November 1918 formulierte Alexandri zusammen mit Cyganko eine Beschwerde an die Regierung Rumäniens. Sie trug den Titel „Stellungnahme der Abgeordneten des Landesrates bezüglich des illegalen Anschlusses Bessarabiens an Rumänien". Darin wurden folgende Forderungen gestellt: Aufhebung des Ausnahmezustandes, Abschaffung der Zensur, Rückkehr aller ausgewiesenen Mitglieder des Landesrates, Beibehaltung der Zemstvo und Respektierung der Rechte der nationalen Minderheiten. Während der letzten Sitzung des Landesrates unterzeichneten sie vierzig Mitglieder. Darunter waren so prominente wie Vladimir Cristi, der ehemalige Innenminister des Landesrates. Auch ein rumänischer Sprecher des Bauernrates, Gavril Buciuşcan, der Vertreter der Gagausen Mihail Rusev und der Deutsche Philipp Almedinger unterschrieben. Cyganko legte dieses Dokument Anfang 1919 bei der Friedenskonferenz in Paris vor.[282]

Obwohl Marghiloman noch im März die Beibehaltung der Zemstvo versprochen hatte, wurde sie am 4. Oktober 1918 mit Hinweis auf die zentralistischen Strukturen in Rumänien abgeschafft.[283] Der gewählte Stadtrat von Kischinew war bereits im September 1918 mit der Begründung aufgelöst worden, dass der Bürgermeister Alexander Schmidt dort antirumänische Propaganda betrieben habe. Nun ernannte die rumänische Regierung die Stadtleitung. Die einzigen Zugeständnisse an die Bessarabier war die Beibehaltung zweier Vertreter ohne Ministerrang in der Bukarester Regierung. Bis November 1919 waren es Daniel Ciugureanu und Ion Inculeţ. Im Dezember 1919 ersetzte Pantelimon Halippa Inculeţ und Ioan Pelivan war drei Monate lang Justizminister.[284]

Außer den Gegnern des Anschlusses an Rumänien observierte die Sicherheitspolizei 1919/1920 auch Lehrer, die geprägt von der russischen Revolution, den Eid auf den König Rumäniens verweigerten. In der Akte einer Russin stand lakonisch: „Für Lehrer, die keinen Eid leisten wollen, gibt es vorbereitende Schritte, dass sie aus dem Land gejagt werden."[285]

Das zentrale Anliegen der Interventionstruppe war aber die Absicherung der Requirierungen. Insgesamt waren neben den vier Divisionen mit etwa 50.000 Soldaten noch etwa 10.000 Gendarmen damit beschäftigt, das Getreide zu requirieren, das Rumänien im Bukarester Friedensvertrag den Mittelmächten zugesichert hatte. Die Bauern mussten die Gendarmen auch kostenlos verpflegen. Im Ausnahmezustand galt Kriegsrecht und

---

[282] Colesnic, Generaţia, S. 90-92, 106, 130, 288 und 313.

[283] Rumänische Historiker führen als weiteren Grund der Auflösung an, dass in der Zemstvo viele russische Angestellte tätig waren, die den Eid auf den König verweigerten. Vgl. Scurtu u.a., Istoria, S. 132.

[284] Cazacu, Moldova, S. 236 und 328, Negru, Ţarismul, S. 97.

[285] Polizeiakte vom 16. Februar 1920, ANRM, 680, 1, 3686, S. 225.

jeglicher Protest wurde hart bestraft. Jeder Gendarm konnte Strafen wie 25 Stockschläge austeilen.[286] Ein offizieller Beobachter aus Frankreich meldete im Mai 1919, dass die Gendarmen bei Requirierungen willkürlich Körperstrafen anwendeten, was zur allgemeinen Verbitterung führe. Im Süden seien viele Bulgaren, Deutsche, Russen und Juden gegen die rumänische Obrigkeit.[287]

Besonders groß war die Unruhe unter den Ukrainern im Norden Bessarabiens in den Bezirken Hotin und Soroca, wo fast keine Rumänen lebten. Dort gab es unter den heimgekehrten Soldaten einige, die in Kontakt mit den Bolschewisten oder Einheiten der Ukrainischen Rada gestanden hatten. Sie setzten sich im Januar 1919 gegen die Willkür der rumänischen Gendarmen zur Wehr. Wegen der Unruhen flohen die rumänischen Beamten. Militäreinheiten wurden hinbeordert, die mit Maschinengewehren gegen die ukrainischen Bauern vorgingen.[288] Nach zwei Wochen war der Aufruhr niedergeschlagen. Einige Bürger konnten nach Odessa fliehen und berichteten dort über das Vorgehen der Armee Rumäniens.[289]

Über die Konfliktursachen gibt es widersprüchliche Informationen. Der jüdische Anwalt Michel Landau, der als Wehrdienstleistender mit der rumänischen Armee nach Hotin geschickt wurde, nannte später in seinen Memoiren zwei Gründe des Aufruhrs. Die durch die Kriegsjahre verarmten Bauern waren unzufrieden, dass sie noch kein Land erhalten hatten und unter Zwang unentgeltliche Arbeiten verrichten mussten. Daher hatten sie die Höfe russischer und polnischer Großgrundbesitzer angegriffen und einige Besitzer ermordet. Bewaffnete Bauern belagerten auch jüdische Marktflecken und verlangten von ihnen Sonderabgaben. Landau gelang es, seinen Vorgesetzten davon zu überzeugen, dass die etwa 30.000 Juden der Stadt Hotin nicht wie die ukrainischen „Irredentisten" behandelt werden könnten. Die Durchsuchung der Häuser nach Waffen verlief dort ohne Zwischenfälle, an anderen Orten plünderten die Soldaten.[290]

Rumänische Historiker übernahmen von einem Inspektor der Sicherheitspolizei jener Jahre die Erklärung, dass die Bevölkerung im Norden Bessarabiens von Bolschewisten aus der Ukraine aufgehetzt worden sei.[291] Da-

---

[286] Stati, Istoria, S. 308, 319. Cazacu erwähnt die Zwangsablieferungen, nicht aber die Stockschläge; vgl. Cazacu, Moldova, S. 327.

[287] Livezeanu, Cultural Politics, S. 98.

[288] Dies notierte der Führer der Konservativen Rumäniens, der sicher nicht mit Rebellen sympathisierte. Vgl. Alexandru Marghiloman: Note politice [Politische Aufzeichnungen], Bd. 4. Bucureşti 1927, S. 222f.

[289] Bessarabia! The Roumanian Hell. A True Account of the Tatar-Bunar Rising. London 1926, S. 27.

[290] Landau, O viaţa de luptă, S. 70 und 174-178.

[291] Der Aufruhr wird von Rumänen selten erwähnt und gilt dann als Überfall von ukrainischen Bolschewisten. Vgl. Tatiana Duţu/ Florin Anghel: În legtură cu aşa–zisa răscoala de la Hotin [Bezüglich des so genannten Aufstandes von Hotin]. In: *Glasul Bucovi-*

gegen wird in Darstellungen zum Bürgerkrieg in der Ukraine der Aufruhr mit Einheiten von Symon Petljura in Verbindung gebracht. Sie waren nach dem Abzug der deutschen Truppen nördlich von Hotin aktiv. Petljuras Regierung betrachtete dieses Gebiet als Teil der Ukrainischen Republik und wollte ihren Einfluss zu Beginn der Friedenskonferenz unter Beweis stellen.[292]

Die Bolschewisten nutzten ebenfalls den Abzug der deutschen Armee aus der Ukraine und vertrieben im Februar 1919 die Einheiten Petljuras aus Kiev. In der im Februar 1919 proklamierten Ukrainischen Sowjetrepublik war Christian Rakovskij Vorsitzender des Rats der Volkskommissare und Kommissar für auswärtige Fragen. In dieser Eigenschaft verlangte er von Rumänien den Rückzug der Armee aus Bessarabien und der Nordbukowina und drohte mit Bauernaufständen in diesen Gebieten. Als in Budapest Béla Kun im März 1919 an die Macht kam, versprach Rakovskij ihm Unterstützung durch einen Vorstoß bewaffneter Einheiten über Galizien und die Bukowina.[293]

Im April 1919 wurde in Odessa der Einmarsch der Roten Armee in Bessarabien vorbereitet. In Bessarabien zirkulierten viele Aufrufe zur Vertreibung der Armee Rumäniens, die vermutlich östlich des Dnjestr gedruckt wurden. Die bereits ernannte Provisorische Regierung des sozialistischen Bessarabiens sollte Ivan N. Krivorukov leiten, der im November 1918 in die Ukraine ausgewiesen worden war. Im Mai 1919, als sich die Revolution in Mitteleuropa auszubreiten schien, kam es in Bendery in unmittelbarer Nähe der Grenze zu einem Aufstand. Die Armee Rumäniens schlug ihn nieder, neunzehn Anführer wurden im „Prozess der 108" zur Todesstrafe verurteilt, einige waren wie Krivorukov entkommen.[294]

Den Bolschewisten aus der Ukraine gelang es im Sommer 1919 nicht, ihre Truppen mit denen der Räterepublik in Ungarn zu vereinigen. Sie wurden gleichzeitig von Weißgardisten unter dem Kommando von General Denikin und den nationalen Ukrainern, geführt von General Petljura, in die Zange genommen. Weil die Entente alle antibolschewistischen Kräfte unterstützte, sprach sich die Pariser Friedenskonferenz nicht gegen be-

---

nei, 3, Bucureşti 1995, S. 7; Z. I. Husărescu: Mişcarea subversivă în Basarabia [Die subversive Bewegung in Bessarabien]. Chişinău 1925.

[292] Reshetar, The Ukrainian Revolution, S. 230. Über die Gründe, warum Frankreich die ukrainische Regierung nicht anerkannt hatte vgl. Frank Golczewski: Die Ukraine und die Oktoberrevolution. In: Holm Sundhaussen/ Hans-Joachim Torke: 1917-1918 als Epochengrenze?, Wiesbaden 2000, S. 148f.

[293] Cernovodeanu, Basarabia, S. 144; Kappeler, Kleine Geschichte, S. 172f.; Jane Tabirsky (Hrsg.): Calendar of Soviet Documents on Foreign Policy. Westport 1982 (2. Auflage), S. 41.

[294] Lucien Karchmar: Communism in Romania 1918-1921. In: Ivo Banac (Hrsg.): The Effects of Worlds War I: The Class War after the Great War. Boulder/ Colorado 1983, S. 154.

stimmte territoriale Ansprüche Denikins oder Petljuras aus. Noch war offen, wo die rumänische Grenze verlaufen würde. Ende 1919 konnten die Bolschewisten Kiev zurückerobern.[295]

Rakovskij versuchte seit 1919 auch im Rahmen der neu gegründeten Kommunistischen Internationale ausländische Linke auf die Repression in Bessarabien aufmerksam zu machen.[296] So wurde im August 1920 bei der Gründung der Kommunistischen Balkanföderation explizit die Unterdrückung der Minderheiten in Bessarabien erwähnt. Eingehend beschrieb Rakovskij 1925, als er sowjetischer Botschafter in London war, das brutale Vorgehen der rumänischen Armee gegen ukrainische Bauern: Durch das Kriegsrecht seien Soldaten zu Herren über Leben und Tod geworden. Sie erpressten von Ukrainern Geld, damit sie diese nicht als angebliche Bolschewisten erschießen. Unzählige Männer, Frauen und Kinder seien umgekommen, weil sie nicht zahlen konnten. Über diese Ausschreitungen informierte auch eine Schrift von Henri Barbusse, die in Frankreich und Deutschland erschien.[297]

Als Gegenmaßnahme gründete die Sicherheitspolizei eine „Liga gegen den Bolschewismus" und verbreitete in deren Namen Pamphlete, die vor Rakovskijs Agenten warnten.[298] Die Polizei sah in jeder Unbotmäßigkeit eine subversive Aktion. Die Militärgerichte verurteilten Verbreiter von Flugblättern als Spione zu langjährigen Gefängnisstrafen. Gemäß der Darstellung des Sicherheitschefs gab es 1919 über tausend Verurteilungen in Bessarabien.[299]

Für die Unruhe unter den Ukrainern und Russen im Nordosten Bessarabiens gab es viele Gründe. Die Propaganda aus der Sowjetukraine oder der Ukrainischen Republik Petljuras, die bis 1920 bestand, hatte Resonanz, weil die Rechte der Minderheiten nicht geachtet wurden und sich Hunger ausbreitete.[300] Mehrere Jahre hintereinander hatte das Militär verschiedener Staaten bei den Bauern Lebensmittel requiriert.

---

[295] Arthur E. Adams: Bolsheviks in the Ukraine. The Second Campaign 1918-1919. New York / London 1973, S. 239f.; Scurtu u.a., Istoria, S. 118.

[296] Manifest der Kommunistischen Balkan-Donauföderation, in: Die Kommunistische Internationale, II, Bd. 14. Moskau 1921, S. 234 (Neudruck: Erlangen 1973).

[297] Barbusse schrieb, dass in Hotin 11.000 Personen umgekommen seien. Rakovskij nannte keine Zahl. Vgl. Henri Barbusse: Die Henker. Stuttgart 1927, S. 121; Christian Rakovsky: Roumanie et Bessarabie. Paris 1925; Uhlig, Die bessarabische Frage, S. 80.

[298] Liga Basarabeană contra bolşevismului: Contra bolşevismului [Bessarabische Liga gegen den Bolschewismus. Gegen den Bolschewismus]. Bălţi 1919.

[299] Husărescu, Mişcarea, S. 59.

[300] Die ukrainisch-polnische Militärkonvention im April 1920 war Petljuras letzte Handlung, danach rückten polnische Einheiten auf ukrainischem Gebiet vor. Nach deren Rückzug vor der Roten Armee wurde im Oktober 1920 Petljuras Armee entwaffnet. Vgl. Mark, Die gescheiterten Staatsversuche, S. 199.

Auch aus religiösen Gründen waren viele Slawen verstört. Nach dem Einmarsch der Armee Rumäniens wurde ihre Zugehörigkeit zur russisch-orthodoxen Kirche negiert und ihre Kirche dem griechisch-orthodoxen Patriarchen Miron Cristea unterstellt. Das einzige Zugeständnis war, dass in ihren Kirchen neben dem Rumänischen auch Kirchenslawisch benutzt werden durfte. Besonders die altgläubigen Lipowaner, die aus Russland geflohen waren, um Staatseingriffen zu entgehen, bestimmten ihr Oberhaupt selbst. Sie akzeptierten die Einführung des Gregorianischen Kalenders nicht, obwohl ihn der Metropolit Bessarabiens 1924 für verbindlich erklärte, und feierten ihre Feste weiterhin nach dem alten Kalender. Daher wurden sie von den Sicherheitsbehörden als unbotmäßige Sekte eingestuft.[301] Im Kultusgesetz von 1928 wurden sie nicht als Religionsgruppe offiziell anerkannt.[302]

4.3 Die Bessarabienfrage bei der Pariser Friedenskonferenz

Die Pariser Friedenskonferenz begann ihre Beratungen über die territorialen Ansprüche der rumänischen Regierung zu einem Zeitpunkt, als sich an der Nordgrenze Rumäniens der Bürgerkrieg ausbreitete und gelegentlich auf Bessarabien übergriff. Die rumänische Besatzung ging mit Gewalt gegen jede Form von Widerstand in Bessarabien vor. Besonders verdächtig erschienen ihr Forderungen aus dem Kreis der Nichtrumänen. In Paris versuchten die rumänischen Vertreter, die Anzahl der Nichtrumänen in allen beanspruchten Gebieten zu minimieren. Sie verlangten im April 1919 von der „Kommission zur Lösung der territorialen Fragen", offiziellen Volkszählungsergebnissen der russischen Behörden keinen Glauben zu schenken.[303] Diese hätten die Anzahl der Rumänen absichtlich falsch beziffert. Die Zählung in Bessarabien hatte 1897 die Moldauer mit 46% der Gesamtbevölkerung angegeben. Nun behaupteten Vertreter Rumäniens, dass es 64% seien, wobei sie die Anzahl der Ukrainer von 19,6% (1897) auf 9,7% (1919) gesenkt hatten. Der Anteil der Juden

---

[301] In den Akten der Sicherheitspolizei finden sich viele Hinweise auf eine „Agitation" für den alten Kalender. Ich zitiere nur einen Bericht von 1929 aus dem Bezirk Ismail, in dem viele Lipowaner lebten. Vgl. ANRM, 680, 1, 3428, S. 402. Noch in den dreißiger Jahren bestanden einige Bauern darauf, die Kirchenfeste nach dem alten Kalender zu feiern. Vgl. Andreas Saurer: Modernisierung und Tradition: Das Rumänische Dorf 1918-1989. St. Augustin 2003, S. 58.

[302] Die Anerkennung erfolgte erst 1946. Vgl. Ipatiov, Rușii-lipoveni, S. 42.

[303] Rumänische Autoren behaupteten auch bezüglich der österreichischen Volkszählungen in der Bukowina, dass viele als Ukrainer Gezählte Rumänen gewesen seien, die ihre Muttersprache vergessen hätten. Vgl. Constantin Lacea: La Bucovine. Paris 1919.

betrage 10,2% statt 11,8%.[304] Der Bukarester Professor George Murgoci publizierte eine französische Schrift, in der er schrieb, dass die russischen Behörden etwa 75.000 Rumänen „entnationalisiert" und zu den Slawen gezählt hätten. Er bezifferte den Anteil der Rumänen mit 67%.[305] Die rumänischen Delegierten aus Bessarabien schätzten den Anteil der Rumänen auf 68-75% der Bevölkerung und erklärten ein Plebiszit für überflüssig.[306]

Den Alliierten war klar, dass sowohl bei der Volkszählung in Russland von 1897 als auch bei den Angaben der Rumänen politische Interessen die Sachverhalte verzerrten. Nur sahen sie keinen Weg, wie angesichts der Unruhen in den betroffenen Gebieten korrekte Daten ermittelt werden könnten.[307] Rumäniens Delegationsführer, Ministerpräsident Ion I. C. Brătianu, wurde am 2. Juli 1919 erstmalig zu Bessarabien befragt. Seine Argumente, dass Bessarabien aus historischen und ethnografischen Gründen zweifelsfrei zu Rumänien gehöre, stellte der Vertreter der USA, Robert Lansing, in Frage. Er wollte von Brătianu wissen, ob Rumänien, wenn es Bessarabien provisorisch zugesprochen bekäme, bereit sei, einige Jahre später ein Plebiszit durchzuführen. Brătianu antwortete, dass er prinzipiell gegen ein Plebiszit sei, da es nur Unruhe schaffen würde. Während die mitgereisten Rumänen aus Bessarabien wie Ioan Pelivan Brătianus Auftreten „würdevoll" fanden, waren die Vertreter der Großmächte ratlos und vertagten die Entscheidung.[308] Welche Haltung die beiden Deutschen aus Bessarabien einnahmen, ist unbekannt. Ihnen war die Reise bezahlt worden, um die Befürwortung des Anschlusses an Rumänien durch die Minderheiten zu demonstrieren.[309]

Im Dezember 1919 begründete Brătianu im Parlament seine Ablehnung des Minderheitenschutzes damit, dass dadurch zwei Gruppen von Bürgern entstehen würden. Während die Rumänen ihre Probleme allein lösen

---

[304] Valeriu F. Dobrinescu: Bătălia pentru Basarabia [Kampf um Bessarabien]. Iași 1991, S. 22f; Uhlig, Die bessarabische Frage, S. 49f.

[305] George Murgoci: La Population de la Bessarabie. Paris 1920, S. 47 und 50.

[306] Délegation bessarabienne: Les Roumains devant le Congrès de la Paix. Paris 1919, S. 17 (Nachdruck: Seeds of Conflict, ser.1, Rumania. Nedeln 1973).

[307] 1930 gab die rumänische Volkszählung den Anteil der Rumänen in Bessarabien mit 56,2% und den der Ukrainer/ Russen mit 23,3% an. Vgl. Solomon: Identitate etnică, S. 167.

[308] Zit. n. Ioan Pelivan: Ion Inculeț și Congresul de Pace de la Paris [Ion Inculeț und der Pariser Friedenskongress]. In: *Patrimoniu*, 1(1991), S. 27-41, S. 34. Außer Pelivan waren Ion Codreanu, Sergiu Cujba und Gheorghe Năstase in der Delegation. Vgl. Alexandru Chiriac: Ion Pelivan. In: *Arhivele Totalitarismului*, VI(1998), 18, S. 236.

[309] Marian nennt ohne Vornamen Mauch und Wagner. Vgl. Liviu Marian: Coloniștii nemți din Basarabia. Considerații istorice, politice și etnografice [Die deutschen Kolonisten in Bessarabien. Historische, politische und ethnografische Betrachtungen]. București 1920, S. 13.

müssten, könnten die Minderheiten sich ständig um Unterstützung an andere Staaten wenden.[310]

Rumänien hatte durch den Anschluss Bessarabiens, der Bukowina, Siebenbürgens und eines Großteils des Banats sein Staatsgebiet verdoppelt und nun einen Anteil von etwa 30% Nichtrumänen. Die Entscheidung über die territoriale Zugehörigkeit Bessarabiens war weitaus schwieriger als die über die ehemaligen Habsburger Gebiete, die Rumänien beim Kriegseintritt 1916 zugesprochen worden waren. Neben Rumänien beanspruchten Bessarabien auch die russischen antibolschewistischen Kräfte, welche die Entente unterstützte. Die Ukrainische Volksrepublik forderte die ukrainischen Siedlungsgebiete in Bessarabien.[311] An vierter Stelle sei noch die russische Sowjetregierung genannt, doch sie war bei der Friedenskonferenz nicht vertreten.

Im März 1919 verlangte der rumänische Generalstab gemeinsam mit dem französischen General Berthelot, dem Befehlshaber der Truppen an der Donau, von Großbritannien und den USA eine stärkere Unterstützung. Da die Einheiten Petljuras vor den bolschewistischen Einheiten auf der Flucht seien, könne nur die rumänische Armee an der Grenze Bessarabiens die Ausbreitung der Anarchie in Mitteleuropa aufhalten. Angesichts des Einflusses von Rakovskij müsse mit einem Angriff gerechnet werden. Die rumänische Armee benötige die volle Handlungsfreiheit gegenüber ungarischen Einheiten.[312] Die französischen Truppen bekamen den Befehl, vor allem gegen die Räterepublik in Ungarn vorzugehen, und die rumänischen Einheiten sollten an der Dnjestr-Front jeden bolschewistischen Angriff zurückschlagen.[313]

Das „Komitee zur Befreiung Bessarabiens", das am Rande der Konferenz versuchte, die französische Öffentlichkeit gegen die rumänische Okkupation zu mobilisieren, hatte unter diesen Bedingungen schlechte Karten. Sein Ziel war, dass die Friedenskonferenz Bessarabien bis zur Durchführung eines Plebiszits den Status eines Protektorats der Entente verleihen solle. Als Sprecher des Komitees traten sehr unterschiedliche Personen in Paris auf. Vladimir Cyganko vom Bauernrat, der bei der Wahl zur gesamtrussischen Konstituante mit 36,7% die meisten Stimmen erhalten hatte, berichtete über die Ermordung mehrerer seiner Mitstreiter. Alek-

---

[310] Marin Nedelea: Prim-miniştrii României-Mari. Ideile politice [Die Ministerpräsidenten Großrumäniens. Die politischen Ideen]. Bucureşti 1991, S. 18.

[311] Der wissenschaftliche Berater der Delegation aus der Ukrainischen Republik verwies auf die 1897 ermittelten slawischen Mehrheiten in bestimmten Bezirken Bessarabiens. Vgl. Myron Kordouba: Le territoire et la population de l'Ukraine. Berne 1919, S. 32.

[312] Magda Ádám/ György Litvan/ Mária Ormos (Hrsg.): Documents diplomatiques français sur l'histoire du bassin de Carpates 1918-1932, Bd. 1. Budapest 1993, S. 454-455.

[313] Ebenda, S. 512-514.

sandr N. Krupenskij war Präsident der Zemstvo gewesen und wies auf die Auflösung von dessen Organen durch die Militärverwaltung hin, obwohl der Ministerpräsident Rumäniens deren Fortbestand beim Anschluss garantiert hatte. Der russifizierte Großgrundbesitzer trat gemeinsam mit Alexander Schmidt auf, der im September 1918 als Bürgermeister von Kischinew abgelöst worden war.[314] Der Sozialrevolutionär Schmidt schilderte die Ersetzung des gewählten Stadtrates durch Vertrauensleute der rumänischen Regierung. Krupenskij und Schmidt legten 1919 in Paris eine Schrift vor, in der die Legitimität des Landesrates in Frage gestellt wurde. Seine Mitglieder seien nicht gewählt, sondern als Delegierte von verschiedenen Organisationen benannt worden. Seine Zusammensetzung habe nicht dem zahlenmäßigen Verhältnis der Rumänen zu den Nichtrumänen entsprochen. Durch die Zensur sei eine Diskussion über die Agrarreform verhindert worden. Auch dürfe in Bessarabien nicht darüber informiert werden, dass der Unterricht in den Volksschulen gegen den Willen vieler Eltern rumänisiert werde.[315]

Ioan Pelivan, der in Paris die Vertreter Rumäniens bezüglich Bessarabiens beriet, präsentierte die Kritiker in der französischen Presse als fragwürdige Gestalten. Er war auch später noch stolz darauf. Seine Darstellung soll zitiert werden, weil sie die Einstellung der neuen Elite Bessarabiens zu den Minderheiten deutlich macht. Schmidt, der mit ihm in Dorpat studiert hatte, war für ihn „ein Fremder aus dem Baltikum". Cyganko sei „erst in der zweiten Generation Bessarabier, denn sein Vater kam als Kosak vom Don".[316] Das in den Revolutionstagen vertretene Konzept von Gleichberechtigung hatte einem aggressiven Drang nach einer Vorrangposition Platz gemacht, die als Wiedererlangung der Rechte der „ältesten" Bevölkerungsgruppe ausgegeben wurde. Dies entsprach den Vorstellungen der Eliten in Rumänien vor 1918, die ethnische Minderheiten nicht zum Staatsvolk zählten.[317]

Um dem Streben der Minderheiten nach Gleichberechtigung entgegenzuwirken, die mit besonderem Nachdruck von jüdischer Seite in Paris vertreten wurde, beeinflusste die rumänische Regierung auch Ausländer. 1919 finanzierte sie den Reisebericht des französischen Geographen

---

[314] Krupenskij war zwischen 1914 und 1918 der Vertreter des Adels aus Bessarabien im Regierungsrat. Er kritisierte bis zu seinem Tod 1939 die rumänische Herrschaft in Bessarabien. Vgl. Colesnic, Generația, S. 103-104; Poștarencu, O istorie, S. 137-138.

[315] Alexandre N. Kroupensky/ Alexandre Ch. Schmidt: Bessarabie et Roumanie. Paris 1919. Iorga bezeichnet Schmidt als Deutschen, ein rechtsgerichteter Italiener meint er sei Jude. Vgl. Iorga, La vérité, S. 58, und Franco Trandafilo: Bessarabia. Terra di dolore. Storia del secolare conflicto russo-romeno. Bucarest 1941, S. 145.

[316] Colesnic, Generația, S. 304-305.

[317] Dietmar Müller: Nationaler Code und Staatsbürgerschaft in Rumänien. In: *Studia Politica*, I(2001), 4, S.1054-1058.

Emmanuel de Martonne, der als Experte die französische Kommission der Friedenskonferenz beriet. Er wiedergab die Ansichten seiner rumänischen Begleiter, dass „die Juden" Bessarabiens falsche Informationen verbreiten und mit den Bolschewisten sympathisieren würden.[318]

Aufgrund von Brătianus Widerstand gegen die Einbürgerung aller Juden in Rumänien erkannte der Oberste Rat die Notwendigkeit umfassender Gesetze zum Schutz der Minderheiten. Brătianu wandte sich vor allem gegen einen Artikel, in dem die Einbürgerung der Juden ohne Einzelüberprüfung festgelegt worden war. Zuerst versuchte er Vertreter anderer Staaten, die auch diesen Vertrag ratifizieren sollten, zu mobilisieren. Nachdem die Vertreter Polens auch diesen Punkt Ende Juni 1919 akzeptiert hatten, stellte der Oberste Rat Rumänien ein Ultimatum. In Rumänien hatte Brătianus Partei versucht, die Juden durch eine antisemitische Kampagne unter Druck zu setzen. Mit Staatsgeldern wurde die Broschüre „Bestiile roşii" (Die roten Bestien) gedruckt, in der vor den Juden aus Russland gewarnt wurde. Auch mehrere Zeitungen verbreiteten antisemitische Hetze. Brătianu hatte erwartet, dass die Juden Rumäniens unter dem Druck auf die allgemeine Einbürgerung verzichten würden. Doch dank der Unterstützung des „Comité des Délégations Juives auprès de la Conférence de la Paix" blieben sie standhaft.[319]

Brătianu reiste unter Protest aus Paris ab und behauptete in der Presse, der Schutzvertrag für Minderheiten beeinträchtige die innere Sicherheit und schädige die ökonomischen Interessen Rumäniens.[320] Er trat im September 1919 als Premierminister zurück. Auf Wunsch der nachfolgenden Regierung wurde im Oktober der Schutzvertrag etwas geändert, doch zog sich die Unterzeichnung noch bis zum 9. Dezember 1919 hin. Erst die Wahlniederlage von Brătianus Nationalliberaler Partei ermöglichte es, dass die neue Koalitionsregierung den Vertrag bezüglich der Bukowina ratifizierte.[321]

Noch während die Friedenskonferenz tagte, waren Beschwerden über die Behandlung der Minderheiten in Bessarabien eingegangen. Erneut war es

---

[318] Emmanuel de Martonne: What I have seen in Bessarabia. Paris 1919, S. 42 (Nachdruck: Seeds of Conflict, ser.1, Rumania. Nedeln 1973). Die rumänische Botschaft in Paris stellte 1921 auch die Druckkosten für sein nächstes Buch und leitete es allen rumänischen Vertretungen zu. Vgl. Nicolae Dascălu: Propaganda externă a României Mari 1918-1940 [Die Außenpropaganda Großrumäniens 1918-1940]. Iaşi 1998, S. 53.

[319] Iancu, Emanciparea, S. 265-275; Landau, O viaţă, S. 184-187; Schaffermann, Dr. W. Fildermann, S. 41-54.

[320] Ephraim Natanson: Romanian Governements and the Legal Status of Jews between the Two World Wars. In: *Romanian Jewish Studies*, 1(1987), H.1, S. 54; J. Parkes: The Emergence of the Jewish Problem 1878-1939. London 1946, S. 125-127.

[321] Erwin Viefhaus: Die Minderheitenfrage und die Entstehung der Minderheitenschutzverträge auf der Pariser Friedenskonferenz 1919. Würzburg 1960, S. 223-224.

der Adlige Krupenskij, der auf die Schließung vieler russischer Schulen und Kirchen verwies. Diese Beschwerde, wie auch weitere aus den neu angeschlossenen Gebieten, hatten geringen Einfluss auf die Beratungen.[322] Die Entscheidung über die Zugehörigkeit Bessarabiens blieb 1919/20 offen. Anders als bei der Bukowina, wo Frankreich und Großbritannien ein Interesse an der Übernahme österreichischer Unternehmen hatten, spielten bei Bessarabien nur strategische Fragen eine Rolle. Frankreich stützte Rumänien wegen des Einsatzes seiner Armee 1919 gegen die ungarische Räterepublik. Gleichzeitig waren Admiral Kolčak und General Denikin Verbündete Frankreichs, und sie beanspruchten Bessarabien als Territorium Russlands. Einige Einheiten der Weißgardisten operierten 1919 entlang der bessarabischen Grenze. Die Vertreter der USA schlugen 1919 die Durchführung eines Plebiszits unter Kontrolle des Völkerbundes vor.[323]

Da polnische Einheiten Petljura unterstützt hatten, geriet auch Polen in den Kriegszustand mit Sowjetrussland. Während des 2. Weltkongresses der Kommunistischen Internationale im Juli/August 1920 stand die Rote Armee vor Warschau und die Delegierten hofften auf den Beginn der Revolution in Mitteleuropa. Die Regierungen Frankreichs und Großbritanniens bemühten sich um ein Bündnis mit allen antibolschewistischen Kräften.[324] Die Bessarabienfrage blieb offen. Erst als Admiral Kolčak erschossen und Denikin besiegt worden war, fiel eine Entscheidung über die Zugehörigkeit Bessarabiens zu Rumänien. Der Oberste Rat entschied sich für den „Cordon sanitaire" am Dnjestr. Die Ausrüstungsgüter, die für die Weißgardisten bereitgestellt worden waren, erhielt Rumänien.[325] Am 28. Oktober 1920 legte der Oberste Rat eine Konvention zu Bessarabien vor, welche die Vertreter Großbritanniens, Frankreichs und Italiens ausgearbeitet hatten. Der Vertrag zum Minderheitenschutz sollte auch dort Gültigkeit bekommen und der Völkerbund die Einhaltung überprüfen.[326]

Am 28. Oktober 1920 verpflichtete sich die Regierung Rumäniens, alle in Bessarabien Geborenen ohne Formalitäten einzubürgern und einen Teil

---

[322] Martin Scheuermann: Minderheitenschutz contra Konfliktverhütung? Die Minderheitenpolitik des Völkerbundes in den zwanziger Jahren. Marburg 2000. S. 237.

[323] Clemenceau hatte im Namen der Alliierten in einem Brief an Kolčak den Weißgardisten den russischen Teil Bessarabiens versprochen. Vgl. Arthur S. Link (Hrsg.): The Papers of Woodrow Wilson. Bd. 59. Princeton 1988, S. 543ff.; Nicolae Titulescu: Basarabia pămînt românesc [Bessarabien, rumänischer Boden]. Bucureşti 1992, S. 56.

[324] Klaus Zernack: Polen und Russland. Zwei Wege in die europäische Geschichte. Berlin 1994, S. 410.

[325] Dan Diner: Das Jahrhundert verstehen. Eine universalhistorische Deutung. München 1999, S. 99.

[326] Ortfried Kotzian: Das Schulwesen der Deutschen in Rumänien im Spannungsfeld zwischen Volksgruppe und Staat. Augsburg 1983, S. 253; Viorel V. Tilea: Acţiunea diplomatică a României [Die diplomatische Aktion Rumäniens]. Sibiu 1925, S. 167.

der Staatsschulden des Russischen Reiches zu übernehmen. Diese Konvention wurde vom Parlament in Rumänien am 13. April 1922 ratifiziert. Von den Parlamenten Großbritanniens und Frankreichs wurde sie 1921 bzw. 1924 bestätigt. Italien unterzeichnete sie erst 1927.[327] Weil die USA die Konvention nicht unterzeichneten, richteten sich die Hoffnungen nationalorientierter Ukrainer auf deren Regierung.[328] Dagegen sahen linke Kreise in der Sowjetunion eine Stütze.

Die Führung der Sowjetunion weigerte sich, die Zugehörigkeit Bessarabiens zu Rumänien anzuerkennen. Der Kommissar für Auswärtige Angelegenheiten Georgij Čičerin hatte bereits im April 1918 den Anschluss für illegal erklärt und auf den Protest des Bauernkongresses sowie die Verhaftung seines Vorstandes verwiesen. Čičerin bot im Februar 1920 Rumänien bilaterale Verhandlungen an, doch diese brachten kein Ergebnis.[329] Nachdem die Truppen der Weißgardisten unter Kolčak und Denikin 1920 zerschlagen worden waren, schlug der Kriegskommissar der Sowjetukraine, Michail Frunze, einen Vorstoß nach Bessarabien vor. Auch Lev Trockij hielt dies 1921 für eine angemessene Lösung. In beiden Fällen widersetzte sich erfolgreich Christian Rakovskij, der vor den Reaktionen der Entente warnte.[330]

In Wien fanden 1921 die Gespräche zwischen Vertretern der rumänischen und sowjetrussischen Regierung statt. Der sowjetische Vertreter trug vor, dass die Sowjetunion die Grenze am Dnjestr anerkennen könne, wenn Rumänien auf die Rückgabe seines Goldschatzes verzichten würde, der in den Revolutionstagen verschwunden war. In Rumänien gab es aber keine Rückendeckung für eine vertragliche Lösung. Ion I. C. Brătianu behauptete, dass sie die Beziehung zu Frankreich belasten könne.[331] Die rumänische Regierung schloss mit Polen 1921 einen Beistandspakt, der zur gegenseitigen Sicherung der Ostgrenzen beider Staaten dienen sollte. Das rumänisch-sowjetische Verhältnis wurde danach immer gespannter.[332]

Auch 1923 wurden die rumänisch-sowjetischen Verhandlungen ergebnislos fortgesetzt. Im April 1924 forderten die Vertreter der Sowjetunion bei dem Treffen in Wien ein Plebiszit in Bessarabien, das von Rumänien ab-

---

[327] Babel, La Bessarabie, S. 282-284.

[328] J. Toporul: La situation de la Bessarabie et de la Bukovine. Leopol 1926, S. 15.

[329] George Ciorănescu: Basarabia pământ românesc [Bessarabien, rumänischer Boden]. Bucureşti 2002; Ioan Scurtu: România şi marile puteri 1918-1933 [Rumänien und die Großmächte 1918-1933]. Bucureşti 1999, S. 85f.

[330] Robert R. King: A History of the Romanian Communist Party. Stanford 1980, S. 28.

[331] Raoul Bossy: Amintiri din viaţa diplomatică 1918-1940 [Erinnerungen aus dem Diplomatenleben 1918-1940], Bd. 1. Bucureşti 1993, S. 45-50.

[332] Magda Adám: Richtung Selbstvernichtung. Die Kleine Entente 1920-1938. Budapest 1988, S. 66.

gelehnt wurde.[333] Auf der Konferenz waren auch Bessarabier vertreten, die in der Sowjetunion lebten. Zu ihnen gehörte als der bekannteste Vladimir Cyganko, der 1919 in Paris die Position der russischen Minderheit dargestellt hatte.[334] Die rumänische Delegation behauptete, sie habe keine Kenntnis von Exekutionen, durch die 1918 der Landesrat unter Druck gesetzt worden war. Die militärischen Operationen hätten sich gegen Deserteure gerichtet, die plünderten und mordeten. Der Vorschlag eines Plebiszits sei angesichts des rumänischen Charakters Bessarabiens eine Beleidigung.[335]

Nach dem Scheitern der Wiener Konferenz nahm der sowjetische Druck zu. Von den meisten Historikern wird der Aufstand von Tatar Bunar im September 1924 in diesem Zusammenhang gesehen. Seine mehrschichtigen Gründe werden im Weiteren geschildert.[336]

4.4 Soziale und nationale Unruhen in Bessarabien

Solange die Zugehörigkeit Bessarabiens zu Rumänien nicht international anerkannt war, hegten einige Russen, Ukrainer und Juden in Bessarabien noch Hoffnung auf eine Veränderung. Besonders unter den Ukrainern gab es in den zwanziger Jahren linke Sympathien. Inwieweit sie Kontakte zur Sowjetukraine hatten, ist schwer festzustellen.[337]

Wie beim Aufruhr von Hotin und Soroca im Januar 1919 gibt es auch über den „Aufstand von Tatar Bunar" im September 1924 sehr unterschiedliche Darstellungen. Man kann ihnen entnehmen, dass sich politische, soziale und ethnische Probleme überlagerten.

Bereits im Juli 1924 hatte eine demokratische Zeitung aus Bukarest auf die Unzufriedenheit vieler Bauern in Bessarabien hingewiesen, weil sich bei der Bodenreform einige staatliche Angestellte widerrechtlich bereichert hatten. Wegen Korruption wurden auch zwei Richter beim Appella-

---

[333] Babel, La Bessarabie, S. 278-280; Valeriu F. Dobrinescu: 1917-1939: Basarabia în raporturile româno-sovietice. In: *Dosarele Istoriei*, V(2000), 6, S. 35; Uhlig, Die bessarabische Frage, S. 61.

[334] Chiriac, Membrii, S. 154.

[335] Poștarencu, O istorie, S. 170-171.

[336] Der rumänische Historiker Constantiniu behauptet, die Sowjetunion wollte durch die Eroberung Bessarabiens den Weg freimachen, damit in Bulgarien eine kommunistische Regierung eingesetzt würde. Vgl. Florin Constantiniu: 1941. Hitler, Stalin și România [1941. Hitler, Stalin und Rumänien]. București 2002, S. 26.

[337] Historiker aus der separatistischen Dnjestr-Republik betonen, dass die Aufständischen 1924 über die Gründungspläne einer Moldauischen Sowjetrepublik informiert waren. Vgl. Babilunga/ Bomeško: Pažin' din istorija, S. 73f.

tionsgericht in Kischinew entlassen.[338] Die wirtschaftliche Lage im Süden Bessarabiens war prekär. In der Region, die vor dem Ersten Weltkrieg Getreide für den Export lieferte, waren infolge der Requirierungen in den Kriegsjahren Importe nötig geworden. Der Vertreter Frankreichs in Kischinew berichtete unmittelbar nach dem Aufstand, dass in den Donaudörfern mit russischer Bevölkerung „bolschewistische Agenten" aus Russland unerkannt den Aufstand hätten vorbereiten können. Er sei ein Test gewesen, ob sich die Bevölkerung anschließen würde. Etwa 2.000 Personen hätten die bewaffneten Einheiten unterstützt. Die Juden hätten sich neutral verhalten, hingegen seien die deutschen Kolonisten als aktive Gegner des Kommunismus hervorgetreten.[339] Ministerpräsident Ion I. C. Brătianu lobte im Senat 1925 den freiwilligen Einsatz der Deutschen gegen die Aufständischen. Er bezeichnete den Tod eines Deutschen bei den Kämpfen als Zeugnis der Loyalität dieser Minderheit.[340]

Wie bei den Unruhen in den Bezirken Hotin und Bendery (Tighina) von 1919 gibt es für die Ereignisse verschiedene Erklärungen und Darstellungen. Autoren aus Rumänien führten und führen den Aufstand nur auf das Wirken von Emissären aus der Sowjetukraine zurück. Sie behaupteten, dass am 12. September 1924 zwanzig Russen über den Sasic-Liman kamen und Tatar Bunar angriffen, wo etwa 9.000 Personen lebten. Dort hätten sie unterstützt von einigen Einheimischen die Moldauische Sowjetrepublik proklamiert. Da in dem Ort schon 1921 ein Deutscher von Eindringlingen ermordet worden war, rückten am 18. September bewaffnete Kolonisten aus der Umgebung gemeinsam mit rumänischen Soldaten aus Ismail ein. Sie nahmen die meisten Eindringlinge fest, einige konnten fliehen. Die Militäreinheiten, die gegen die Revolte eingesetzt wurden, hatten freie Hand. Die Anzahl der Todesopfer ist unbekannt, die Schätzungen stammen zumeist von Kritikern der rumänischen Regierung.[341] Der Vertreter Frankreichs in Kischinew meinte, dass die offiziell genannten 300 toten Gegner nur die im Kampf Gefallenen erfasse. Die Armee habe ganze Ortschaften eingeschlossen und wahllos Exekutionen vorgenommen.[342] Auch in einer im Deutschen Reich 1937 erschienenen Broschüre, die den Aufstand in Tatar Bunar jüdischen Agitatoren aus Russ-

---

[338] *Adevărul* v. 14. 7. 1924, zit. n. Lucrețiu Pătrășcanu: Reforma agrară [Die Agrarreform]. In: Ders.: Studii economice și social-politice 1925-1945 [Wirtschaftliche und sozial-politische Studien 1925-1945]. București 1978, S. 80.

[339] Dobrinescu/ Pătroiu, Documente, S. 58-63.

[340] Babel, La Bessarabie, S. 212; Clark, Romania, S. 285f; Uhlig, Die bessarabische Frage, S. 62.

[341] Henri Barbusse, der unmittelbar nach dem Aufstand mit Constantin Stere und anderen Führern der Bauernpartei sprach, bezifferte die Opfer mit 3.000. Vgl. Barbusse, Die Henker, S. 121.

[342] Dobrinescu/ Pătroiu, Documente, S. 54 und 62.

land zuschrieb, werden Hunderte Todesopfer bei seiner Niederschlagung erwähnt.[343] Die Gendarmen verhafteten danach im Umland Mitglieder der Genossenschaften und Vertreter der russischen Minderheit als angebliche „Bolschewisten".[344]

Ein französischer Oberleutnant, der sich unmittelbar nach dem Aufstand im Süden Bessarabiens umsah, berichtete im November 1924, dass die bolschewistischen Agenten die allgemeine Unzufriedenheit in dieser Region ausgenutzt hätten. In der unzugänglichen Gegend hielten sich viele rumänische Deserteure versteckt, manche würden auf die sowjetische Seite überwechseln. Sie hätten sich am Aufstand beteiligt. Auch in der Untersuchung der Militärbehörden wurde festgestellt, dass die Gendarmen und Steuereintreiber sich oft wie in einem besetzten Land benehmen würden. Die Bauern assoziierten mit dem Bolschewismus das Jahr 1917, als sie die Güter der Gutsbesitzer aufgeteilt hatten. Wenn es ein Plebiszit gebe, würden sie sicher für die Sowjetunion stimmen.[345]

Pantelimon Halippa von der Bessarabischen Bauernpartei führte die Unzufriedenheit auf die schwierige wirtschaftliche Lage zurück, die durch die Abtrennung von den herkömmlichen Märkten in Russland entstanden sei. Die aus Bukarest geschickten Verwalter seien korrupt und wollten sich nur schnell bereichern. Bessarabien brauche Autonomie, um die Verwaltung mit gut vorbereiteten Leuten besetzen zu können.[346]

Die Regierung der Nationalliberalen vertrat aber weiterhin ihr zentralistisches Konzept und lenkte durch die Inszenierung eines großen Prozesses von den sozialen und ethnischen Problemen ab. Der Staatssekretär im Innenministerium, Gheorghe Tătărescu, berichtete im Dezember 1925 über die Verurteilung von 85 der 287 Angeklagten des „Attentates von Tatar Bunar". Er betrachtete es als einen von vielen Übergriffen sowjetischer Agenten. Besonders ausführlich ging er auf Verhaftungen von Russen und Juden ein, die in Bessarabien Spionage betrieben hätten. Die bei ihnen gefundenen Flugblätter würden auf die Organisation durch die Kommunistische Internationale verweisen. Seit Anfang 1924 seien Kampfgruppen in russischen Dörfern Bessarabiens entstanden und Waffen eingeschmuggelt worden. Sie würden von Deserteuren unterstützt, die sich in den Sümpfen an der Grenze versteckten. Als dort Verhaftungen begannen, hätten die Agenten zur Vertreibung der rumänischen Armee aufgerufen und seien von einigen Bauern unterstützt worden. Tătărescu hob hervor, dass unter den Verurteilten kein Moldauer/ Rumäne sei.[347] Diese Re-

---

[343] Karl Stumpp: Deutschtum in Bessarabien. Berlin 1937, S. 25.

[344] Bessarabia!, S. 42.

[345] Dobrinescu/ Pătroiu, Documente, S. 53-64.

[346] Dobrinescu/ Pătroiu, Documente, S. 71-74.

[347] Gheorghe Tătărescu: Internaţionala a III-a şi Basarabia [Die Dritte Internationale und Bessarabien]. Bucureşti 1926; Gheorghe Tătărescu: Bessarabie et Moscou. Bucarest

de von Tătărescu zitieren rumänische Historiker heute ohne Vorbehalt und stellen die Repressionsmaßnahmen als notwendig dar. Sie erwähnen zumindest, dass es in der lokalen Verwaltung viele unfähige Personen und Übergriffe gab.[348]

Zu Beginn des Prozesses hob der sozialdemokratische Abgeordnete Jakob Pistiner hervor, dass alle Angeklagten aus Bessarabien stammten. Schon damit sei die Behauptung der Regierung widerlegt, es sei ein Überfall aus der Sowjetunion gewesen. Die Regierung habe ein Plebiszit in Bessarabien abgelehnt, weil sie weiß, dass dort drei Viertel der Bevölkerung für einen Anschluss an die Sowjetunion stimmen würde. Die Ursache sei nicht die Liebe zum Bolschewismus sondern die Unzufriedenheit mit dem Ausnahmezustand.[349] Pistiner war ein überzeugter Gegner der Bolschewisten, deren Terrorregime er bereits 1921 angeprangert hatte.[350] Er verwies auf das Problem, dass den Bauern in Rumänien, die durch die Agrarreform Land erhalten hatten, das Betriebskapital und Arbeitsgeräte fehlten.[351]

Während des Prozesses gegen die Bessarabier, denen die Vorbereitung des Aufstandes angelastet wurde, reiste der französische Schriftsteller Henri Barbusse nach Rumänien. Er durfte aber nicht mit ihnen im Gefängnis von Kischinew sprechen und sie zur Folterung befragen, über die demokratische Zeitungen berichtet hatten. Der Staatssekretär des Innenministeriums, Gheorghe Tătărescu, erläuterte ihm den Standpunkt der Regierung. Rechte Studenten bedrohten Barbusse, und er verließ Rumänien eher als geplant.[352] In Großbritannien entstand 1925 während des Prozesses gegen 287 Bessarabier ein Hilfskomitee, das auf die sozialen Ursachen der Unruhen verwies. Dessen Träger meinten, dass es nicht sowjetischer Agitation bedurft habe, um die Bauern zur Revolte zu bringen. Viele bessarabische Bauern seien über die Ergebnisse der Agrarreform enttäuscht. Einen Teil des Bodens hätten sich Offiziere aus Rumänien angeeignet. Die Genossenschaften könnten den Bauern, die durch

---

1926 (Nachdruck in: Seeds of Conflict, ser. 1, Rumania. Nedeln 1973). Ausschnitte aus Tătărescus Ausführungen zu Tatar Bunar erschienen unkommentiert in einer Bukarester Zeitschrift: Gheorghe Tătărescu: Istoria furată [Gestohlene Geschichte]. In: *Memoria*, 23(1997), S. 19-26.

[348] Stellvertretend nenne ich einen Parteihistoriker aus der Ceauşescu-Ära: Ion Agrigoroaiei: Probleme ale integrării Basarabiei în cadrul României intregite [Probleme der Integration Bessarabiens in den Rahmen des vereinigten Rumäniens]. In: Flavius Solomon/ Alexandru Zub (Hrsg.): Basarabia. Dilemele identităţii [Bessarabien. Die Dilemmas der Identität. Iaşi 2001, S. 172f.

[349] Jakob Pistiner: Der Imperialismus der Randstaaten. In: *Der Kampf*, 18(1925), S. 376.

[350] Jakob Pistiner: Die soziale Revolution. Czernowitz 1921, S. 16f.

[351] Jakob Pistiner: Der Faschismus in Rumänien. In: *Der Schutzbund*, Wien, 3(1925), H. 9, S. 4-5.

[352] Dobrinescu/ Pătroiu, Documente, S. 75-81.

die Reform etwas Land erhalten hatten, nicht unterstützen, weil staatliche Förderungen ausblieben. Wegen der Dürre sei die Ernte 1924 im Süden schlecht ausgefallen. Da die Bauern trotzdem Steuern zahlen müssten, gebe es Konflikte mit den Behörden.[353]

Der rumänischen Regierung diente der Aufstand dazu, die Kommunistische Partei 1924 in die Illegalität zu drängen. Die unmittelbar nach dem Ersten Weltkrieg erstarkte Arbeiterbewegung war bereits durch die Massenverhaftungen nach dem Generalstreik im Oktober 1920 sehr geschwächt.[354] Danach begann der Richtungskampf zwischen Sozialdemokraten und Kommunisten. Mehrere Führer der Kommunistischen Partei waren im Frühjahr 1924 verhaftet worden, als sie im Zuge der neuen Taktik der Einheitsfront mit der Bauernpartei ein Bündnis bilden wollten. Durch den Aufstand bekam die Regierung der Nationalliberalen nun die Möglichkeit, sie zu langen Haftstrafen verurteilen zu lassen. Das im Dezember 1924 erlassene „Gesetz zum Schutz der öffentlichen Ordnung" sah Höchststrafen für politische Täter vor, welche die Interessen des Staates schädigten und Unterstützung aus dem Ausland erhielten. Die national orientierte Presse stellte die Kommunisten als Feinde dar, weil sie für Bessarabien und die Bukowina ein Plebiszit gefordert hatten. Unter den Verhafteten wurden besonders jene hervorgehoben, die wie Marcel Pauker jüdischer Herkunft waren.[355] Die Behörden verwiesen beim Verbot der Kommunistischen Partei vor allem auf deren Programmpunkt, wonach die Völker das Recht zur Selbstbestimmung bis zur Sezession hätten.[356]

Zwischen 1919 und 1925 wurden in Bessarabien 3.002 Linke verurteilt, ein Drittel bezichtigten die Militärgerichte der Spionage und des Terrorismus, die anderen der „antirumänischen Propaganda".[357] Die Polizei unterstellte noch in den dreißiger Jahren einigen Juden eine Verbindung zu den Aufständischen in Tatar Bunar.[358] Mittels des Sondergesetzes von 1924 wurden auch Kontakte von Sozialdemokraten und Vertretern ethnischer Minderheiten mit dem Ausland verfolgt. Unter den verurteilten

---

[353] Bessarabia!, S. 17.

[354] Der damalige Innenminister Argetoianu rühmte sich 1942, dass ihm 1920 die Zerschlagung der Bewegung gelungen war. Dazu hätte er nur den Ausnahmezustand gebraucht, spätere Regierungen hätten auch getötet, „ohne jegliche juristische Absicherung". Vgl. Constantin Argetoianu: Lupta contra comunismului [Der Kampf gegen den Kommunismus]. In: *Arhivele Totalitarismului*, II(1994), H. 1-2, S. 117-118.

[355] Victor Frunză: Istoria stalinismului din România [Die Geschichte des Stalinismus in Rumänien]. Bucureşti 1990, S. 69; Marcel Pauker: Ein Lebenslauf. Jüdisches Schicksal in Rumänien 1896-1938. Hrsg. von William Totok/ Erhard Roy Wiehn. Konstanz 1999, S. 80f.

[356] Tismaneanu, Vladimir: Stalinism for All Seasons. A Political History of Romanian Communism. Berkeley/ London 2003, S. 56.

[357] Moraru, Istoria, S. 203.

[358] ANRM, 680,1, 3406, 1. Bd., S. 197 und 286.

Linken befanden sich viele Juden und Slawen, manche erhielten die Todesstrafe als Spione. Oft gestanden Verhaftete unter Folter Kontakte zur
Sowjetunion. Grigore Cazacliu, ein rumänischer Abgeordneter aus Bessarabien, sprach dieses dunkle Kapitel im Parlament an.[359]

Manchmal hatten die Verfolgten lediglich Kontakte mit Verwandten aus
Russland, die wegen der neuen Grenze den Behörden suspekt waren.
Doch gab es unter den Slawen und Juden Bessarabiens einige Linke. Die
Nichtrumänen stellten die Mehrheit der Stadtbevölkerung und viele hatten sich in den Revolutionstagen verschiedenen Organisationen angeschlossen. Wegen des Kriegsrechtes durften nicht nur die linken Parteien,
sondern auch die Gewerkschaften, Kulturvereine und Wohltätigkeitsorganisationen keine Versammlungen einberufen. Die Sicherheitspolizei interpretierte fast jede nichtstaatliche Initiative als Gefahrenquelle. Da die
Juden in Russland seit Februar 1917 gleichberechtigt waren, dürften sie
ihre Behandlung durch die rumänischen Militärbehörden als Diskriminierung empfunden haben. Bis 1923 war die Einbürgerung der Juden in Rumänien umstritten, dann wurde sie in die neue Verfassung aufgenommen.
Doch bereits 1924 wurden viele Juden durch ein neues Gesetz zur Staatsbürgerschaft wieder staatenlos.

Die Unzufriedenheit unter den slawischen Bauern ist vor allem auf die
ungleiche Behandlung bei der Agrarreform zurückzuführen. Nach einer
Reise durch ukrainische Orte in Bessarabien unterstrich der Soziologe
Antony Babel, dass die Ukrainer viel ärmer als die Deutschen und Bulgaren seien. Viele Ukrainer würden als Tagelöhner in der Nachbarschaft arbeiten. Unter ihnen seien Sympathisanten der Sowjetukraine anzutreffen.[360]

Ausweisungen von Kritikern wie in den neu angeschlossenen Gebieten
wurden von der Regierung der Nationalliberalen verstärkt auch im rumänischen Kernland angewandt. Das widerfuhr nicht nur Personen, die im
Ausland geboren waren. Im Juni 1924 wurde die Ärztin Ecaterina Arbore
trotz ihrer rumänischen Staatsbürgerschaft in die Sowjetunion ausgewiesen. Die demokratisch orientierte Presse protestierte vehement, denn es
handelte sich um eine öffentlich bekannte Person. Sie war die Tochter des
bessarabischen Intellektuellen Zamfir Arbore-Ralli und hatte vor dem
Ersten Weltkrieg lange führend in der Sozialdemokratie gewirkt. Sie war
in den Nachbarländern angesehen wegen ihres pazifistischen Engage-

---

[359] Bei rumänischen Darstellungen, die wie Moțu Quellen der Sicherheitspolizei benutzen, ohne sie anzugeben, müsste überprüft werden, ob die Anzahl der Nichtrumänen
nicht absichtlich vergrößert wird. Vgl. Iancu Moțu: România și comunismul 1919-
1939 [Rumänien und der Kommunismus 1919-1939]. București 2000, S. 80, 93, 104,
139f., 145f. und 155. Zum Protest des Abgeordneten vgl. Folterungen bei der Polizei.
In: *Ostjüdische Zeitung* v. 20.8.1930.

[360] Babel, La Bessarabie, S. 211.

ments in den Kriegsjahren. Ecaterina Arbore und andere in Rumänien verfolgte Linke wirkten nach ihrer Ausweisung in der Kommunistischen Internationale.[361]

Um nach der Niederschlagung des Aufstandes von Tatar Bunar den Anspruch auf Bessarabien zu unterstreichen, wurde innerhalb der Sowjetukraine in einem schmalen Gebietsstreifen östlich des Dnjestr am 11. Oktober 1924 die Autonome Moldauische Sozialistische Sowjetrepublik mit der Hauptstadt Tiraspol' (später in Balta) geschaffen. In dem Gebiet lebten 572.114 Einwohner (1926), davon war ein Drittel Moldauer/ Rumänen. Die Mehrheit mit 48,48% waren Ukrainer.[362] Rumänen, Juden und Ukrainer hatten dort Volksschulen in der Muttersprache. In dem agrarischen Gebiet wurde nach 1927 der Bau von Industrieanlagen gefördert.[363] In Tiraspol' kam die Zeitschrift „Krasnaja Bessarabija" (Rotes Bessarabien) heraus, bei der die ehemaligen Sozialrevolutionäre Vladimir Cyganko und Alexander Schmidt mitarbeiteten.[364]

Wie häufig diese Zeitschrift nach Bessarabien eingeschmuggelt wurde, ist den Polizeiakten nicht zu entnehmen. Die Sympathien für die Sowjetunion dürften angesichts der dortigen Zwangskollektivierung und der von ihr verursachten Hungersnot in der Ukraine zurückgegangen sein.[365] Die Bedeutungslosigkeit der Kommunisten in Rumänien war auch eine Folge der Nachrichten über die ständigen „Säuberungen" in der KPdSU. Besonders 1937 kamen mehrere Linke um, die aus Rumänien ausgewiesen worden waren: Genannt seien nur Ivan N. Krivorukov, der in Tiraspol' als Agrarkommissar fungierte, und Ecaterina Arbore, die im Gesundheitswesen tätig war.[366]

Nach der Gründung der Autonomen Moldauischen SSR verlangte die Kommunistische Internationale von der Kommunistischen Partei Rumäniens, dass sie sich für den Anschluss Bessarabiens an diese Sowjetrepublik einsetzt. Einige rumänische Kommunisten protestierten gegen diese Losung, denn sie wurden dadurch der Verfolgung als Irredentisten ausgeliefert. Der seit 1924 illegal agierenden Partei schlossen sich vor allem

---

[361] Elisabeta Ioniţa: Ecaterina Arbore. Bucureşti 1973, S. 71-80; Frunză: Istoria stalinismului, S. 90.

[362] Heppner, Hauptstadt, S. 106; Charles King: The Moldovan ASSR on the Eve of the War: Cultural Policy in 1930s Transnistria. In: Kurt W. Treptow (Hrsg.): Romania and World War II. Iaşi 1996, S. 11.

[363] Ciachir, Basarabia, S. 97; Völkl, Bessarabien, S. 50.

[364] Cyganko wurde 1937 sein Auftreten mit dem Großgrundbesitzer Krupenskij bei der Pariser Friedenskonferenz vorgeworfen. Vgl. Colesnic, Generaţia, S. 305 und 313.

[365] In den Hungerjahren 1932/ 1933 wurden über 16.000 Personen wegen Diebstahl von Kolchoseigentum verurteilt. Baberowski nennt die Kollektivierung die eigentliche Geburtsstunde des Gulag. Vgl. Jörg Baberowski: Der Rote Terror. Die Geschichte des Stalinismus. München 2003, S. 126.

[366] Colesnic, Generaţia, S. 189.

Angehörige der nationalen Minderheiten an. Die Kommunisten Bessarabiens hatten seit 1924 mehr Kontakt mit der Moskauer Parteiführung als mit den Kommunisten in Rumänien.[367]

Durch die Entstehung dieser moldauischen Sowjetrepublik blieb das Verhältnis zu Rumänien gespannt. Als Frankreich und Großbritannien diplomatische Beziehungen zur Sowjetunion aufnahmen und auch Rumänien zur Normalisierung der Beziehungen aufgefordert wurde, kamen erneut historische Argumente zum Zuge. 1927 widmete der Historiker Alexandru Boldur dem Plebiszit ein ganzes Buch. Er behauptete, der Fall Bessarabiens entspräche dem von Elsass-Lothringen, das 1871 von Deutschland okkupiert worden war und 1918 ohne Plebiszit wieder an Frankreich kam. Bessarabien sei von der russischen Armee bis 1917 besetzt gewesen und 1918 habe dort eine plebiszitäre Versammlung den Anschluss an Rumänien beschlossen.[368]

1929 verzichteten Rumänien und die Sowjetunion vertraglich auf die Anwendung von militärischer Gewalt, doch Außenminister Maksim M. Litvinov betonte, dadurch würde nicht die Zugehörigkeit Bessarabiens zu Rumänien anerkannt.[369]

Stalin misstraute der rumänischen Führung und forderte 1930 den Ausbau der Rüstungsindustrie mit dem Hinweis auf einen möglichen gemeinsamen Angriff Rumäniens, Polens und der baltischen Staaten.[370] Nachdem Frankreich und die Sowjetunion 1935 einen Beistandspakt geschlossen hatten, nahm der Druck auf Rumänien zu, die Grenzfragen zu klären. Auch die Sowjetunion war nun an einem System der kollektiven Sicherheit interessiert: Sie nahm 1934 diplomatische Beziehungen mit Ungarn, der Tschechoslowakei und Rumänien auf. Die Bessarabien-Frage war ausgeklammert worden, und dies bewerteten rechte Kräfte als Verrat rumänischer Interessen. Der rechte Studentenführer Corneliu Zelea Codreanu drohte mit einem Attentat auf den Außenminister Nicolae Titulescu.[371] Über die von Titulescu vorbereitete Vertragslösung wurde 1935

---

[367] King, A History, 30-35.

[368] Alexandru V. Boldur: Basarabia şi relaţiile româno-ruse [Bessarabien und die rumänisch-russischen Beziehungen]. Bucureşti 2000 (1. Auflage 1927), S. 312.

[369] Das geschah durch den Beitritt zum Briand-Kellogg-Pakt. Vgl. Malbone W. Graham: The Legal Status of the Bukovina and Bessarabia. In: *American Journal of International Law*, 38(1944), 10, S. 670.

[370] Lars T. Lih/ Oleg Naumow/ Oleg Chlewnjuk (Hrsg.): Stalin. Briefe an Molotow 1925-1936. Berlin 1996, S. 226.

[371] Zaharia Boilă: Amintiri şi consideraţii asupra mişcării legionare [Die Bewegung der Legionäre in Erinnerungen und Einschätzungen]. Cluj 2002, S. 47; Florin Müller: Politica externă a Mişcării Legionare: ideologie şi strategii [Die Außenpolitik der Legion: Ideologie und Strategien]. In: *Arhivele Totalitarismului*, I(1993), 1, S. 32-40; Mihail Sturdza: România şi sfârşitul Europei [Rumänien und das Ende Europas]. Paris 1994 (2. Auflage).

verhandelt. Die Kräfte, die eine engere Zusammenarbeit mit Italien und dem Deutschen Reich anstrebten, wandten sich dagegen, und der Minister trat im August 1936 zurück. Im November 1936 meinte Codreanu in einer Denkschrift an Carol II., Titulescus Forderung von Sanktionen gegen Italien anlässlich des Angriffs auf Äthiopien sei Verrat an der „lateinischen Rasse" gewesen und Titulescu habe „wie der niedrigste Knecht des Judentums" gehandelt.[372]

4.5 Wirtschaft und Parteipolitik in Bessarabien

Rumänische Historiker stellen die ökonomische Entwicklung Bessarabiens nach 1919 als Aufschwungphase dar, die das sowjetische Ultimatum 1940 beendete.[373] Weil 87% (1930) der Bevölkerung in ländlichen Gemeinden lebten, hatte die Durchführung der Agrarreform eine zentrale Bedeutung. Das Gesetz war vom Landesrat Bessarabiens am 26. November 1918 beschlossen worden, also drei Jahre vor der Verabschiedung in Altrumänien. Doch es musste durch ein gesamtrumänisches Parlament bestätigt werden, und dies geschah erst am 10. März 1920. Da sich die Durchführung der Agrarreform in vielen Orten bis 1924 hinzog und Eigentumsfragen oft lange ungeklärt waren, gab es viel Brachland. 1919 blieben 23% der Ackerfläche unbearbeitet. Im Budschak wurde das einst ertragreiche Getreideland als Viehweide genutzt, weil für Getreide einige Jahre lang keine Vertriebsmöglichkeiten bestanden.[374]

Für den Export hatten hauptsächlich die Großgrundbesitzer produziert. Im Zuge der Agrarreform wurde ihr Bodeneigentum, das eine Fläche von 100 Hektar überstieg, von der neu geschaffenen Institution „Casa Noastră" (Unser Haus) übernommen. Diese bildete Kommissionen, die vor Ort die Aufteilung durchführten und aus einem Agrarexperten, einem Richter, einem Vertreter der Großgrundbesitzer und fünf Vertretern der Bauern bestanden.[375] Aus Staatsmitteln zahlten die Kommissionen Entschädigungen und verteilten den Boden an neue Besitzer, die dafür innerhalb von 40 Jahren die Schulden abbezahlen sollten. Die Agrarreform in Bessarabien war sehr radikal: Die obere Grenze waren 100 ha bei den Großgrundbesitzern und 50 ha bei dem Eigentum der Klöster. Während 1916 noch 46,8% der Ackerfläche Großgrundbesitzern gehörten, waren

[372] Zit. n. Corneliu Codreanu: Aufzeichnungen im Kerker. München 1984, S. 94.

[373] Agrigoroaiei, România, S. 95-96; Ion Gherman: Istoria tragică a Bucovinei, Basarabiei şi ţinutului Herţa [Die tragische Geschichte der Bukowina, Bessarabiens und des Herţa-Gebietes]. Bucureşti 1993, S. 64.

[374] Agrigoroaiei, România, S. 170; Uhlig, Die bessarabische Frage, S. 71.

[375] Henry L. Roberts: Rumania. Political Problems of an Agrarian State. New Haven (2. Aufl.) 1969, S. 132.

es nach 1924 nur noch 7,9%. Auch der Grundbesitz des Zaren, des Staates und der Zemstvo wurde umverteilt. Insgesamt wurden 1.491.920 ha enteignet. Unter den Großgrundbesitzern, die Teile ihres Eigentums verloren, waren besonders viele Russen und Deutsche. Im Süden Bessarabiens hatten deutsche Kolonisten im Durchschnitt 134 ha Land besessen. Deutsche und bulgarische Kolonisten verloren 58.884 ha Land. Doch nur einige russische Großgrundbesitzer protestierten beim Völkerbund gegen ihre Benachteiligung im Zuge der Reform.[376]

Bauern und auch Landarbeiter erhielten Parzellen von je 6-10 ha, sie gingen an insgesamt 357.016 Personen. Davon waren 316.078 Rumänen, 13.127 Russen/ Ukrainer, 12.725 Bulgaren, 4.422 Deutsche, 536 Polen und 10.128 Bauern verschiedener anderer Ethnien.[377]

Über die Landvergabe an Juden gibt es wenige Informationen. Da einige Juden seit mehreren Generationen Land bearbeiteten und durch Erbteilungen oft sehr kleine Parzellen besaßen, konnten sie Anträge auf Bodenzuteilung stellen. 4.500 Juden sollen berücksichtigt worden sein.[378] Dagegen behauptete der Anwalt Michel Landau, dass die Juden genau so benachteiligt wie die Ukrainer gewesen seien.[379]

Am Anteil der Rumänen von maximal 56% der Bevölkerung lässt sich deren Vorzugsposition feststellen.[380] Nach der Reform besaßen die Bauern im Norden Bessarabiens durchschnittlich 3,25 ha und im Süden 8,25 ha. Der Durchschnitt in Rumänien lag bei 3,9 ha, was angesichts der extensiven Bearbeitungsform sehr wenig war, wenn man die Größe der damaligen Familien in Rechnung stellt.[381]

Durch die Agrarreform entstanden auf den von Großgrundbesitzern enteigneten Flächen neue Ortschaften, in einigen lebten viele Deutsche. Weil jeder Anwärter nur maximal 8 ha bekam, wurden diese Orte „Hektargemeinden" genannt. So erhielten zum Beispiel 67 Familien Land bei Borodino und nannten den Ort Neu-Borodino.[382] Die meisten „Hektarge-

---

[376] Ebenda, S. 202-203; Willy Rumer: Die Agrarreformen der Donaustaaten 1917-1926. Innsbruck 1927, S. 75.

[377] Agrigoroaiei, Problemele, S. 95; Babel, La Bessarabie, S. 306f; Frunză, Bessarabien, S. 63.

[378] Ussoskin, Struggle, S. 37. Ein anderer Autor gibt an, dass von den 50.000 jüdischen Bauern 10.000 bei der Reform berücksichtigt wurden. Vgl. Hary Kuller (Hrsg.): O istorie a evreilor din România în date [Eine Geschichte der Juden in Daten], Bd. 2. București 2000, S. 38.

[379] Erst 1933 erhielten weitere Juden Parzellen. Vgl. Landau, O viață, S. 180 und 285.

[380] Bei der Volkszählung von 1930 gaben als Muttersprache 55% der Bevölkerung Rumänisch an, in der Rubrik Herkunft trugen sich aber 63% als Rumänen ein. Vgl. Nistor, Istoria Basarabiei, S. 303.

[381] Virgil N. Madgearu: Evoluția economiei românești după războiul mondial [Die Entwicklung der rumänischen Wirtschaft nach dem Weltkrieg]. București 1995 (1. Aufl. 1940), S. 27.

[382] Erwin Heer: Geschichte der Gemeinde Neu-Borodino. Mühlacker 1967, S. 14.

meinden" waren aber ethnisch gemischt, weshalb es dort keine deutschen Schulen gab.[383]

Die vielen Kleinbesitzer, die nun in Bessarabien eine Fläche von 91,1% bearbeiteten, standen vor großen Problemen, denn die bescheidene Starthilfe des Staates reichte nicht, um Saatgut, Arbeitsgeräte und Arbeitstiere anzuschaffen. Der Viehbestand war besonders bei Pferden in den Kriegsjahren stark geschrumpft. Viele Bauern mußten Kredite und Hypotheken aufnehmen, und 1925 wurden bereits einige Höfe verpfändet. Oft fehlte den neuen Eigentümern auch das Fachwissen über moderne Anbauformen. Durch die Verringerung des Großgrundbesitzes, wo mit Maschinen und Düngemitteln gearbeitet worden war, gab es einen Rückgang des Ertrags um 7% verglichen mit jenem vor dem Ersten Weltkrieg bei sechs Getreidearten (Sommer- und Winterweizen, Gerste, Hafer, Mais und Roggen). Es fehlte auch der Anreiz, Überschüsse zu produzieren, weil der Export über Odessa nicht mehr möglich war. Bis 1918 waren einerseits große Mengen Getreide und Wein über Hochseeschiffe aus Odessa abtransportiert worden. Andererseits war die Großstadt Odessa mit Obst und Gemüse aus Bessarabien versorgt worden. Durch den Bürgerkrieg und später durch das schlechte Verhältnis zur Sowjetunion konnten solche Lieferungen nicht mehr nach Odessa gebracht werden. Wegen der Übergriffe bolschewistischer Einheiten waren 1918/19 die Dnjestr-Brücken vermint oder zerstört worden. Die Eisenbahnverbindung zwischen dem rumänischen Grenzort Tighina (so hieß Bendery nun) und dem sowjetischen Tiraspol' wurde erst 1935 wieder aufgenommen. Im Hafen von Cetatea Albă (Akkerman), zu dem zuvor besonders Deutsche ihre Waren gebracht hatten, gab es kaum mehr Fernhandel.[384]

Die landwirtschaftlichen Überschüsse wurden nach 1918 ins Innere Rumäniens transportiert, doch dort bestand keine große Nachfrage. Zudem wurde erst 1923 die in Russland übliche Breitspureisenbahn, die damals andere Waggontypen erforderte, auf die europäische Norm umgestellt. Die eingleisige Strecke Kischinew-Bolgrad-Reni war schon 1925 völlig überlastet und Waren mußten vor Reni umgeladen werden. Das Eisenbahnnetz war seit der Jahrhundertwende nur geringfügig erweitert worden. In den zwanziger Jahren kamen zwei Anschlüsse in die Moldau hinzu: von Belcy/ Bălţi nach Iaşi und von Cetatea Albă über Leipzig/ Basarabeasca nach Reni, wodurch die deutschen Ortschaften Arzis und Sarata Bahnanschluss erhielten. Eine weitere Transportmöglichkeit bestand auf

---

[383] Ein Autor aus dem Deutschen Reich unterstrich daher 1936 die Gefahr des „Übergangs in das fremde Volkstum". Vgl. Richard Bahr: Deutsches Schicksal im Südosten. Hamburg 1936, S. 219.

[384] Babel, La Bessarabie, S. 332; Uhlig, Die bessarabische Frage, S. 20 und 71f.

dem Pruth, der mit kleinen Schiffen bis Reni und Galaţi schiffbar war, aber bis zum Pruth führte nur eine einzige Bahnlinie.[385]

Solange es kaum Möglichkeiten zur Verarbeitung landwirtschaftlicher Produkte in Bessarabien gab, produzierten die meisten Bauern lediglich soviel, wie sie zum Überleben ihrer Familien benötigten. Bargeld brauchten sie nur, um die Steuern zu begleichen. Da sie von den Steuerbehörden oft ausgeplündert wurden, fehlte vielen Bauern der Anreiz zur Produktion von Überschüssen.[386] 1923 wurden auf 93,6% der nutzbaren Fläche Getreidearten angebaut, vor allem Weizen und Mais. Aufgrund klimatischer Bedingungen gab es 1924 und 1925 Missernten, wodurch es in mehreren Teilen Bessarabiens zur Hungersnot kam. In dieser Zeit versuchten viele Bauern aus dem Bezirk Cetatea Albă der Armut durch Auswanderung zu entfliehen.[387]

Ein gewisser Aufschwung war ab 1926 zu verzeichnen, weil 11 landwirtschaftliche Bezirkskammern gegründet worden waren, die sich für die Verbesserung der Anbaumethoden und Samenauswahl einsetzten. Es wurden neue ertragreiche Pflanzen wie Flachs, Hanf, Sonnenblumen, Soja und Zuckerrüben eingeführt. Bauernsöhne bekamen durch Stipendien die Möglichkeit, landwirtschaftliche Schulen zu besuchen.[388]

1928 war erneut eine Dürre im Süden Bessarabiens und eine russische Zeitung vermerkte, dass die „Union jüdischer Kooperativen" wie 1925 ihren Mitgliedern helfe, aber viele andere Bauern müssten nun ihr Vieh verkaufen, um die Steuern zu zahlen. Es wurde davor gewarnt, dass jüdische Händler die Not ausnutzten und vor Ort den Bauern die Tiere unter dem Marktpreis abkauften.[389]

Seit 1930 machten sich in Bessarabien immer stärker die Folgen der Weltwirtschaftskrise bemerkbar. Viele Bauern waren hoch verschuldet und daher für die antisemitische Propaganda empfänglich, dass die jüdischen Händler an ihrem wirtschaftlichen Elend schuld seien. Wegen der Unruhen in vielen Landesteilen strich die Regierung 1934 durch ein Gesetz 70% der Schulden der Bauern. Den Rest sollten sie innerhalb von 17 Jahren abbezahlen. Der Staat förderte nun verstärkt die rumänischen

---

[385] Prothero, Bessarabia, S. 34; Uhlig, Die bessarabische Frage, S. 20 und 26.

[386] Darüber berichtete der französische Militärattaché 1931. Vgl. Livezeanu, Moldavia, S. 171.

[387] Von den ca. 10.000 Emigranten fuhren 7.933 nach Brasilien, 500 nach Palästina und kleinere Kontingente nach Argentinien, Kanada und den USA. Die Bulgaren stellten mit 5.112 die größte Gruppe, gefolgt von 2.734 Ukrainern, 1.827 Juden, 214 Deutschen und nur 8 Rumänen. Vgl. Nicolae Enciu: Populaţia rurală a Basarabiei în anii 1918-1940 [Die Landbevölkerung Bessarabiens in den Jahren 1918 bis 1940]. Chişinău 2002, S. 114.

[388] Babel, La Bessarabie, S. 217, 294 und 299; Uhlig, Die bessarabische Frage, S. 31 und 74.

[389] ANMR, 680, 1, 3428, S. 128 und 146.

Volksbanken und Genossenschaften: 1936 gab es in Bessarabien insgesamt 293 Genossenschaften mit 42.810 Mitgliedern. Durch neue Staatsverträge nahm in der zweiten Hälfte der dreißiger Jahre der Getreideexport besonders nach dem Deutschen Reich zu. 1939 erreichte der Export aus Bessarabien den Rekord von 173.313 Waggons Weizen.[390]

Die industrielle Entwicklung kam sehr langsam in Gang. Da in den zwanziger Jahren viele Bauern ihre Schafherden vergrößert hatten, entstanden neue Möglichkeiten zur Wollverarbeitung. Doch blieb die Verarbeitung von Lebensmitteln der wichtigste Zweig: Die meisten der 262 Industriebetriebe produzierten 1922 Zucker oder Bier. Einige Sägemühlen verarbeiteten Holz, das auf dem Dnjestr aus der Bukowina bis Tighina (vorher Bendery) geflößt wurde. 1925 arbeiteten 3.178 Arbeiter in größeren Betrieben, das entsprach 7% der Bevölkerung.[391]

Angesichts der geringen Zahl der Fabrikarbeiter relativieren sich die ansehnlichen Zuwachsraten von 47% in der Lebensmittelverarbeitung, 52% in der Metallurgie, 69% in der Textilindustrie und 70% in der Chemieindustrie. Dies bedeutete nur, dass von einem sehr niedrigen Stand ausgegangen worden war. Eine Steigerung war in der Verarbeitung von Tabak erreicht worden, nachdem vier Zentren zur Lagerung und Fermentierung entstanden waren. Das Hauptproblem blieb, dass aufgrund der vielen Subsistenzwirtschaften der Absatzmarkt in Bessarabien begrenzt war und die Verkehrsanbindung an den Rest des Landes nur langsam Fortschritte machte.[392]

Beim Anschluss an Rumänien war in Bessarabien die kleine Schicht Rumänen, die aufgrund der revolutionären Umbrüche in Russland an die Macht gekommen war, noch recht einheitlich. Die meisten politisch aktiven Rumänen unterstützten die im August 1918 gegründete „Bessarabische Bauernpartei" (Partidul Țărănesc Basarabean), die Petre Cazacu, Daniel Ciugureanu, Pantelimon Halippa, Ion Inculeț und Ioan Pelivan leiteten. Die Partei setzte bei der ersten gesamtrumänischen Wahl im November 1919 auch Vertreter der Minderheiten auf ihre Listen und erhielt die meisten Stimmen in Bessarabien. Seit 1920 warben verschiedene Parteien aus Altrumänien darum, dass bessarabische Rumänen auf ihren Listen kandidierten. Bis 1921 blieb die Bessarabische Bauernpartei die ein-

---

[390] Andreas Hillgruber: Hitler, Regele Carol și Mareşalul Antonescu. Relaţiile germano-române 1938-1944 [Hitler, König Carol und Marschall Antonescu. Die deutsch-rumänischen Beziehungen 1938-1944]. Bucureşti 1994, S. 293; Frunza, Bessarabien; S. 65f.

[391] Babel, La Bessarabie, S. 36 und 320; Prothero, Bessarabia S. 42f.; Uhlig, Die bessarabische Frage, S. 33 und 65.

[392] Frunza, Bessarabien, S. 67-68; Scarlat Panaitescu: Aspecte economice și sociale din Basarabia 1920-1926 [Wirtschaftliche und soziale Aspekte aus Bessarabien 1920-1926], Bd. 1. Chişinău 1926, S. 75.

flussreichste Kraft, weil sie als Garantin der radikalen Agrarreform galt. Doch Ende 1920 gründeten die Nationalliberalen eine Tochterpartei in Bessarabien, deren Führung Daniel Ciugureanu übernahm. 1921 spaltete sich die Bessarabische Bauernpartei in zwei Flügel: Einen führte Ion Inculeţ, den anderen Pantelimon Halippa. Der Flügel von Inculeţ schloss sich 1923 der regierenden Nationalliberalen Partei an.[393] Halippa und Ioan Pelivan waren als Vertreter Bessarabiens seit 1926 in der Führung der „Nationalen Bauernpartei" (Partidul Naţional Ţărănesc), die aus der Vereinigung der Nationalen Partei aus Siebenbürgen und der regionalen Bauernparteien entstand.[394]

Mit Hinweis auf gelegentliche Übergriffe von eingeschleusten Kommunisten aus der Sowjetunion herrschte bis 1928 in Bessarabien Ausnahmezustand. Die Militärbehörden konnten nach Gutdünken jede nichtstaatliche Initiative unterbinden. Diesen Zustand kritisierten nur wenige Rumänen.[395] Als erster protestierte 1921 der Senator Nicolae Alexandri. Im Juli 1924 richteten Constantin Stere, Pantelimon Halippa und 27 weitere Abgeordnete einen Appell an den König, den Ausnahmezustand zu beenden. Sie kritisierten den Regierungsstil der Nationalliberalen Partei, denn „seit sechs Jahren wird Bessarabien in einer Weise verwaltet, wie man heute nicht mehr schwarze Kolonien in Afrika verwaltet".[396]

Die Repression bestand bis 1928 fort, und am härtesten waren die Kommunisten betroffen, da ihre Partei seit 1924 verboten war. Als Legitimation diente die Forderung der Kommunistischen Internationale/ Komintern, ein Plebiszit solle über die Zugehörigkeit Bessarabiens entscheiden. Der rumänische Generalsekretär der Partei, der diese Forderung nicht akzeptiert hatte, war 1925 ausgeschlossen worden.[397] Einige Kommunisten wirkten in Bessarabien in zugelassenen Organisationen wie zum Beispiel in der jüdischen „Kulturliga" (Kulturlige). In der Bukowina war die Kulturliga seit 1921 im Umfeld des sozialdemokratischen Jüdischen Arbeiterbundes tätig und unterstützte vor allem Volksschulen mit jiddischem Unterricht. Während in Czernowitz der Bundist Jakob Pistiner seit 1920 ins Parlament gewählt wurde, war die Sozialdemokratie in Bessarabien schwach verankert: Sie kandidierte erstmalig 1927 und erhielt 1.973 Stimmen. Landesweit erlangte sie bei diesen Wahlen 50.059 Stimmen,

---

[393] Moraru, Istoria, S. 189; Poştarencu, O istorie, S. 44-49.

[394] Das Exekutivkomitee bildeten 25 Personen aus allen Landesteilen. Vgl. Vasile Arimia/ Ion Ardeleanu/ Alexandru Cebuc (Hrsg.): Istoria Partidului Naţional Ţărănesc. Documente 1926-1947 [Die Geschichte der Nationalen Bauernpartei. Dokumente 1926-1947]. Bucureşti 1994, S. 20.

[395] Colesnic, Basarabia, S. 29.

[396] Zitiert nach: Stati, Istoria, S. 322.

[397] Außer Gheorghe Cristescu gab es noch andere, die diese Linie kritisiert hatten. Vgl. Frunza, Istoria, S. 49.

das entsprach 1,8% der gesamten Stimmen. Durch die Wahlreform von 1926, die große Parteien begünstigte, stellte sie bis 1928 keinen Abgeordneten mehr, obwohl sie etwa im Bezirk Czernowitz 31,5% der Stimmen errungen hatte.[398]

Unmittelbar nach 1918 hatten sich die Sozialdemokraten für ein Plebiszit eingesetzt, nach der Festlegung der Grenzen in den Friedensverträgen kämpften sie vor allem gegen den Ausnahmezustand in den Grenzregionen, der im Norden der Bukowina und in Bessarabien herrschte. Die Kommunisten dagegen vertraten die Losung der Sezession, die Anschluss an die Sowjetunion bedeutete. Die Kommunistische Partei trat seit 1925 bei den Wahlen als „Demokratischer Arbeiter-Bauern-Block" (Blocul Democrat Muncitoresc-Ţărănesc) an. Der Block errang in Bessarabien 1927 1.345 Stimmen, in Großrumänien insgesamt 31.405 das waren 1,14% der Stimmen.[399]

Die Kommunistische Partei war seit 1924 durch das Verbot ihrer legalen Tätigkeit immer stärker von der Komintern abhängig. Ihre Führer konnten nicht im Land, sondern nur von einer kleinen Gruppe von Delegierten gewählt werden, die dafür unter konspirativen Bedingungen ins Ausland fuhr. Da die Komintern die Reisedokumente besorgte, bestimmte sie diese Kader. Für die Strategie der Komintern in Südosteuropa war lange Christian Rakovskij zuständig, der seit 1922 dem Zentralkomitee der bolschewistischen Partei angehörte. Doch nachdem er 1927 entmachtet und verbannt wurde, hatten die Kommunisten aus Rumänien keine Stütze mehr.[400]

Die Wähler, die in Bessarabien 1917 für die Sozialrevolutionäre gestimmt hatten, dürften danach größtenteils die Bauernpartei gewählt haben. Charakteristisch für das politische Klima war, dass die Sicherheitspolizei sowohl Sozialdemokraten als auch Kommunisten verfolgte. Während in der Bukowina die ukrainischen Sozialdemokraten auch Landarbeiter und kleine Bauern organisieren konnten und dem Protest eine Form gaben, flackerten in Bessarabien immer wieder Unruhen auf.

In Bessarabien entspannte sich die politische Situation etwas, als die Nationale Bauernpartei (Partidul Naţional Ţărănesc) am 10. November 1928 die Regierung übernahm. Der König betraute Iuliu Maniu mit der Regierungsbildung und berief auch Pantelimon Halippa zum Minister. Der seit 1918 in Bessarabien bestehende Ausnahmezustand wurde sofort aufge-

---

[398] Aus der Bukowina gelangten von 1920 bis 1922 sechs Sozialdemokraten ins Parlament: drei Ukrainer, ein Deutscher, ein Rumäne und ein Jude. Zwischen 1922 und 1926 vertrat sie nur noch Jakob Pistiner vom Jüdischen Arbeiterbund. Vgl. Hausleitner, Die Rumänisierung, S. 196-204.

[399] *Bukowiner Arbeiterkalender für das Jahr 1928*. Cernăuţi 1927, S. 87.

[400] Aleksandr Proskurin (Hrsg.): Vozvraščenie imena [Die Rückkehr der Namen], kniga 1. Moskva 1989, S. 88-94.

hoben. Die Regierungspartei bekam bei den anschließenden Wahlen eine Stimmenmehrheit von 77,76%, das war der größte Wahlsieg den je eine Partei in der Zwischenkriegszeit errungen hat. Auf ihrer Liste waren auch Vertreter Juden, Deutschen, Ukrainer sowie Sozialdemokraten ins Parlament gelangt.[401]

Die Kommunistische Partei blieb verboten. Bei den Wahlen vom Dezember 1928 kandidierten Kommunisten als „Demokratischer Arbeiter-Bauern-Block". Er bezichtigte die Sozialdemokraten, durch das Bündnis mit der regierenden Bauernpartei „Verrat an der Arbeiterklasse" zu verüben. Die Bauernpartei fördere das Einsickern fremden Kapitals. Die Organisation forderte eine radikale Agrarreform und wandte sich gegen die „erzwungene Entnationalisierung" der Minderheiten.[402] Sie vertrat die Propaganda der Kommunistischen Internationale vom Recht der Minderheiten auf Selbstbestimmung bis zur Sezession und ließ die Weltrevolution hochleben.[403]

Aufgrund dieser Losungen konnten die Kandidaten des Arbeiter-Bauern-Blocks nach den bestehenden Gesetzen verurteilt werden. Im Dezember 1928 wurden mehrere Linke verhaftet, unter ihnen befand sich der bessarabische Kandidat Isaac Koplanskij. Obwohl das Gericht ihm keinen Kontakt zur illegalen Partei nachweisen konnte, wurde er zu drei Jahren Gefängnis verurteilt. Die Polizei hatte festgestellt, dass die Zeitung des Arbeiter-Bauern-Blocks in einer sehr hohen Auflage erschien, doch in Bessarabien nur 150 Exemplare verkauft wurden. Daraus konstruierte sie, dass das Geld aus der UdSSR kommen müsse.[404]

Trotz des Regierungswechsels blieb in der Sicherheitspolizei Bessarabiens ein Inspektor im Amt, dessen Feindbild weit über die Kreise der Kommunisten hinausging. Er hob 1928 in einem Bericht hervor, dass der Kommunismus als ideologische Strömung in Bessarabien nicht existiere. Es gebe jedoch sehr starke Sympathien für Russland, die solange dort der Kommunismus herrsche, nur eine potentielle Gefahr darstellen. Das Hauptproblem seien die vier russischen Tageszeitungen, weil sie mit einer Auflage von 50.000 Exemplaren die öffentlichen Debatten prägen würden. Die rumänischen Zeitungen könnten sich trotz Subventionen nicht halten, da auch viele Juden russische Zeitungen läsen.[405] Für die Polizei waren auch alle Linksliberalen suspekt. Unter den als gefährlich eingestuften Zeitungen befand sich „Svobodnoe Slovo" (Freies Wort) mit

---

[401] Michael Kroner: Das Parteiensystem Rumäniens in der Zwischenkriegszeit 1918-1940. In: Walter König (Hrsg.): Siebenbürgen zwischen den beiden Weltkriegen. Köln 1994, S. 39.

[402] Zit. n. einem Wahlaufruf: ANRM, 680, 1, 3428, S. 160-165.

[403] Ebenda, S. 317.

[404] ANRM, 680, 3406, Bd. 1, S. 259, 284 und 361.

[405] ANRM, 680, 3428, S. 1-49, 244, 309-317, 361ff., Zitat S. 361.

einer Auflage von 1.800 Exemplaren. Ihr Direktor Heinrich Block sei deutscher Herkunft, habe auf der Krim als Lehrer gearbeitet und verhalte sich „rumänophob". Die Polizei sammelte seine angeblich tendenziösen Berichte, die in deutschen Zeitungen in der Tschechoslowakei und Litauen erschienen.[406] Auch in den darauf folgenden Jahren ließ die Sicherheitspolizei Block nicht aus den Augen und suchte Mittel, um ihn unter Druck zu setzen.[407]

Aufgrund der Kritik vieler Führer der Bauernpartei an den Urteilen der Militärgerichte vor ihrem Regierungsantritt hatten die Linken auf eine Amnestie für politische Häftlinge gehofft. Um sie zu erzwingen, traten mehrere Häftlinge im Dezember 1928 in einen Hungerstreik. Dabei starb ein Bessarabier, der wegen des Aufstands in Tatar Bunar zu 15 Jahren Haft verurteilt worden war.[408] Danach setzten sich einige Demokraten für eine Amnestie ein, unter ihnen waren aus Bessarabien der ehemalige Senator Nicolae Alexandri und der Hochschullehrer Ştefan Ciobanu, der Mitglied der Rumänischen Akademie geworden war.[409] Durch die Amnestie 1929 verließen viele Linke die Gefängnisse. Die Gewerkschaften wurden wieder aktiv, besonders als sich die Auswirkungen der Weltwirtschaftskrise bemerkbar machten. Die Sozialdemokratie errang 1932 mit 3,38% ihr bestes Wahlergebnis. Nach der Niederschlagung einer Streikbewegung Anfang 1933 nahm der staatliche Druck stark zu. Bei den Wahlen im Dezember 1933 erhielt die Sozialdemokratie nur noch einen Stimmenanteil von 1,26% und war durch die 2%-Hürde nicht mehr im Parlament vertreten.[410]

Durch die Krise wurde der Handlungsspielraum der Regierung immer geringer und sie griff zu repressiven Mitteln. Der „Arbeiter-Bauern-Block" trat noch einmal bei den Wahlen von 1932 an und konnte fünf Mandate erringen. Sie wurden mit fadenscheinigen Gründen für ungültig erklärt.[411] Nachdem bei den Wahlen in Bessarabien linke Kräfte und Vertreter der Nichtrumänen Erfolge verbucht hatten, behauptete die Presse der Natio-

---

[406] Ebenda, S. 230 (Zitat), 248 und 481.

[407] 1931 vermerkte die Geheimpolizei außer seiner Mitarbeit bei russischen Zeitungen, dass er aus Russland illegal eingewandert sei und in dem Dorf, wo er bei seiner rumänischen Frau lebe, nicht registriert sei. Vgl. Iurie Colesnic: Heinrich Bloch (falsch geschriebener Nachname). In: Ders.: Basarabia necunoscută [Das unbekannte Bessarabien], Bd. 4. Chişinău 2002, S. 174-179.

[408] ANRM, 680, 1, 3428, S. 216.

[409] Petre Constantinescu-Iaşi: Pagini de luptă din trecut [Erinnerungsblätter des Kampfes aus der Vergangenheit]. Bucureşti 1972, S. 206.

[410] Nicolae Jurca: Socialdemocraţia în România 1918-1944 [Die Sozialdemokratie in Rumänien 1918-1944]. Sibiu 1993, S. 128

[411] Als Vorwand diente, dass der Listenführer kein rumänischer Staatsbürger sei. Vgl. Grigore Gafencu: Însemnări politice 1929-1939 [Politische Aufzeichnungen 1929-1939]. Bucureşti 1991, S. 146.

nalliberalen, dass dort die „Bolschewisierung" zunehme. Iuliu Maniu wies im Namen der Regierung der Nationalen Bauernpartei diese Behauptung zurück und unterstrich, dass gerade die Bessarabier aufgrund der Grenzlage wüssten, was Bolschewismus bedeute.[412]

Die politische Entspannungsphase endete 1932/1933, als die Unruhe unter den Bauern stark zunahm. Diese schürten aber nicht Linke, sondern Rechtsradikale, welche die Unzufriedenheit instrumentalisierten. Sie führten in ihrer Propaganda das wachsende Elend auf „die Juden" und die angeblich verjudete Regierungspartei zurück. Gemäß den Polizeiberichten hatte in Bessarabien eine kleine Gruppe von Antisemiten um Nicolae Negru seit 1923 Kontakt mit der im benachbarten Iaşi neu gegründeten „Liga zur National-Christlichen Verteidigung" (Liga Apărării Naţional-Creştine).[413] Die von Alexandru C. Cuza geführte LANC spaltete sich 1927 auf. Eine Gruppe jüngerer Rechtsradikaler um Corneliu Codreanu verließ die LANC und gründete die Legion des „Erzengels Michael" (Legiunea Arhangelul Mihai), die vor allem durch Terrorakte bekannt wurde. Diese Organisation hieß seit 1930 „Eiserne Garde" (Garda de Fier) und seit 1935 „Alles für das Vaterland" (Totul pentru ţara). Die LANC und später die Legion hatten ihre ersten Anhänger damit gewonnen, dass sie gegen die Aufnahme von jüdischen Studenten an die Universitäten hetzten. Sie versuchten diese Konkurrenten auszuschalten, indem sie sie als „Agenten des Kommunismus" denunzierten.[414]

Die rechten Ideologen behaupteten, dass durch die Gleichberechtigung der Nichtrumänen die Entfaltung der rumänischen Mittelschicht behindert sei. Sie forderten, dass Rumänen in allen staatlichen Institutionen Vorrechte haben sollten.[415] Der wichtigste Bezugspunkt der Rechten waren die „Protokolle der Weisen von Zion", jene Hetzschrift, die bereits während des Pogroms von Kischinew 1903 im Umlauf war. Ioan Moţa hatte sie 1923 übersetzt. Darin wurde behauptet, dass die Juden den Liberalis-

---

[412] Omagiul Basarabiei [Huldigung für Bessarabien]. In: Iuliu Maniu. Testament moral politic [Moralisch politisches Testament]. Bucureşti 1991, S. 54.

[413] 1930 führte Negru eine Gruppe, die sich „Die moldauische Heerschar" nannte. Vgl. Dana Beldiman/ Ioan Scurtu/ Natalia Tampa/ Cristian Troncota (Hrsg.): Ideologie şi formaţiuni de dreapta în România [Ideologie und rechte Organisationen in Rumänien], Bd. 2. Bucureşti 2000, S. 237.

[414] In Kischinew gab es nur die Theologiefakultät. Vor 1918 hatten Studenten aus Bessarabien in Russland studiert, danach kamen sie in das nahe gelegene Iaşi. Zu ihrer Wahrnehmung vgl. (Corneliu) Codreanu: Eiserne Garde. Berlin 1939, S. 16.

[415] Alexandru C. Cuza: Numerus clausus [Der Numerus clausus]. Bucureşti 1923; Alexandru C. Cuza: Mişcările studenteşti şi cauzele lor [Die Studentenbewegungen und ihre Ursachen]. Bucureşti 1925. Analysen des rumänischen Antisemitismus in den 30er Jahren: Z. Ornea: Anii treizeci. Extrema dreaptă românească [Die dreißiger Jahre. Die extreme Rechte in Rumänien]. Bucureşti 1995 und Leon Volovici: Ideologia naţionalistă şi „problema evreiască" în România anilor '30 [Die nationale Ideologie und das „jüdische Problem" im Rumänien der 30er Jahre]. Bucureşti 1995.

mus und Kommunismus erfunden hätten, um zur Weltherrschaft zu gelangen. Sie würden durch Unterwanderung der Presse und Parlamente die Gesellschaften zersetzen. Auch die Wirtschaftskrisen seien ihr Werk, um sich zu bereichern. Die Juden würden die Organisationen der Freimaurer dafür einsetzen, um die Kirchen zu schwächen. Der Völkerbund sei ihr Instrument zur Versklavung christlicher Völker. In den Kommentaren zur Lage in Rumänien benannte Moţa als Gefahrenherde einige demokratische Zeitungen, die angeblich von Juden gesteuert würden und die Bauernpartei. Er verlangte, dass der Zugang der Juden zum Studium eingeschränkt werden müsse.[416]

Da in den 20er Jahren viele Studenten ländlicher Herkunft an die Universitäten strömten und dort auf die Konkurrenz besser ausgebildeter Juden stießen, hatten solche Forderungen Resonanz. In Iaşi spitzte sich die Lage besonders zu, weil das Unterrichtsministerium Studenten, die aus Bessarabien kamen, einige Vergünstigungen (Plätze in Studentenheimen und Kantinen) gewährt hatte. Von den rechten Studenten wurden die Bessarabier als Bolschewisten denunziert. Da die meisten Bessarabier, geprägt von der russischen Revolution, keine Hüte sondern Schirmmützen trugen, organisierte Codreanu eine öffentliche Verbrennung dieser fremden Symbole. 1921 bildeten die Studenten aus Bessarabien eine eigenständige Organisation. Von den 4.062 Bessarabiern, die zwischen 1918 und 1930 in Iaşi studierten, waren 1.306 Rumänen; 44% waren Juden, 11,3% Russen, 4,5% Bulgaren und 4% Ukrainer.[417]

Da es in Kischinew bis zum Umzug der Theologischen Fakultät aus Iaşi 1926 keine Studenten gab, waren antisemitische Ausschreitungen begrenzt. Der bessarabische Abgeordnete Nathan Lerner thematisierte 1922 die Agitation der Anhänger des Hochschullehrers Alexandru C. Cuza aus Iaşi im Parlament.[418] Ende der zwanziger Jahre hatten die Rechten in Bessarabien viele Anhänger unter Oberschülern. Aufsehen erregte besonders der Angriff am 11. Februar 1930 auf jüdische Geschäfte und Wohnungen in Kischinew, die Täter stammten wohl aus der Gruppe von Nicolae

---

[416] Dieses Pamphlet erschien 1997 in Rumänien ohne kritischen Kommentar mit folgender Bemerkung: „Die Protokolle der Weisen von Zion können als antisemitisches Propagandawerk; als eine wahre Darstellung, die das jüdische Komplott aufdeckt; als historisches Dokument, das viele Probleme aufwarf; als Thema von Streitgesprächen oder als Konstrukt eines Geheimdienstes zur Legitimation der Verfolgung des jüdischen Volkes gesehen werden. (...) Die Herausgeber übernehmen keine Verantwortung für den Inhalt des Buches, das sie als Geste der historischen Restitution publizieren." (Übers. M. H.) Vgl. Protocoalele înţelepţilor Sionului [Die Protokolle der Weisen von Zion]. Oradea 1997, S. 216.

[417] Livezeanu, Cultural Politics, S. 259 und 263.

[418] Kuller, O istorie, S. 28 und 30.

Negru.[419] Im Juli 1930 wollten die Anhänger von Codreanu einen „Marsch durch Bessarabien" organisieren, um Bauern zu mobilisieren. Da diese Gruppe im April eine Straßenschlacht mit Gendarmen zu verantworten hatte, verbot die Regierung die Aufwiegelung der bessarabischen Bauern.[420] Der sozialdemokratische Abgeordnete Jakob Pistiner hatte auf die Gefahr hingewiesen, dass die Agitation der Rechten gegen den Wucher und die Teuerung bei den Bauern auf Sympathie stieß.[421]

Durch die Folgen der Weltwirtschaftskrise konnten die Rechten ihre soziale Basis verbreitern, denn angesichts des massiven Preisverfalls kam ihre Argumentation von der jüdischen Verschwörung bei der ländlichen Bevölkerung gut an. In Bessarabien errang die von Gheorghe Cuza, dem Sohn von Alexandru C. Cuza, geführte LANC wachsende Wahlerfolge: 1932 stellte sie drei Abgeordnete und erreichte im Bezirk Bălți mit 37,8% ihr bestes Ergebnis.[422] Auch die Eiserne Garde schürte die Unzufriedenheit der verschuldeten Bauern und hetzte gegen jüdische Pächter. Gegen sie ging die Sicherheitspolizei entschiedener als gegen die Anhänger Cuzas vor, die in den Behörden Fürsprecher hatten. Sie verhaftete im Januar 1931 Corneliu Codreanu. Doch schon im August 1931 gelangte er als Märtyrer ins Parlament. Bei den Wahlen vom Juli 1932 verzeichnete die Eiserne Garde in Bessarabien sehr gute Ergebnisse.[423]

Anfang 1933 hatte die Regierung die Löhne von Arbeitern in Staatsfirmen um über 10% reduziert. Es kam zum ersten Mal seit 1920 zu einer größeren Streikbewegung. In Bukarest setzte die Regierung Militär gegen den Streik in den Eisenbahnwerkstätten ein, es gab drei Tote und viele Verwundete. Danach wurde das Kriegsrecht verhängt, wodurch sich die politische Polarisierung verschärfte. Der für Bessarabien zuständige Minister Halippa hatte Anfang 1933 vor dieser Entwicklung gewarnt. Mit dem erneuten Regierungsantritt der Nationalliberalen wurde Ion Inculeț im November 1933 Innenminister. Der ehemalige bessarabische Sozial-

[419] Die antisemitischen Exzesse in Balancea und Chișinău, in: *Ostjüdische Zeitung* v. 19.2.1930; Carol Iancu: Evreii din România 1919-1938. De la emancipare la marginalizare [Die Juden in Rumänien 1919-1938. Von der Emanzipation zur Marginalisierung]. București 2000, S. 199.

[420] Der Marsch auf Bessarabien verboten. In: *Ostjüdische Zeitung* v. 20.7.1930; Cuzistenkongress in Bălți verboten. In: *Ostjüdische Zeitung* v. 29.8.1930.

[421] Jakob Pistiner: Sturmzeichen in Rumänien. In: *Arbeiter-Zeitung*, Wien v. 22.7.1930.

[422] Armin Heinen: Die Legion des "Erzengel Michael". Ein Beitrag zum Problem des internationalen Faschismus. München 1986, S. 411; Nicolenco, Extrema dreaptă, S. 55.

[423] Stefan Palaghiță: Garda de Fier spre reinvierea României [Die Eiserne Garde zur Erweckung Rumäniens]. București 1993, S. 20; Francisco Veiga: Istoria Gărzii de Fier 1919-1941. Mistica ultranaționalismului [Die Geschichte der Eisernen Garde 1919-1941. Die Mystik des Ultranationalismus]. București 1993, S. 143.

revolutionär ging gegen Linke scharf vor. Die lokalen Behörden in Bessarabien behinderten vor allem die Aktivitäten der Nichtrumänen.[424]

Der neue Regierungschef verbot am 10. Dezember 1933 die Eiserne Garde, woraufhin es zu Protestdemonstrationen und zu Überfällen auf jüdische Geschäfte kam. Duca war nun der Hauptfeind der Garde und wurde im 29. Dezember erschossen. Die Attentäter stellten sich selbst. Danach wurde in vielen Städten der Ausnahmezustand eingeführt und durch das „Gesetz zur Verteidigung der Staatsordnung" vom April 1934 konnte die Regierung ihn immer wieder verhängen. Seit Juni 1935 sammelt Codreanu seine Anhänger in einer Partei, die sich „Alles für das Vaterland" (Totul pentru ţara) nannte. Mit ihrer Forderung nach der Ausweitung des Wahlrechtes auf Frauen sprach sie auch einige Schülerinnen und Studentinnen an.[425] Besondere Verbände für Frauen gab es damals nur bei den Rechtsradikalen, Sozialdemokraten und in den Organisationen der nationalen Minderheiten.

Als Gheorghe Tătărescu im Januar 1934 Ministerpräsident wurde, schlug er einen Kurs ein, der einen Teil der Forderungen der Rechten aufgriff. Durch Dekrete sollte der Einfluss der Nichtrumänen in der Wirtschaft zurückgedrängt und die rumänische Mittelschicht gestärkt werden. Ursprünglich sollte das „Gesetz zur Verwendung rumänischen Personals in Unternehmen" vom Juli 1934 nicht nur Juden treffen. Doch zugunsten der Deutschen setzten sich erfolgreich Dienststellen aus dem Deutschen Reich ein, denn Rumänien war an der Intensivierung des Wirtschaftsaustausches interessiert. Die Ausführungsbestimmungen des Gesetzes von 1935 schrieben den Betrieben vor, die Anzahl der rumänischen Staatsbürger anderer ethnischer Herkunft zu verringern. Da 80% Rumänen sein sollten, wurden viele Juden entlassen. Obwohl nicht nur jüdische Organisationen aus dem Ausland, sondern auch die britische Regierung dagegen protestierten, blieb das Gesetz in Kraft.[426] Innerhalb der Verbände der Nichtrumänen wurde durch die Ausgrenzungspolitik der mäßigende Einfluss der politischen Mitte immer schwächer. Dieses Problem sprach der Abgeordnete Michel Landau von der Jüdischen Partei an.[427]

Trotz der verbesserten Wirtschaftslage schnitten bei den Wahlen im Dezember 1937 die Nationalliberalen und die Nationale Bauernpartei schlecht ab. Die Nationalliberalen verfehlten mit 35,9% knapp die 40%

---

[424] Hans-Christian Maner: Parlamentarismus in Rumänien 1930-1940. Demokratie im autoritären Umfeld. München 1997, S. 445; Ioan Scurtu: Istoria României în anii 1918-1940 [Geschichte Rumäniens in den Jahren 1918-1940]. Bucureşti 1996, S. 132-133.

[425] Stefan Logigan: Rumäniens Eiserne Garde. Ein Legionär erinnert sich. München 1996, S. 204.

[426] Iancu, Evreii, S. 238-243; Hary Kuller (Hrsg.): O istorie a evreilor din România in date [Eine Geschichte der Juden in Daten], Bd. 2. Bucureşti 2000, S. 125.

[427] Jüdischer Klub gegen Belagerungszustand. In: *Ostjüdische Zeitung* v. 8.2.1933.

Marke, die ihr gemäß dem Wahlgesetz von 1926 eine Mehrheit im Parlament gesichert hätte. Die Nationale Bauernpartei errang 20,4% der Stimmen. Dem König war es gelungen, die beiden großen Parteien zu schwächen, in dem er Führer von abgespalteten Kleingruppen unterstützt hatte. Ihm war klar, dass vor allem Codreanus Bewegung eine ernst zu nehmende Gefahr war.[428] Die Eiserne Garde war die drittstärkste Partei mit 15,5% der Wählerstimmen geworden. Sie hatte in allen sozialen Schichten Anhänger besonders unter der Jugend. Carol II. versuchte sie zu schwächen, indem er die Regierungsverantwortung der „National-Christlichen Partei" (Partidul Național-Creștin) übertrug. Sie war 1935 aus der Vereinigung der LANC von Alexandru C. Cuza mit einer kleinen Rechtspartei unter Führung von Octavian Goga entstanden und hatte nur 9,15% der Wählerstimmen erhalten. Danach profilierte sie sich durch eine besonders radikale Verfolgung der Juden. In Bessarabien mobilisierte sie Angehörige der deutschen, bulgarischen sowie russischen Minderheit. Da Ministerpräsident Goga sich gleichzeitig um ein enges Bündnis mit dem Deutschen Reich bemühte, nahm der diplomatische Druck aus Frankreich und Großbritannien schnell zu. Im Februar 1938 musste Goga zurücktreten und der König regierte danach unter Ausschaltung aller Parteien.[429]

Hauptziel des autoritären Regimes des Königs war die Zerschlagung der „Eisernen Garde", die seit April 1938 verboten war. General Ion Antonescu protestierte gegen die Behandlung verhafteter Rechter im Gefängnis von Kischinew. Doch weil die Garde weitere Attentate verübte, ließ der König am 30. November 1938 Codreanu vom Wachpersonal des Gefängnisses zusammen mit 13 Anhängern angeblich „bei einem Fluchtversuch" erschießen.[430] Auch danach verübten Codreanus Anhänger viele Attentate. Nach dem Mord an Ministerpräsident Armand Călinescu am 20. September 1939 wurden 300 Mitglieder der Eisernen Garde erschossen.[431] Parallel zur Verfolgung der rechten Terroristen waren alle politischen Parteien 1938 verboten worden. Zugelassen war nur noch die vom König geführte „Front der Nationalen Wiedergeburt" (Frontul Renașterii Naționale). Innerhalb der Front konnten die Kulturverbände der Minderheiten

---

[428] Stephen Fischer-Galati: Twentieth century Rumania. New York 1991 (2. Ausgabe), S. 57; Ekkehard Völkl: Rumänien. Vom 19. Jahrhundert bis in die Gegenwart. Regensburg 1995, S. 103.

[429] Weitere Gründe vgl. Wolfgang Miege: Das Dritte Reich und die Deutsche Volksgruppe in Rumänien 1933-1938. Frankfurt a. M. 1972, S. 239.

[430] Zit. n. Nicholas M. Nagy-Talavera: N. Iorga – o biografie [N. Iorga – eine Biografie]. Iași 1999, S. 389.

[431] Diese Zahl nennt der Erziehungsminister Andrei. Sie seien auf Veranlassung des neu ernannten Ministers für öffentliche Ordnung, General Gabriel Marinescu, ohne Prozess erschossen worden. Vgl. Petre Andrei: Jurnal, memoralistică, corespondență [Tagebuch, Erinnerungen, Korrespondenz]. Iași 1993, S. 80.

weiter bestehen. Das Parteiensystem wurde mit der Begründung abgeschafft, dass es eine jüdische Erfindung gewesen sei.[432] Der Versuch von Carol II., die wirtschaftlichen und politischen Probleme mit autoritären Methoden zu lösen, scheiterte.[433]

4.6 Entwicklungen bei den Juden 1918-1940

Der Landesrat Bessarabiens tagte seit Frühjahr 1918 nicht mehr kontinuierlich und damit hatten die Vertreter der Minderheiten kaum mehr Möglichkeiten, Einfluss auf die Politik zu nehmen. Aufgrund des Ausnahmezustandes konnten keine Versammlungen stattfinden und die Presse unterlag einer strengen Zensur. Die Agenten der Sicherheitspolizei aus Altrumänien, die vor 1918 mit wenigen politisch aktiven Juden konfrontiert waren, weil die dortigen Juden als zumeist Staatenlose sehr zurückhaltend waren, reagierten auf die vielen fremdsprachigen Vereine Bessarabiens mit großem Misstrauen. Da es von Seiten der Bolschewisten Versuche der Einflussnahme in legalen Organisationen gab, galten alle linken Äußerungen als staatsfeindliche Aktionen. Bessarabien blieb bis 1928 „Verteidigungszone mit militärischem Sonderstatut", obwohl die sowjetischen Versuche zur Entfachung der Weltrevolution nach 1924 selten wurden.[434]

Die bürgerlichen Parteien sprachen die Minderheiten nicht gesondert an. So waren in dem ersten gesamtrumänischen Parlament, das im November 1919 gewählt wurde, unter den 90 Abgeordneten aus Bessarabien 78 Rumänen und nur 4 Bulgaren, 3 Deutsche, 2 Ukrainer, 1 Russe, 1 Jude und 1 Grieche. Auffällig ist besonders die schwache Vertretung der Juden und der Slawen, die hohe Anteile an der Stadtbevölkerung hatten und zuvor an der Politik aktiv beteiligt waren.[435] Später dienten jüdische Angeordnete den rumänischen Parteien oft als Alibi. So stellten sie 1922 Nathan Lerner als Kandidaten in dem größtenteils ukrainischen Bezirk Hotin auf, um dadurch die Ukrainer auszuschalten.[436]

---

[432] Tudor Șoimaru: Istoria vieții publice în România. Vremea 1928-1938 [Die Geschichte des öffentlichen Lebens. Die Zeit 1928-1938]. București 1938, S. 65.

[433] In Albanien und Jugoslawien waren bereits zuvor Königsdiktaturen entstanden. Vgl. Holm Sundhaussen: Die Königsdiktaturen in Südosteuropa. Umrisse einer Synthese. In: Erwin Oberländer (Hrsg.): Autoritäre Regime in Ostmittel- und Südosteuropa 1918-1944. Paderborn 2001, S. 337-348.

[434] Völkl, Bessarabien, S. 52; Uhlig, Die bessarabische Frage, S. 61.

[435] Babel, La Bessarabie, S. 274; Uhlig, Die bessarabische Frage, S. 78f.

[436] Michel Landau: Evreii în parlamentul român [Die Juden im rumänischen Parlament]. In: *Toladot*, III(1974), 7, S. 16.

Bis 1923 blieb die Staatsbürgerschaft der 225.000 Juden in Bessarabien ungeklärt. Verglichen mit Altrumänien, wo es nur einen Anteil von 4,5% Juden gegeben hatte, war es eine neue Situation für die Bukarester politischen Eliten, wie sie mit dieser selbstbewusst auftretenden Bevölkerungsgruppe von 7,2% (1930) umgehen sollten. Durch die Februarrevolution 1917 hatten die bessarabischen Juden die vollen Bürgerrechte erhalten, aber in Rumänien wehrten sich viele Politiker gegen ihre Einbürgerung. Daher war beim Bukarester Frieden 1918 die Einbürgerungsfrage offen geblieben. Die aus Altrumänien nach Bessarabien versetzten Beamten verweigerten vielen Juden die Bescheinigung der rumänischen Staatsbürgerschaft. Der Vertreter Rumäniens hatte im Dezember 1919 im Vertrag der Friedenskonferenz unterzeichnet, dass alle Juden, die sich auf dem Gebiet Rumäniens befänden, ohne Einzelüberprüfung die Staatsbürgerschaft erhalten sollten. Doch dieser Vertrag musste erst von einem gesamtrumänischen Parlament ratifiziert werden. Da die Nationalliberalen die Wahlen immer wieder vertagten, trat dieses erst 1920 zusammen. Durch den Druck des Völkerbundes wurde die Einbürgerung der Juden 1923 in der neuen Verfassung verankert. Jehuda Leib Zirelsohn, der Oberrabbiner von Kischinew, war seit 1922 Abgeordneter und verlangte bei der Formulierung der Verfassung, dass die Grundrechte nicht den „Rumänen", sondern den „rumänischen Staatsbürgern" garantiert würden.[437] Diese Formulierung wollten auch Vertreter der Deutschen durchsetzen, doch die Mehrheit im Parlament lehnte sie ab. Bei der Debatte um die Angleichung des Volksschulwesens forderten Zirelsohn und der Deutsche Rudolf Brandsch einen Freiraum für die Gestaltung des Religionsunterrichtes.[438]

Während in der Schulfrage die Anliegen der Deutschen und Juden ähnlich waren, hatten mit der Anerkennung der Staatsbürgerschaft besonders viele Juden Probleme. Zwar war im Gesetz vom 25. September 1920 allen in Großrumänien wohnhaften Juden die Staatsbürgerschaft zugestanden worden. Doch als Ion I. C. Brătianu erneut an die Macht kam, ließ er am 23. Februar 1924 eine Novellierung des Gesetzes verabschieden. Die Juden der neu angeschlossenen Gebiete mussten nun ihr Heimatrecht nachweisen. In Bessarabien verlangten die Behörden Belege, dass sie im März 1918 dort gelebt hatten. Viele Familien, die sich aufgrund der Kriegsereignisse bei Verwandten in Russland oder in Westeuropa aufgehalten hatten, wurden staatenlos.[439] Die Proteste der jüdischen Abge-

---

[437] Parlamentari evrei în forul legislativ al României 1919-1940 [Jüdische Parlamentarier im gesetzgebenden Forum Rumäniens 1919-1940]. București 1998, S. 39.

[438] Parlamentari, S. 56-60, 89, 108 und 216.

[439] Othmar Kolar: Rumänien und seine nationalen Minderheiten seit 1918 bis heute. Wien/ Köln 1997, S. 188. Diese Einzelüberprüfung wird heute in Rumänien nicht als Diskriminierung eingeschätzt. Vgl. Cătălin Turliuc: Naturalization of the Jews in

ordneten bewirkten keine grundlegende Änderung. Iosif Sanielevici hatte im Senat darauf hingewiesen, dass dieses Gesetz seine Wähler in Bessarabien den Schikanen der Behörden aussetze.[440] Tatsächlich wurde bis 1928 etwa 30.000 Juden die Staatsbürgerschaft entzogen, davon waren 8.000 aus Bessarabien.[441]

Gegen die Einbürgerung der Juden entstand besonders in den Universitätsstädten Iași und Bukarest eine Protestbewegung. Da die Juden als Staatenlose bis 1919 keine staatlichen Stellen erhalten konnten, befürchteten nun viele Studenten eine harte Konkurrenz. Kurz vor der Verabschiedung der neuen Verfassung im März 1923 gründete der Hochschullehrer Alexandru C. Cuza die „Liga zur National-Christlichen Verteidigung" (Liga Apărării Național-Creștine). In der LANC wirkte auch sein Student Corneliu Codreanu, der Attentate auf jüdische Journalisten und Wilhelm Filderman plante. Er wurde im Oktober 1924 festgenommen. Obwohl einer der verhafteten Rechtsradikalen, Ioan Moța, den Informanten der Polizei im Gefängnis 1924 erschoss, wurde die Gruppe freigelassen. Auch nach der Ermordung des Polizeipräfekten von Iași Constantin Manciu sprachen die Richter Codreanu frei. Viele Zeitungen hatten Manciu als „verjudet" und Codreanu als nationalen Helden dargestellt.[442]

Die jüdischen Organisationen in den zwanziger Jahren

Eine zentrale Streitfrage in der rumänischen Öffentlichkeit war der Status der jüdischen Flüchtlinge aus der Ukraine und Russland, die aufgrund des Bürgerkriegs zwischen 1918 und 1923 nach Bessarabien zugewandert waren. Allein auf dem Gebiet der Ukraine waren bei Ausschreitungen über 30.000 Juden getötet worden.[443] Daher flohen viele Juden – besonders im Winter über den zugefrorenen Dnjestr – nach Rumänien. Die wachsende Anzahl der Flüchtlinge erhitzte die Köpfe rumänischer Nationalisten, die aus propagandistischen Gründen die Zuwanderungszahlen

Romania after First World War. In: Alexandru Zub (Hrsg.): Identitate/ alteritate în spațiul cultural românesc [Identität/ Alterität im rumänischen Kulturraum]. Iași 1996, S. 342.

[440] Parlamentari, S. 41.

[441] Th(eodor) Lavi: Activitatea parlamentară a lui Michael Landau [Die parlamentarische Tätigkeit von Michael Landau]. In: *Toladot*, VI(1977), 16, S. 5 und 12; Natanson, Romanian Governements and the Legal Status of Jews, S. 63.

[442] Theodor Armon: „Enemies" and „Traitors" – Aspects of the Antisemitism of the Iron Guard. In: *Romanian Jewish Studies*, I((1987), H.1, S. 71f.

[443] In der Forschung ist umstritten, ob die Täter vor allem aus den Reihen der Einheiten Petljuras oder der weißen Freiwilligenarmee Denikins kamen. Vgl. Tanja Penter: Kognitive Topographien 1917 – Odessas Juden zwischen kollektiver Selbstfindung und nationalem Erwachen. In: *Simon-Dubnow-Jahrbuch*, II(2003), S. 285.

übertrieben. Viele Juden wollten in andere Länder weiterreisen, doch einige versuchten in Bessarabien zu bleiben. Nach Angaben des Innenministeriums wurden zwischen 1918 und 1922 insgesamt 38.116 Flüchtlinge in Bessarabien registriert, von denen 33.449 (88%) Juden waren. Den zweitgrößten Anteil stellten die 2.273 Russen, bei den Deutschen waren es nur 214.[444] Die rumänische Presse schürte die Angst der Bevölkerung vor zu vielen Flüchtlingen. Die auflagestarke Tageszeitung „Universul" (Das Universum) stellte die jüdischen Flüchtlinge als Bedrohung dar, weil sie Bessarabien entnationalisieren würden. Nur wenige Bukarester Journalisten traten dieser Agitation entgegen. Emil Fagure hob nach einem Besuch in Bessarabien 1921 hervor, dass diese Juden vor den Exzessen der Sowjets geflohen seien und sicher nicht als Russifizierer betrachtet werden könnten, da sie alle Jiddisch sprechen würden.[445]

Um im Sommer 1922 die Errichtung einer Sonderabteilung der Sicherheitspolizei in Iaşi zu begründen, nannte das Innenministeriums als besonders gefährliche Kräfte „unruhige Elemente aus Bessarabien, in ihrer Mehrheit Juden und Flüchtlinge aus Russland".[446] Nachdem solche Einschätzungen in vielen Zeitungen verbreitet worden waren, konnte die Regierung 1924 ein Gesetz erlassen, durch das nicht nur die Flüchtlinge ausgegrenzt wurden, sondern auch Juden, die keine Nachweise für ihre Ansässigkeit in dem Gebiet Rumäniens beibringen konnten. Insgesamt waren zwischen 16.000-20.000 Familien betroffen, die meisten lebten in Bessarabien.[447]

Damit die jüdischen Flüchtlinge in Rumänien nicht von den Behörden schikaniert würden, hatten in Kischinew mehrere prominente Juden 1919 ein Komitee für jüdische Emigranten gegründet und ausländische jüdische Organisationen um Hilfe gebeten. Das „Joint Distribution Committee"/ JDC entsandte sofort einen Beauftragten, danach trafen Medikamente, Kleidung und Schuhe in Bessarabien ein. Das Komitee leitete der Arzt Jakob Bernstein-Kohan, der seit 1901 in der Genossenschaftsbewegung wirkte. Ihn unterstützten der Journalist Nahum Rojtman, der Arzt Israel Jakir, der Fabrikbesitzer Solomon Berljand und der Ingenieur M. I. Gott-

---

[444] Babel, La Bessarabie, S. 219-223; Diese Daten gibt auch der moldauische Historiker Nicolae Enciu wieder und streicht die Nachteile dieser „Invasion" hervor. Mit Hinweis auf eine Schrift von 1940 behauptet er, dass der Handel und die Industrie von Angehörigen fremder Ethnien, die erst nach 1918 nach Bessarabien kamen, monopolisiert worden seien. Vgl. Enciu, Populaţia, S. 102.

[445] Livezeanu, Cultural Politics, S. 254.

[446] Dieses Zitat wird bei Livezeanu als verzerrte Wahrnehmung dargestellt. Eine rumänische Autorin, die Livezeanu zitiert, macht daraus eine belegte Tatsache. Vgl. Maria Someşan: Mişcarea studenţească din 1922 [Die Studentenbewegung von 1922]. In: *Anuarul Institutului de Istorie Recentă*, I(2002), S. 188.

[447] Iancu, Evreii, S.102.

lieb und andere.[448] Den Antrag von Bernstein-Kohan, dass die Flüchtlinge bis zum Ende des Bürgerkriegs in der Ukraine in Bessarabien bleiben könnten, beschied das Innenministerium im Juni 1920 positiv. Nachdem das Komitee 1922 in Bessarabien offiziell zugelassen wurde, übernahm es die Registrierung der Flüchtlinge und ihre Versorgung. Die Polizei beobachtete dessen Tätigkeit mit großem Misstrauen, weil sie seine Träger als „Suspekte mit antirumänischen Vorstellungen" einstufte. Sie durften nur wirken, weil durch ihre Tätigkeit 12.000 Juden ins Ausland weiterreisen konnten.[449]

Das Komitee aus Bessarabien arbeitete eng mit der Bukarester „Union Rumänischer Juden" zusammen, deren Vorsitzender, Wilhelm Filderman, mit führenden Personen der Nationalliberalen Partei und der Volkspartei (Partidul Poporului) von General Averescu im engen Kontakt stand. Filderman war seit 1920 auch der Präsident der Vertretung des „Joint Distribution Committee" in Rumänien. Durch seine Interventionen wurde 1922 die von der Regierung geplante Internierung der Flüchtlinge verhindert.[450] Die Vertreter von ca. 20.000 jüdischen Flüchtlingen konnten 1922 in Bukarest eine Beratung abhalten, bei der die finanzielle Unterstützung koordiniert wurde.[451]

Als die rumänischen Behörden 1923 jüdische Flüchtlinge zur Ausreise zwangen, protestierten Iosif Sanielevici und der Oberrabbiner Zirelsohn vehement im Parlament. Die jüdische Presse setzte sich für die Flüchtlinge ein und griff jeden Abschiebeversuch auf. Sie versuchte durch die Darstellung der Schicksale der Flüchtlinge deren Verwandte im Ausland zu mobilisieren, damit sie Bürgschaften gegenüber den Einwanderungsbehörden übernahmen. Solche Berichte brachte seit 1920 die jiddische Tageszeitung „Der Jid", bei der mehrere aus Russland geflohene jüdische Journalisten arbeiteten. Michel Landau, der aus der Moldau stammende juristische Berater der Flüchtlingskomitees, begann dort seine journalistische Tätigkeit. Bei den Wahlen von 1922 versuchten die Nationalliberalen die Zeitung zu instrumentalisieren. Landau und andere unterstützten jedoch eine eigenständige Liste, auf der Jakob Bernstein-Kohan kandidierte. Sie begründeten die Tageszeitung „Unzer Zeit".[452] Sie startete mit einer Auflage von 3.000 Exemplaren und erreichte bis 1928 schon

---

[448] Kopanskij, Džojnt, S. 13 und 17.

[449] ANRM, 680, 1, 3256, S. 66 und 87f.

[450] Theodor Wexler/ Mihaela Popov (Hrsg.): Dr. Wilhelm Filderman. Un avocat al etniei sale. Un avocat al cauzei naționale a României [Dr. Wilhelm Filderman. Ein Anwalt seiner Ethnie. Ein Anwalt der nationalen Sache Rumäniens], Bd. 1. București 2000, S. 413-429.

[451] Kuller, O istorie, S. 25

[452] Landau, O viață, S. 77.

15.000. Auch in den drei russischsprachigen Tageszeitungen, bei denen Juden mitarbeiteten, war das Flüchtlingsthema ständig präsent.[453]

Durch die Flüchtlingsarbeit hatten die Juden aus Bessarabien viele Kontakte zu ausländischen Organisationen aufgebaut, die sich später bewährten, als das soziale Elend in der Region zu mildern war. Seit Anfang der zwanziger Jahre förderte die „Gesellschaft zur Vermittlung von Arbeit" ORT, viele Werkstätten für Arbeitslose, Berufsschulen und landwirtschaftliche Projekte. Außer Bernstein-Kohan, Rojtman und Gottlieb waren an deren Leitung noch P. N. Margulies, der Direktor der Palästina-Bank, der Anwalt Iosif Paghis, Linke wie der Präsident der „Kulturliga" Z. Berzon und einige Gewerkschaftsfunktionäre beteiligt. Die Werkstätten und Berufsschulen befanden sich in Kischinew, Tighina (Bendery), Orchei, Bălți, Cetatea Albă und in weiteren Ortschaften. Es bestanden dreizehn landwirtschaftliche Kolonien in verschiedenen Regionen, die vom „Agro-Joint" und der „Jewish Colonization Association" unterstützt wurden. Besonders erfolgreich waren die Milchverarbeitung und der Weinanbau. 1930 erreichte die „Union jüdischer Kooperativen in Bessarabien" (SEK) die stattliche Mitgliederzahl von 30.657. Wenn man bedenkt, dass jeder Familienvater im Durchschnitt vier weitere Personen versorgte, hatte über die Hälfte der bessarabischen Juden eine Anbindung an das Genossenschaftsnetz. Die Mitglieder der Darlehenskasse waren zu 42% kleine Kaufleute, zu 24,25% Handwerker und Besitzer kleiner Werkstätten, zu 12,3% Freiberufler und 12% Bauern. Anfang der dreißiger Jahre bekam die Union infolge der Weltwirtschaftskrise weniger Förderungen und mußte einige Projekte eingrenzen. Aus der Darlehenskasse schieden viele aus, weil sie ihre Schulden nicht bezahlen konnten. Nur noch etwa die Hälfte des Finanzvolumens stand zur Verfügung. Seit 1936 ging es wieder aufwärts, doch die Mitgliederzahl der Union war auf 18.000 (1939) gesunken.[454] Über alle Initiativen der Union berichtete die jiddische Zeitung „Das Kooperative Vort", die zwischen 1925 und 1940 erschien. Unterstützung erhielt auch ein Waisenhaus für jüdische Mädchen in Kischinew und die „Gesellschaft zur Gesunderhaltung" OZE.[455]

Dank ihrer Unterstützer konnte die „Union jüdischer Kooperativen" auch Hilfe organisieren, als es infolge von Missernten zu Hungersnöten kam. 1925/26 war der Norden Bessarabiens betroffen und Rojtman organisierte mit Hilfe des Joint sowie der Juden aus anderen Teilen Rumäniens Suppenküchen für die Kinder der ärmsten Familien. 1928/29 herrschte im Süden eine Dürre: Viele Bauern und kleine Händler in Arzis, Cetatea Albă, Bairamcea und in anderen Orten hungerten. Die Sicherheitspolizei

---

[453] ANMR, 680, 1, 3428, S. 66-67.
[454] Hitchins, Jewish Credit Cooperatives, S. 195f.
[455] Kopanskij, Džojnt, S. 20-23 und 72-87.

verfolgte jeden Schritt der Organisatoren der Hilfsaktion: des Sekretärs der ORT Isaak A. Mil'stein und seines Stellvertreters Aleksandr V. Zilberman.[456]

Besonders viele Konflikte zwischen den Juden und den Staatsbehörden entstanden in der Schulfrage. Bis 1918 wurde in den meisten Schulen Bessarabiens in russischer Sprache unterrichtet. Ein königliches Dekret vom 14. August 1918 hatte allen Nationalitäten Schulen in der Muttersprache zugesagt, doch am 1. September 1923 wurde per Dekret die rumänische Unterrichtssprache eingeführt. Während in der ehemals österreichischen Bukowina diese Maßnahme einen Proteststurm auslöste, blieb es in Bessarabien relativ ruhig. Durch das Kriegsrecht standen die bessarabischen Nichtrumänen unter stärkerem Druck und mussten befürchten, wegen „antirumänischer Aktionen" belangt zu werden. Viele Lehrer quittierten den Schuldienst und wandten sich anderen Erwerbsmöglichkeiten zu.[457]

Die Juden bauten ein breites Netz von Privatschulen auf, die aus den Abgaben an die jüdische Gemeinde finanziert wurden. Seit der russischen Zeit wurde bei der Schlachtung für koscheres Fleisch und Geflügel eine Sondersteuer erhoben, korobka (russ. Schachtel) genannt. Auch von jüdischen Organisationen aus dem Ausland kam Geld für die Schulen.[458] Auf diese Weise konnten 40 hebräische Volksschulen und 16 Mittelschulen finanziert werden. Daneben existierten noch 52 jiddische Volksschulen, welche die „Kulturliga" organisiert hatte.[459]

Als 1924 der Unterrichtsminister auch den Privatschulen die rumänische Unterrichtssprache vorschrieb, protestierten viele Juden. In Kischinew verabschiedete ein Kongress der Eltern der betroffenen Schulkinder ein Memorandum, in dem sie auf die im Friedensvertrag garantierten Minderheitenrechte verwiesen.[460] Der Minister versuchte, die Unterstützer von Schulen mit hebräischem Unterricht gegen die auszuspielen, die den jiddischen Unterricht beibehalten wollten. Doch dies gelang ihm nicht, alle

---

[456] So überwies zum Beispiel Leonard E. Montefiore 1925 dafür eine größere Spende. Vgl. Manfred Reifer: Menschen und Ideen. Tel Aviv 1952, S. 140. Zur zweiten Hungersnot vgl. Bessarabische Juden hungern. In: Ostjüdische Zeitung v. 4.1.1929; Kopanskij, Džojnt, S. 50-53.

[457] Die Sicherheitspolizei notierte etwa bei einem jüdischen Chemielehrer, dass er wegen der Rumänisierung nun eine Fabrik für Mineralwasser betreibe. Er wurde verdächtigt, dort insgeheim Sprengmaterial zu produzieren.Vgl. ANRM, 680, 3406, Bd.1, S. 21.

[458] Landau, O viață, S. 213; Uhlig, Die bessarabische Frage, S. 81.

[459] Iancu, Evreii, S. 78 und 189; David Schaary: The Romanian Authorities and the Jewish Communities in Romania between the Two World Wars. In: A. Greenbaum (Hrsg.): Minority Problems in Eastern Europe. Jerusalem 1988, S. 92; Șpitalnic, Evreii, S. 13.

[460] Kuller, O istorie, S. 45.

Organisationen in Bessarabien traten gemeinsam gegen den Gesetzentwurf auf.[461]

Michel Landau kritisierte 1925 in der Tageszeitung „Unzer Zeit" das Bestreben des Unterrichtsministers die Finanzen der Privatschulen zu kontrollieren, obwohl der Staat ihnen keine Zuschüsse zahlte. Der Oberrabbiner Zirelsohn wandte sich im Senat gegen das Gesetz, ebenso der Abgeordnete Nathan Lerner aus der Bauernpartei. Nachdem das Gesetz schon 1926 vom Parlament verabschiedet war, wurden beim Druck noch einige Artikel verändert. Die Einführung der rumänischen Prüfungen führte zu vielen Konflikten, in Czernowitz wurde im November 1926 ein jüdischer Oberschüler von einem Rechtsradikalen erschossen. Jüdische Abgeordnete bezeichneten den Mord als Folge der Ausgrenzungspolitik.[462] Ein bessarabischer Abgeordneter kritisierte auch die Demonstration, zu der im Dezember ein rumänischer Geistlicher in Ediniţa Schüler aufgerufen hatte. Ebenso wurde von Angriffen auf Juden in Zügen berichtet.[463]

Obwohl sich die jüdischen Abgeordneten aller politischen Strömungen gegen die Rumänisierung der Privatschulen gewandt hatten, war das Gesetz 1925 verabschiedet worden. Als die Nationale Bauernpartei 1928 an die Macht kam, versuchten die jüdischen Abgeordneten das Gesetz zu verändern. Michel Landau legte im März 1931 einen Gesetzesentwurf für die Privatschulen vor, dem neben zwei weiteren Abgeordneten der neuen Jüdischen Partei auch andere Abgeordnete verschiedener Orientierung zustimmten. Darunter waren Vertreter der Sozialdemokratie, der Ukrainischen Nationalen Partei und Solomon Rosenberg von der Nationalen Bauernpartei. Insgesamt traten 27 Abgeordnete dafür ein. Die Auseinandersetzung über die Interpellation wurde aber immer wieder aufgeschoben, weil inzwischen der Druck der rechten Kräfte stark zugenommen hatte.[464]

1922 waren die Versuche gescheitert, alle jüdischen Verbände zu vereinigen, weil sehr unterschiedliche Auffassungen über die kulturelle Auto-

---

[461] Nach langen Debatten wurde im Gesetz neben rumänischem Unterricht auch solcher in der „jüdischen Sprache" zugestanden, wodurch Unterricht in Neuhebräisch und Jiddisch möglich war. Der Unterricht in den Fächern Rumänische Sprache, Geschichte und Geografie mußte in rumänischer Sprache abgehalten werden. Vgl. Ioan Scurtu/ Ioan Dordea (Hrsg.): Minorităţile naţionale din România 1925-1931. Documente [Die Nationalen Minderheiten in Rumänien 1925-1931. Dokumente]. Bucureşti 1996, S. 111-116.

[462] Lya Benjamin: Paradigma Falik-Totu sau cum s-a transformat un fapt cotidian într-un caz de asasinat politic [Das Paradigma Falik-Totu oder wie sich ein alltäglicher Vorfall in ein politisches Attentat verwandelte]. In: *Studia et Acta Historiae Iudaeorum Romaniae*, II(1997), S. 187-200.

[463] Livezeanu, Cultural Politics, S. 125 und 127.

[464] Iancu, Evreii, S. 109 und 137; Landau, O viaţă, S. 247-250 und 286-289.

nomie bestanden. Die Vertreter der Bukarester Juden bezogen sie nur auf Religionsfragen. Ihr Führer Wilhelm Filderman kritisierte die Juden in den neu angeschlossenen Gebieten, dass sie gegen Schulen in der Staatssprache auftraten und dadurch die Integration erschwerten. Die „Union Rumänischer Juden" blieb ohne Anhang unter den Juden Bessarabiens und Siebensbürgens. Während sich die Jiddischisten aus Bessarabien und der Bukowina zusammenschlossen, kooperierten die ungarischsprachigen Juden Siebenbürgens mit der Magyarischen Partei, da sie gemeinsame Interessen hatten.[465]

Durch die Wahlrechtsreform von 1926, die landesweite Listen zuließ, wurden Wahlabsprachen der Minderheitenparteien Erfolg versprechend.[466] Darüber wurde 1927 verhandelt und einige Deutsche, Juden, Ukrainer und Ungarn bildeten einen Minderheitenblock. Sie erhielten 6,65% der Stimmen, doch aus Bessarabien war kein Kandidat dabei, was jüdische Politiker auf Behinderungen der Behörden zurückführten.[467]

Die Vorstöße der Regierung in der Schulfrage zielten darauf ab, zumindest die Schüler dazu zu bringen, in rumänischer Sprache zu kommunizieren. Bei den älteren Generationen ließ sich nichts verändern. In Kischinew und anderen Städten, in denen die Juden zumeist über 30% der Bewohner stellten, blieb bis 1941 das Russische und Jiddische sehr präsent. Die immer wieder mit staatlichen Subventionen gestarteten rumänischen Tageszeitungen konnten sich nicht halten, während es mehrere russische und eine jiddische Tageszeitung gab. Das Theater von Kischinew hatte nach seiner Umwandlung in eine rumänische Bühne von 1923 ständig Finanzprobleme. Da wenig Publikum zu Stücken von rumänischen Autoren kam, wurden in den zwanziger Jahren häufig Puškin, Gogol', Tolstoj und Gor'kij gespielt.[468] 1927 wurden die jüdischen Schauspieler des Nationaltheaters zur Kündigung gedrängt.[469]

Nur sehr wenige Juden Bessarabiens orientierten sich in den 20er Jahren an der rumänischen Kultur. Da die Juden keine russischen Schulen mehr besuchten, griffen die Jüngeren auf das Jiddische zurück, das in den Familien gesprochen wurde. Bei der Volkszählung von 1930 gaben 97,5%

[465] Landau, O viață, S. 227 und 259; Victor Neumann: Istoria evreilor din Banat [Die Geschichte der Juden im Banat]. București 1999, S. 122.

[466] Hildrun Glass: Schicksal und Verantwortung: Deutsche und Juden in Rumänien vom Ende des Ersten Weltkrieges bis zur kommunistischen Machtergreifung. In: *Halbjahresschrift für südosteuropäische Geschichte, Literatur und Politik*, 15(2003), H. 2, S. 33

[467] Glass, Zerbrochene Nachbarschaft, S. 229.

[468] N. N. Beldiceanu: Între Prut și Nistru [Zwischen Pruth und Dnjestr]. București 1922, S. 127.

[469] Livezeanu, Cultural Politics, S. 127.

der 206.958 Juden aus Bessarabien Jiddisch als Muttersprache an.[470] Aus dem bessarabischen Lipcani stammten drei bekannte jiddischschreibende Schriftsteller, die aber wegen den schwierigen Bedingungen Bessarabien verließen: Elieser Steinbarg, Jakob Sternberg und Moise Altman.[471]

Das Jiddische förderte vor allem die „Kulturliga" (Kulturlige), die dem Allgemeinen Jüdischen Arbeiterbund nahe stand. Sie baute seit 1919 mit finanzieller Unterstützung aus den USA viele Bibliotheken und Amateurbühnen auf. Gemäß der Polizeistatistik kamen zu ihren Veranstaltungen in Kischinew durchschnittlich 500 Zuhörer. Die Polizei beschuldigte die Mitglieder der Kulturliga, dass sie Bolschewisten seien, obwohl dort vor allem Sozialdemokraten wirkten. Als Beleg führte sie an, dass diese Organisation auch in der Ukraine bestehe.[472]

Der im Januar 1921 verhaftete Lehrer Herz Gilischenski beharrte im Verhör darauf, ein Gegner der Bolschewisten zu sein. Er habe nur Kontakte mit dem sozialdemokratischen Jüdischen Arbeiterbund, der in der Bukowina legal tätig sei und Jakob Pistiner ins Parlament entsandt habe. Er habe Geld nicht aus Sowjetrussland, sondern vom Joint Distribution Committee/ JDC an Schulen verteilt, in denen arme jüdische Kinder kostenlos eine Ausbildung erhielten. Weil Gilischenski trotz der Verhaftung seiner Ehefrau standhaft blieb und er im Ausland bekannt war, sprach ihn das Militärgericht frei. Bald darauf war er in Czernowitz maßgeblich am Aufbau des Kulturzentrums „Morgenrojt" beteiligt. Die Polizei beschattete weiterhin die in Bessarabien tätigen Mitglieder der Kulturliga und verhaftete einige erneut 1924. Wegen angeblicher Kontakte zu Kommunisten wurde die Kulturliga in mehreren Orten Bessarabiens 1925 verboten.[473]

Bei den Vorbereitungstreffen zur Gründung der Organisation „Allgemeiner Jüdischer Arbeiter-Bund in Rumänien" waren 1922 auch Delegierte aus Bessarabien anwesend, die offizielle Gründung erfolgte im Januar 1923. Gilischenski setzte sich weiterhin für jiddische Schulen ein. Er fuhr dreimal in die USA, um bei jüdischen Sozialisten, die aus Rumänien stammten, Geld zu sammeln.[474]

---

[470] Hildrun Glass: Minderheit zwischen zwei Diktaturen. Zur Geschichte der Juden in Rumänien 1944-1949, München 2002, S. 26.

[471] Sol Liptzin: A History of Yiddish Literature. New York 1985, S. 356.

[472] Sie war zwar 1918 in Kiev gegründet worden, doch verstand sie sich als überstaatlicher Verbund. Sehr aktive Gruppen gab es zum Beispiel in Polen. Vgl. Gertrud Pickhan: „Gegen den Strom". Der Allgemeine Jüdische Arbeiterbund „Bund" in Polen 1918-1939. Stuttgart/ München 2001, S. 230-245.

[473] ANRM, 680, 1, 3168, S. 2-63; 3406, 1, Bd.1, S. 304.

[474] Zu diesem Zweck war im Rahmen des „Workmen's Circle" die „Grossrumänische Arbeiterliga" gegründet worden. Vgl. Joseph Kissman: Zur Geschichte der jüdischen Arbeiterbewegung „Bund" in der Bukowina. In: Hugo Gold (Hrsg.): Geschichte der Juden in der Bukowina, Bd. 1. Tel Aviv 1958, S. 138-142.

Aufgrund der vielen Proteste gegen die Repression in Bessarabien verfasste der Inspektor der Sicherheitspolizei 1925 ein Buch, in dem er die angeblich von den Juden ausgehenden Gefahren ausführlich beschrieb. Nach der Niederschlagung des Aufstandes im Bezirk Hotin habe die Polizei 1.108 Kommunisten ermittelt und ins Gefängnis gebracht. Nach dem Verbot der Kommunistischen Partei 1924 hätten deren Mitglieder sich den Gewerkschaften angeschlossen und mehrere Streiks organisiert. In der Kulturliga würden Kommunisten, Poale (Arbeiter)-Zionisten und Mitglieder des Jüdischen Arbeiterbundes gemeinsam agieren. Viele Mitglieder hätten Kontakte mit der Sowjetukraine und würden von dort Anweisungen für Terrorakte erhalten.[475]

Als Beleg für die subversive Tätigkeit verwies Inspektor Husărescu auf die Verfahren der Militärgerichte, die bei den Verhören Druckmittel einsetzten. Beim Studium der Polizeiakten wird klar, dass der Autor viele Informationen aus rechten Zeitungen übernahm. Besonders viele Artikel stammten aus dem Blatt „Universul" (Das Universum), der damals auflagenstärksten Zeitung. So etwa diente deren Artikel über einen Rumänen, der, wie es hieß, von der jüdischen Selbstwehr 1925 angegriffen worden sei, als Ausgangspunkt für polizeiliche Ermittlungen. Dem als Täter verhafteten Juden konnte nichts nachgewiesen werden, und er wurde freigelassen. Dennoch teilte die lokale Polizeibehörde mit, dass weiterhin alle politisch aktiven Juden beobachtet würden. Aus einer rechten Zeitung in Bessarabien wurden Artikel über die jüdische Vorherrschaft im Pressewesen und in der Wirtschaft in die Akten geheftet. Den Juden wurde darin 1927 einerseits unterstellt, den Einfluss Deutschlands auf die einheimische Wirtschaft zu fördern und andererseits geheime Kontakte mit der Sowjetunion zu pflegen.[476]

Aus den Formulierungen in den Polizeiakten wird deutlich, dass die Kommunisten der Polizei als Vorwand dienten, um die kulturelle und politische Tätigkeit möglichst vieler Nichtrumänen zu behindern. So stellte die Polizei in den Verhören von Verhafteten fest, dass der Lehrer Gilischenski bei seinem Besuch in Bessarabien 1925 Daten über die Lage der Schulen der Minderheiten für eine parlamentarische Interpellation gesammelt hatte. Die Polizei meldete dem Innenministerium, dass der Abgeordnete Jakob Pistiner den Mitgliedern der Kulturliga in einem „in Jiddisch verfassten geheimen Schreiben" Proteste gegen das Gesetz zur Rumänisierung der Privatschulen angekündigt habe. Gilischenski habe Geld in den USA gesammelt, um ein zentrales Kulturhaus wie jenes in Czernowitz zu gründen. Um Belastungsmaterial gegen Gilischenski zu finden, wurden in 15 bessarabischen Orten die Versammlungsräume der „Kultur-

---

[475] Husărescu, Mişcarea, S. 72f. und 137.
[476] Sorrels, Ethnicity, S. 8-12.

liga" durchsucht. Doch alle lokalen Polizeistellen meldeten danach, dass sie keinen verdächtigen Briefwechsel oder kommunistische Schriften finden konnten. Die Polizei aus Kischinew fragte nun beim Innenministerium an, wie sie gegen die geplante Gründung einer Abendschule vorgehen sollte. Vorsorglich wurde in die Akte des Initiators Gilischenski 1926 die Beurteilung eingetragen: „Ziel seiner Aktivitäten ist es, jungen Arbeitern anarchistische und revolutionäre Ideen zu vermitteln und sie gegen alles aufzubringen, was rumänisch-national ist."[477]

Gilischenski stieß auf so viele Hindernisse, dass in Kischinew kein Haus für jiddische Kultur entstand. Im Dezember 1927 behauptete die Polizei, Mitglieder der „Kulturliga" und des Sportvereines „Makkabi" seien für Zusammenstöße verantwortlich, zu denen es mit aus Iaşi angereisten Antisemiten kam. Weil die Polizei 1926 in Kischinew nicht gegen randalierende Rumänen vorgegangen war, stellten sich 1927 jüdische Selbstschutzgruppen den Antisemiten entgegen.[478] In diesen Gruppen wirkten Zionisten aller Richtungen und Sozialisten. Einige jüngere Mitglieder der Kulturliga unterstützten bei der Wahl von 1928 den „Arbeiter-Bauern-Block".

Wegen des Verbots der Kommunistischen Partei ist es schwer, ihren tatsächlichen Einfluss einzuschätzen. In Unterlagen der Kommunistischen Internationale werden Gruppen unter 10 Personen erwähnt, die völlig isoliert waren. In einigen Orten würden sie in linken Organisationen der Juden wirken, die keine kommunistischen Ziele verfolgten.[479] Die Tätigkeit von Kommunisten in zionistischen Organisationen ermöglichte es der Sicherheitspolizei, diese ständig zu kontrollieren, obwohl auf offizieller Ebene zionistische Führer aus dem Ausland geehrt wurden.

Mit dem Sportverein Makkabi beschäftigte sich die Sicherheitspolizei auch später sehr intensiv, und daher soll auf ihn eingegangen werden. Jüdische Sportvereine gab es in Mitteleuropa schon vor der Jahrhundertwende. In Russland konnten sie erst nach der Februarrevolution 1917 gegründet werden. In Odessa hatte „Makkabi" 1918 über Tausend Mitglieder und verstand sich auch als Organisation zur Selbstverteidigung gegen Antisemiten. In Kischinew wurde der Verein 1918 von Jakob Bernstein-Kohan und einigen anderen gegründet.[480]

---

[477] ANRM, 680, 3168, S. 81-130, Zitat S. 130.

[478] Nicolenco gibt die Behauptung der Polizei, dass die Juden provoziert hätten, als Fakt wieder. Vgl. Nicolenco, Extrema dreaptă, S. 48. Glass zitiert eine andere Darstellung des deutschen Journalisten Heinrich Block. Vgl. Glass, Zerbrochene Nachbarschaft, S. 280f.

[479] Emilian Bold/ Ilie Seftiuc: România sub lupa diplomaţiei sovietice 1917-1938 [Rumänien unter der Lupe der sowjetischen Diplomatie 1917-1938]. Iaşi 1998, S. 54.

[480] Zu Odessa vgl. Penter, Kognitive Topographien, S. 278. Zu Kischinew vgl. Şpitalnic, Evreii, S. 223.

Nach der Februarrevolution hatten die Juden Bessarabiens unzählige politische Organisationen gebildet. Sie reichten von der ultraorthodoxen religiösen Organisation „Agudat Israel", die den Zionismus als säkulare Bewegung ablehnte, bis zu den Zionisten-Revisionisten von Vladimir Žabotinskij (Zeev Jabotinsky), die den bewaffneten Kampf in Palästina propagierten. Großes Ansehen genoss der Oberrabbiner Zirelsohn, der seit 1922 auch Senator war. Als es im Dezember 1926 in Kischinew zu antisemitischen Ausschreitungen kam, protestierte Zirelsohn im Senat. Seine Rede wurde aufgrund des Antrags eines Rechten nicht ins Protokoll aufgenommen. Der Oberrabbiner verzichtete deswegen demonstrativ auf seinen Sitz im Senat und die Begründung musste im Amtsblatt (Monitor Oficial) erscheinen.[481]

Nahum Sokolov, der Präsident der Zionistischen Weltexekutive, besuchte 1926 Rumänien und wurde vom Königspaar empfangen. Er thematisierte die Probleme der zunehmenden Zahl staatenloser Juden in Großrumänien. Während er in Bukarest vor allem mit führenden Politikern sprach, empfing ihn in Kischinew eine große Menschenmenge. Das zeugt von einer breiten Sympathie für die Zionisten. Auch Chaim Weizman, der Präsident der Zionistischen Weltorganisation und der Jewish Agency besuchte im Dezember 1927 Kischinew und hielt eine Rede in russischer Sprache. Da es während Weizmans Aufenthalt zu antisemitischen Ausschreitungen kam, protestierte er dagegen beim Innenminister.[482] Im April 1928 beschäftigte sich der Europäische Nationalitätenkongress mit den Problemen der Juden in Großrumänien und Leo Motzkin bereitete einen Bericht für den Völkerbund vor. Um eine Interpellation abzuwenden, versprach der Vertreter Großrumäniens, dass seine Regierung gegen die rechte Bewegung vorgehen werde.[483]

Ausbau der Organisationen in den dreißiger Jahren

Als 1928 das Kriegsrecht in Bessarabien aufgehoben wurde und erstmalig freie Wahlen stattfanden, kamen vier Zionisten auf den Listen der Nationalen Bauernpartei ins Parlament und bildeten den „Jüdischen Klub" nach dem Vorbild jüdischer Parlamentarier in Polen. Aus dem losen Bündnis der „Zionistischen Föderation" entstand 1930 die „Jüdische Partei" (Partidul Evreesc), die vor allem in Siebenbürgen, Bessarabien und der Bukowina Unterstützung fand. Michel Landau, der schon 1928 auf der Liste der Nationalen Bauernpartei in Bessarabien ins Parlament gewählt worden war, erhielt zwar 1931 durch Urnendiebstahl nicht genü-

---

[481] Landau, O viață, S. 250; Parlamentari, S. 108.
[482] Landau, O viață, S. 252; Reifer, Menschen und Ideen, S. 180 und 190f.
[483] Landau, O viață, S. 261-263.

gend Stimmen, aber ein anderer Abgeordneter der Jüdischen Partei verzichtete auf sein Mandat, damit Bessarabien einen Vertreter habe.[484]

Das einheitliche Vorgehen war angesichts des Drucks der Antisemiten sehr wichtig. 1930 hatte Landau im Parlament auf Verhaftungen in Kischinew verwiesen, bei denen die Polizei während der Untersuchung die Festgenommenen so schlug, dass einer starb. In der anschließenden Debatte begründete der rechte Abgeordnete Alexandru C. Cuza die Verhaftungen damit, dass Demonstranten eine Fahne mit dem Davidstern mitgeführt hätten. Das sei eine Provokation, denn in Rumänien dürfte nur die Staatsflagge in der Öffentlichkeit erscheinen. Unverhohlen drohte er, seine Partei werde, wenn sie an die Macht käme, die Juden vertreiben.[485] 1932 sprach Landau im Parlament das Flüchtlingselend an der sowjetischen Grenze an. Er berichtete von einer Einheit an der Dnjestr-Grenze, die sechs jüdische Jugendliche erschossen hatte.[486] Als er diese Übergriffe ansprach, wurde er im März 1932 von einem rechten Abgeordneten im Parlamentsgebäude geschlagen.[487]

Dieselben Themen griff auch der Abgeordnete Michel Weisman von der Jüdischen Partei auf. Besonders eng mit dieser Partei arbeitete der bessarabische Abgeordnete Solomon Rosenberg zusammen, der mit Unterstützung der regierenden Bauernpartei von 1928 bis 1933 ins Parlament kam. Er brachte 1931 einen Änderungsantrag zum Staatsbürgerschaftsgesetz von 1924 ein, den 60 Abgeordnete der verschiedenen Parteien, darunter viele Vertreter der Minderheiten, unterstützten. Hier sei nur Moise Zipstein genannt, der 1928 in Bessarabien von der Nationalen Bauernpartei nominiert worden war. In anderen Fragen kooperierte die Jüdische Partei auch mit jüdischen Abgeordneten rumänischer Parteien wie Iancu Finkelstein, der 1931/1932 in Tighina, und Suchard Rivenzon, der im Bezirk Cetatea Albă gewählt worden war.[488]

Obwohl die Regierung von Nicolae Iorga 1931 mit der Einstellung von Rudolf Brandsch als Unterstaatssekretär für Minderheitenfragen ein positives Signal setzte, beobachtete die Sicherheitspolizei jeden Schritt der nichtrumänischen Abgeordneten. So wurde festgehalten, dass zu den Abgeordneten der „Jüdischen Partei" ein Abgesandter des Völkerbundes gekommen sei, der sich auch in Bessarabien über antisemitische Übergriffe

---

[484] Sanierung der politischen Moral. In: *Ostjüdische Zeitung* v. 21.6.1931.

[485] Landau, O viață, S. 270-273.

[486] Was ist in Soroca geschehen? In: *Ostjüdische Zeitung* v. 13.1.1932; Deputierter Landau beim Ministerpräsidenten. In: Ebenda v. 20.1.1932; Der Fall Soroca in der Kammer. In: Ebenda v. 7.2.1932.

[487] Landau, O viață, S. 89; Maner, Parlamentarismus, S. 289.

[488] Landau, Evreii, S. 22-24, 104; Țeșu Solomovici: România Judaica. O istorie neconvențională a evreilor din România [Eine unkonventionelle Geschichte der Juden Rumäniens], Bd. 1. București 2001, S. 171-173; Parlamentari, S. XXVI, 410 und 415.

informieren wolle. Die Polizei heftete diese Akten unter der bezeichnenden Aufschrift: „Jüdische Freimaurer" ab. Zwischen ihren Observationsberichten sind Artikel über die angebliche Verschwörung der Freimaurer zu finden, wie zum Beispiel das „Bulletin gegen Juden und Freimaurer", in dem rechte Autoren ein Verbot der Freimaurer wie in Ungarn und Italien forderten.[489]

Außer den Aktivisten der Jüdischen Partei observierte die Polizei 1932 vor allem die Leiter der jüdischen Kooperativen Isaak Ussoskin, Nahum Rojtman und Iosif Paghis sowie den Direktor der jüdischen Berufsschule in Kischinew, Samoil (Haim) Kovarskij. Rojtman hatte sich verdächtig gemacht durch Geldsammlungen für die Opfer der Dürre von 1928. Als angeblichen Vertrauensmann des „Komferband" (d. h. jiddisch Kommunistischer Verband) bezeichnete die Polizei 1932 den Anwalt Carol Steinberg, der damals die Sportorganisation „Makkabi" leitete und ein Jahr später bei der Jüdischen Partei führend tätig war. Die Organisation Makkabi mit ihren 500 Mitgliedern galt es besonders gefährlich, weil sie die Selbstverteidigung aufgebaut hatte. Diese schlug 1930 in Kischinew eine von Alexandru C. Cuza angeführte Gruppe von Antisemiten in die Flucht. Auf Cuzas Anzeige hin waren die jungen Juden verhaftet worden.[490] Die Polizei behauptete, dass Makkabi „panjüdische Ideen mit der Tendenz zum Kommunismus" verbreite.[491] Mitglieder von Makkabi hätten sich 1920 dem „Komferband" angeschlossen, der seinen Sitz in Odessa habe und eine Jüdische Republik auf der Krim anstrebe.[492]

Erstaunlich ist das lange Fortleben dieses Feindbildes in den Akten der Sicherheitspolizei. Vermutlich hatten linke Juden aus Bessarabien mit dem „Komferband" Beziehungen gehabt. Er war 1919/20 in der benachbarten Ukraine tätig und seine Anhänger kämpften damals gegen Denikins Einheiten. Doch seit 1921 hatten die sowjetischen Behörden die eigenständigen Organisationen der Juden zerschlagen. Die jüdischen Kolonien auf der Krim waren 1928/29 in Kolchosen umgewandelt worden und die Parteiführung wollte dort keine jüdischen Ansiedlungsprojekte mehr fördern, weil seit 1927 welche im Fernen Osten begonnen worden waren.[493]

---

[489] ANRM, 680, 1, 3407, S. 20-32.

[490] Kuller, O istorie, S. 95.

[491] ANRM, 680, 1, 3406, S. 267-284, Zitat S. 258.

[492] ANRM, 680, 1, 3406, S. 257-259. Zur Entwicklung auf der Krim: Vgl. Lustiger, Rotbuch, S. 82-84.

[493] Seit 1928 wurde in der Sowjetregierung die Schaffung einer Jüdischen Autonomen Region diskutiert und 1930 dafür Birobidžan am Amur ausgewählt. 1934 entstand dort das Jüdische Autonome Gebiet, wohin aber nur wenige Juden zogen. Vgl. Heiko Haumann: Geschichte der Ostjuden. München 1990, S. 169; Walter Kaufmann: Der Kampf „in der jüdischen Gasse" – Die Jüdische Sektion der Kommunistischen Partei in Odessa. In: *Jahrbuch des Simon-Dubnow-Instituts*, 2(2003), S. 311.

Obwohl nur ein geringer Teil der Juden Bessarabiens mit linken Ideen sympathisierte, diente das der Polizei als Vorwand, alle jüdischen Aktivitäten zu observieren. Die ständigen Verhaftungen der Sprecher jüdischer Verbände dürften dazu beigetragen haben, dass die Vertreter der Deutschen keine Kooperation suchten. Obwohl in der benachbarten Bukowina deutsche und jüdische Abgeordnete in Schulfragen zusammenarbeiteten, sind Kontakte zwischen den jüdischen Abgeordneten und dem deutschen Abgeordneten Oberpastor Daniel Haase nicht bekannt. Dabei hätten sie in diesem Problembereich gemeinsame Interessen verteidigen können. In der Bukowina zerbrach die Kooperation erst 1933, als die jüdischen Organisationen wegen der Verfolgung der Juden im Deutschen Reich zum Boykott deutscher Waren aufriefen. Die Bukowiner Deutschen beschuldigten diese Organisationen der „Gräuelpropaganda".[494]

Vermutlich war das Verhältnis zwischen den deutschen und jüdischen Organisationen in Bessarabien bereits Ende der zwanziger Jahre gespannt. Die jüdischen Genossenschaften erhielten damals aus den USA finanzielle Unterstützung und waren daher erfolgreicher als der deutsche „Wirtschaftsverband", der sich von seinem Bankrott von 1925 nur langsam erholte.[495]

Durch die Boykott-Aktion seit März 1933 hatte der „Wirtschaftsverband" Nachteile, denn er bezog aus dem Deutschen Reich Agrarmaschinen und Konsumgüter, die bis dahin Käufer in allen Ethnien gefunden hatten. Nun gab es Verluste durch das starke Engagement aller jüdischen Strömungen. Einige jüdische Vertreter verlangten im September 1933 von Pantelimon Halippa, den für Bessarabien zuständigen Minister, dass er die Agitation deutscher Nationalsozialisten unterbinden sollte. Tatsächlich sammelte die Polizei im Bezirk Cetatea Albă, wo die meisten Deutschen lebten, einige Flugblätter ein, in denen der Boykott der Waren aus dem Deutschen Reich kritisiert wurde.[496]

An den Veranstaltungen zum Boykott nahmen zwischen März und Mai 1933 immer mehr Leute teil, und diese Aktionen wurden nun das Hauptthema der Polizeiberichte. Zur ersten Veranstaltung in Kischinew im März 1933 erschienen etwa 1.000 Personen. Auch in anderen Orten Bessarabiens schlossen viele Läden als Protestmaßnahme eine Stunde früher. Carol Steinberg hob hervor, dass die Juden bisher den Deutschen als Kulturvolk vertraut hätten. Angesichts der massiven Angriffe auf Juden im Deutschen Reich müsse sich nun überall Widerstand bilden. Im April kamen bereits 2.500 Juden zur Protestversammlung in Kischinew. Der Oberrabbiner Zirelsohn sprach in der Synagoge über die Verfolgung. Im

---

[494] Glass, Zerbrochene Nachbarschaft, S. 444f.; Hausleitner, Die Rumänisierung, S. 297f.
[495] Wehenkel, Deutsches Genossenschaftswesen, S. 112.
[496] ANRM,680, 3406, Bd. 1, S. 568.

April und Mai 1933 fanden in kleineren Orten ebenfalls Veranstaltungen statt, an denen sich auch einige Nichtjuden beteiligten. Anfangs leiteten das Boykott-Komitee Honoratioren, die Zusammenstöße mit den Rechtsradikalen vermeiden wollten. Viele Kaufleute und Fabrikbesitzer verpflichteten sich, keine Waren aus dem Deutschen Reich zu beziehen, bis die Repression aufhöre. Auch Apotheken wollten keine deutschen Medikamente mehr verkaufen, obwohl sie viele deutsche Produkte bezogen hatten. Bald wurde Kritik laut, dass sich nicht alle Händler und Unternehmer an ihre Versprechen hielten. Die Führer des Komitees zögerten, die Namen jener Juden, die den Boykott unterliefen, zu veröffentlichen.[497] Die Linken warfen den Führern des Komitees mangelnde Aktivität vor, weil dessen Vorsitzender, Aleksandr Zilberman, sich gegen eine Demonstration vor dem Deutschen Konsulat gewandt hatte. Er trat zurück und der viel jüngere Carol Steinberg übernahm den Vorsitz. Dieser hatte sich besonders deswegen Anerkennung verschafft, weil er die Sportler von „Makkabi" bei allen Veranstaltungen als Ordner einsetzte und dadurch bewirkte, dass die rechten Studenten vom Theologischen Seminar mit Provokationen keinen Erfolg hatten.

Bis 1933 ist Steinberg in den Polizeiakten nicht anzutreffen, obwohl er schon zuvor den Vorsitzenden der Jüdischen Gemeinde vertrat. Dies war der 1855 geborene Arzt Moise Sluckij, der kaum mehr in Erscheinung trat. Seit dem Boykott wurde Steinberg eine zentrale Figur in den Polizeiberichten, und ihm wurde unterstellt, Kommunist zu sein. Er hatte jedoch bei der Gemeindewahl von 1934, bei der es drei linke Listen gab, für die orthodoxen Juden kandidiert.[498]

Gleichzeitig mit den Linken hatte auch Michel Jachimsohn, der Führer der Zionisten-Revisionisten, dem Boykott-Komitee Untätigkeit vorgeworfen. Seine Anhänger begannen mit der Belagerung von Kinos, die deutsche Filme zeigten.[499] Doch mit ihm wollten die Linken nicht kooperieren und nannten ihn einen „jüdischen Hitler". Zu diesem Zeitpunkt hatte er wenige Anhänger, denn den Besuch von Vladimir (Zeev) Žabotinskij am 15. Mai 1933 in Kischinew vermerkte die Polizei kommentarlos.[500]

Im Mai 1933 kamen zur Veranstaltung des Boykott-Komitees in Kischinew bereits 5.000 Personen. Trotz dieser starken Mobilisierung waren die Juden in der politischen Arena Rumäniens bereits isoliert. Nur wenige Rumänen beteiligten sich an den Boykott-Veranstaltungen: In Kischinew war der prominenteste Redner der ehemalige Abgeordnete Grigore Ca-

---

[497] ANRM, 680, 3406, Bd. 1, S. 334-426 und 633.
[498] ANRM, 680,1, 3406, Bd. 1, S. 257-259.
[499] ANRM, 680, 3406, S. 571, 584, 588.
[500] Zitat aus einem Bericht des Inspektors vom 13.11.1933 vgl. ANRM, 680, 3406, Bd. 1, S. 425.

zacliu, ein Anwalt, der zu einer abgespaltenen linken Fraktion der Bauernpartei gehörte. Solomon Rosenberg war noch Abgeordneter der Nationalen Bauernpartei und sprach regelmäßig bei den Veranstaltungen. Ebenfalls sehr aktiv war seine Ehefrau, die Rechtsanwältin Paulina Rosenberg. Ende der 20er Jahre war sie in der Bauernpartei tätig und seit 1933 organisierte sie unter jüdischen Frauen die Aktivitäten zum Boykott gemeinsam mit der Ärztin Elena Babici. 1934 leitete Paulina Rosenberg das Antifaschistische Komitee Bessarabiens. An einer Veranstaltung, bei der sie Hauptrednerin war, beteiligten sich im April 1934 300 Personen. Sie thematisierte außer der Lage im Deutschen Reich und in Italien auch die Benachteiligung von Frauen im öffentlichen Leben Rumäniens.[501]

Angesichts des Aufschwungs faschistischer Regime schlossen sich 1933 dem Nationalen Antifaschistischen Komitee einige Intellektuelle an, die unabhängig von der Kommunistischen Partei waren. Zwischen Kommunisten und Sozialdemokraten entstand 1934 ein Aktionsbündnis. Durch Verhaftungen versuchte die Sicherheitspolizei diese Kooperation zu beenden. Das Antifaschistische Komitee wurde im November 1934 verboten. Mehrere Aktivisten wurden angeklagt, mit Anhängern der verbotenen Kommunistischen Partei zusammenzuarbeiten. In Kischinew war Paulina Rosenberg unter den Verhafteten. Aufgrund des Ausnahmezustandes fanden die Prozesse vor Militärgerichten statt und im November 1935 erhielten mehrere Intellektuelle hohe Gefängnisstrafen.[502] Nur wenige der Verurteilten waren Mitglieder der illegalen Kommunistischen Partei. Gemäß der Angaben der Kommunistischen Internationale konnte diese ihre Mitgliederzahl in Großrumänien von 700 im Jahr 1930 auf 1.083 im Jahr 1936 erhöhen. 1933 waren davon 440 Ungarn, 375 Rumänen, 300 Juden, 140 Russen, 70 Bessarabier, 70 Ukrainer und 170 Andere.[503] Die Kommunistische Internationale verzeichnete die „Bessarabier" als eigene Nation, womit sie wohl die Moldauer meinte. Auch wenn man die „Bessarabier" und Rumänen addiert, waren die Nichtrumänen weitaus stärker vertreten.

Der wachsende Einfluss der Linken zeigte sich auch bei den Wahlen in der Jüdischen Gemeinde von Kischinew im April 1934. Der Oberrabbiner Zirelsohn behauptete, dass zwei Listen „pur kommunistisch" seien und die Kandidaten ein „Chaos" wie in der Sowjetunion anstreben würden. Es handelte sich um Personen, mit denen er 1933 noch gemeinsam Aktionen gegen die Verfolgung der Juden im Deutschen Reich durchgeführt hatte. Zwar entschieden sich die meisten Juden für die Kräfte der Mitte auf der

---

[501] ANRM, 680, 3406, Bd. 1, S. 625f. und 680, 3686, S. 38, 78f.
[502] Constantinescu-Iaşi, Pagini, S. 351-354.
[503] Dennis Deletant: România sub regimul comunist [Rumänien unter dem kommunistischen Regime]. Bucureşti 1997, S. 16.

Wahlliste der „Arbeiterkammer", für die Aleksandr Zilberberg und mehrere Handwerker kandidierten. Doch kam auf die zweite Stelle mit 10 Mandaten die „Arbeiterliga", geführt von Paulina Rosenberg, David Gligman und Leib Rozenboim. Einige konservative Konkurrenten hoben hervor, dass Rozenboim bei den Parlamentswahlen von 1932 für den prokommunistischen „Arbeiter-Bauern-Block" kandidiert hatte. Auf der Liste „Arbeiterdemokratie", die 5 Mandate erhielt, kandidierten gemäßigte Linke wie der Arzt Israel Jakir von der ORT-Leitung, der Lehrer Samoil (Haim) Kovarskij vom Jüdischen Arbeiterbund und der ehemalige Abgeordnete Solomon Rosenberg. Die Liste des Oberrabbiners erhielt nur 6 Mandate, weitere 12 Listen jeweils unter 5 Mandate.[504]

Hintergrund der Polarisierung waren die Auswirkungen der Weltwirtschaftskrise, die viele jüdische Handwerker und Arbeiter hart getroffen hatten. Die Linken warfen der Gemeindeführung vor, die sozialen Aufgaben zu vernachlässigen und 80% der Gemeindeabgaben für das Rabbinat zu verausgaben. Die Abgaben, die beim Verkauf von koscherem Fleisch jedem Käufer abgezogen wurden, waren gerade erhöht worden, was bei vielen ärmeren Juden auf Unwillen stieß. Die rumänische Presse griff das Thema begierig auf, um Zwietracht zu säen.[505]

Die Zerstörung der jüdischen Organisationen

Die Jüdische Partei war während der Boykott-Aktionen 1933 in Bessarabien sehr aktiv. Doch die Unternehmer in der Partei wandten sich gegen die zunehmende Politisierung. Trotz der starken Mobilisierung erreichte die Jüdische Partei im Dezember 1933 nicht mehr einen Anteil von 2% der Wählerstimmen, wodurch sie keine Abgeordneten stellen konnte. Im Dezember 1937 erhielt die „Jüdische Partei" nur 1,3% der Wählerstimmen.

Die Polizei notierte im Herbst 1934, dass die Aktivitäten des Boykott-Komitees zum Stillstand gekommen seien, seitdem Carol Steinberg kürzlich Präsident der „Union Jüdischer Gemeinden" Bessarabiens geworden sei. Viele Juden würden wieder Waren aus dem Deutschen Reich verkaufen.[506] Bei der Veranstaltung in Kischinew zum 3. Jahrestag 1936 seit Beginn des Boykotts sprachen auch einige Rumänen. Sie verwiesen auf den Prozess gegen den rumänischen Hochschullehrer Petre Constantinescu-Iași, der wegen Kooperation mit Kommunisten angeklagt worden sei.[507]

---

[504] ANRM, 680, 3686, Bd. 1, S. 10-47, Zitat S. 26.
[505] ANRM, 680, 3686, S. 57.
[506] ANRM, 680, 1, 3406, Bd. 1, S. 710.
[507] ANRM, 680, 1, 3406, S. 981.

Da die Polizei vielen Juden bereits in den zwanziger Jahren kommunistische Sympathien unterstellt hatte, sind ihre Hinweise auf eine zunehmende Radikalisierung zu hinterfragen. Auffällig ist, dass die Polizei sich in den dreißiger Jahren immer eingehender mit den Kontakten zu jüdischen Organisationen aus dem westlichen Ausland beschäftigte. Dabei ging es ihr nicht nur um die sozialdemokratisch orientierte Kulturliga, die seit 1919 in Bessarabien tätig war. Ihr Netz von Grund- und Berufsschulen für arme Kinder galt als suspekt, besonders wohl weil die jiddische Unterrichtssprache die Bespitzelung erschwerte. 1934 musste die Zentrale der Kulturliga in Kischinew aufgrund eines Gerichtsbeschlusses ihre Tätigkeit einstellen. In den Polizeiakten wurden ihre lokalen Organisationen als „Brandherde des Kommunismus" bezeichnet.[508]

Viele Projekte der Kulturliga übernahm die ORT und OZE, die schon zuvor beteiligt waren. Michel Landau verhandelte im August 1934 mit dem World Jewish Congress, damit Subventionen für diese Projekte und anderer Organisationen in Bessarabien garantiert würden.[509] Doch gerade diese Unterstützung von außen versuchten die rumänischen Behörden zu unterbinden. Seit 1934 gefährdete das „Gesetz zur Organisierung von Genossenschaften" alle Kooperativen, die sich nicht den Bukarester Ministerien unterstellt hatten. Im Namen der jüdischen Genossenschaften versuchte Isaak I. Ussoskin durch Interventionen eine Änderung zu erreichen. Er hatte teilweise Erfolg.[510]

Durch die ständigen Behinderungen ihrer Arbeit sahen viele Zionisten keine Perspektive mehr in Rumänien und wanderten aus. Hier soll nur Michel Landau erwähnt werden, der 1935 nach Palästina emigrierte.[511]

Die Juden, die nicht auswandern wollten schlossen sich 1935 angesichts der Angriffe auf ihre Existenz zu der „Union Jüdischer Gemeinden Bessarabiens" zusammen. In der Leitung der Dachorganisationen waren Vertreter aller Strömungen, Präsident wurde Carol Steinberg. Beim ersten Kongress im November 1935 berieten die Delegierten aus 40 Orten vor allem über Hilfsmaßnahmen für die etwa 50.000 hungernden Juden im Süden Bessarabiens, wo mehrere Dürrejahre zur Katastrophe geführt hatten. Isaia Brodschi aus Cetatea Albă wies aber auch auf die antisemitischen Angriffe besonders in Tatar Bunar hin. Die jüdischen Geschäfte

---

[508] ANRM, 680, 3406, S. 923f.

[509] ANRM, 680, 1, 3406, Bd.1, S. 686.

[510] Oscar I. Janowsky: People at Bay. The Jewish Problem in East-Central Europe. London 1938, S. 72-74; Kopanskij, Džojnt, S. 93.

[511] David Schaary: The Jewish Policy in Great Romania between the Two World Wars. In: Ion Stanciu (Hrsg.): The Jews in the Romanian History. București 1997, S. 155 und 160; Bela Vago: Evreii în alegerile din România între cele două războie [Die Juden bei den Wahlen in Rumänien in der Zwischenkriegszeit]. In: *Toladot*, I(1972), 2, S. 19.

würden systematisch boykottiert. Er sah in der „Wernerschule" von Sarata, der einstigen Gründung der Pietisten von 1844, das Nest der Hitler-Anhänger. Der Delegierte aus Arzis meinte, die Deutschen, die zur Ausbildung ins Deutsche Reich gingen, kehrten als Antisemiten zurück. Viele Juden würden daher aus den deutschen Orten wegziehen. In Brienne sei das Haus eines Juden zerstört worden.[512]

Steinberg verhandelte 1935 mit dem zuständigen Minister über die Anerkennung der „Union Jüdischer Gemeinden Bessarabiens" als juristische Person. Nicht nur die Antisemiten wandten sich gegen diese „Union" und bezeichneten sie als gefährlichen „Staat im Staat". Ein Polizeiinspektor vermerkte 1935 mit Genugtuung, dass der Unternehmer Solomon Sur beim Innenminister die Auflösung der „Union" wegen ihrer radikalen Agitation verlangt habe.[513] Die Anzeige ist ein Indiz für die zunehmende Polarisierung, denn Sur war 1933 noch in der Jüdischen Partei gewesen.

Bei einem kritischen Studium der Polizeiakten lässt sich feststellen, dass nicht die Führer der „Union" radikale Kräfte waren, sondern dass die sozialen Probleme angewachsen waren. 1935/36 leiteten die „Union" Steinberg, Solomon Berljand, Iosif Paghis, Nahum Rojtman und Aleksandr Zilberman. Außer Steinberg hatten alle Genannten schon vor dem Ersten Weltkrieg in der Führung der Genossenschaften gewirkt und sich danach immer um einen Ausgleich der Gegensätze bemüht. Zalman Rozental von der „Poale Zion" war als Herausgeber der jiddischen Zeitung „Unzer Zeit" für die Öffentlichkeitsarbeit zuständig. Der Oberrabbiner Zirelsohn trat nur noch als Ehrenpräsident auf.[514] Die Appelle des „Komitees für die Hungernden" der „Union" hatten Erfolg, besonders große Spenden kamen von Wohltätigkeitsorganisationen aus Großbritannien.[515]

Die Polizei verfolgte jeden Schritt von Steinberg, dem sie besonders den Aufbau von Gruppen zur Selbstverteidigung im Rahmen der Sportorganisation „Makkabi" anlastete. Diese schützten die jüdischen Viertel, sobald Antisemiten in größerer Anzahl auftraten. Als weiterer Beleg für eine kommunistische Unterwanderung der „Union" registrierte die Polizei im Mai 1936, dass David Gligman auf der Liste „Arbeiterliga" gewählt worden war. Außer ihm vertraten Kischinew Steinberg, Jakir und Zilberman.[516] Die beiden letzten Namen zeigen, dass eine Zusammenarbeit zwischen älteren gemäßigten Zionisten und jüngeren radikaleren Kräften möglich war.

Ein geeintes Vorgehen der jüdischen Organisationen war auch notwendig, weil die Antisemiten immer aggressiver wurden. Im Juli 1935 ent-

[512] ANRM, 680, 3708,1, S. 54-82.
[513] ANRM, 680, 1, 3686, S. 1-108 und 156.
[514] ANRM, 680, 3406, Bd.1, S. 76 und 81.
[515] ANRM, 680, 3406, Bd. 1, S. 943 und 976.
[516] ANRM, 680, 3686, S. 71.

stand eine neue Partei aus der Vereinigung der „Liga zur National-Christlichen Verteidigung" von Alexandru C. Cuza mit der kleinen „Nationalen Agrarpartei" von Octavian Goga. Die „National-Christliche Partei" (Partidul Naţional Creştin)/ PNC, verkündete folgendes Programm: Die Juden sollten aus den staatlichen Schulen und aus der Armee entfernt werden. Alle öffentlichen Ämter dürften nur noch mit Christen besetzt werden. In Bessarabien verlangte ihr Kandidat zusätzlich noch eine Förderung der rumänischen Genossenschaften, um den Einfluss der Juden in der Wirtschaft auszuschalten.[517]

Im August 1935 forderte Alexandru C. Cuza beim Gebietskongress der PNC, dass den Juden der Bodenbesitz entzogen werden müsse. Abgeordnete dieser Partei warben Anhänger besonders in Gegenden, in denen viele Juden lebten. In mehreren Orten griffen Rumänen Juden an, am folgenreichsten im nördlichen Bezirk Balţi. Als im Oktober 1935 eine Gruppe von 200 PNC-Anhängern durch die jüdische Kolonie Briceva zog, kam es zu einem Zusammenstoß mit jungen Juden von der Selbstwehr. Ein Rumäne aus dem Dorf Baraboi starb.[518] Daraufhin zündeten Rumänen in Baraboi die Häuser von zwei Juden an. Sondereinheiten der Gendarmerie rückten in Baraboi und Briceva ein. Der jüdische Bürgermeister von Briceva wurde verhaftet und der dortige Wochenmarkt für drei Monate geschlossen. Danach gab es zwischen Rumänen und Juden dieser Orte keinen Austausch mehr.[519]

1936 behauptete ein rumänischer Ökonom, dass die „nationale Souveränität" Rumäniens durch die Landkäufe der „Union jüdischer Kooperativen" gefährdet sei. In den Krisenjahren hätten sie dank der günstigen Kredite aus dem Ausland allein im Bezirk Bălţi 69 Höfe von Rumänen aufkaufen können. Es gäbe etwa 200 jüdische Projekte.[520] Die rumänischen Rechten aus der Eisernen Garde versuchten auch Verkaufsgenossenschaften aufzubauen, doch hatten sie mangels geringer Kredite wenig Erfolg.[521]

Um den Antisemiten den Wind aus den Segeln zu nehmen, ging die Regierung der Nationalliberalen im Herbst 1936 gegen alle jüdischen Organisationen vor, die aus dem Ausland Unterstützung erhielten. Besonders betroffen waren die Berufsschulen der ORT und die Gesundheitszentren

---

[517] ANRM, 680, 1, 3810, Bd. 1, S. 612 und 670.

[518] ANRM, 680, 3410, Bd.1, S. 37; sowie 3810, Bd. 2, S. 535 und 3406, Bd. 1, S. 999.

[519] Nicolenco, Extrema dreaptă, S. 62 und 66.

[520] Zit. n. Iosif Maior: Problema românizării economiei naţionale [Das Problem der Rumänisierung der Wirtschaft]. Bucureşti 1940, S. 83.

[521] Theodor Armon: The Economic Background of Antisemitism in Romania between the World Wars: C. Z. Codreanu and the Jewish Trade 1918-1940. In: *Shvut. Studies in Russian and East European Jewish History and Culture*, 1-2. Tel Aviv 1995, S. 319f.

OZE, die von dem Joint Distribution Committee finanziert wurden. Auch die landwirtschaftlichen Projekte der Jewish Colonization Association in Bessarabien wurden verboten und Landkäufe von jüdischen Genossenschaften rückwirkend annulliert. Die Rechten stellten nun noch radikalere Forderungen: Sie verlangten ein Verbot weiterer 500 jüdischer Organisationen. Sie behaupteten, dass 95% ihrer Leiter Kommunisten seien.[522] Sie wollten selbst die Existenz von Wohltätigkeitsvereinen, Sport- und Musikgruppen nicht dulden.

Aufgrund des agrarischen Übergewichtes war die Arbeiterbewegung in Großrumänien eine marginale Erscheinung. Weil kaum linke Kräfte dingfest zu machen waren, hatten Rechtsradikale bereits seit 1930 vor allem die „Freimaurer" als gefährlichsten Feind angeprangert. In dem „Buletinul Anti-Judeo-Masonic" (Bulletin gegen die jüdischen Freimaurer) behauptete der Hochschullehrer Constantin Paulescu, dass der Völkerbund ein Werk der jüdischen Freimaurer sei. Um die Welt beherrschen zu können, würden die Juden die traditionellen Wirtschaftsstrukturen zerstören und pazifistische Ideen verbreiten.[523] Das Blatt wurde in Bessarabien von der „Christlichen bessarabischen Liga" Nicolae Negrus vertrieben. Gekauft wurde es laut Polizeiangaben von Studenten, Geistlichen und Offizieren.[524] 1934 konnte die Polizei keine jüdischen Freimaurer in Bessarabien orten, doch 1936 wurden Aufrufe zur Unterstützung der Republikaner im Spanischen Bürgerkrieg unter „Allianz von Freimaurern und Kommunisten" abgeheftet.[525]

1936 wurde fast die gesamte illegale Führung der Kommunistischen Partei festgenommen. Aus Bessarabien stammte die Führerin der kommunistischen Jugendorganisation Haia Lifşiţ, die infolge eines 45-tägigen Hungerstreiks im Gefängnis starb. Die in Kischinew geborene Gewerkschaftlerin Olga Bancic konnte nach der Haftzeit Rumänien verlassen.[526] Die bekannteste Angeklagte in dem Prozess vom Juni 1936 war Ana Pauker, die zu einer zehnjährigen Haftstrafe verurteilt wurde.[527] Durch die Prozes-

---

[522] ANRM, 680, 1, 3406, Bd.1, S. 10-26; Janowsky, People, S. 171.
[523] ANRM, 680, 1, 3407, S. 32-33.
[524] Ebenda, S. 59.
[525] Ebenda, S. 88.
[526] Pilat nennt die Namen weiterer jüdischer Antifaschisten. Vgl. Pilat, Iz istorii, S. 52. Olga Bancic reiste 1938 aus und beteiligte sich 1941 in der französischen Résistance an bewaffneten Operationen. Sie wurde 1944 in Stuttgart enthauptet. Vgl. Arno Lustiger: Zum Kampf auf Leben und Tod! Vom Widerstand der Juden 1933-1945. Köln 1994, S. 465f.
[527] Nach ihr wurde die Einheit der Freiwilligen aus Rumänien an der Seite der Republikaner im Spanischen Bürgerkrieg benannt. Sie wurde 1940 gegen einen rumänischen Abgeordneten aus Bessarabien ausgetauscht, den der NKVD verhaftet hatte. Vgl. Marius Mircu: Dosar Ana Pauker [Akte Ana Pauker]. Bucureşti 1991; Tismaneanu, Stalinism, S. 76-82 und 262f.

se sollte die nun von den Kommunisten angestrebte Volksfrontpolitik unmöglich gemacht werden. Die Polizei schritt nicht ein, als Rechte auf der Strasse die demokratischen Tageszeitungen „Adevărul" (Die Wahrheit) und „Dimineața" (Der Morgen) verbrannten. Sie gaben sie als „verjudet" aus, da der Schwiegervater von Ana Pauker Mitbesitzer war. Die Zeitung „Universul" (Das Universum), die zu diesen Aktionen aufgerufen hatte, wollte dadurch die Konkurrenz ausschalten. Sogar Ion Mihalache von der Nationalen Bauernpartei warnte nun vor der Gefahr des Faschismus.[528] Daraufhin behauptete Octavian Goga im Parlament, dass Mihalache eine Volksfront wie in Frankreich mit den Kommunisten anstreben würde.[529]

Als Anfang 1937 der bekannte rumänische Schriftsteller Mihail Sadoveanu Direktor der demokratisch orientierten Zeitungen „Dimineața" (Der Morgen) und „Adevărul" (Die Wahrheit) wurde, griff ihn die Rechte als von Juden gekauften Freimaurer an. In Bessarabien riefen Rechtsradikale öffentlich zur Verbrennung seiner Bücher auf. Sie bezichtigten auch den ehemaligen Minister Pantelimon Halippa, den Dekan der Hochschule für Agrarwissenschaft Ștefan Ciobanu, Grigore Cazacliu und andere Demokraten Freimaurer zu sein. Die Sicherheitspolizei in Kischinew sammelte alle Aufrufe zum Verbot der Logen und belieferte rechte Journalisten mit Informationen über angebliche Mitglieder. So wurde zum Beispiel der deutsche Lehrer der Handelsschule, Arnold Scheibler, in der Zeitung „Porunca Vremii" (Das Gebot der Zeit) angeprangert. Er schrieb der Redaktion, dass er die Loge bereits vor vier Jahren verlassen habe, als er ihre Ziele erkannte.[530] Im März 1937 wurde ein Dekret zum Verbot aller „geheimen" Logen vorgelegt, im Mai begannen die Polizeiorgane mittels dieser unklaren Definition auch jüdische Vereine zu überprüfen.[531]

Das wichtigste Ziel der Angriffe auf das „Freimaurertum" war die Diskreditierung des Völkerbundes. Der neu gegründete World Jewish Congress sammelte seit 1936 Material, um eine Interpellation beim Völkerbund bezüglich der Ausschreitungen in Rumänien einzureichen. Nun wurden alle jüdischen Organisationen observiert, um zu verhindern, dass sie Informationen über ihre Lage ins Ausland schickten. Chef des Pressebüros der Sicherheitspolizei in Bessarabien war wie Mitte der 20er Jahre Z. I. Husărescu. So wie er damals den Aufstand von Tatar Bunar nur auf Agenten aus der Sowjetunion zurückgeführt hatte, erklärte er in den 30er

---

[528] Cicerone Ionițoiu: Viața politică și procesul Iuliu Maniu [Das politische Leben und der Prozess Iuliu Maniu]. București 1997, S. 143; Henri Prost: Destin de la Roumanie. Paris 1954, S. 82.

[529] Cristian Sandache: Doctrina național-creștină în România [Die national-christliche Doktrin in Rumänien]. București 1997, S. 130.

[530] ANRM, 680, 1, 3407, S. 32-160, zum Fall Scheibler S. 145.

[531] Ebenda, S. 123-129.

Jahren, dass die jüdischen Organisationen von Kommunisten unterwandert seien. Seine Mitarbeiter aus allen Bezirken Bessarabiens mussten ständig Berichte über jüdische Schulen, Bibliotheken, Sport- und Kulturvereine sowie Genossenschaften erstellen. Im November 1935 verlangte er zusätzlich die namentliche Auflistung aller Juden in Handwerkervereinen, in der Ärzte- und Anwaltskammer. Zur Begründung hieß es, ihr Streben nach „Vorherrschaft" müsste verhindert werden.[532] Daraufhin meldeten Spitzel auch Geschichten, wie etwa dass in Cetatea Albă Isaia Brodschi, der Sprecher der jüdischen Genossenschaft, 1929 beim Bürgermeister die Herabsetzung der Steuer angeblich mit der Drohung verlangt habe, sonst käme er mit einer roten Fahne zurück. In seiner Zusammenfassung konnte Husărescu zwar keine reellen Gefahren benennen, dennoch verlangte er von seinen Vorgesetzten in Bukarest ein Verbot von Geldsammlungen durch jüdische Vereine. Sammlungen dürften nur den „nationalen Interessen Rumäniens" dienen und das sei nicht der Fall.[533] Husărescu gab sein Material an die rechte Zeitung „Porunca Vremii" (Das Gebot der Zeit) weiter, wo 1936 die Liste aller jüdischen Organisationen unter der Überschrift: „Kommunistische Gefahr in Bessarabien" erschien. Darin wurde als ein Beleg angeführt, dass die Sportgruppen von „Makkabi" in Bessarabien dieselben Uniformen trügen wie jene, die 1920 in Odessa auftraten.[534]

Corneliu Codreanu, der Führer der Eisernen Garde, verlangte von Carol II. in einer Denkschrift vom 5. November 1936 „die Befreiung der rumänischen Innen- und Außenpolitik vom Einfluss und der Oberherrschaft der Freimaurerei, des Kommunismus und des Judentums".[535] Codreanu hielt alle Parteien für „Dienerinnen der großen internationalen Finanzwelt der Juden".[536]

Der Bürgerkrieg in Spanien wurde nicht nur von den rumänischen Rechten sondern auch von der Sicherheitspolizei als ein Kampf gegen angebliche Freimauer wahrgenommen. Im Januar 1937 vermerkte ein Polizeiinspektor, dass die Regierung in Valencia und Barcelona aus einer Allianz von Freimaurern und Kommunisten bestehe.[537] Die Polizei schritt nicht ein, als im Februar 1937 zwei in Spanien gefallene Rechte, Ioan Moța und Vasile Marin, mit einem groß inszenierten Umzug in Bukarest beerdigt wurden. Dazu waren etwa 16.000 Angehörige der Eisernen Garde in

---

[532] ANRM, 680, 1, 3406, Bd. 1, S. 772.

[533] ANRM, 680, 1, 3406, Bd. 1, S. 851 und 921.

[534] ANRM, 680, 1, 3406, Bd. 1, S. 102. Diese Uniform trugen weltweit die Mitglieder des zionistischen Sportvereins. Der Weltverband hatte seit 1921 seinen Sitz in Berlin.

[535] Zit. n.: Corneliu Codreanu: Aufzeichnungen im Kerker. München 1984, S. 85.

[536] Zit. n.: Horia Sima: Doctrina legionară [Die Doktrin der Legion]. Madrid 1980, S. 179.

[537] ANRM, 680, 1, 3406, Bd. 1, S. 88.

Uniform aus dem ganzen Land angereist. Nicht nur zwei Erzbischöfe, viele rumänische Abgeordnete sondern auch der deutsche und italienische Gesandte nahmen an den Trauerfeierlichkeiten teil.[538]

Die „Garde", die bei den Wahlen vom Dezember 1937 unter dem neuen Namen „Totul pentru țara" („Alles für das Vaterland") angetreten war, wurde mit 15,5% der Stimmen die drittstärkste Kraft. Um ihr den Wind aus den Segeln zu nehmen, berief der König die schwächere „National-Christliche Partei", die nur 9,15% der Stimmen erhalten hatte, in die Regierungsverantwortung. Die von Octavian Goga und Alexandru C. Cuza geführte Regierung erließ Gesetze zum Ausschluss der Juden aus vielen Berufszweigen.[539] Noch bevor die Gesetze in Kraft getreten waren, hatten die Anwaltskammern in Bukarest und in einigen Städten Bessarabiens den jüdischen Rechtsanwälten die Zulassung gestrichen.[540] Auch aus den Industrie- und Handelskammern wurden Juden, die zuvor in den lokalen Organisationen in Bessarabien leitend tätig waren, 1937 ausgeschlossen.[541]

35% der Juden Rumäniens wurden 1938/39 durch ein neues Gesetz ausgebürgert. Unter ihnen waren nicht nur jene, die nach 1918 aus der Ukraine und Russland geflohen waren und als „illegale Einwanderer" galten. Viele Juden konnten nicht innerhalb der vorgesehenen 20 Tage Nachweise ihrer Staatsbürgerschaft vorlegen.[542] Der Justizminister begründete dieses Gesetz damit, dass die lokalen Behörden 1924 viele Juden zu Unrecht als rumänische Staatsbürger verzeichnet hätten.[543]

Nach dem Rücktritt der Regierung von Cuza und Goga ging die Ausbürgerung der Juden weiter und sie blieben aus vielen Berufen ausgeschlossen.[544] Während der Regierung Cuza-Goga war bei der Sicherheitspolizei eine neue Abteilung gegründet worden, die speziell für Kommunisten und das „Jüdische Problem" zuständig war. Bei alle anderen Minderhei-

---

[538] Heinen, Die Legion, S. 310

[539] Laut Dekret mussten alle Juden aus den 1918 angeschlossenen Gebieten innerhalb von 20 Tagen ihre Papiere vorlegen, wobei das Stichdatum willkürlich festgesetzt wurde. Vgl. Lya Benjamin (Hrsg.): Evreii din România între anii 1940-1944. Legislația antievreiască [Die Juden in Rumänien in den Jahren 1940-1944. Die antijüdische Gesetzgebung]. București 1993, S. 30-31.

[540] Sandache, Doctrina, S. 61.

[541] Zum Beispiel Avram Davidsohn in Soroca und Iacob Oceacovschi in Tighina vgl. Avram Rosen: Mari întreprinzători evrei în industria României 1900-1938 [Große jüdische Unternehmer in der Industrie Rumäniens 1900-1938]. In: Dumitru Hîncu/ Dorina Herivan/ Cella Vasiliu (Hrsg.): Jaloane pentru o viitoare istorie. [Leitlinien für eine künftige Geschichte]. București 1999, S. 216.

[542] ANRM, 680, 1, 3186, S. 66.

[543] Gheorghe Dumitraș-Bițoaica (Hrsg.): Statutul juridic al evreilor și legislația romanizârii [Der juristische Status der Juden und die Gesetzgebung der Rumänisierung]. București 1942, S. 29

[544] Hausleitner, Die Rumänisierung, S. 327-333.

ten wurde nur kontrolliert, ob sie irredentistische Forderungen stellten. Die neu geschaffene Abteilung blieb nach 1938 bestehen.[545]

Ministerpräsident wurde von Februar 1938 bis März 1939 Miron Cristea. Als Patriarch der griechisch-orthodoxen Kirche hatte er seit 1937 die Kampagne gegen die angeblichen Freimaurer unterstützt. Da sich immer mehr Geistliche zur Eisernen Garde bekannten, griff der Heilige Synod deren Diskurs auf und thematisierte Maßnahmen zur „Eingrenzung der Macht der Fremden".[546] Auch Carol II. beteiligte sich an der Hetze gegen die Juden. Er behauptete, dass kürzlich etwa eine Viertelmillion Juden aus dem Deutschen Reich und den besetzten Gebieten illegal eingewandert sei. Zu diesem Zeitpunkt sprachen die Rechten schon von 800.000 Einwanderern.[547] Die Maßnahmen zur Marginalisierung der Juden in der Wirtschaft trafen besonders hart die jüdischen Genossenschaften in Bessarabien. Da die ländlichen Projekte von der „Jewish Colonization Association" unterstützt wurden, widerrief der Ministerrat nach einer antisemitischen Pressekampagne deren Erlaubnis zur Tätigkeit in Rumänien. Der Justizminister forderte die örtlichen Behörden auf, alle Landkäufe der letzten Jahre zu überprüfen und bei Unregelmäßigkeiten zu annullieren.[548] Das war nicht nur ein Freibrief zur Erpressung, sondern schuf auch die Ausgangsbasis zur Enteignung. 1938 übernahm die Nationalbank das Eigentum der „Union jüdischer Kooperativen". Die Union klagte dagegen und bekam im März 1939 vor dem Obersten Gerichtshof einen positiven Bescheid. Doch zu diesem Zeitpunkt existierten bereits viele Projekte nicht mehr.[549] Bis 1940 gab es noch einige Ausbildungskurse für jüdische Jugendliche, die von der ORT finanziert wurden. Auch das private Lyzeum mit hebräischer Unterrichtssprache bestand bis dahin fort.[550]

Der World Jewish Congress protestierte im Januar 1938 beim Völkerbund gegen die Verletzung des Minderheitenschutzes in Rumänien und benannte explizit neben den Berufsverboten auch die Unterdrückung der jiddischen Presse in Bessarabien.[551] Als die Regierung von Goga zurück-

---

[545] Sorrels, Ethnicity, S. 14.

[546] Zit. n. Hans-Christian Maner: Voraussetzungen der autoritären Monarchie in Rumänien. In: Erwin Oberländer u. a. (Hrsg.): Autoritäre Regime in Ostmittel- und Südosteuropa 1919-1944. Paderborn 2001, S. 457.

[547] Henry Bolitho: Roumania under King Carol. London 1939, S. 43; A. L. Easterman: King Carol, Hitler and Lupescu. London 1942, S. 261; Ezra Mendelsohn: The Jews of East Central Europe between the World Wars. Bloomington 1983, S. 205.

[548] Oscar I. Janowsky, People, S. 170f.

[549] Hitchins, Jewish Credit Cooperatives, S. 197; Ussoskin, Struggle, S. 258f.

[550] Iakov A. Copanschi: Problemele învățământului evreiesc în Basarabia interbelică [Probleme des jüdischen Unterrichts in der Zwischenkriegszeit in Bessarabien]. In: Jaloane, S. 168-174.

[551] Bureau du Congrés Juif Mondial: La situation de Juifs en Roumanie. Genève 1938, S. 9f.

tat, hoffte Filderman, dass der König die antisemitischen Gesetze verändern würde und zog im Mai 1938 die Bitte an den World Jewish Congress um Intervention beim Völkerbund zurück. Erst als klar war, dass die diskriminieren Maßnahmen fortgeführt wurden, wandte er sich erneut an den World Jewish Congress. Anfang 1939 verlangte der Völkerbund vom rumänischen Außenminister Auskunft und dieser versprach Änderungen der antisemitischen Gesetze.[552] In Rumänien wurde die Kritik des Völkerbundes als Angriff auf vitale Interessen des Landes interpretiert und darauf zurückgeführt, dass Frankreich und Großbritannien vor allem den wachsenden deutschen Einfluss auf die Wirtschaft Rumäniens verhindern wollten.[553]

Die Meldungen über Konzentrationen von sowjetischen Einheiten an der bessarabischen Grenze veranlassten die rumänische Regierung zu immer intensiveren Kontakten mit dem Deutschen Reich. Sie kauften im Oktober 1939 jene Waffen auf, die nach der Zerschlagung der polnischen Armee zurückgeblieben waren. Der damalige Unterhändler hob später hervor, der rumänische Generalstab musste „ob er wollte oder nicht, mein Verbündeter werden, kein Staat der Welt außer Deutschland konnte damals Rüstungsmaterial exportieren".[554] Rumänien stand 1939 an zweiter Stelle bei den Einfuhren ins Deutsche Reich.[555] Im Mai 1940 wurde ein neuer Vertrag über umfangreiche Erdöllieferungen abgeschlossen.[556]

Der Völkerbund war bald nicht mehr handlungsfähig und Rumänien trat am 11. Juli 1940 aus. Die Regierung hatte zuvor einem sowjetischen Ultimatum Folge leisten müssen und Bessarabien sowie die Nordbukowina geräumt. Da Großbritannien nicht die Garantie der Grenzen Rumäniens einlöste, orientierte sich die rumänische Regierung danach nur noch am Deutschen Reich. Doch vor einem Beitritt zum Dreimächtevertrag (Deutsches Reich, Italien, Japan) verlangte Hitler eine Regelung der Beziehungen zu den Nachbarstaaten, die schon zuvor Kurs auf Berlin genommen hatten. Am 19. August begann die rumänische Regierung Verhandlungen

---

[552] Stellungnahme zur Beschwerde des Völkerbundes. Vgl. Lya Benjamin (Hrsg.): Evreii din România între anii 1940-1944. Problema evreiască în Consiliul de Miniştrii [Die Juden in Rumänien in den Jahren 1940-1944. Das jüdische Problem in den Stenogrammen des Ministerrates], Bd. 2. Bucureşti 1996, S. 43-45.

[553] Zur Eingabe Frankreichs und Großbritannies vgl. Florian Banu: Asalt asupra economiei României de la Solagra la SOVROM 1936-1956 [Angriff auf die Ökonomie Rumäniens von Solagra zur SOVROM 1936-1956]. Bucureşti 2004, S. 27.

[554] Hermann Neubacher: Sonderauftrag Südost 1940-1945. Göttingen/ Frankfurt 1957, S. 41.

[555] Hillgruber, Hitler, S. 288.

[556] Diplomaţi germani la Bucureşti 1937-1944. Din memoriile dr. Rolf Pusch, ataşat de legaţie şi dr. Gerhard Stelzer, consilier de legaţie [Deutsche Diplomaten in Bukarest 1937-1944. Aus den Erinnerungen von Dr. Rolf Pusch, Attaché der Gesandtschaft und Dr. Gerhard Stelzer, Gesandtschaftsrat]. Bucureşti 2001, S. 121.

mit Bulgarien und trat am 7. September 1940 die Süddobrudscha ab, die Rumänien 1913 okkupiert hatte. Die Umsiedung von 110.000 Rumänen wurde vereinbart. Auch Ungarn drängte auf eine Grenzrevision, und durch den 2. Wiener Schiedsspruch verlor Rumänien am 30. August 1940 Nordsiebenbürgen an Ungarn. Dieses Gebiet bewohnten 2,6 Millionen, davon etwa die Hälfte Rumänen. Ende 1940 wurden im verkleinerten Rumänien 218.910 Flüchtlinge aus Nordsiebenbürgen, 220.501 aus Bessarabien und der Nordbukowina sowie 8.000 aus der Süddobrudscha registriert.[557]

Nach dem Verlust eines Drittels des Staatsterritoriums erhielt Rumänien die gewünschten Garantien vom Deutschen Reich. Wegen der vielen Flüchtlinge aus den preisgegebenen Gebieten, die nur unzureichend versorgt werden konnten, herrschte große Unruhe. Daher waren schon in der Regierung von Ion Gigurtu Angehörige der Eisernen Garde aufgenommen worden, um sie in die Verantwortung einzubinden.[558] Gigurtu erklärte anlässlich seines Besuchs bei Hitler am 26. Juli 1940, dass die Armee Rumäniens von deutschen Schulungstruppen die neue „Kriegskunst" erlernen wolle. Die Judenfrage habe er nun zu lösen angefangen, doch könne nur der Führer eine „totale Lösung für das gesamte Europa" finden.[559] Aufgrund des Vertrages zwischen dem Deutschen Reich und der Sowjetunion wurde von rumänischer Seite der Verlust Bessarabiens kaum thematisiert. Dagegen wurde die Unterdrückung der Rumänen in Nordsiebenbürgen ständig angesprochen.[560]

---

[557] Dinu C. Giurescu: România în al doilea Război mondial: de la 15 septembrie 1939 la 23 august 1944 [Rumänien im Zweiten Weltkrieg: vom 15. September 1939 bis zum 23. August 1944]. In: Ders./ Ioan-Aurel Pop (Hrsg.): O istorie a Românilor [Eine Geschichte der Rumänen]. Cluj 1998, S. 258.

[558] Hitchins, Rumania, S. 448-450; Walter Hoffmann: Rumänien von heute. Bukarest/ Leipzig 1942, S. 222-224; Bela Vago: Umbra svasticii. Naşterea fascismului şi antisemitismului în bazinul Dunării 1936-1939 [Der Schatten des Hakenkreuzes. Die Geburt des Faschismus und Antisemitismus im Donaubecken 1936-1939]. Bucureşti 2003, S. 61.

[559] Zit. n.: Ion Calafeteanu: Români la Hitler [Rumänen bei Hitler]. Bucureşti 1999, S. 48.

[560] Der rumänische Botschafter in Berlin vermerkte seine diesbezüglichen Eingaben beim Auswärtigen Amt im Tagebuch. Vgl. Raoul Bossy: Jurnal (2 noiembrie 1940-9 iulie 1969) [Tagebuch. 2. November 1940 bis 9. Juni 1969]. Bucureşti 2001, S. 52.

4.7 Entwicklungen bei den Deutschen 1918-1940

Neue Land- und Schulprobleme in den zwanziger Jahren

Während unmittelbar nach 1917 die Anzahl der Juden durch Flüchtlinge aus Russland und der Ukraine sehr schnell angewachsen war, kamen nur wenige Deutsche aus den Kolonien östlich des Dnjestr nach Bessarabien. Sie hofften zuerst auf einen Sieg der Mittelmächte, dann auf den der Weißgardisten und konnten sich als Besitzer großer Landgüter nicht zur Flucht entschließen. Die sowjetrussische Regierung kam den wohlhabenden Bauern in den Jahren der Neuen Ökonomischen Politik entgegen und nach ihrer Beendigung war die Grenze hermetisch abgeschlossen.[561]

Die 81.089 Deutschen entsprachen einem Anteil von 2,8% (1930) an der Bevölkerung Bessarabiens.[562] In der Zwischenkriegszeit lebten 96% der Deutschen in ländlichen Gemeinden: Sie wohnten in 160 Orten und in 105 stellten sie mehr als 90% der Bevölkerung. Es gab nur eine geringe Anzahl von Handwerkern und Unternehmern, die landwirtschaftliche Maschinen herstellten oder Tuchfabriken, Molkereien, Ziegeleien und Mühlen betrieben.[563] Bessarabische Fuhrwerke und Geräte waren vor dem Ersten Weltkrieg auf der Krim sehr gefragt gewesen, doch seit 1918 entfiel dieser Absatzmarkt durch die Abschließung der Grenze. Auch der Handel mit Getreide ging stark zurück.[564]

Dennoch reagierten von allen Minderheiten die Deutschen am positivsten auf den Anschluss an Rumänien, weil sie sich Schutz vor den Bolschewisten versprachen. In Sarata hatte im Januar 1918 eine bolschewistische Einheit längere Zeit gegen die rumänische Armee gekämpft. Die rumänischen Soldaten waren trotz einiger Übergriffe ein besser zu berechnender Faktor.[565] Der französische Geograf Emmanuel de Martonne, der 1919 deutsche Kolonien bereiste, hob die Loyalität der Bewohner zum rumänischen Staat hervor.[566] Am 7. März 1919 hieß die Versammlung deutscher Gemeindevertreter in Tarutino den Anschluss Bessarabiens an Rumänien gut. Sie baten in einem Schreiben an den König, jene Dekrete für ungültig zu erklären, durch die 1915 die Deutschen das Eigentumsrecht über

---

[561] Zu den Auswirkungen der Zugeständnisse Lenins an Mittelbauern seit 1921 vgl. Robert Conquest: Ernte des Todes. Stalins Holocaust in der Ukraine 1929-1933. Berlin 1990, S. 77.

[562] Ciobanu, Basarabia, S. 44.

[563] Dirk Jachomowski: Die Umsiedlung der Bessarabien-, Bukowina- und Dobrudschadeutschen. München 1984, S. 11.

[564] Becker, Wie's daheim war, S. 55.

[565] Bericht eines Zeitzeugen vgl. Schmidt, Die Deutschen, S. 322.

[566] Irina Livezeanu: Moldavia, 1917-1990: Nationalism and Internationalism. Then and Now. In: *Armenian Review*, 43 (1990), 2-3, S. 170.

ihr Land verloren hatten. Sie plädierten für die Beibehaltung der deutschen Sprache in der lokalen Verwaltung und in den Schulen.[567]

Die staatlichen Angestellten nahmen an Sprachkursen teil, um die neue Amtssprache zu erlernen. Anders als viele Russen und Juden, die von der Februarrevolution geprägt waren, verweigerten sie nicht den Eid auf den König Rumäniens. Bei der Einberufung zur Armee hatten die jungen Männer wegen ihrer mangelnden Rumänischkenntnisse von den Vorgesetzen allerlei Schikanen ertragen. Der Druck ließ nach, als aufgrund der leeren Staatskasse in den Grenzregionen Reiterstaffeln bei den Grenzeinheiten (calaraş cu schimb) eingeführt wurden: Viele Deutsche verbrachten die Dienstzeit nicht in den Kasernen, sondern bewachten ihre Umgebung im schwer zugänglichen Süden und verpflegten sich und das Pferd selbst.[568]

In den ersten fünf Jahren nach dem Anschluss hatten die Bukarester Parteien noch keine regionalen Unterverbände und boten bei Wahlen Vertretern der Deutschen sichere Listenplätze an. In das erste gesamtrumänische Parlament kamen 1919 über die Liste der Bessarabischen Bauernpartei die Landwirte Daniel Bittau, Daniel Erdmann und Jakob Ohlhausen. Andreas Widmer wurde Senator und die Volkspartei entsandte Johannes Gerstenberger ins Parlament.[569] Die Abgeordneten aus den verschiedenen Siedlungsgebieten wirkten seit 1919 gemeinsam in der „Deutschen Partei". Sie schloss zumeist ein Wahlkartell mit der jeweiligen Regierungspartei.[570] Dieses System bewährte sich, denn in Rumänien dienten die Wahlen nicht zur Bestimmung einer Regierung. Der König beauftragte eine Partei oder Koalition mit der Regierungsbildung und diese verschaffte sich danach durch Wahlen Rückhalt. Die „Deutsche Partei" rief alle Deutschen zur Stimmabgabe für die Regierungspartei auf und erhielt im Gegenzug bestimmte Zugeständnisse. So kamen folgende Deutsche aus Bessarabien ins Parlament: auf Listen der Volkspartei von General Averescu von 1920 bis 1921 Johannes Gerstenberger, Jakob Ohlhausen und Jakob Wagner, 1926-1927 Daniel Haase und auf jener der Nationalliberalen: 1922-1926 Peter Mutschler, 1927-1928 Konstantin Roduner.

---

[567] Camann, Vom Volkstum, S. 13; Ciobanu, Unirea, S. 258-260; Marian, Coloniştii, S. 13.

[568] Ernst, Friedenstal, S. 102; Herbert Oster: Die Skimbaschi. In: *Jahrbuch der Deutschen aus Bessarabien*, 56(2005), S. 85.

[569] Karl M. Reinerth: Zur politischen Entwicklung der Deutschen in Rumänien 1918-1928. Bad Tölz 1993, S. 105 und 127.

[570] Nur 1927 schloß die Deutsche Partei ein Wahlkartell mit der Magyarischen Partei, die in der Opposition war. Vgl. Ioan Scurtu: Beiträge zur Geschichte der deutschen Parlamentspartei 1919-1937. In: Walter König (Hrsg.): Siebenbürgen zwischen den beiden Weltkriegen. Köln 1994, S. 64.

Andreas Widmer vertrat 1927/28 den Bezirk Cetatea Albă als Senator der Nationalliberalen.[571]

Zwei Problemkreise beschäftigten die deutschen Abgeordneten aus Bessarabien in den zwanziger Jahren besonders intensiv: die Landfrage und das Schulproblem. Die gesamte Lebensform der Deutschen in Bessarabien war bedroht, als es keine Möglichkeit mehr gab, die Söhne mit Land in anderen Kolonien östlich des Dnjestr zu versorgen. Die neue Grenze durchschnitt viele verwandtschaftliche Verbindungen. Auch die Eigentumsfrage war lange Zeit ungeklärt. Zwar hatte die Russische Provisorische Regierung im März 1917 die Enteignung der Deutschen durch die Liquidationsgesetze von 1915 annulliert. Das enteignete Land, das Staatsbesitz geworden war, stellte die rumänische Regierung 1918 unter die Verwaltung der Organisation „Casa Noastră" (Unser Haus). Bis zur Durchführung der Agrarreform nach 1920 konnten die Deutschen über dieses Land nicht verfügen, obwohl auch die rumänische Regierung 1919 die Sondermaßnahmen aus der Kriegszeit für nicht rechtskräftig erklärt hatte. Doch bis zur Agrarreform durften keine Veränderungen der Eigentumsstrukturen vorgenommen werde, wodurch zum Beispiel ein Vater seinen Söhnen nicht Besitz überschreiben konnte. In einigen Orten war auch Boden von deutschen Kolonisten an neu Zugezogene verteilt worden. Mehrere Geschädigte klagten deswegen bei Gericht und diese Prozesse zogen sich bis Ende der zwanziger Jahre hin.[572]

Über die Einengung ihrer Handlungsfähigkeit beschwerten sich 1923 viele Bauern beim Kongress der Deutschen. Auf ihre Klagen ging Andreas Widmer ein, der 1922 Vizepräsident und seit 1926 Präsident der Verwaltung des Bezirks Cetatea Albă war, wo die meisten Deutschen lebten. Sie stellten 15,4% der dortigen Bevölkerung (1930).[573] Er schlug vor, dass eine Kommission alle Fälle sammeln und in Bukarest aufklären sollte. Außer ihm wurden damit die Pastoren Daniel Haase und Erich Gutkewitsch sowie der Abgeordnete Peter Mutschler betraut.[574]

Nachdem 1920 das gesamtrumänische Parlament die vom Landesrat aus Bessarabien ausgearbeitete Bodenreform bestätigt hatte, begann die Enteignung von Gütern über 100 ha. Dabei verloren deutsche Kolonisten insgesamt 64.177 ha und erhielten dafür nur sehr niedrige Entschädigun-

[571] Mads Balling: Von Reval bis Bukarest. Statistisch-biographisches Handbuch der Parlamentarier der deutschen Minderheiten in Ostmitteleuropa und Südosteuropa 1919-1945. Kopenhagen 1991, S. 577-579 und 606-607.

[572] Svetlana Şuveică: Integrarea Basarabiei la România şi minoritatea germană [Die Integration Bessarabiens in Rumänien und die deutsche Minderheit]. In: Cătălin Turliuc/ Flavius Solomon (Hrsg.): Punţi în istorie. Studii româno-germane [Brücken in die Geschichte. Rumänisch-deutsche Studien]. Iaşi 2001, S. 72-74.

[573] Brandes, Von den Zaren, S. 485; Glass, Zerbrochene Nachbarschaft, S. 597 und 604.

[574] ANRM, 680, 3186, S. 12-21.

gen. Diejenigen, die es als ihr Lebensziel ansahen, ihre zumeist zahlreichen Söhne durch Landkauf finanziell abzusichern, hielten die Reform für Diebstahl und lehnten den neuen Staat ab.[575] Durch die Agrarreform wurden auch große Teile des Grundbesitzes der evangelischen Kirchspiele Tarutino, Klöstitz, Sarata, Alt-Elft und Arzis enteignet, von dessen Erträgen zuvor die Pastoren finanziert worden waren.[576]

Die Regierung der Nationalliberalen verfügte zudem 1927 ein Verbot, Land zu kaufen, es blieb bis 1937 in Kraft.[577] Neue Kolonien entstanden daher nur mehr im begrenzten Umfang: Bei der Bodenverteilung hatten einige landlose Deutsche gemeinsam Parzellen auf enteigneten Gütern von Großgrundbesitzern erhalten. Auf diese Weise kamen 8.200 ha wieder in deutschen Besitz. Die neuen Besitzer von Parzellen von je 6-8 ha bildeten 13 so genannte „Hektargemeinden". Zumeist erzielten die Bauern dort zu geringe Erträge, um ihre Familien zu ernähren und mussten sich als Landarbeiter verdingen.[578]

Insgesamt waren durch die fehlenden Absatzmöglichkeiten der landwirtschaftlichen Überschüsse die deutschen Bauern in einer wirtschaftlich prekären Lage. Daher wurde die seit 1920 angestrebte Wiedererrichtung der konfessionellen Volksschulen zu einem Problem, das zwar intensiv aber folgenlos diskutiert wurde.

Der Fortbestand des deutschsprachigen Unterrichts blieb ein zentrales Thema aller Kongresse der Deutschen seit 1919. Während der russischen Herrschaft waren die Schulen größtenteils von den Gemeinden finanziert worden. Da 94% der Deutschen in Bessarabien sich als evangelisch bekannten, entsprach die Ortsgemeinde zumeist auch der Kirchengemeinde. Seit 1915 war der deutsche Unterricht verboten worden. Als die Schulen im September 1917 wieder eröffnet wurden, hatte wegen der Enteignung der Deutschen die Zemstvo die Finanzierung übernommen. Im Januar 1919 verfügte die Regierung Rumäniens die Verstaatlichung der von der Zemstvo verwalteten Schulen.[579] Die Lehrer, die vor 1915 von den Gemeinden recht karg bezahlt worden waren, hatten anfangs die Verstaatlichung der evangelischen Schulen begrüßt. Sie unterstrichen in einer Erklärung, dass ihnen nun nicht mehr inkompetente Leute Anweisungen

---

[575] Dieses Problem wurde in literarischer Form thematisiert. Vgl. E. Schlechter: Konradvetter. In: Friedrich Fiechtner (Hrsg.): Heimat in der Steppe. Stuttgart 1964, S. 158-179.

[576] Babel, La Bessarabie, S. 309; Walter Schneefuß: Deutschtum in Süd-Ost-Europa. Leipzig 1939, S. 111; Uhlig, Die bessarabische Frage, S. 77.

[577] Schmidt, Die Deutschen, S. 85.

[578] Becker, Wie's daheim war, S. 59f; Knopp-Rüb, Festschrift, S. 13; Jachomowski, Die Umsiedlung, S. 11.

[579] Cornelia Schlarb: Siebenbürgisch-sächsische Schulverhältnisse aus der Sicht Direktor Mauchs Anfang der 20er Jahre. In: *Jahrbuch der Deutschen aus Bessarabien*, 55(2004), S. 43f.

geben würden. Ihre Lage änderte sich aber, nachdem Ende 1919 die Zemstvo aufgelöst worden war. Die Gemeindevorsteher wurden danach von Regierungsvertretern benannt. Sie akzeptierten auch nichtdeutsche Lehrer, die von den Behörden in die Kolonien geschickt wurden. Beim ersten Kongress 1919 in Tarutino kritisierte Pastor Daniel Haase, dass viele Schulanfänger in rumänischer Sprache unterrichtet würden, die sie nicht verstünden. Er forderte die Rückgabe aller Volksschulen an die Kirchengemeinden. Als er und Andreas Widmer eine Denkschrift anregten, notierte der anwesende Polizeiagent, dass die beiden observiert werden müssten: Widmer sei verdächtig, weil er 1906 der Petersburger Duma angehört hatte, und Haase ein „Nationalist", der erst seit kurzem Interesse an der Politik zeige.[580]

Beim zweiten Kongress der Deutschen in Bessarabien im August 1920 wurde die Schulfrage nicht geklärt, weil die Gemeinden nicht die Kosten für konfessionelle Volksschulen übernehmen wollten. Haase und Widmer baten im Namen des 1920 gegründeten „Deutschen Volksrates für Bessarabien" König Ferdinand in einer Audienz um die Beibehaltung des deutschen Unterrichts in den Staatsschulen.[581]

Seit 1920 war Haase Oberpastor auf Lebenszeit und konnte nun mit dem entsprechenden Rückhalt auftreten. Den Vorsitz in dem 1920 gegründeten Volksrat führte zwischen 1920 und 1926 der Mittelschullehrer Christian Kalmbach und zwischen 1926 und 1934 Haase.[582] Der deutsche Volksrat schloss sich dem „Verband der Deutschen in Großrumänien" an, der sich aber nicht zu einer effektiven Dachorganisation entwickelte, weil die regionalen Unterschiede aufgrund der Herkunft aus verschiedenen Rechtssystemen des Habsburger und Russischen Reiches unterschiedliche Interessenkonstellationen hervorbrachten. So waren zum Beispiel nur in Bessarabien, dem Banat und der Bukowina die Volksschulen verstaatlicht worden und in Siebenbürgen nicht. Im Verband waren jedoch die Siebenbürger die am besten organisierte Gruppe, weil sie aus dem umfangreichen Kirchenbesitz und der Kirchensteuer ihre Schulen und Kulturvereine finanzieren konnten. Die evangelisch-lutherischen Gemeinden Bessarabiens waren vor 1917 das südlichste Kirchengebiet des St. Petersburger Konsistorialbezirkes. Seit 1918 bestanden kaum mehr Verbindun-

---

[580] ANRM, 680,1, 3186, S. 3-10, Zitat, S. 8.

[581] Haase war über Probleme der Schulen gut unterrichtet, denn seine Ehefrau Melanie war seit 1919 Direktorin des Mädchengymnasiums in Tarutino. Vgl. Cornelia Schlarb: Die evangelisch-lutherischen Frauenenvereine in Bessarabien von ihren Anfängen bis zur Umsiedlung 1940 (Teil 1). In: *Jahrbuch der Deutschen aus Bessarabien*, 52(2001), S. 64.

[582] Hugo Schreiber: Die Deutschen in Bessarabien zwischen den beiden Weltkriegen. In: *Jahrbuch der Deutschen aus Bessarabien*, 48(1997), S. 21f.

[582] ANRM, 680, 3186, S. 6-33.

gen nach St. Petersburg und Odessa. Im Januar 1919 entstand ein provisorisches Konsistorium, das im August 1920 eine verfassungsgebende Synode einberief. Sie befürwortete den Anschluss an die Evangelisch-Lutherische Landeskirche A.B. in Siebenbürgen. Bei der Vereinigung war im Vertrag die Verpflichtung zu Beitragsleistungen festgehalten worden, doch nicht ihre Höhe.[583] Haase versuchte den Deutschen zu vermitteln, dass diese Sondersteuer in den Gemeinden erhoben werden müsste, um die Schulen und Kirchenbelange zu finanzieren. Doch bis dahin hatten die Kolonisten an das Probstamt in Odessa nichts zahlen müssen und viele verweigerten die Abgaben. Auch konnten manche das Geld nicht aufbringen, weil sie in jenen Jahren ihre Agrarprodukte wegen der schlechten Verkehrsanbindung an Altrumänien nicht verkaufen konnten. Der rumänische Staat wollte für Konfessionsschulen nur geringe Zuschüsse gewähren und daher kam es nicht zur Rückgabe der Schulen an die Gemeinden.[584]

Beim Kongress der Deutschen von 1923 diskutierten die Delegierten erneut ausführlich die Schulfrage. Obwohl bei der Pariser Friedenskonferenz 1919 im Schutzvertrag den Minderheiten Schulen in der Muttersprache zugebilligt worden waren und diese Grundsätze im Parlament bestätigt wurden, verwandelte das Unterrichtsministerium schrittweise die deutschen Volksschulen in rumänische. In vielen Kolonien gab es nur wenige Stunden deutschen Unterricht. Auf diese Weise konnten die deutschen Lehrer auch durch Rumänen ersetzt werden, wie dies gerade in Sarata geschehen war. In Verwaltung der evangelischen Kirche waren nur noch das Knaben- und das Mädchengymnasium in Tarutino sowie die Lehrerbildungsanstalt in Sarata. Ihnen kam eine wichtige Stützfunktion gegen die Rumänisierung zu. Daher wurden deren Leiter nun von den Inspektoren des Unterrichtsministeriums unter Druck gesetzt. Dem nicht willfährigen Direktor des Knabengymnasiums, Heinrich Roemmich, drohte 1921 ein Inspektor, dass er als in Worms Geborener jederzeit in die Sowjetukraine abgeschoben werden könnte.[585] 1923 wurden das Knabengymnasium und einige anderen Schulen vom Unterrichtsminister ge-

---

[583] Cornelia Schlarb: Der Vertrag zwischen der Ev. Landeskirche A.B. in Siebenbürgen und der Ev.-Luth. Landeskirche Bessarabiens. In: *Museum und Archiv des Heimatmuseums der Deutschen aus Bessarabien*, Mühlacker 1996, S. 29.

[584] Schlarb, Schulverhältnisse, S. 50f.

[585] Der Antrag des Direktors auf Einbürgerung wurde abgelehnt und erst nach mehreren Interventionen von Pastor Gutkewitsch positiv beschieden. Vgl. Hugo Schreiber, Die Deutschen, S. 21-22.

schlossen mit der Begründung, die Lehrer seien unzureichend qualifiziert.[586]

Oberpastor Haase und der Abgeordnete Mutschler schlugen beim Kongress vom September 1923 vor, die Volksschulen wieder unter die Obhut der Kirchen zu nehmen, doch war ungeklärt, wie die Lehrer finanziert werden könnten. Haases Vorschlag, eine Schulsteuer bei den Eltern zu erheben, stieß erneut auf geringe Resonanz.[587] Haase wandte sich danach um Unterstützung an den Verband der Deutschen Großrumäniens. Beim Gespräch der Delegierten aus Bessarabien mit Vertretern der Deutschen Parlamentspartei und der Führung der Evangelischen Landeskirche im Oktober 1923 wurde die Umwandlung der Schulen von 70 deutschen Gemeinden in Konfessionsschulen wie in der russischen Zeit beschlossen. Zur Begründung wurde angeführt, dass die Schulbehörde in den Kolonien schon zwei Rumänen und einen Juden als Lehrer ernannt hätte, und dass durch diese Praxis langfristig der deutsche Charakter der Orte gefährdet sei.[588]

Obwohl die Deutschen in Bessarabien 1925 mit einer Hungersnot rangen und alle Gemeindemittel für verarmte Familien ausgaben, schien die Schulfrage kurz vor einer Lösung zu stehen.[589] Ministerpräsident Ion I. C. Brătianu setzte sich für eine großzügige Lösung ein und begründete dies mit dem loyalen Verhalten der Deutschen, die 1924 freiwillig die Gendarmerie gegen die Aufständischen in Tatar Bunar unterstützt hatten. Der Ministerrat stimmte dem Antrag zu, die deutschen Volksschulen, das Knaben- und Mädchengymnasium in Tarutino und die Lehrerbildungsanstalt in Sarata als öffentlich-rechtliche Kircheninstitutionen anzuerkennen.[590] Doch der Unterrichtsminister Constantin Angelescu war prinzipiell gegen einen solchen Präzedenzfall. Als der Abgeordnete Hans Otto Roth und Otto Broneske vom „Wirtschaftsverband" Bessarabiens deswegen zur Audienz kamen, fertigte er sie unwillig in ein paar Minuten ab. 1925 verfügte Angelescu, dass die Abschlussprüfungen der Gymnasien von auswärtigen Prüfern abgenommen werden müssten. Da diese nur in ru-

---

[586] Olga Negru: Die Agrar- und Schulfrage nach dem Anschluss Bessarabiens an Rumänien. In: *Museum und Archiv des Heimatmuseums der Deutschen aus Bessarabien*, Mühlacker 1996, S. 78.

[587] ANRM, 680, 3186, S. 6-33.

[588] Ioan Scurtu / Liviu Boar (Hrsg.): Minorităţile naţionale din România 1918-1925 [Die nationalen Minderheiten Rumäniens 1918-1925]. Bucureşti 1995, S. 618-620.

[589] Zur ihrer Unterstützung wurde bei den anderen deutschen Gruppen Geld gesammelt. Vgl. Aufruf. In: Klaus Popa (Hrsg.): Die Rumäniendeutschen zwischen Demokratie und Diktatur. Der politische Nachlass von Hans Otto Roth 1919-1951. Frankfurt a. M. 2003, S. 200.

[590] Schmidt, Die Deutschen, S. 92; Uhlig, Die bessarabische Frage, S. 82.

mänischer Sprache stattfanden, fielen viele Schüler durch.[591] Die Lehrerbildungsanstalt in Sarata wurde ständig von Untersuchungskommissionen
bedrängt und ihre Absolventen fanden nur selten Stellen, da zunehmend
rumänische Lehrer in deutschen Orten unterrichteten. Oft nahmen sie in
anderen Landesteilen eine Anstellung an.[592]

1926 waren die Nationalliberalen nicht mehr an der Macht und die Deutschen verhandelten mit der regierenden Volkspartei von Averescu über
ihre Schulen. Nach der Wahl waren die Absprachen bald vergessen. Die
Deutschen aus Bessarabien diskutierten weiter kontrovers über die Eigen-
finanzierung von Konfessionsschulen. Die Lehrer wandten sich gegen die
Festsetzung ihrer Bezüge durch die Ortsversammlung und die Gemeinden
wollten möglichst hohe Subventionen für die Schulen. Die „Deutsche
Zeitung Bessarabiens", die seit November 1919 in Tarutino erschien, berichtete ausführlich über die Probleme der Schulen. Anfangs erschien sie
nur jeden zweiten Tag, 1927 schon täglich und erreichte eine Auflage von
1.500 Exemplaren. Sie wurde vor allem von Christian Kalmbach redigiert
und hatte mehrere wechselnde Beilagen: „Der bessarabische Landwirt",
„Unsere Schule" und „Kirchliche Nachrichten".[593] Jährlich kam auch ein
Almanach heraus. Neben den lokalen Ereignissen wurde ausführlich über
die Tätigkeit der Deutschen Partei berichtet. Allgemeine politische und
wirtschaftliche Fragen wurden nur insoweit aufgegriffen, als sie Auswirkungen auf die Minderheiten hatten. Anfang 1927 stellte die Polizei fest,
dass es keine Probleme mit der Zensur gebe. Doch kurz darauf, als die
Zeitung die zunehmende Rumänisierung in den Schulen kritisierte, behauptete die Polizei, dass sie gegen „nationale Interessen" der Rumänen
arbeite.[594] Im Sommer 1927 kamen wieder die Nationalliberalen an die
Regierung und übten starken Druck auf die noch nicht verstaatlichten
Schulen aus.[595]

Als die Nationale Bauernpartei im November 1928 die Regierung übernahm, hofften die Deutschen aus Bessarabien auf eine baldige Lösung der
Schulprobleme. Auf der Liste dieser Partei wurden Daniel Haase und andere Vertreter der Minderheiten Abgeordnete. Die nichtrumänischen
Schulen erhielten 1928/ 1929 höhere Zuschüsse als in den vorangegangenen Jahren und wurden nicht mehr behindert. Doch als die Weltwirtschaftskrise seit 1930 Rumänien erfasste, nahm der Staat immer weniger
Steuern ein und daher wurde nur ein Teil der bewilligten Zuschüsse an
die deutschen Schulen ausgezahlt. Von der deutschen Bevölkerung konn-

[591] Johann Böhm: Die Deutschen in Rumänien und die Weimarer Republik 1919-1933.
     Ippesheim 1993, S. 231.
[592] Broneske, Deutsches Schicksal, S. 134-139.
[593] Grossu, Presa, S. 181.
[594] ANRM, 680, 3428, S. 49 und 240.
[595] Reinerth, Zur politischen Entwicklung, S. 287f.

ten auch keine Sondersteuern mehr erhoben werden. Viele Bauern im Süden Bessarabiens hatten nach der schlechten Ernte 1928 Probleme, ihr Überleben zu organisieren. Das Rote Kreuz linderte nur die ärgste Armut.[596] Zwischen 1929 und 1933 wanderten viele Deutsche aus Bessarabien nach Nord- und Südamerika aus.[597]

Die Stütze der deutschen Netzwerke waren in den Jahren vor der Krise die Konsum- und Produktivgenossenschaften gewesen. Sie hatten sich 1921 zum „Wirtschaftsverband" vereinigt. Um die Kontrolle des Bukarester Arbeitsministeriums zu umgehen, ließen sich seit 1923 viele Vereine als Gemeindeläden der evangelisch-lutherischen Kirche eintragen.[598] Der Wirtschaftsverband wurde jedoch nicht professionell geführt und machte 1925 Bankrott. Die schlechte Ernte von 1925 dürfte dabei auch eine Rolle gespielt haben. Danach leitete ihn Otto Broneske, der in Deutschland Volkswirtschaftslehre studiert hatte. Nach einigen Rückschlägen gelang es ihm, die Genossenschaften zu reorganisieren. Er verlegte den Sitz des Wirtschaftsverbandes von Tarutino nach Arzis, wo Bahnanschluss bestand. Dadurch konnte der Umsatz wesentlich gesteigert werden. Der Verband organisierte den Aufkauf der Getreideüberschüsse und den Transport in den Donauhafen Brăila. Auch Petroleum wurde verkauft, später kam der Ankauf von Wolle und Gänsefedern hinzu. In den dreißiger Jahren wurden Eier und pasteurisierte Milch nach Bukarest geliefert.[599]

Radikalisierung der Deutschen in den dreißiger Jahren

Der Aufschwung des Wirtschaftsverbandes kam dadurch zustande, dass Broneske eng mit der „Selbsthilfe" aus Siebenbürgen zusammenarbeitete. Dieser genossenschaftliche Zusammenschluss unter Fritz Fabritius hatte sich das Ziel gesetzt, durch zinsloses Geld die „Ausbeutung durch den Blutegel Zinsnehmer", gemeint waren jüdische Geldverleiher, zu beseitigen.[600] Diese Argumentation kam in Bessarabien gut an, denn ein großer Teil des Handels war in den Händen von Juden. Schon 1923 hatte sich

---

[596] Über die Dürre und Hungersnot berichteten die russischen Zeitungen Bessarabiens ausführlich. Vgl. ANRM, 680, 1, 3428, S. 128-138.

[597] Es sollen 6.260 gewesen sein. Vgl. Luminiṭa Fassel: O istorie de 126 de ani: Germanii din Basarabia [126 Jahren Eine Geschichte: Die Deutschen in Bessarabien]. In: *Patrimoniu*, 3. Chişinău 1991, S. 18.

[598] Zum Beispiel in Friedenstal. Vgl. Ernst, Friedenstal, S. 91.

[599] Alfred Ziebart: Arzis. Bessarabien. Blick auf 150 Jahre Kolonistenleben und -schicksal 1816-1966. Ludwigsburg 1966, S. 97; Becker, Wie's daheim war, S. 57.

[600] Zit. n. Günter Schödl: Lange Abschiede: Die Südostdeutschen und ihre Vaterländer 1918-1945. In: Ders.: Land an der Donau, Deutsche Geschichte im Osten Europas. Berlin 1995, S. 559. Dazu auch: Broneske, Deutsches Schicksal, S. 104f.; Mayer, Der Weg, S. 76-79; Oebser, Das deutsche Genossenschaftswesen, S. 209.

beim Kongress der Deutschen Albert Mauch, der Direktor der Mittelschule aus Sarata, darüber beschwert, dass Juden den Bauern Kredite zu äußerst ungünstigen Bedingungen anbieten würden. Sie nützten die Not der Bauern aus, die oft kein Bargeld für die Steuereintreiber hätten. Sie würden solchen Bauern einen Vorschuss auf die Getreideernte anbieten und sie dadurch in wachsende Verschuldung treiben.[601]

Besonders in der Weltwirtschaftskrise wurden jüdische Händler zunehmend abgelehnt. Die Ursachen von Preisschwankungen auf fernen Großmärkten konnten die wenigsten Bauern nachvollziehen. Dass der Getreidepreis durch die Konkurrenz aus den USA drastisch fiel, fassten viele Bauern als Betrug durch die Händler auf. Auch die Konkurrenz mit den jüdischen Genossenschaften wuchs Anfang der 30er Jahre. Durch die geringe Hilfe vom Staat und die Auswirkungen der Bankenkrise brachen einige deutsche Genossenschaften zusammen, deren Vertriebssystem in manchen Fällen von Juden übernommen wurde. Die jüdischen Genossenschaften erhielten Subventionen aus den USA und dies bewirkte Neid bei den Nachbarn. Hierin lag eine Ursache, dass manche Deutsche antisemitischen Deutungen der Krise Glauben schenkten.[602]

Der Einfluss der traditionellen Führer, die auf die Verhandlungspolitik gesetzt hatten, ging auch unter den Deutschen zurück. Widmer starb 1931 und Haase bemühte sich nun, mittels eines Kredits aus Deutschland die Kulturarbeit abzustützen. Dennoch verlor er zunehmend an Rückhalt. Bei der Aufstellung zur Kandidatur für die Parlamentswahlen von 1932 stimmten im Volksrat noch 32 von 55 Personen für ihn. Doch bei den Wahlen von 1933 wurde er nur mit einer Stimme Mehrheit als Kandidat aufgestellt.[603] Gerade in den Krisenjahren konnte er nur geringe staatliche Unterstützung organisieren. Die im Haushaltsplan vorgesehenen Zuschüsse für die deutschen Schulen wurden nur zu einem geringen Teil ausgezahlt.[604] Die Deutsche Partei erinnerte vergeblich an das Wahlversprechen der Nationalen Bauernpartei, dass ein Minderheitengesetz vorgelegt würde.[605] Der Entwurf wurde zwar in einer Kommission bearbeitet, aber nicht dem Parlament vorgelegt. Die Berufung von Rudolf Brandsch als Unterstaatssekretär für Minderheitenfragen 1931 brachte auch keine wesentlichen Verbesserungen, obwohl er gegen die Einstellung rumäni-

---

[601] ANRM, 680, 3186, S. 13-14.

[602] Glass, Zerbrochene Nachbarschaft, S. 279.

[603] Glass, Zerbrochene Nachbarschaft, S. 115.

[604] Theodor Gentrup: Das Deutschtum an der mittleren Donau in Rumänien und Jugoslawien. Münster 1930, S. 140; Rumänien. Eine neue Epoche der staatlichen Entwicklung. In: *Nation und Staat*, III, 12. Wien 1930, S. 782.

[605] Sitzungsprotokoll der Deutschen Partei vom 21.12.1930. In: Popa (Hrsg.): Die Rumäniendeutschen, S. 306.

scher Lehrer in den Volksschulen mit nichtrumänischen Kindern protestierte.[606]

Die Unzufriedenheit unter den jungen Deutschen wuchs. Nachdem eine Gruppe der „Schlesischen Freischar" 1930 Bessarabien besucht hatte, entstand eine Turnjugendgruppe um den jungen Rechtsanwalt Artur Fink aus Tarutino. Dort erfolgte auch eine militärische Grundausbildung und es wurde rechtes Gedankengut verbreitet. Das zweite Zentrum mit nationalsozialistischer Orientierung entstand in Sarata. Die Schüler der Lehrerbildungsanstalt hatten aufgrund des Einsatzes des Lehrers Johann Wagner Kontakt mit der „Selbsthilfe" aus Siebenbürgen aufgenommen. Nach einem Besuch von Fritz Fabritius in Sarata gründeten die Schüler 1931 die erste bessarabische Gruppe der „Selbsthilfe", die sich 1932 dem Siebenbürger Verein anschloss. Die „Selbsthilfe" übernahm im Oktober 1933 den „Bessarabischen Beobachter", der zuvor eine Zeitung mehrerer Vereine war. In dem neu ausgerichteten „Kampfblatt der nationalsozialistischen Selbsthilfebewegung der Deutschen in Rumänien" kritisierte Wagner häufig das „Wucher- und Schiebertum", ohne jedoch Juden konkret zu erwähnen.[607]

Wagner gelang es auch, sich im Dachverband der Kulturvereine Rückhalt zu verschaffen, die aus dem Deutschen Reich Subventionen erhielten. Durch die Unterstützung der jungen Radikalen aus dem Reich wurde die Position der deutschen Minderheit in Bessarabien wie auch auf Landesebene geschwächt. Dies wurde besonders deutlich im Wahlkampf von 1932. Damals traf Fabritius für die „Selbsthilfe" eine Absprache mit der antisemitischen „Liga zur National-Christlichen Verteidigung"/ LANC von Alexandru C. Cuza.[608] In der Übereinkunft war von Panarianismus und der „Lösung der Judenfrage durch Ausscheidung der Juden" die Rede.[609]

Die Deutsche Partei dagegen unterstützte die Nationale Bauernpartei, die ihr fünf Mandate zubilligte, darunter auch das von Haase.[610] Da hinter der Deutschen Partei nicht mehr alle deutschen Wähler standen, stand die Regierung nur noch halbherzig zu ihren Absprachen. Im November 1933 kamen die Nationalliberalen wieder an die Macht und versprachen den Minderheiten Zugeständnisse. Der bessarabische Volksrat rief zur Unter-

---

[606] Karl Kessler: Rudolf Brandsch. Ein südostdeutscher Volksmann. München 1969, S. 73.

[607] Glass, Zerbrochene Nachbarschaft, S. 346-347.

[608] Vasile Ciobanu: Contribuţii la cunoaşterea istoriei saşilor transilvăneni 1918-1944 [Beiträge zur Kenntnis der Geschichte der Siebenbürger Sachsen]. Sibiu 2001, S. 186.

[609] Zit. n. Konrad Gündisch: Siebenbürgen und die Siebenbürger Sachsen. München 1998. S. 191.

[610] Politisches Archiv des Auswärtigen Amtes/ PA des AA, Deutsche Gesandtschaft Bukarest, Kulturpolitik, R 60183, Bericht von Kirchholtes vom 5.7.1932.

stützung der Nationalliberalen bei den Wahlen im Dezember auf, doch einige Deutsche wählten wiederum andere Parteien. Die Stimmen gingen vor allem an die antisemitische LANC.[611]

Das Misstrauen gegenüber den Nationalliberalen erwies sich als gerechtfertigt. Erneut wurde als Unterrichtsminister Constantin Angelescu eingesetzt, und er machte alle Zugeständnisse aus der Regierungszeit der Nationalen Bauernpartei rückgängig. Er strich die Zuschüsse für deutsche Konfessionsschulen. Der Unterricht in deutscher Sprache wurde an Staatsschulen 1934 verboten, er war nur außerhalb des Lehrplans zugelassen, was für die Schüler eine große Belastung darstellte. Im Januar 1937 wurde auch der deutsche Religionsunterricht verboten. Eine Delegation intervenierte in Bukarest und danach konnte zwei Stunden wöchentlich Deutsch und Religion unterrichtet werden.[612]

Die Lehrerbildungsanstalt („Wernerschule") in Sarata wurde ab 1933 das Zentrum des Protestes gegen die Rumänisierung, gleichzeitig war dort die Begeisterung für den Nationalsozialismus besonders stark. Die Schule geriet unter starken Druck: Seit 1933 war keiner ihrer Absolventen in den Kolonien eingestellt worden. Zwischen 1933 und 1937 ging die Anzahl deutscher Volksschullehrer von 202 auf 124 zurück, während die der rumänischen von 81 auf 238 anstieg.[613] Die Absolventen konnten nur noch in den Konfessionsschulen Bessarabiens unterrichten oder nach Siebenbürgen abwandern. Daraufhin ging die Zahl der Schüler an der „Wernerschule" zurück. Von dem Grundkurs, der 1931 mit 43 Schülern begonnen hatte, wechselten 1935 nur acht in das Lehrerseminar über. Lediglich 3 machten dort 1939 ihre Abschlussprüfung, die anderen versuchten in anderen Berufen Fuß zu fassen.[614]

Die Radikalisierung der Deutschen aus Bessarabien war zum einen Folge des Scheiterns der Verhandlungspolitik der konservativen Führer und zum anderen Folge der Machtübernahme der Nationalsozialisten im Deutschen Reich. Seitdem Hans Steinacher im April 1933 der Reichsführer (seit 1934 Bundesleiter) des „Volksbundes für das Deutschtum im Ausland" (VDA) geworden war, griff diese Behörde direkt in das politische Geschehen in Bessarabien ein. Sie führte das „Führerprinzip" im Verhältnis zu den Vereinen ein, die sie finanziell förderte.[615]

---

[611] PA des AA, Deutsche Gesandtschaft Bukarest, Kulturpolitik, R 60183, Bericht von Kirchholtes vom 10.11.1932.

[612] In manchen Orten wurden Kompromisse gefunden, so konnte in Friedenstal bis 1936 der Küster noch Deutsch und Religion unterrichten. Vgl. Ernst, Friedenstal, S. 75.

[613] Schmidt, Die Deutschen, S. 93.

[614] Albert Rüb: …Da waren es nur noch drei! Schulpolitik in rumänischer Zeit. In: *Jahrbuch der Deutschen aus Bessarabien*, 55(2004), S. 59-61; Schreiber, S. 19.

[615] Im April 1933 hatte der „Verband für das Deutschtum im Ausland" die neue Bezeichnung erhalten. Vgl. Hans-Adolf Jacobsen (Hrsg.): Hans Steinacher. Bundesleiter des

Wie sich diese Unterordnung in Bessarabien auswirkte, zeigte sich bei einem Konflikt, der nach dem Aufruf jüdischer Organisationen zum Boykott deutscher Waren 1933 entstand. Zu besonderen Spannungen kam es innerhalb der deutschen Gemeinde von Kischinew, die etwa 250 Personen umfasste. Da der Konflikt die zunehmende „Gleichschaltung" der Deutschen aus Bessarabien mit den Interessen des Deutschen Reiches gut veranschaulicht, wird er hier ausführlich geschildert. Bis 1933 wurde der Deutsche Kulturverein von einer Gruppe um den Pastor Erich Gutkewitsch geleitet, die dann unter heftigen Beschuss geriet. Als wichtigster Gegenspieler trat der Vizekonsul des Deutschen Reiches, Otto Hirsch, auf, der deutscher Staatsbürger und seit 1932 engagiertes Mitglied der NSDAP war. Er vertrat auch mehrere Firmen aus Deutschland.[616]

Hirsch beschuldigte das Leitungsmitglied des Kulturvereines, Dr. Kurtz, bei einer Sitzung der Ärztekammer nicht entschieden gegen die Juden aufgetreten zu sein, die im März 1933 den Boykott deutscher Medikamente organisierten. Etwa die Hälfte der Ärzte in Kischinew waren Juden, bei den Zahnärzten waren es 90%.[617] Kurtz, der die einzige Entbindungsklinik besaß, war auch Vizepräsident der Ärztekammer. Gutkewitsch, der Zahnarzt Jakob Flemmer und andere verteidigten Kurtz, der die Versammlung vor dem Boykottbeschluss verlassen hatte. Hirsch beschwerte sich beim VDA und verlangte eine Untersuchung des „undeutschen Verhaltens" der Mitglieder des Kulturvereins.[618] Er schlug vor, dass der Kulturverein vom VDA keine Unterstützung mehr erhalten sollte. Aufgrund der Anfragen aus dem Auswärtigen Amt nahm auch der Konsul des Deutschen Reiches aus Czernowitz Stellung, und stellte Pastor Gutkewitsch ein positives Zeugnis aus. Hirsch dagegen schilderte in seinen Berichten im Mai 1933 Kurtz als Handlanger der Juden. Er habe eine Versammlung geleitet, bei der die jüdischen Teilnehmer den Boykott aller Waren aus dem Deutschen Reich beschlossen hätten. Wegen der Anfeindungen schloss die konservative Führung Hirsch aus dem Kulturverein aus. Jakob Flemmer verlangte in einem Brief an das Auswärtige Amt die Abberufung von Hirsch mit heftigen Worten: „Der Deutsche Vizekonsul ist ein Subjekt, das schon lange wegen seiner unehrlichen Hand-

---

VDA 1933-1937. Erinnerungen und Dokumente. Boppard 1970, S. XXI. Zur neuen Organisationsstruktur vgl. Tammo Luther: Volkstumspolitik des Deutschen Reiches 1933-1939. Die Auslandsdeutschen im Spannungsfeld zwischen Traditionalisten und Nationalsozialisten. Stuttgart/ Wiesbaden 2004, S. 69-71.

[616] Glass, Zerbrochene Nachbarschaft, S. 597.

[617] Mendelsohn, The Jews, S. 277.

[618] Dieses Dokument wird im Anhang abgedruckt, weil es typisch für die Spannungen war, die durch Personen aus dem Deutschen Reich in die deutschen Gemeinden Bessarabiens getragen wurden. Vgl. PA des AA, Deutsche Gesandtschaft Bukarest, Kulturpolitik, R 60184, Bericht von Hirsch vom 15.4.1933.

lungen, Taktlosigkeiten und Lügen entfernt werden sollte."[619] Nachdem es dem Czernowitzer Konsul nicht gelang, Frieden in Kischinew zu stiften, wurden Hirsch und Pastor Haase im Juli 1933 zur Berichterstattung nach Bukarest vorgeladen. Im August meldete der Gesandte, Friedrich Werner Graf von der Schulenburg, dem Auswärtigen Amt, dass der Streitfall beigelegt sei. Dr. Kurtz habe seine Ehrenämter im Kulturverein und im Kirchenrat niedergelegt. Hirsch bleibe auf dem Posten, „zumal wir niemanden in Kischinef hätten, der an seine Stelle treten könnte."[620]

Hirsch, den anfangs nur einige Mitglieder der „Selbsthilfe" unterstützt hatten, warb jüngere Mitglieder, die Anfang 1936 einen neuen Vorstand im Kulturverein wählten.[621] Die Ablösung der konservativen Kräfte wie Pastor Gutkewitsch erfolgte nicht auf direkte Weisung aus dem Deutschen Reich.[622] Doch durch die auswärtige Unterstützung konnte Hirsch mehr finanzielle Mittel organisieren.[623]

Auch in Tarutino kam es zu einer Verdrängung der konservativen Führer. Dort wurde der Oberpastor Daniel Haase von zwei Gruppen junger Deutscher heftig angegriffen. Die Kritiker aus der Gruppe „Volksdienst" schlossen sich 1933 mit denen aus der „Selbsthilfe" zusammen, um Haase als Vorsitzenden des Volksrates zu stürzen. Sie bezichtigten ihn der Ämterhäufung und ihre Losung „Entfernung der Kirche aus der Politik" fand zunehmend Unterstützung. Im Februar 1934 trat Haase von seinem Amt als Vorsitzender des Volksrates zurück.[624]

Hintergrund waren ähnliche Angriffe in Siebenbürgen auf den evangelischen Bischof Viktor Glondys. Beim Sachsentag im Oktober 1933 war ein Programm mit vielen nationalsozialistischen Elementen angenommen worden und zum Abschluss sangen die Anhänger der „Selbsthilfe" das

---

[619] Flemmer unterstrich seine eigene Glaubwürdigkeit damit, dass er 1917 in Odessa der Vorsitzende des Zentralkomitees deutscher Kolonisten im Schwarzmeergebiet war und von den Bolschewisten in Abwesenheit zum Tode verurteilt wurde. Ebenda, Flemmer am 15.5.1933.

[620] PA des AA, Deutsche Gesandtschaft Bukarest, Kulturpolitik, R 60185, Schreiben von Graf von der Schulenburg vom 4.8.1933.

[621] Glass, Zerbrochene Nachbarschaft, S. 397-401.

[622] In einem 1936 in Hamburg erschienen Buch wird seine Arbeit noch ausdrücklich gewürdigt. Vgl. Bahr, Deutsches Schicksal, S. 217.

[623] Die rumänische Polizei stellte im August 1933 fest, dass Hirsch durch auffällige Anzeigen auch eine neue russische Wochenzeitung in Chişinău unterstütze. Das Blatt „Voskresenie" (Der Sonntag) mit einer Startauflage von 10.000 Exemplaren hatte einen antisemitischen Charakter. Vgl. Ioan Scurtu: Minorităţile naţionale din România 1931-1938. Documente [Die nationalen Minderheiten in Rumänien 1931-1938. Dokumente]. Bucureşti 1999, S. 183.

[624] Cornelia Schlarb: Das Ringen um innere Selbständigkeit der Evang.-Luth. Kirche in Bessarabien in den 20er und 30er Jahren dieses Jahrhundrrts. In: Peter Maser (Hrsg.): Der Kirchenkampf im deutschen Osten und in den deutschsprachigen Kirchen Osteuropas. Göttingen 1993, S. 261-264.

Horst-Wessel-Lied. Die rumänische Presse reagierte heftig. Der ehemalige Ministerpräsident (1931/32) Nicolae Iorga bezichtigte die Anhänger von Fabritius, „einen Staat im Staat" anzustreben.[625] Im November 1933 wollte Ministerpräsident Ion Gheorghe Duca gleichzeitig mit der Eisernen Garde auch die „Nationalsozialistische Erneuerungsbewegung der Deutschen in Rumänien" verbieten. Die konservativen Deutschen versprachen eine Einflussnahme auf Fabritius, der aber nur die Bezeichnung der Organisation in „Nationale Erneuerungsbewegung der Deutschen in Rumänien" (NEDR) veränderte. Die deutschen Konservativen versuchten die radikalen Kräfte auf zwei Wegen zu schwächen. Einerseits verbot Bischof Glondys im Februar 1934 rechtsradikalen Pfarrern und Lehrern die politische Betätigung. Gleichzeitig reiste der katholische Bischof Augustin Pacha nach Berlin und wurde von Hitler empfangen.[626] Die Radikalen griffen daraufhin die Vertreter der Kirche noch heftiger an. Unter Berufung auf wichtige Unterstützer im Deutschen Reich bezichtigten sie Glondys des „Volksverrats". Diese Erklärung unterzeichneten auch die Bessarabier Otto Broneske, Artur Fink und Albert Mauch.[627] Der rumänische Staat machte sich die Uneinigkeit der Deutschen zunutze. Innenminister Ion Inculeț verbot im Juli 1934 die „Nationale Erneuerungsbewegung der Deutschen in Rumänien" mit der Begründung, dass ihre Propaganda gegen die Gesetze verstoße.[628] Der Deutsche Gesandte begründete in einem Schreiben an das Auswärtige Amt das Verbot mit der Hetze jüdischer Zeitungen, distanzierte sich aber von den Kampfmethoden der Radikalen.[629]

Einige der beigefügten Artikel bezogen sich auf die „neue Hitler-Agitation in Bessarabien". Dabei handelte es sich um den Fall eines Priesters aus dem Deutschen Reich, der nach Emmental geschickt worden war. Josef Elser wetterte in Predigten gegen Ehen mit Angehörigen minderer Rassen. Die deutsche Ehefrau des rumänischen Gemeindepolizisten ohrfeigte er, weil sie die Kirche nicht auf seine Aufforderung hin verlassen wollte. Daraufhin wiesen ihn die rumänischen Behörden aus und das Auswärtige Amt sowie der Stellvertreter des Führers, Rudolf Heß, unter-

---

[625] PA des AA, Deutsche Gesandtschaft Bukarest, R 60186, Schulenburg am 14.12.1933.

[626] PA des AA, Deutsche Gesandtschaft Bukarest, R 60187, Schulenburg am 6.3.1934.

[627] Zur Klarstellung der Lage. In: Popa, Die Rumäniendeutschen, S. 482-485. Glondys war zuerst im „Völkischen Beobachter" angegriffen worden. Vgl. Nadia Badrus: Das Bild der Siebenbürger Sachsen über die Juden. In: Konrad Gündisch/ Wolfgang Höpken/ Michael Markel (Hrsg.): Das Bild des Anderen in Siebenbürgen. Stereotype in einer multiethnischen Region. Köln/ Weimar/ Wien 1998, S. 102.

[628] PA des AA, Deutsche Gesandtschaft Bukarest, R 60188, *Banater Deutsche Zeitung* vom 13.7.1933.

[629] PA des AA, Deutsche Gesandtschaft Bukarest, R 60187, Schulenburg am 24.7.1934.

suchten den Fall.[630] Aufgrund von deren Rückfragen behauptete die Deutsche Gesandtschaft Bukarest, dass „Intrigen der Juden" die Polizei zu einem scharfen Vorgehen genötigt hätten. Auch weitere Deutsche seien aus Bessarabien ausgewiesen worden, weil die dortige Volksgruppe zu schwach sei, um sich wehren zu können.[631]

Die Deutsche Gesandtschaft drängte gleichzeitig die Dienststellen im Deutschen Reich, sämtliche Zuschüsse einzustellen, bis sich die zerstrittenen Fraktionen der Deutschen in Rumänien auf eine Führung geeinigt hätten.[632]

Mittlerweile war eine neue Organisation entstanden: die „Deutsche Volkspartei Rumäniens"/ DVR. Ursprünglich hatte Fabritius ihre Gründung veranlasst für den Fall, dass ein Verbot der „Erneuerungsbewegung" erfolgen sollte. Im Oktober 1934 wurde in Zürich versucht, eine gemeinsame Plattform für die deutschen Konservativen, die gemäßigten Rechten und die Radikalen von der DVR zu schaffen. Dort vertrat Otto Broneske die Verbände aus Bessarabien. Die DVR unterzeichnete nicht das Protokoll der Vereinbarung und der Fraktionskampf ging weiter.[633]

Broneske hatte dank seiner geschickten Fraktionsbildung im März 1934 die Nachfolge von Daniel Haase als Vorsitzender des Deutschen Volksrates angetreten. Als Anfang 1935 anstelle der autonomen Volksräte die so genannten „Gauräte" gebildet wurden, besetzte sie Broneske mit seinen Vertrauensleuten, die er noch von der „Selbsthilfe" kannte. Die neuen Führer Broneske (geb. 1899), Viktor Mauch (geb. 1890) und Johann Wagner (geb. 1881) waren im Schnitt 10-20 Jahre jünger als die verdrängten Konservativen um Haase. Im September 1936 wurde auch ein neuer Oberpastor gewählt: Imanuel Baumann, der zuvor Pfarrer in Klöstitz gewesen war.[634] Neben der Parlamentsarbeit hatte Daniel Haase sich vor allem darum bemüht, die Deutschen Bessarabiens zu einem engeren Anschluss an die Protestanten Siebenbürgens zu bringen. Der rumänische Staat war gegen regionale Kirchen, doch viele Deutsche wollten nicht ihre Selbständigkeit preisgeben. 1927 wurde über Änderungswünsche aus Bessarabien für die neue Landeskirchenordnung verhandelt.[635] Als der Zusammenschluss 1928 erfolgt war, gab es bei der Ab-

---

[630] PA des AA, Deutsche Gesandtschaft Bukarest, R 60188 Heß als Stellvertreter Hitlers als Parteiführer am 4.8.1934.

[631] PA des AA, Deutsche Gesandtschaft Bukarest, R 60188, Pochhammer am 3.9.1934.

[632] PA des AA, Deutsche Gesandtschaft Bukarest, R 60188, Pochhammer am 1.9.1934.

[633] PA des AA, Deutsche Gesandtschaft Bukarest, R 60187, Roedinger am 6.11.1934.

[634] Haases Gegner bezichtigten ihn der Veruntreuung von finanziellen Mitteln. Vgl. Rudolf Brandsch: Eine Antwort. In: Popa, Die Rumäniendeutschen, S. 546-547.

[635] Cornelia Schlarb: Bessarabiendeutsche im Spiegel der „Kirchlichen Blätter" aus der evangelischen Landeskirche A.B. in Siebenbürgen bzw. in Rumänien. In: *Jahrbuch der Deutschen aus Bessarabien*, 48(1997), S. 35.

stimmung der Kirchenordnung im bessarabischen Konsistorium verschiedene Kritiken. Einige wandten sich gegen die Kirchensteuer, andere wollten nicht auf das Ordinationsrecht verzichten. Manche befürchteten, dass sich die Pastoren nun in alle Angelegenheiten der Gemeinde einmischen würden.[636]

Die Uneinigkeit unter den Deutschen Bessarabiens hatte viele Gründe. Die Kritiker kamen vor allem aus zwei Richtungen: Die pietistischen Brüdergemeinden wollten keine Unterordnung aus Glaubensgründen und die jungen Nationalsozialisten strebten die Verdrängung der konservativen Führer an. Auf die Argumentation der Pietisten über dogmatische Unterschiede zwischen der evangelisch-lutherischen Konfession in Bessarabien und der Siebenbürger Kirche A.B. kann nicht näher eingegangen werden.[637] Es soll nur hervorgehoben werden, dass die Brüdergemeinden trotz des punktuell gemeinsamen Auftretens gegenüber dem Werben der Nationalsozialisten resistent blieben. Besucher aus dem Deutschen Reich stellten Mitte der 30er Jahre nicht nur deren Abneigung gegen neue Agitationsformen fest, sondern auch ihre positive Einstellung Juden gegenüber, die sie aus dem Alten Testament ableiteten.[638] Die konservativen Anhänger Haases waren ebenfalls verbittert über das Vorgehen der Nationalsozialisten und zogen sich von der Arbeit in der Gemeinde von Tarutino zurück.[639]

Broneskes Anhänger unterstützten Fabritius, dessen Organisation seit Oktober 1935 „Volksgemeinschaft der Deutschen in Rumänien" hieß. Auf Landesebene wollten einige junge Nationalsozialisten um Alfred Bonfert und Waldemar Gust die 1934 gegründete „Deutsche Volkspartei"/ DVR nicht auflösen. Sie kritisierten besonders die Versuche von Fritz Fabritius, auch die Konservativen in die „Volksgemeinschaft" zu integrieren.[640] Weil dieser Streit die Abwehr neuer Maßnahmen zur Rumänisierung der deutschen Schulen schwächte, drängte das Auswärtige Amt und der VDA auf eine Einigung und setzten dabei auf Fabritius. Die Radikalen von der DVR um Bonfert behaupteten, dass ihr Kurs von der Reichsjugendführung und dem Reichsnährstand unterstützt werde. Fabritius beschwerte sich im Februar 1936 bei Steinacher, dem Vorsitzenden des „Volksbun-

[636] Die Gemeinden der Kritiker wurden seit 1930 vom Kirchspielpastor nicht mehr bedient und 1934 waren zwei Gemeinden nicht auf der Synode vertreten. Vgl. Ernst, Friedenstal, S. 56; Schlarb, Das Ringen, S. 257f.

[637] Cornelia Schlarb: Kirchenstreit in Bessarabien. In: *Museum und Archiv des Heimatmuseums der Deutschen aus Bessarabien*, H. 5. Stuttgart 2004, S. 68-94.

[638] Glass, Zerbrochene Nachbarschaft, S. 274.

[639] Einige verliessen nach Haases Tod im Mai 1939 sogar die Kirchengemeinde in Tarutino. Sie traten zur reformierten Kirche über und liessen sich vom ungarischen Pfarrer aus der Gemeinde Schabo betreuen. Vgl. Schmidt, Die Deutschen, S. 125.

[640] Jachomowski, Die Umsiedlung, S. 22.

des für das Deutschtum im Ausland"/ VDA, dass durch diese Eingriffe „....der Anschein erweckt wird, dass man im Reich ziel- und planlos mit dem Auslandsdeutschtum umgehe." (....) „Bei der derzeitigen Behandlung all der brennenden, geradezu lebenswichtigen Fragen wird eine Befriedung innerhalb der auslandsdeutschen Volksgruppe nie zu erzielen sein, im Gegenteil, es wird dadurch nur der Kampf aller gegen alle von oben aus gefördert."[641]

Der Streit zwischen den gemäßigten und radikalen Führern der Deutschen in Rumänien erschwerte tatsächlich die Bewältigung lebenswichtiger Aufgaben. 1935 waren im Süden Bessarabiens erneut viele Bauern durch Trockenheit und eine Missernte von Hunger bedroht. Oft mussten sie ihre Arbeitstiere schlachten, weil es kein Futter gab. Bei den Deutschen Großrumäniens wurden bis 1937 über 2 Millionen Lei in bar gesammelt und 9 Waggons Lebensmittel.[642] 437 Kinder aus armen Familien wurden 10 Monate in Siebenbürgen kostenlos verpflegt. Viele Bessarabier erhielten dort Arbeitsstellen.[643] Trotz dieser Leistungen bezichtigte im November 1935 Gust von der DVR den bessarabischen Gauführer Broneske bei einer Beratung des Verbandes der Deutschen, den Hungernden nicht ausreichend zu helfen. Die Mehrheit unterstützte Broneske, Gust wurde von der Sitzung ausgeschlossen.[644]

Die DVR gewann 1936 in Bessarabien Artur Fink als Vertrauensmann, er mobilisierte zumeist jugendliche Anhänger in Borodino, Kulm, Beresina und Hoffnungstal. Sie konnten ihre Ansichten seit 1935 in der „Deutschen Zeitung Bessarabiens" publizieren. Weil in den beiden deutschen Zeitungen nun vor allem der Machtkampf zwischen den Strömungen thematisiert wurde, verlangte der Konsul des Deutschen Reiches in Galați vom Auswärtigen Amt, dass vorerst keine Zuschüsse mehr gezahlt werden sollen. Das „Deutsche Volksblatt" sei mit reichsdeutschen Mitteln gegründet worden und erscheine in einer Auflage von 2.000 Exemplaren. Die „Deutsche Zeitung Bessarabiens" habe durch die Konkurrenz nur mehr 1.800 Leser und könne daher ihre Schulden nicht zurückzahlen. Der ihr gewährte Kredit solle aber langfristig zur Finanzierung der deutschen Gymnasien zur Verfügung stehen.[645]

Im Mai 1937 wurde die DVR vom Innenministerium als Partei anerkannt und kandidierte bei den Wahlen im Dezember 1937 mit einer eigenen

---

[641] Zit. n. Luther, Volkstumspolitik, S. 134.
[642] Karl M. Reinerth/ Fritz Cloos: Zur Geschichte der Deutschen in Rumänien 1935-1945. Bad Tölz 1988, S. 31.
[643] Helmut Wolff: Ein Jahr Volksgemeinschaft der Deutschen in Rumänien unter Fritz Fabritius. Hermannstadt 1936, S. 15f.
[644] PA des AA, Deutsche Gesandtschaft Bukarest, R 60190, Bericht von Dr. Bruckner vom 6.11.1935.
[645] PA des AA, Deutsche Gesandtschaft Bukarest, R 60190, Lütkens am 18.11.1935.

Liste. In Bessarabien behauptete sich die „Volksgemeinschaft" jedoch und Broneske blieb der einflussreichste Führer.[646] Neu war seit 1937 der Trend, dass immer mehr Deutsche eine rumänische antisemitische Partei wählten.

Endogene und exogene Ursachen des Rassismus

Obwohl ein Wahlabkommen der „Volksgemeinschaft" mit den Nationalliberalen bestand, stimmten bei den Gemeinde- und Kreiswahlen von 1937 30% der Deutschen in Bessarabien für die „National-Christliche Partei"/ Partidul Naţional Creştin von Alexandru C. Cuza und Octavian Goga.[647] Bereits bei den Parlamentswahlen von 1933 hatten einige Deutsche aus der „Selbsthilfe" die Antisemiten um Cuza unterstützt, aber es gab noch kein gemeinsames Auftreten mit dessen Partei. Doch Alexandru C. Cuza besuchte mit einer Delegation 1933 das Deutschen Reich und wurde von Hitler empfangen. Gheorghe A. Cuza, der Sohn des Parteiführers, kritisierte 1934 im Parlament die „Deutsche Partei", weil sie die „Selbsthilfe" bekämpfe. Er behauptete, dass ein siebenbenbürgischsächsischer Abgeordneter Vorstandsmitglied in einer jüdischen Fabrik sei.[648] Im Juni 1934 soll sich die Gruppe um den Arzt Robert Koch am Kongress der LANC in Arzis beteiligt haben.[649]

Nach der Vereinigung der LANC mit der Partei von Goga zur PNC wurde das Werben um Nichtrumänen intensiviert. Anfang 1937 bot die PNC gezielt Wahlbündnisse rechten Sprechern der Deutschen, Bulgaren, Gagausen und Russen an. Eine Gruppe um Koch, den Gutsbesitzer Bernhard Hauser, den Lehrer Reinhold Scheibler und den Anwalt Gustav Gerling schloss sich der PNC an. Im Mai 1937 waren Kommunalwahlen angesetzt, die erst im Juni stattfanden und bald danach begann der Wahlkampf für die Parlamentswahlen. Den Anhängern Kochs gelang es durch gute Organisation mehr Deutsche zu Wahlveranstaltungen zu mobilisieren als in vorangegangenen Jahren. Zu einer Kundgebung in Cetatea Albă mit Gheorghe A. Cuza kamen 900 Anhänger, etwa die Hälfte waren Deutsche aus den umliegenden Kolonien. Der Kandidat des Bezirkes Cetatea Albă,

---

[646] Ein Funktionär der DVR behauptete in seinen Erinnerungen, dass zum Gautag in Bessarabien im Oktober 1937 10.000 „Volksgenossen" erschienen seien. Die Zahl dürfte übertrieben sein. Vgl. Hans Ewald Frauenhoffer: Erinnerungen und Erlebnisse eines „Volksparteilers" aus der Zeit des Kampfes um die nationale Erneuerung des Banater Deutschtums. Gerlinden 1975, S. 355.

[647] Schreiber, Die Deutschen, S. 28; Johann Böhm: Die Deutschen in Rumänien und das Dritte Reich 1933-1940. Frankfurt 1999, S. 105, 131 und 150.

[648] Glass, Zerbrochene Nachbarschaft, S. 539; Scurtu, Istoria, S. 118.

[649] Grigore Traian Pop: Mişcarea legionară [Die Bewegung der Legionäre]. Bucureşti 1999, S. 297.

Alexandru Cuzin, sprach sie als „christliche Brüder" an. Koch behauptete in seiner Rede, dass sich die PNC besonders für die Deutschen eingesetzt habe. Auch der Anwalt Artur Fink aus Tarutino trat dort im Namen der Deutschen Volkspartei auf.[650] Bei einer Versammlung in Teplitz im April 1937 mit 800 deutschen Zuhörern kritisierte Cuzin die Nationalliberalen, weil sie die Finanzierung deutscher Konfessionsschulen verweigert hatten. Da kam eine Gruppe Deutscher aus Tarutino unter Broneskes Leitung hinzu, die das Bündnis mit den Nationallibralen verteidigten. Nach einem Handgemenge wurden sie abgedrängt.[651] In anderen Orten fanden im Frühjahr 1937 ebenfalls Versammlungen der PNC mit mehreren Hundert deutschen Zuhörern statt.[652] Zur Großveranstaltung mit den beiden Parteiführern Alexandru C. Cuza und Octavian Goga erschienen sogar 1.000 Teilnehmer und Koch hielt eine kurze Ansprache. Er baute eine deutsche Sektion in der PNC auf und wurde Vizepräsident der Partei in Bessarabien. Bei seinen Auftritten thematisierte Koch den übermächtigen Einfluss der Juden im Handel und in der Industrie. Da es zwischen den rivalisierenden Parteianhängern oft Schlägereien gab, beantragten und bekamen viele deutsche Mitglieder der PNC Waffenscheine.[653]

Die große Mehrheit der Deutschen in Bessarabien unterstützte aber im Dezember 1937 den Wahlvorschlag der „Volksgemeinschaft", die in Bessarabien Broneske leitete. Sie hatte mit den Nationalliberalen ein Abkommen geschlossen, in dem diese versprachen, sofort nach der Wahl 18 konfessionelle Schulen in Bessarabien zu genehmigen. Die Lehrerbildungsanstalt in Sarata sollte einen öffentlich-rechtlichen Status erhalten und die Absolventen Stellen zugewiesen bekommen. Auch das 1935 vom Staat beschlagnahmte Vermögen der Kirchengemeinden in Bessarabien sollte zurückerstattet werden. Die evangelischen „Brüdergemeinden" sollten sich wieder versammeln dürfen und die deutschen Ortsnamen in der Presse zugelassen werden. Weitere Punkte des Abkommens betrafen Siebenbürgen und die Bukowina.[654]

Zu diesen weitgehenden Zugeständnissen kam es nicht, weil die Nationalliberalen weniger als 40% der Wählerstimmen erhielten und der König die PNC von Cuza und Goga mit der Regierungsbildung beauftragte. Als Partei mit einem Wähleranteil von nur 9,5% versuchte die PNC Anfang 1938 für die nächste Wahl weitere Bündnispartner zu gewinnen. Nun verlor die Gruppe um Koch und Fink ihren Einfluss. Auf Landesebene warb Ministerpräsident Goga um die Unterstützung der „Volksgemeinschaft".

---

[650] ANRM, 680, 3810, Bd. 1, S. 189f. und 218.

[651] Ebenda, S. 285-286.

[652] Nicolenco, Extrema dreaptă, S. 69; ANRM, 680, 3810, Bd. 1, S. 155f, 185.

[653] ANRM, 680, 3810, Bd.1, S. 19, 26, 152, 344 und Bd. 2, S. 393, 430f, 637, 670.

[654] Böhm, Die Deutschen in Rumänien und das Dritte Reich, S. 336; Schmidt, Die Deutschen, S. 95-96.

Anlässlich der Wahlvorbereitung Anfang 1938 garantierte er ihr alle Zugeständnisse, die ihr 1937 die Nationalliberalen zugesichert hatten. Sie sollten sichere Listenplätze erhalten, wenn sie alle Stimmen der Deutschen für das Wahlkartell gewinnen würden. Auch der König bat die „Volksgemeinschaft", die Regierung von Goga zu unterstützen. Die enttäuschten Führer der DVR riefen ihre Anhänger auf, die eigenständige „Deutsche Liste" zu wählen. Daraufhin griff die Volksdeutsche Mittelstelle/ VoMi zu Sanktionen: Vertretern der DVR wurde die Einreise ins Deutsche Reich verweigert.[655] Der Stellvertreter des Leiters der VoMi, Hermann Behrends, kam nach Rumänien und verlangte von den Führern der DVR die „Volksgemeinschaft" zu unterstützen. Waldemar Gust bezweifelte seine Aussage, dass Adolf Hitler sich für Fabritius und dessen Wahlpakt mit der Regierung entschieden hätte.[656]

Da sich Gogas Regierung um ein gutes Verhältnis zum Deutschen Reich bemühte, übten Frankreich und Großbritannien starken Druck auf Rumänien aus. Gleichzeitig wuchsen die Probleme im Land. Aufgrund der antisemitischen Gesetze hatten viele Juden ihre Bankguthaben aufgelöst, so dass die Börse schließen musste. Der König drängte im Februar 1938 Goga zum Rücktritt. Die Wahlen wurden ausgesetzt und alle Parteien verboten. Auch die DVR konnte nicht mehr legal tätig sein. Dagegen wurde die „Volksgemeinschaft" als kulturelle Vereinigung eingestuft und wirkte im Rahmen der neuen Einheitsorganisation „Front der nationalen Wiedergeburt/ Frontul Renaşterii Naţionale". Der Wirtschaftsverband konnte ebenfalls seine Tätigkeit fortsetzen. Im November 1938 wurden die Anhänger der DVR in die „Volksgemeinschaft" integriert.[657] Dies war nur aufgrund des Drucks der VoMi gelungen, die 1938 Gust und 1939 Fabritius neue Aufgaben im Deutschen Reich zuwies.[658] Nach dem Rücktritt der Regierung Goga verließ die Gruppe um Koch die PNC und schloss sich der „Volksgemeinschaft" an.[659]

Durch die Abschaffung des parlamentarischen Systems gab es keine reellen Möglichkeiten mehr, die Lage der deutschen Minderheit auf dem Verhandlungsweg zu verbessern. Der Druck zur Rumänisierung nahm an den Schulen wieder zu: Die in Bessarabien vor 1937 üblichen zwei Stunden Unterricht in deutscher Sprache wurden abgeschafft. Der Militärprä-

[655] Karl M. Reinerth: Zu den innenpolitischen Auseinandersetzungen unter den Deutschen in Rumänien zwischen den beiden Weltkriegen. In: Walter König (Hrsg.): Siebenbürgen zwischen den beiden Weltkriegen. Köln 1994, S. 160; Schmidt, Die Deutschen, S. 97.

[656] Frauenhoffer, Erinnerungen, S. 380.

[657] Rumänien. In: *Deutschtum im Ausland*, 21(1938), H. 12, S. 787-790; Schmidt, Die Deutschen, S. 97-103.

[658] Reinerth, Zu den innenpolitischen Auseinandersetzungen, S. 161.

[659] Rumänien. In: *Deutschtum im Ausland*, 21(1938), H. 3, S. 136.

fekt von Cetatea Albă drohte 1938 in einer Anordnung Schülern Prügel-strafen an, wenn sie in der Pause untereinander deutsche Gespräche füh-ren würden. Lehrer mussten deswegen Strafen zahlen. Diese Maßnahmen galten für alle Nichtrumänen, doch nur die Deutschen fanden einen Aus-weg. Die Kirchengemeinden beantragten unter den prekären Bedingun-gen die sofortige Übernahme der Volksschulen in den Kolonien. Nun wa-ren sie bereit, die Volksschulen zu finanzieren, damit die Schüler dem „Deutschtum" nicht verloren gehen sollten. Weil die rumänische Regie-rung keine Konflikte mit dem Deutschen Reich wollte, genehmigte das Unterrichtsministerium die Eröffnung von 18 Konfessionsschulen. Doch die lokalen Behörden verweigerten die Übernahme der Gebäude bei Schulbeginn im September 1938. In Arzis kam es zu besonderen Span-nungen: Dort hatte der Kurator das Schulgebäude abgeschlossen, doch der angereiste Präfekt übergab den Schlüssel den rumänischen Lehrern. Die Eltern schickten ihre Kinder am folgenden Tag nicht in die Schule.[660]

Im November 1938 wies die Regierung die Gemeinden an, die Schulen der Deutschen nicht zu behindern.[661] Durch ein Dekret wurden die deut-schen Konfessionsschulen am 24. Februar 1939 abgesichert. Im Mai er-klärten sich die Lehrer in allen 66 evangelischen Schulen bereit, eine 10%-Minderung ihres Gehaltes zu akzeptieren. Das Schulamt leitete da-mals Johann Wagner, Referent für die Volksschulen war Richard Baum-gärtner.[662] Ein königlicher Erlass vom 19. September 1939 übertrug den deutschen Gemeinden die enteigneten Schulgebäude. Auch die Lehrer-bildungsanstalt aus Sarata erhielt den lange verweigerten öffentlich-rechtlichen Status.[663]

Dieser Kompromiss im Streit um die Schulen war zu einem Zeitpunkt möglich geworden, als er nur noch geringe Wirkung zeigte, weil die Deutschen im September 1940 ins Deutsche Reich umgesiedelt wurden.

Die Jahre davor waren von harten Richtungskämpfen gekennzeichnet, in die zunehmend auch die Volksdeutsche Mittelstelle/ VoMi eingriff. Sie bemühte sich nicht nur darum, alle Deutschen in Rumänien unter eine einheitliche Führung zu bringen, sondern vor allem um ihre Umwandlung zu funktionierenden Befehlsempfängern.[664]

Wie sich die Sympathien mit dem Nationalsozialismus ausbreiteten, kann nur ansatzweise nachgezeichnet werden. Broneske etwa geht darauf in

[660] Schmidt; Die Deutschen, S. 105.
[661] Rumänien. In: *Deutschtum im Ausland*, 23(1940), H. 1/2, S. 35.
[662] Ernst, Friedenstal, S. 75; Jachomowski, S. 18; Schlarb, Bessarabiendeutsche, S. 51.
[663] Schmidt, Die Deutschen, S. 110.
[664] Zur Gleichschaltung und Zusammenfassung der mit den Auslandsdeutschen arbeiten-den Organisationen vgl. Valdis O. Lumans: Himmlers Auxiliaries. The Volksdeutsche Mittelstelle and the German National Minorities of Europe 1933-1945. Chapel Hill/ London 1993, S. 107-112.

seinen Memoiren nicht ein. Die Beeinflussung erfolgte wohl vor allem über ein neues Medium: Radiogeräte stellten eine direkte Verbindung der Deutschen in entfernten Winkeln Bessarabiens mit dem Deutschen Reich her.[665] Es wurde ihnen das Bild von einer Aufbruchstimmung im Dritten Reich vermittelt, und auf diese Weise schilderten auch die deutschen Zeitungen Bessarabiens die Entwicklungen. Während vor 1933 ein traditioneller völkischer Stil vorherrschte, kam seit 1933 der rassische Antisemitismus immer mehr zum Zuge. Die „Deutsche Zeitung Bessarabiens" griff den Boykott deutscher Waren durch die Juden Bessarabiens auf. Sie behauptete, dass die Deutschen von allen Seiten angegriffen würden und sich wehren müssten. Deutsche sollten nur noch in deutschen Läden einkaufen. Die „Erneuerungsbewegung" gab den „Bessarabischen Beobachter" heraus, in dem sich besonders Richard Baumgärtner mit antisemitischen Artikeln profilierte. Er präsentierte die „Protokolle der Weisen von Zion" als authentische Quelle und berichtete über das angebliche Streben der Juden zur Weltherrschaft. Doch das Blatt trug auch der religiösen Vorstellungswelt vieler Deutscher Rechnung, wenn die Bestrafung der Bösen in Deutschland als Schutz der Frommen dargestellt wurde. Die Leitartikel stammten zumeist von jungen Akademikern, die Ortsberichte von Dorflehrern und Gemeindeschreibern.[666]

Einem Teil der Deutschen waren die beiden rechten Strömungen noch nicht radikal genug: Sie sahen 1937 eine Lösung ihrer sozialen Probleme in der Enteignung und Vertreibung der Juden. Die PNC hatte dieses Programm im Wahlkampf offen verkündet und begann es als Regierungspartei seit Dezember 1937 umzusetzen.

Die „Volksdeutsche Mittelstelle" betrachtete das Engagement von Deutschen in einer rumänischen Partei mit Argwohn. Zwar unterstützten deutsche Parteiinstanzen die PNC, aber die deutschen Anhänger entzogen sich den von der VoMi bestimmten Führern der „Volksgruppe". Zudem konnte die rumänische Regierung durch die Zersplitterung die deutschen Gruppen gegeneinander ausspielen. Auch der Handlungsspielraum des Auswärtigen Amtes war betroffen, kleine lokale Konflikte wie die erwähnte Ohrfeige in Emmental beschäftigten plötzlich mehrere Ministerialbeamte und den Stellvertreter des Führers. Diese prekäre Lage veranlasste die VoMi zum harten Durchgreifen, denn das gute Verhältnis zu

---

[665] Einige wohlhabende Bauern besorgten sich nach 1933 Rundfunkgeräte und so hörten Nachbarn in den entferntesten Ortschaften gemeinsam Sendungen aus dem Deutschen Reich. Vgl. Christian Idler: Im Großen Ring. In: Friedrich Fiechter: Heimat in der Steppe. Stuttgart 1964, S.114.

[666] Glass, Zerbrochene Nachbarschaft, S. 390-396.

Rumänien war aufgrund der gestiegenen Getreide- und Öllieferungen von großer Bedeutung.[667]

Nach der Unterordnung der DVR-Anhänger unter die Führung der „Volksgemeinschaft" im November 1938 vertrat Otto Broneske die Deutschen aus Bessarabien im Königlichen Rat, der anstelle des Parlamentes wirkte. Er war einer der sieben Deutschen in dieser vom König ernannten Institution.[668] Als königlicher Berater konnte er sich zugunsten von deutschen Rechten einsetzen, die nach dem Mord an Ministerpräsident Armand Călinescu im September 1939 verhaftet worden waren. Damals ließ der König die Strukturen der Eisernen Garde zerschlagen, indem 300 ihrer Anhänger ohne Prozess hingerichtet wurden. Im Januar 1940 hielt Broneske anlässlich des Besuchs des Königs in Kischinew eine Rede, in der er die Loyalität der Deutschen betonte.[669]

Die Radikalisierung der Deutschen in Bessarabien kann einerseits auf die verstärkte Unterstützung aus dem Deutschen Reich seit 1933 zurückgeführt werden. Es gab jedoch viele endogene Faktoren, wobei die Frontstellung der rumänischen Behörden gegen den deutschen Schulunterricht von zentraler Bedeutung war. Da es nur eine geringe staatliche Unterstützung für deutsche Lehrer gab, hatte der Kulturverein bereits Anfang der 30er Jahre um Subventionen vom Deutsche Reich gebeten. Mit diesen Geldern stabilisierten neue Leute ihre Positionen wie etwa Johann Wagner, der im Februar 1933 den Vorsitz im Verband deutscher Kulturvereine Bessarabiens übernahm. Seit den Krisenjahren waren nicht nur die deutschen Schulen von den Zuschüssen aus Deutschland abhängig, sondern auch der „Wirtschaftsverein". Da die jüdischen Genossenschaften die Krisenjahre durch Finanzhilfen aus dem Ausland relativ gut überstanden hatten, wurde die Konkurrenz zu einer Bedrohung aller Christen durch das Weltjudentum uminterpretiert. Solche Szenarien schilderte Robert Koch bei den gut besuchten Wahlveranstaltungen der „Christlich-Nationalen Partei".[670] Die geringe Unterstützung der Deutschen durch die

---

[667] Übersicht über die steigenden Lieferungen aus Rumänien vgl. Hillgruber, Hitler, S. 291-294.

[668] Schmidt, Die Deutschen, S. 117.

[669] Zur Intervention für Gefangene vgl. Broneske, Deutsches Schicksal, S. 162-163. Artikel über diese Rede vgl. Vitalie Vărătic: Preliminarii la raptul Basarabiei şi nordului Bucovinei [Vorstufen zum Raub Bessarabiens und des Nordens der Bukowina]. Bucureşti 2000, S. 173f.

[670] Koch hatte in Bukarest studiert und dort in den zwanziger Jahren die erste antisemitische Jugendbewegung mitbekommen. Als er im Krisenjahr 1929 seinen Dienst als Gemeindearzt in Friedenstal antrat, waren die staatlichen Behörden nicht handlungsfähig und die jüdischen Sündenböcke schnell gefunden.

Regierungen der Nationalen Bauernpartei und der Nationalliberalen führte er auf deren „Verjudung" zurück.[671]

In den 30er Jahren gab es eine harte Konkurrenz zwischen den deutschen und jüdischen Genossenschaften. Aufgrund der Armut vieler Städter in Bessarabien war der Markt für Lebensmittel begrenzt und nach 1918 fehlten die Anbindung an den Markt in Odessa und die Exportmöglichkeiten. Der Bau des neuen Anschlussstückes der Bahnlinie von Tighina nach Cetatea Albă über den Bahnhof Anciocrac brachte nur geringe Veränderungen.

Da der Boykott der Waren aus Deutschland sich teilweise direkt auf die Interessen deutscher Kaufleute auswirkte, war es keine lediglich über Ideen vermittelte Betroffenheit. Nur in Cetatea Albă waren die Aktionen des jüdischen Boykott-Komitees gegen Waren aus dem Deutschen Reich nicht erfolgreich. Dort waren viele Unternehmer und Kaufleute Deutsche. Die Polizei vermerkte einen Aufruf in der deutschen Zeitung von Tarutino, dass Deutsche nicht mehr zu jüdischen Ärzten gehen sollten. Der jüdische Arzt Schwarzman habe die Kolonie Eigenheim verlassen müssen.[672] Die aggressive Abgrenzung richtete sich nicht nur gegen Juden, betraf auch Deutsche, die mit Rumänen verheiratet waren.[673]

Im Deutschen Reich wurde nach 1933 bedeutend mehr Geld jenen Institutionen zur Verfügung gestellt, die sich mit den Auslandsdeutschen beschäftigten. Mittels der Sippenkunde wurde sowohl in Deutschland als auch bei den Auslanddeutschen das Gefühl der Zusammengehörigkeit aktiviert. Publikationen wie die von Karl Stumpp erhielten nun Förderung. Stumpp war zwischen 1922 und 1932 Lehrer am Mädchengymnasium in Tarutino gewesen, wo er begonnen hatte, über gemeinsame Familiennamen in den süddeutschen Auswanderungsorten und in Bessarabien zu forschen. Diese Studien erhielten später eine praktische Bedeutung, als bei den „Volksdeutschen" sippenkundliche Karteien angelegt wurden, die zur Ausstellung der Ahnenpässe dienten. Diese Arbeit koordiniert das Deutsche Auslandsinstitut in Stuttgart, in seinem Jahrbuch wurde ausführlich zur Sippenkunde publiziert. Stumpp wirkte dabei entscheidend mit, er war seit 1932 Geschäftsführer des Landesverbandes Württemberg des „Verbandes für das Deutschtum im Ausland"/ VDA.[674] Der Bundesleiter des VDA, Hans Steinacher, hob in seinen Erinnerungen Stumpps

---

[671] Der Bezirk Cetatea Albă wurde 1931/1932 durch den jüdischen Pädagogen Suchard Rivensohn im Senat vertreten. Vgl. Ernst, Friedenstal, S. 103.

[672] ANRM, 680, 3406, S. 546 und 630.

[673] Jean Ancel: Contribuții la istoria României. Problema evreiască 1933-1944 [Beiträge zur Geschichte Rumäniens. Die jüdische Frage 1933-1944]. Bd. 1, T. 1. București 2001, S. 197.

[674] Karl Stumpp: Von der Urheimat und Auswanderung der Deutschen in Bessarabien. In: Sippenkunde des Deutschtums im Ausland. Stuttgart 1938, S. 3.

Beratung in allen bessarabischen Fragen hervor.[675] Vom VDA wurden das „Deutsche Volksblatt", der „Deutsche Volkskalender für Bessarabien" aus Tarutino und andere Publikationen unterstützt. Diese Organisation finanzierte auch Reisen von Jugendlichen aus dem Deutschen Reich nach Bessarabien, die bei den „Volkssplittern" das Zusammengehörigkeitsgefühl fördern sollten. Der VDA vergab auch Stipendien für Deutsche aus Bessarabien, die an Bildungsinstitutionen im Deutschen Reich studierten. Ab 1937 wurden solche Kontakte über die VoMi koordiniert. Seit Januar 1937 führte diese Institution der SS-Obergruppenführer Werner Lorenz. Der VDA, der seit 1937 von Karl Haushofer geleitet wurde, unterstand nun de facto der VoMi.[676] Seit 1938 ging es diesen Organisationen nicht nur um die Unterstützung der auswärtigen Deutschen, sondern auch um die Rekrutierung von Arbeitskräften für das Deutsche Reich, weil dort immer mehr Männer mobilisiert wurden. Im Auftrag der VoMi untersuchte der Deutsche Konsul aus Galați auf einer Informationsreise, ob etwa tausend land- bzw. arbeitslose Familien aus den so genannten Hektargemeinden Bessarabiens ins Reich umgesiedelt werden könnten. Er berichtete von einem solchen Dorf, dass es sich um „reinrassige Kinder" handle und die Notleidenden nicht „bolschewistisch" orientiert seien.[677]

Im Frühjahr 1939 berieten die Führer aus Bessarabien mit den zuständigen Personen in der Deutschen Gesandtschaft von Bukarest über die Umsiedlung von Deutschen mit „nicht lebensfähigem Zwergbesitz".[678] Zu diesem Zweck untersuchte Karl Stumpp, der inzwischen die Forschungsstelle des Russlandsdeutschtums in Berlin leitete, die demographische Struktur der Deutschen. Deren hohe Geburtenrate in Bessarabien betrachtete er als „volksbiologisch" typisch für das Deutschtum im Schwarzmeerraum. Karl Stumpp schätzte die Anzahl der Deutschen, die auf zu kleinen Höfen wohnten, auf 13%.[679]

Im Deutschen Reich wurde bereits 1939 innerhalb der zuständigen Behörden über die Umsiedlung der Deutschen aus Bessarabien diskutiert, damals lehnte die rumänische Regierung noch solche Pläne ab. Dennoch fuhren der Geschäftsführer des bessarabischen Gaurates, Viktor Mauch, und zwei Deutsche aus der Bukowina im Herbst 1939 nach Berlin, um in die Erstellung des Volkskatasters eingewiesen zu werden, der später die

---

[675] Jacobsen, Hans Steinacher, S. 561.

[676] Michael Fahlbusch: Wissenschaft im Dienst der nationalsozialistischen Politik? Die „Volksdeutschen Forschungsgemeinschaften" von 1931-1945. Baden-Baden 1999, S. 57-58.

[677] Zit. n. Schmidt, Die Deutschen, S. 106.

[678] Schmidt, Die Deutschen, S. 216.

[679] Karl Stumpp: Zur Volksbiologie des Deutschtums im europäischen Osten. In: *Volk und Reich*, 2, 1940, S. 124-127.

Umsiedlungsarbeit erleichterte. Die rumänische Polizei registrierte 1939 die Erfassung deutscher Personen und ihres Eigentums, unterband sie aber nicht.[680]

---

[680] Zur Berlinreise vgl. Jachomowski, Die Umsiedlung, S. 26ff. und 49. Zum Polizeibericht vgl. Vărătic, Preliminarii, S. 174.

4. Bessarabien auf dem Weg zur nationalen „Homogenität"

5.1 Die Umsiedlung der Deutschen und ihre Folgen

Im Oktober 1939 dementierte die Presse der Deutschen in Rumänien, dass eine Umsiedlung von Teilen der „Volksgruppe" geplant sei, um Unruhe und Panikverkäufe des Eigentums zu verhindern.[681] Im Zusatzprotokoll zum Ribbentrop-Molotov-Vertrag vom 23. August 1939 war Bessarabien dem sowjetischen Einflussgebiet zugeordnet worden und das rumänische Außenministerium hatte aus Geheimdienstquellen über Washington davon Kenntnis erhalten.[682] Die rumänische Regierung leistete allen Wünschen des Deutschen Reiches bezüglich des Wirtschaftaustausches Folge, in der Hoffnung auf diese Weise das Staatsterritorium abzusichern.[683] Der deutsche Unterhändler bezeichnete Rumänien während des Frankreichfeldzuges als eine gut funktionierende „Bezintankstelle".[684] Wirtschaftswissenschaftler stellten die Transformation Rumäniens und anderer südosteuropäischer Staaten zum Ergänzungsraum des Deutschen Reiches als Förderung ihrer Industrialisierung und damit auch der nationalen Mittelschichten dar.[685] Die Kosten der Neuorientierung waren aber für Rumänien sehr groß.

Im März 1940 bezeichnete der sowjetische Außenminister Molotov im Obersten Sowjet die Bessarabienfrage als ungelöst. Der rumänische Ministerpräsident rechnete vorerst nur mit Verhandlungen. Im Mai erhielt Außenminister Grigore Gafencu vom deutschen Botschafter in Bukarest, Wilhelm Fabricius, Kenntnis, dass im Geheimprotokoll die Abtretung Bessarabiens vorgesehen sei.[686] Unmittelbar nach der Kapitulation Frank-

---

[681] Jachomowski, Die Umsiedlung, S. 45.

[682] Corneliu M. Lungu/ Ioana A. Negreanu: România în jocul marilor puteri 1939-1940 [Rumänien als Spielball der Großmächte 1939-1940]. Bucureşti 2000, S. 10.

[683] Armin Heinen: Der Hitler-Stalin-Pakt und Rumänien. In: Erwin Oberländer: Hitler-Stalin-Pakt 1939. Das Ende Ostmitteleuropas? Frankfurt a. M. 1989, S. 103-105.

[684] Neubacher, Sonderauftrag, S. 50.

[685] Ernst Wagemann: Der neue Balkan. Altes Land – junge Wirtschaft. Hamburg 1939, S. 52 und 133.

[686] Ulrich Burger: Zwischen Konfrontation und Kooperation. Die „historischen" Parteien Rumäniens in der politischen Auseinandersetzung mit der Sowjetunion in den Jahren 1944 und 1945. Sankt Augustin 2003, S. 47f.; Lungu/ Negreanu, România, S. 13.

reichs bereitete die Sowjetunion die Okkupation Bessarabiens vor und teilte dies dem deutschen Bündnispartner mit. Die Deutschen in Bessarabien erhielten Hinweise auf die bevorstehende Entwicklung einen Tag vor dem sowjetischen Ultimatum an die rumänische Regierung vom 26. Juni 1940. Der deutsche Botschafter Fabricius sagte dem Gauleiter Broneske, er solle seinen Landsleuten mitteilen: „Das Deutsche Reich vergisst sie nicht".[687] Viele deutsche Großbauern verließen sich nicht auf diese vage Zusicherung, sondern brachen nach der Veröffentlichung des Ultimatums in Richtung Bukarest auf.[688]

In der kurzen Zeit zwischen dem Abzug der rumänischen Gendarmen und der Ankunft der Roten Armee begannen Bauern in wenigen Orten Eigentum von Deutschen aufzuteilen. In Gnadental etwa besetzten Bauern, die bis dahin als Knechte bei den Deutschen gearbeitet hatten, den Ort. Die kurz darauf eingetroffene sowjetische Einheit verjagte sie jedoch. Das „Deutsche Volksblatt" druckte noch eine Loyalitätserklärung und stellte sein Erscheinen ein. Aufgrund der Empfehlung des deutschen Gesandten in Bukarest fuhren Broneske, sein Stellvertreter Johann Wagner und der Kreisobmann aus Sarata den einrückenden sowjetischen Einheiten entgegen. In Cetatea Albă bekamen sie die erste prokommunistische Kundgebung mit, bei der ein Redner den Einmarsch als Vollendung der Ziele des Aufstandes von Tatar Bunar im Jahre 1924 pries.[689] In der nachfolgenden Zeit versuchte der Gaurat, die Verfolgung von Deutschen zu verhindern, indem er ihnen spezielle Ausweise aushändigte. Verglichen mit anderen Ethnien verhielt sich die sowjetische Geheimpolizei gegenüber den Deutschen zurückhaltend: in den vier Monaten bis zur Umsiedlung gab es nur 34 Verhaftungen. Sie beschlagnahmte aber die deutsche Bibliothek in Kischinew und erforschte aus den Unterlagen die persönlichen Daten. Sie suchte vor allem nach jenen Deutschen, die sich freiwillig an der Niederschlagung des Aufstandes in Tatar Bunar beteiligt hatten.[690]

In derselben Zeit wurden bereits viele Rumänen in Gefangenenlager nach Sibirien und in andere entlegene Regionen der Sowjetunion geschickt, weil sie in der rumänischen Verwaltung tätig gewesen waren oder in politischen Organisationen gewirkt hatten. Ihre Familien wurden auch deportiert, so dass ein Drittel der so genannten „Spezialumsiedler" Kinder unter 16 Jahren waren.[691] Juden und Bulgaren galten als potentielle Gegner des Systems, wenn sie Kaufleute oder Unternehmer waren. Viele Geschäfte wurden geschlossen und es gab Mangel bei den alltäglich not-

---

[687] Broneske, Deutsches Schicksal, S. 169-170.
[688] Eine ausländische Journalistin beschreibt deren Ankunft im nobelsten Hotel von Bukarest. Vgl. Rosa G. Waldeck: Athénée Palace. Bucureşti 2000, S. 84f.
[689] Broneske, Deutsches Schicksal, S. 173.
[690] Schmidt, Die Deutschen, S. 136-137.
[691] Schmidt, Die Deutschen, S. 171.

wendigen Waren.[692] Bessarabien wurde aufgeteilt: die Bezirke Hotin und Cetatea Albă sowie Ismail wurden der Ukrainischen SSR angegliedert, der Rest des Territoriums bildete zusammen mit der ehemaligen Autonomen Sozialistischen Moldaurepublik seit dem 2. August 1940 die Moldauische SSR.[693]

Die Deutschen brachten in den Sommermonaten die Ernte ein und mussten einen großen Teil der Erträge den sowjetischen Behörden abliefern. Die Zwangsmaßnahmen der neuen Verwaltung machten allen klar, dass nun grundlegende Einschnitte im Alltagsleben erfolgen würden, weshalb mit großem Interesse die Nachrichten über eine bevorstehende Umsiedlung aufgenommen wurden.[694]

Am 5. September 1940 schlossen Vertreter des Deutschen Reiches und der Sowjetunion den Umsiedlungsvertrag ab, der auch die 93.500 Deutschen Bessarabiens betraf. Die deutschen Behörden verfügten durch die Umsiedlungen von 1939 aus Wolhynien und dem Baltikum bereits über eine eingespielte Organisationsstruktur. Die Verantwortung für die gesamte Umsiedlung aus Bessarabien und der Bukowina hatte SS-Standartenführer Horst Hoffmeyer. Die VoMi, die nun Heinrich Himmler als „Reichskommissar für die Festigung deutschen Volkstums" unterstellt war, bestimmte die Ortsbevollmächtigten als Mitarbeiter. Die Taxatoren, die den Wert des zurückgelassenen Eigentums registrierten, kamen von der Deutschen Umsiedlungstreuhandgesellschaft. Sie hatten zumeist schon bei vorherigen Umsiedlungen mit den sowjetischen Fachleuten zusammen gearbeitet.

Die Kommissionen registrierten Personen nicht, die mehr als ein Viertel „nicht-arische" Abstammung aufwiesen. In der Bukowina wollten einige Deutsche wegen nichtdeutscher Ehepartner oder aufgrund ihrer linken Gesinnung nicht ins Deutsche Reich umgesiedelt werden. Dagegen waren in Bessarabien, wo die Deutschen größtenteils in geschlossenen Kolonien gelebt hatten, nach der Umsiedlung die 160 Dörfer fast menschenleer. Die 550 Deutschen, die mit Partnern anderer Ethnien verheiratet waren, hatte Stumpp schon im April 1940 ausfindig gemacht. In der Bukowina wurden von den Kommissionen über 30.000 Umsiedlungswillige zurückgewiesen.[695] Selbst Alte, die anfangs nicht weg wollten, ließen sich aus Angst vor den sowjetischen Behörden zur Umsiedlung registrieren. Durch die verwandtschaftlichen Verbindungen zwischen den Deutschen

---

[692] Jachomowski, Die Umsiedlung, S. 60-63.

[693] Zur Aufteilung der Bevölkerung vgl. L. Bulat (Hrsg.): Basarabia. 1940 [Bessarabien]. Chişinău 1991, S. 169

[694] Erinnerungen an Gespräche unmittelbar nach der Abfahrt aus Bessarabien in den Umsiedlungslagern Semlin. Vgl. Hertha Karasek-Strzygowski: Es führet uns des Schicksals Hand. Bessarabisches Tagebuch. Marburg 1990, S. 54.

[695] Schmidt, Die Deutschen, S. 146.

in Bessarabien und jenen in der Sowjetukraine kannten sie das Schicksal der dort als „Kulaken" Deportierten und die Verfolgung der Kirchen.[696] Während der Vorbereitung der Umsiedlung wurden in Tarutino viele jüdische, russische und bulgarische Geschäftleute verhaftet. Auch das schnelle Verschwinden vieler Waren aus den Geschäften machte das Gefälle zwischen dem Lebensstandard in Bessarabien und der Sowjetunion deutlich.[697] Als die rumänischen Behörden bei ihrer Rückkehr im August 1941 eine Volkszählung durchführten, ermittelten sie nur 1.862 Deutsche.[698]

Bei der Umsiedlung aus Bessarabien und der Nordbukowina sollen 1940 auch 5.000 Rumänen mitgereist sein.[699] Auch Angehörige anderer ethnischer Gruppen versuchten in die Umsiedlungslisten aufgenommen zu werden. Sogar einige wohlhabende Juden, die mit ihrer Verschickung nach Sibirien rechnen mussten, wollten als Umsiedler ausreisen.[700] Innerhalb von einigen Wochen war die Umsiedlung abgeschlossen, der letzte Treck über den Pruth in Richtung Reni verließ Bessarabien am 22. Oktober 1940. Bis in Zwischenlager in Jugoslawien wurden die Deutschen mit Schiffen transportiert und von dort per Bahn ins Deutsche Reich. Der Transport auf der Donau, über die einstmals die Auswanderer ostwärts gelangt waren, wurde als historisches Ereignis einer „Rückkehr" inszeniert. Dabei wirkten auch Spezialisten für Volkstumsfragen mit wie Alfred Karasek von der Universität Wien und der erwähnte Karl Stumpp.[701]

Nach der Ankunft im Deutschen Reich machten viele bittere Erfahrungen: Der enge Zusammenhang der deutschen Dorfgemeinschaften aus Bessarabien wurde absichtlich durch die Verteilung auf verschiedene Lager zerstört. Auch erhielten nicht alle, die einen Kolonistenhof wünschten, ihn im Laufe des folgenden Jahres. Einige wurden zur Arbeit in Rüstungsbetriebe oder an die Front geschickt. Die Kommissionen ordneten knapp über 1.000 Personen bei der rassischen Überprüfung als „Fremdstämmige" ein und schickten sie nach Rumänien zurück. Doch verglichen

[696] Herbert Weiß: I han noch Deutschland wella? In: Friedrich Fiechtner: Heimat in der Steppe. Stuttgart 1964, S. 225-232.
[697] Schmidt, Die Deutschen, S. 355.
[698] ANRM, 706, 1, 555, Bd. 1, S. 28. Außer den wenigen Deutschen lebten 1941 in den Orten vor allem Ukrainer, die aus Galizien und Wolhynien umgesiedelt worden waren. Vgl. Ion Şişcanu/ Vitalie Văratec (Hrsg.): Pactul Molotov-Ribbentrop şi consecinţele lui pentru Basarabia [Der Molotov-Ribbentrop-Pakt und seine Folgen für Bessarabien]. Chişinău 1991, S. 105f.; Elena Siupiur (Hrsg.): Basarabia prin vocile ei [Bessarabien durch seine Stimmen]. Bucureşti 1992, S. 65.
[699] Anatol Petrencu: România şi Basarabia în anii celui de-al doilea război mondial [Rumänien und Bessarabien in den Jahren des Zweiten Weltkrieges]. Chişinău 1999, S. 35.
[700] Broneske, Deutsches Schicksal, S. 182; Mayer, Der Weg, S. 149.
[701] Schmidt, Die Deutschen, S. 150-153.

mit der Bukowina wurden weitaus mehr Umsiedler aus Bessarabien als geeignet für die Ansiedlung im Osten eingestuft.[702] Im Deutschen Reich hatten die Führer der nationalsozialistischen Organisationen aus Bessarabien wie Otto Broneske, Artur Fink und andere keinen Zugang mehr zu den Umgesiedelten.[703]

Das vom Gaurat noch vor der Umsiedlung zusammengestellte statistische Material über Berufsstruktur und Besitzverhältnisse ermöglichte eine schnelle Zuordnung der Umsiedler durch die Einwandererzentralstelle (EWZ).[704] Diese Behörde und die Polizei entschieden darüber, welche Umsiedler nach rassistischen oder politischen Kriterien als nicht geeignet für den Osteinsatz befunden wurden. Zur besseren Integration sollten diese als Land- oder Fabrikarbeiter ins Innere des Deutschen Reiches. Von den Deutschen aus Bessarabien wurden 13% als solche „Altreich-Fälle" eingestuft, viel weniger als bei den Umsiedlern aus der Bukowina (39%). Da es unter den Deutschen aus Bessarabien wenige Ehen mit „Nichtariern" gab, wurden besonders die Anhänger der antisemitischen Partei von Cuza als „Mitläufer einer fremden Gruppe" ausgesondert. Bei 76% der Umsiedler aus Bessarabien verzeichnete die EWZ, dass sie „politisch indifferent" seien, nur 1,5% galten als „aktive Kämpfer für das Deutschtum".[705]

Nach einer zermürbenden Wartezeit erhielten im Verlauf des Jahres 1941 viele Deutsche Höfe im Warthegau und Danzig-Westpreußen, aus denen zuvor die polnischen Bewohner vertrieben worden waren. Um leistungsfähige Höfe von etwa 25 ha zu erhalten, mussten oft 5-6 Höfe von vertriebenen Polen zusammengelegt werden. In einer Aufstellung von Januar 1941 hatten die Planer der so genannten „Evakuierung" vermerkt, dass für die Ansiedlung von 42.000 Deutschen aus Bessarabien 132.000 Polen vertrieben werden müssten. Wenn Bessarabier als Handwerker angesiedelt wurden, waren Juden deportiert worden.[706]

Nach der Ansiedlung wurde den Umsiedlern vorgeschrieben, was anzubauen war. Über das Recht, die neu angesiedelten Deutschen zu kontrollieren, stritten sich die lokalen Behörden und Himmlers „Reichskommissariat".[707] Weil zunehmend Männer zum Kriegsdienst einberufen wurden,

---

[702] Fassel, O istorie, S. 23; Jachomowski, Die Umsiedlung, S. 141; Schmidt, Die Deutschen, S. 181.

[703] Broneske war nach 1940 bei der „Deutschen Umsiedlungs-Treuhand" in Berlin beschäftigt. Öffentlich trat er erst wieder 1953 als erster Vorsitzender der Landsmannschaft der Bessarabiendeutschen auf. Vgl. Schmidt, Die Deutschen, S. 126.

[704] Schmidt, Die Deutschen, S. 182.

[705] Zit. n. Schmidt: Die Deutschen, S. 184 und 186.

[706] Götz Aly: „Endlösung". Völkerverschiebung und der Mord an den europäischen Juden. Frankfurt a. M. 1995, S. 210; Jachomowski, Die Umsiedlung, S. 164-168; Schmidt, Die Deutschen, S. 203-223.

[707] Schmidt, Die Deutschen, S. 218-227.

bekamen die Umsiedler polnische Landarbeiter zugeteilt, damit die für den Krieg wichtigen Quoten der abgelieferten Lebensmittel eingehalten würden. Die Aufsichtsbehörden untersagten Kontakte zu den Polen außerhalb der Arbeit, doch stellten sie fest, dass einige Umsiedler aus Bessarabien mit den Polen an einem Tisch aßen. Als besonders renitent schilderten sie die Pietisten, die an den Sonntagen an keinen politischen Veranstaltungen teilnehmen wollten und sich zu Betstunden trafen. Viele Umsiedler waren mit den Bedingungen am Ansiedlungsort unzufrieden und hofften auf eine Rückkehr nach Bessarabien oder zumindest eine Verlagerung in die Ukraine.[708]

Noch bevor die „Volkstumsfestigung" der Behörden Erfolge zeigte, zeichnete sich die Gefährdung der Ansiedlungsgebiete ab. Obwohl seit Sommer 1944 ein Evakuierungsplan vorlag, wurde der Rückzug erst am 20. Januar 1945 begonnen, als die Rote Armee bereits den Warthegau erreicht hatte. Da die Hauptstraßen dem Militär vorbehalten waren, mussten die Flüchtlinge vereiste Nebenstraßen benutzen und wurden oft von sowjetischen Panzern eingeholt. Manche wurden in die Sowjetunion deportiert. Auf der Flucht und in Gefangenschaft starben 1.144 Deutsche aus Bessarabien, insgesamt kamen 10% der Umgesiedelten im Zweiten Weltkrieg um.[709]

Unmittelbar nach der Umsiedlung kamen Schriften heraus, in denen die Begeisterung der Deutschen aus Bessarabien über die angebliche „Heimkehr" illustriert wurde. Hervorgehoben wurde die Armut jener Bauern in der rumänischen Zeit, die aus sehr kinderreichen Familien stammten. Die meisten Söhne mussten sich Arbeit in anderen Landesteilen suchen und trachteten auch illegal ins Deutsche Reich zu gelangen.[710] In diesen Publikationen wird die Armut vor allem auf die Ausbeutung durch Juden zurückgeführt. Dazu nur ein Zitat: „Die Juden und andere Ausnutzer, die in alle Städte und Dörfer, Fabriken und Anstalten in immer zunehmenden Massen eindrangen, wollten nicht arbeiten. Sie wollten nur Geschäfte machen, und leichte Geschäfte. Sie waren nicht gekommen, weil sie das Land liebten, weil ihnen die Arbeit in der Steppe ein Bedürfnis war. Nein! Bessarabien war für sie nichts als eine Ware, ein Handelsobjekt, an dem sie außer dem Profit sonst keine Interessen hatten. Sie lebten in Saus und Braus; wir aber mussten die Mittel für ihr Leben aufbringen. Und wir hatten uns daran gewöhnt wie die Kuh an den Melker, und wir glaubten, es muss so sein. Und als ich immer noch mehr daran dachte, wurde ich allmählich fremd. (...) ‚Heim ins Großdeutsche Reich!' Dort wird meine

---

[708] Schmidt, Die Deutschen, S. 239-241.
[709] Ernst, Friedenstal, S. 169f.
[710] Johann Herrmann: Heim – und wenn ich sterben muss! In: Fritz Gerlach: Erlebte Geschichte. Deutsche Umsiedler aus dem Südosten berichten von der Heimkehr. Berlin/Leipzig 1941, S. 23-27.

richtige Heimat sein. Von dort ist ja mein Großvater gekommen. Unsere Generation war von der Vorsehung bevorzugt, die Sünden der Vergangenheit wieder gutzumachen."[711] Ob diese Worte von dem genannten Umsiedler stammen, muss offen bleiben. Der religiöse Bezug am Schluss dürfte echt sein, die antisemitischen Klischees am Anfang könnten vom Herausgeber bearbeitet sein. Auch die zeitlich begrenzte Erfahrung mit der Sowjetherrschaft wird mit Stereotypen geschildert: „Als die Sowjets hineingekommen sind, waren sofort die Juden obenauf. Alle wichtigen Beamtenposten wurden von Juden besetzt und regiert."[712] Da die meisten Leitungsstellen Ukrainer und Russen erhielten, die mit der sowjetischen Armee gekommen waren, ist diese Darstellung stark übertrieben. Die offizielle Begründung der Umsiedlung war die „jüdisch-bolschewistische Gefahr", daher wurde behauptet, dass in deutschen Orten wie Tarutino besonders viele Juden in den lokalen Behörden tätig seien.[713]

In einem Bericht über Gespräche in den Umsiedlungslagern, der erst 1990 erschien, wird auch die Trauer der Deutschen beim Abschied von der Heimat erwähnt. Viele Bulgaren, Ukrainer und Russen bedauerten ihre Nachbarn, die ins Ungewisse aufbrachen. In den Umsiedlungslagern dachten einige Umsiedler noch darüber nach, wer ihren Hof und ihr Vieh versorgen würde. Den bulgarischen Nachbarn trauten sie zu, die Wirtschaften auf demselben Stand zu halten. Von deren Leistungen sprachen sie mit Anerkennung. Vertrauen hatten sie auch zu den Ukrainern, die sie bei Erntearbeiten oft beschäftigt hatten. Doch könnten diese nicht selbständig planen. Zu den Dörfern der Gagausen hatten die Deutschen kaum Kontakte gehabt, sie bemängelten deren Lebensweise, ihre schilfgedeckten Lehmhütten und die unhygienische Viehhaltung. Einige Umsiedler machten sich damals Gedanken, wessen Häuser und Felder ihnen im ehemaligen Polen zugeteilt würden. Sie betonten im Lager, dass sie als Christen nicht anderen das Eigentum wegnehmen wollten.[714]

Heute äußern einige Deutsche aus Bessarabien, dass sie von den Nationalsozialisten wider Willen zu „Bodenräubern" gemacht wurden.[715] In den 50er Jahren waren kritische Töne nur über die andere Einstellung zur Kirche zu vernehmen. Hier soll eine Stimme zitiert werden: „Nach der Umsiedlung nach Deutschland erlebten unsere ev.-lutherischen Christen die große Enttäuschung, dass es in Deutschland, in der Heimat, so viele

---

[711] Adolf Karow: „Ein Glück, das die Herzen zersprengen kann". In: Fritz Gerlach: Erlebte Geschichte., S. 48-50.

[712] Christian Riske: Mit den Bolschewisten kam die Hölle. In: Fritz Gerlach: Erlebte Geschichte, S. 18.

[713] Andreas Pampuch: Heimkehr der Bessarabien-Deutschen. Breslau 1941, S. 146.

[714] Karasek-Strygowski, Es führet uns des Schicksals Hand, S. 75, 127f. und 185f.

[715] Hugo Schreiber: Umsiedlung – Flucht – Neuanfang. Erlebte Geschichte. In: *Jahrbuch der Deutschen aus Bessarabien*, 53(2002), S. 178.

Menschen gibt, die der Kirche vollkommen ferne, ja sogar feindlich gegenüberstehen."[716]

5.2 Massenmorde und die Deportation der Juden

Verfolgung der Juden 1938-1940

Die Deportationen von mehr als Hunderttausend Juden aus Bessarabien im Jahr 1941 waren nur möglich, weil das Bild der „jüdisch-kommunistischen Gefahr" in der rumänischen Öffentlichkeit seit 1938 propagiert wurde. In den Jahren bis 1940 ging es den Regierungen Rumäniens vor allem darum, den ökonomischen und gesellschaftlichen Einfluss der Juden zu begrenzen. Nach dem Verbot aller Parteien 1938 hatten die Juden keine Möglichkeit mehr zur legalen Betätigung auf kulturellem und politischem Gebiet. Alle Minderheiten mit Ausnahme der Juden konnten 1939 ihre Vereinstätigkeit im Rahmen der „Front der Nationalen Wiedergeburt" (Frontul Renaşterii Naţionale) fortsetzen.[717] Die von der Regierung des Antisemiten Octavian Goga 1938 begonnene Überprüfung der Staatsbürgerschaft wurde fortgesetzt und bis 1939 waren 36,7% der Juden staatenlos geworden. In Bessarabien verloren 29,8% der Juden die Staatsbürgerschaft.[718]

Je erfolgreicher die Expansionspolitik des Deutschen Reich war, desto mehr Politiker und Unternehmer in Rumänien traten für einen grundlegenden Wechsel in der Außenpolitik ein. Im Herbst 1939 gingen bereits 30% des rumänischen Exportes nach Deutschland, der „Öl-Waffen-Vertrag" vom Mai 1940 ließ den Anteil auf 50% ansteigen.[719]

Schon lange bevor die Deutsche Gesandtschaft aus Bukarest ab Februar 1940 begann, den antisemitischen „Weltdienst" in rumänischer Sprache zu veröffentlichen, war das Feindbild der Juden als Drahtzieher kommunistischer Umtriebe in den rumänischen Behörden verbreitet. Deswegen wurde in der Armee seit Oktober 1938 die ethnische Zugehörigkeit der Rekruten festgehalten und Juden zusätzlich auch politisch überprüft.[720]

---

[716] Becker, Wie's daheim war, S. 80.

[717] Vitalie Vărătic: Preliminarii la raptul Basarabiei şi nordului Bucovinei [Vorstufen zum Raub Bessarabiens und des Nordens der Bukowina]. Bucureşti 2000, S. 378.

[718] Iancu, Evreii, S. 263; Joshua D. Starr: Jewish Citiezenship in Rumania 1878-1940. In: *Jewish Social Studies*, III(1941), 1, S. 57-80.

[719] Hitchins, Rumania, S. 441f.; Günter Schödl: "Völkischer" Nationalismus im Karpatenbogen: Minderheit oder Vorposten? In: Ders.: Land an der Donau, S. 592.

[720] Deržavnyj Archiv Černivs'koï oblasty (DAČO) [Staatliches Archiv des Czernowitzer Bezirks]. F. 38, 10958, S. 106-125 (Angaben S. 113 und 125).

Die illegale Kommunistische Partei hatte 1939 nicht mehr als Tausend Mitglieder, die in Bessarabien unterstanden der Moskauer Führung. Für Bessarabien werden 375 Mitglieder angegeben, die zumeist keine Rumänen waren.[721] Die Sicherheitsbehörden verdächtigten 1939 bereits alle Juden Bessarabiens, die Kommunisten zu unterstützen und unterstellten ihnen die abenteuerlichsten Pläne. So stand in einem Bericht vom 16. August 1939 – also eine Woche vor dem Abschluss des Nichtangriffsvertrags zwischen der Sowjetunion und dem Deutschen Reich – dass der Führer der bessarabischen Kommunisten, der Jude Haim Gherştein, von der sowjetischen Geheimpolizei den Auftrag erhalten habe, Kommunisten aus Deutschland in die rechten Organisationen der Kolonisten einzuschleusen. Die Provokateure sollten Aktionen initiieren, die den rumänischen Staat zu Gegenmaßnahmen veranlassten. Die Polizei stellte aber im Oktober 1939 fest, dass die Deutschen im Süden Bessarabiens sich ruhig verhalten würden. Es ist nicht auszuschließen, dass der sowjetische Geheimdienst Vorwände für einen Vorstoß auf rumänisches Territorium suchte, denn die Erdölvorräte Rumäniens waren für die Kriegsführung entscheidend. Doch dass gerade ein Jude Kommunisten aus Deutschland, die zu diesem Zeitpunkt größtenteils in Konzentrationslagern waren, in die rechten Organisationen Bessarabiens platzieren sollte, klingt unglaubwürdig.[722] Die Polizei kannte wohl nur jene Juden, die wie Gherştein seit den 20er Jahren in linken Kreisen tätig waren und nannte daher immer wieder diese Namen. Ansonsten griffen sie auf Denunziationen zurück: So observierte sie in Arzis einen jüdischen Fotografen und einen Apotheker, die angeblich kommunistische Propaganda betrieben. Arzis hatte damals einen Anteil von 28,5% Juden.[723]

Die Polizei behauptete, dass die Kommunisten, die vor allem jüdischer Herkunft seien, im November 1939 ein „Initiativkomitee zum Schutz des Territoriums Bessarabiens" für den Fall eines Rückzugs der rumänischen Verwaltung gegründet hätten. Es soll in Kischinew von Carol Steinberg organisiert worden sein.[724] Die Polizei observierte im Januar 1940 vor allem Juden und ihre Agenten behaupteten, dass die Kommunisten unter der „Maske des Zionismus" ihre Propaganda betrieben. Sie würden Un-

---

[721] Moraru, Istoria, 320.

[722] Nicht Gherştein führte die Kommunisten in Bessarabien, sondern der Ukrainer S. D. Burlačenko. Vgl. Moraru, Istoria, S. 320.

[723] Die Polizeimeldung vgl. Vărătic, Preliminarii, S. 66-68 und 139f. Haim Gherştein war 1924 beim 4. Kongress der Kommunistischen Internationale einer der sechs Vertreter Rumäniens. Die in der Illegalität tätigen Aktivisten traten nicht unter ihrem Namen auf. Vgl. Tismaneanu, Stalinism S. 54-56.

[724] Veaceslav Stavilă: De la Basarabia românească la Basarabia sovietică 1939-1945 [Vom rumänischen Bessarabien zum sowjetischen Bessarabien 1939-1945]. Chişinău 2000, S. 38.

ruhe schüren mit Themen wie etwa der Rumänisierung vieler jüdischer Unternehmen.[725] Die jüdischen Betriebsleiter dürften auch ohne Agitation die zunehmenden Staatseingriffe in ihre Geschäfte abgelehnt haben. Als im Juni 1940 der Rückzug der Verwaltung und der Armee Rumäniens aus Bessarabien begann, versuchten auch einige wohlhabende Juden in Richtung des verkleinerten Rumäniens zu gelangen, sie wurden an der Grenze zurückgewiesen. Die Grenzbehörden hatten eine bereits im Mai 1940 aufgestellte Verordnung erhalten, dass Angehörigen der jüdischen und slawischen Minderheiten nicht über die neuen Grenzen gelassen werden sollten.[726]

Als diese Verordnung bekannt wurde und die abziehenden Rumänen versuchten, möglichst viele Wertgegenstände und Verkehrsmittel mitzunehmen, wuchs die Unruhe. Es kam zu Zusammenstößen, welche die rumänischen Zeitungen als Angriffe von Juden groß herausbrachten. Aus den Berichten der Behörden lassen sich aber zwischen den Zeilen die tatsächlichen Ursachen der Zwischenfälle herauslesen. So etwa hieß es, dass in Soroca „kommunistische Banden mit einem frechen Ton die Rückgabe einer Pumpe der Feuerwehr verlangt" hätten, als diese für den Abtransport nach Rumänien verladen wurde.[727]

Was sich damals genau abspielte, ist noch wenig erforscht. Viele Publikationen aus Rumänien und der Moldaurepublik, die nach 1990 erschienen, geben Berichte der Militärbehörden von 1940 als gesicherte Fakten wider. Darin ist von bewaffneten Angriffen von Juden und Morden an rumänischen Amtsträgern die Rede.[728] Da beim fluchtartigen Abzug Staatseigentum verloren ging und große Mengen der Ausrüstung der Armee Rumänien zurückblieben, schmückten die Verantwortlichen ihre Schilderungen über Probleme beim Abzug aus.[729] Der damalige Oberrabbiner Alexandru Şafran meinte in seinen Erinnerungen, dass die Militärbehörden ein Pogrom vorbereitet hätten, um von der Niederlage abzulenken. Er sei am 26. Juni 1940 unmittelbar nach dem Eintreffen des Ultimatums beim

---

[725] Vărătic, Preliminarii, S. 186f.

[726] Dokument 10 und 32. In: Lya Benjamin (Hrsg.): Problema evreiască în stenogramele Consiliului de Miniştri. Evreii din România între anii 1940-1944 [Das jüdische Problem in den Stenogrammen des Ministerrates. Die Juden in Rumänien in den Jahren 1940-1944], Bd. 2. Bucureşti 1996, S. 16 und 54.

[727] Zit. n. Ioan Scurtu/ Constantin Hlihor: Anul 1940. Drama românilor dintre Prut şi Nistru [Das Jahr 1940. Das Drama der Rumänen zwischen Pruth und Dnjestr]. Bucureşti 1992, S. 114.

[728] Dorel Bancoş: Social şi naţional în politica guvernului Ion Antonescu [Das Soziale und Nationale in der Politik der Regierung von Ion Antonescu]. Bucureşti 2000, S. 158; Alesandru Duţu/ Mihai Retegan: Eliberarea Basarabiei şi Nordului Bucovinei 22 iunie – 26 iulie 1941 [Die Befreiung Bessarabiens und der Nordbukowina 22. Juni – 26. Juli 1941]. Bucureşti 2000, S. 25.

[729] Mihai Pelin: Legendă şi adevăr [Legende und Wahrheit]. Bucureşti 1994, S. 57.

Innenminister zusammen mit Wilhelm Filderman von der „Föderation jüdischer Gemeinden" vorgeladen worden. Der Minister drohte mit Konsequenzen, falls die Juden Angehörige der Armee bei der Truppenverlagerung provozieren würden. Weil in der Presse schon vom „Verrat der Juden" die Rede war, habe er im Senat eine Erklärung verlesen, dass die Juden nicht an der Abtrennung der Gebiete schuld seien.[730]

Als gesichert kann gelten, dass am 28. Juni 1940 in mehreren Orten Juden unter jenen waren, welche die Rote Armee beim Einzug mit Blumen und roten Fahnen begrüßten. Aufgrund der wirtschaftlichen und politischen Diskriminierungen hofften besonders junge Juden auf einen besseren Neuanfang. Gleichzeitig dürfte auch eine Steuerung der Ereignisse durch eine vorbereitete Gruppe aus der Sowjetunion stattgefunden haben. Ein Polizeibericht vom August 1940 vermerkte, dass am Morgen des 28. Juni 1940 zwei sowjetische Flugzeuge in der Umgebung von Kischinew gelandet seien, die etwa 120 Personen absetzten. Es handelte sich um bessarabische Juden, die in den vorangegangenen Jahren aus Rumänien in die Sowjetunion geflohen waren. Diese bewaffneten „Banden" hätten Kommunisten aus dem Gefängnis geholt und die Propaganda organisiert.[731] Unter den Befreiten war auch Paulina Rosenberg, die als Vorsitzende des Antifaschistischen Komitees von 1934 erwähnt wurde.[732] In Kischinew entstand ein „Provisorisches Revolutionäres Komitee", in dem auch die gerade befreiten politischen Häftlinge vertreten waren.[733]

Bezüglich der Ausschreitungen von Juden am 28. Juni 1940 soll nur auf zwei Vorkommnisse eingegangen werden, bei denen rumänische Historiker die jüdischen Angreifer namentlich benennen. In Soroca sei ein rumänischer Polizeikommissar von dem Anwalt Michel Flexor erschossen worden, der das örtliche Revolutionskomitee leitete. Der Zusammenstoß ereignete sich beim Abtransport des Besitzes der Bezirksverwaltung, die Juden hätten die Fahrzeuge aufgehalten.[734] Als Quelle wird ein Bericht des Generalstabs der Armee vom 30. Juni 1940 zitiert. Der Autor, ein Leutnant vom Militärischen Statistischen Büro, fasste darin die Verluste

---

[730] Alexandre Safran: Resisting the Storm. Romania 1940-1947. Memoirs. Jerusalem 1987, S. 50-52.

[731] Cristian Troncotă: Istoria serviciilor secrete româneşti. De la Cuza la Ceauşescu [Die Geschichte der rumänischen Geheimdienste. Von Cuza bis Ceauşescu]. Bucureşti 1999, S. 215.

[732] Alex Mihai Stoenescu: Armata, mareşalul şi evreii [Die Armee, der Marschall und die Juden]. Bucureşti 1998, S. 99.

[733] Dov Levin: The Lesser of Two Evils. Eastern European Jewry Under Soviet Rule 1939-1941. Jerusalem 1995, S. 16 und 38.

[734] Anatol Petrencu: Basarabia in al doilea razboi mondial 1940-1944 [Bessarabien im Zweiten Weltkrieg 1940-1944]. Chişinău 1997, S. 65; Dumitru Şandru: Mişcări de populaţie în România 1940-1948 [Bevölkerungsbewegungen in Rumänien 1940-1948]. Bucureşti 2003, S. 22; Stavilă, De la Basarabia, S. 97.

beim Rückzug zusammen. Vermutlich sollte das Verschwinden öffentlicher Gelder verdeckt werden, denn am 30. Juni behauptete er, Flexors Gruppe habe 157 Millionen Lei einbehalten, im Abschlussbericht waren es schon 15-18 Milliarden Lei.[735] Auch der Tag des Berichtes ist interessant, denn am 30. Juni 1940 schoss eine rumänische Armee-Einheit auf Juden aus Rumänien, die in Galați darauf warteten, in die abgetretenen Gebiete ausreisen zu können. Es soll über 400 Tote gegeben haben.[736] So viele Juden waren zuvor in Rumänien unter solchen Umständen noch nicht umgekommen und die Militärführung stand unter Rechtfertigungsdruck. Der Generalstab behauptete, dass 2.000 Kommunisten, vor allem jüdischer Herkunft, die Polizei provoziert hätten und dass es 15 Todesopfer gab.[737] In einem Bericht des Schweizer Konsulates wird hervorgehoben, dass unter den Umsiedlern in Galați auch viele Ukrainer und Russen waren, die in ihre Heimat zurück wollten. Es sei auf die an der Abfertigungsstelle Wartenden mit Maschinengewehren geschossen worden und vermutlich gebe es etwa Tausend Tote.[738] Am 1. Juli fand ein Pogrom in Dorohoi statt, bei dem 50 Juden umkamen.[739]

Diese Gewalttaten ereigneten sich zu einem Zeitpunkt, als in der Presse Sündenböcke für den Verlust der beiden Territorien konstruiert wurden. Die bereits gleichgeschalteten Zeitungen brachten Überschriften wie: „Juden in Bessarabien und der Bukowina misshandeln rumänische Soldaten" oder „Juden üben Verrat".[740] In der Zeitung „Universul" vom 1. Juli 1940 schrieb der Journalist Elefterie Negel, der seit den dreißiger Jahren gegen die Juden hetzte, dass Carol Steinberg und weitere Juden Listen zur Verhaftung rumänischer Amtsträger in Kischinew erstellt hätten.[741] Die Militärbehörden übernahmen diese Behauptung in ihren Tagesbericht

---

[735] Gheorghe Buzatu: Românii în arhivele Kremlinului. [Die Rumänen in den Archiven des Kremls]. București 1996, S. 225 und 227. Bei anderen Autoren sind es 15-18 Millionen. Vgl. Dobrinescu/ Constantin, Basarabia, S. 186.

[736] Radu Ioanid: The Holocaust in Romania. The Destruction of Jews and Gypsies Under the Antonescu Regime, 1940-1944. Chicago 2000, S. 41 und 61. Im Bericht der internationalen Kommission über den Holocaust ist von 300, vor allem jüdischen Opfern die Rede. Vgl. Report on the Holocaust in Romania. Executive Summary. Vgl. www.yadvashem.org/., S. 20.

[737] Dobrinescu/ Constantin, Basarabia, S. 183.

[738] Confidențial. București-Berna. Rapoartele diplomatice ale lui René de Weck 1940-1944 [Vertraulich. Bukarest-Bern. Die diplomatischen Berichte von René de Weck 1940-1944]. București 2002, S. 19f.

[739] Martiriul evreilor din România [Das Martyrium der Juden in Rumänien]. București 1991, S. 27f.

[740] Zit. n. Larry L. Watts: Carol and Antonescu. Attitudes towards the Use of Violence in Politics. In: Romanian Civilization, II(1993), 2, S. 17.

[741] Während des Boykotts der Waren aus dem Deutschen Reich 1933 hatte Negel im „Universul" verlangt, dass die Polizei gegen die jüdischen „Kommunisten" vorgehen müsste. Vgl. ANRM, 680, 1, 3406, S. 634.

vom 1. Juli 1940 und ergänzten sie damit, dass Steinberg Steine auf abziehende Soldaten geworfen hätte. 1942 hatte die Polizei von Kischinew auch Steinberg als Drahtzieher der Überfälle benannt, in anderen Orten waren es außer Juden auch Bulgaren, Ukrainer und Gagausen. Diese Berichte sind erneut seit 1994 ohne kritische Erörterung publiziert worden.[742] Rumänische Historiker übernehmen die Zuschreibung der Polizei, dass Steinberg und Flexor Kommunisten gewesen seien. Doch Steinberg war 1933 als Vertreter der Jüdischen Partei zum Vorsitzenden des Boykottkomitees gewählt worden und leitete seit 1935 die „Union Jüdischer Gemeinden". Die Polizei hatte ihm damals vor allem den Ausbau des zionistischen Sportgruppe „Makkabi" angelastet, weil diese als Selbstverteidigungsgruppe wirkte. Da diese Organisation wie auch andere zionistische Vereine in der Sowjetunion verfolgt wurden, dürfte sie wenig Sympathie für den Kommunismus gehabt haben. Auch von Flexor gibt es nur Hinweise auf seine Tätigkeit bei den Zionisten. Die Polizei bezeichnete ihn als „Suspekten" ohne konkreten Beleg. Da er 1946/47 Juden bei der Flucht aus der Sowjetunion half, dürfte er Zionist geblieben sein.[743] Die Polizei kannte nicht die Namen der im Juni 1940 aus der Sowjetunion eingeflogenen Agenten und nannte daher in ihren Berichten diejenigen, deren Tätigkeit sie vor 1940 observiert hatte.

Es soll aber nicht in Abrede gestellt werden, dass viele Juden angesichts ihrer Diskriminierung in Rumänien nur noch in der Sowjetunion eine berufliche Zukunft sahen. Davon zeugen die Tausenden Umsiedler aus Rumänien im Sommer 1940. Unter denjenigen, die in das sowjetische Bessarabien einreisen wollten, waren auch solche, die zuvor nicht als Linke in Erscheinung getreten waren. Als Umsiedler meldete sich etwa Moise Zipstein, der 1928 die Bauernpartei im Senat vertrat. Er hatte durch die Berufsverbote für Juden seine Druckerei in Bukarest aufgeben müssen.[744]

Da das Feindbild der Juden als Träger der kommunistischen Bewegung lange vor 1940 verbreitet war, glaubte nicht nur das breite Publikum, sondern auch der König die Schilderungen von Ausschreitungen jüdischer Kommunisten. Die Sicherheitspolizei hatte ihm jahrelang dieses Feindbild präsentiert. Zum Rückzug der rumänischen Armee notierte er

---

[742] Constantin Botoran/ Alesandru Duțu (Hrsg.): Al doilea război mondial. Situația evreilor din România [Der Zweite Weltkrieg. Die Lage der Juden Rumäniens], Bd. 1. Cluj 1994, S. 66 und 75; Constantin Hlihor: Represiunea sovietică în Basarabia 1940-1941 [Die sowjetische Repression in Bessarabien]. In: *Arhivele Totalitarismului*, IV, H. 11-12, S. 86-102.

[743] Zu 1933 vgl. ANRM, Fond 680, 1, 3406, A. 187f. und zu 1946/47 vgl. Pelin, Legendă, S. 25 und 87.

[744] Stoenescu, Armata, S. 89.

in sein Tagebuch: „Die Juden und Kommunisten haben sich auf schreck-
liche Weise benommen."[745]

Außer einem Teil der Juden unterstützten auch einige Rumänen, Ukrainer
und Russen im Sommer 1940 die Sowjetmacht. In Soroca beteiligten sich
mehrere rumänische Notabeln am Empfang für die Rote Armee, die zuvor Führungspositionen in der „Front zur Nationalen Wiedergeburt" hatten.[746] Der Erziehungsminister, Petre Andrei, vermerkte in seinem Tagebuch, nicht nur die Nachrichten von Übergriffen „der Juden" sondern
auch, welche rumänischen Schuldirektoren und Politiker aus der Nationalen Bauernpartei es vorzogen, in der Sowjetunion zu bleiben. Er fragte
sich: „So fern von uns war Bessarabien?"[747]

In der im Juli 1940 eingesetzten Regionalverwaltung dominierten Ukrainer und Russen.[748] Dennoch wird in vielen rumänischen Darstellungen
behauptet, dass in der Verwaltung vor allem Juden gearbeitet hätten. Auf
der politischen Ebene waren sie ohne Einfluss: Unter den 21 Delegierten
zum Obersten Sowjet vom August 1940 war ein Jude.[749]

Anfangs schien sich die Lage der Juden Bessarabiens zu verbessern: Die
sowjetischen Behörden errichteten jiddische Schulen und ermöglichten
einigen Juden wieder in ihren Berufen zu arbeiten, aus denen sie unter der
rumänischen Herrschaft ausgeschlossen worden waren. Aber bald begann
die Verfolgung all derjenigen sozialen Gruppen, die nun als „Klassen-
feinde" galten: Unternehmer, Kaufleute und Gutsbesitzer.[750] Mit besonders großer Akribie suchte der sowjetische Geheimdienst nach potentiellen politischen Gegnern, und darunter fielen sowohl Zionisten aller Strö-

---

[745] Auszüge aus den „Insemnări zilnice" [Tägliche Aufzeichnungen] von Carol II. vgl.
Stelian Neagoe (Hrsg.): Bătălia pentru Bucovina [Die Schlacht für Bessarabien]. Timişoara 1992, S. 175. Das Tagebuch gibt trotz der fehlenden Blätter einen Einblick in
die Ansichten des Königs, auch wenn er bei wichtigeren Ereignissen eigene Kommen-
tare unterließ. Vgl. Cornelius R. Zach: König Carol II. und Deutschland. Einige Bemerkungen am Rande seiner Tagebuch-Aufzeichnungen. In: Krista Zach/ Cornelius
R. Zach (Hrsg.): Modernisierung auf Raten in Rumänien. Anspruch, Umsetzung,
Wirkung. München 2004, S. 108.

[746] Darunter waren auch die ehemaligen Abgeordneten Gheorghe Lupaşcu und Petre
Sfecla, die 1924 die Willkürherrschaft in Bessarabien kritisiert hatten. Vgl. Buzatu:
Românii în archivele, S. 225; Stati, Istoria, S. 323.

[747] Andrei, Jurnal, , S. 95.

[748] Im neu organisierten Gebiet Bessarabiens und der Nordbukowina waren es 71 Ukrai-
ner und Russen sowie 4 Rumänen. Vgl. Anatol Petrencu: The Installation of the
Communist Regime in Moldavia between the Prut and Dniester Rivers. In: *Romanian
Civilization*, II(1993), 2, S. 33. Dazu auch: Elena Şişcanu: Basarabia sub regimul
bolşevic 1940-1952 [Bessarabien unter dem bolschewistischem Regime 1940-1952].
Bucureşti 1998, S. 46.

[749] Bulat, Basarabia, S. 174.

[750] Als Gutsbesitzer galten Bauern mit mehr als 15 ha Land. Vgl. Mircea Druc/ Alexandru Chiriac: Deportările din Basarabia 1940-1941, 1944-1951 [Die Deportationen aus
Bessarabien 1940-1941, 1944-1951]. In: *Arhivele Totalitarismului*, III(1995), 3, S. 11.

---

mungen als auch die Sozialdemokraten.[751] Die letzte Verschickung erfolgte am 13. Juni 1941, eine Woche vor dem sowjetischen Rückzug aus Bessarabien. Am selben Tag wurden auch viele Juden aus der Nordbukowina deportiert, unter ihnen war Herz Gilischenski vom Jüdischen Arbeiterbund, dessen Einsatz in Bessarabien erwähnt wurde. Von den Bessarabiern nenne ich nur den Journalisten Zalman Rozental, der maßgeblich an der Herausgabe der zionistischen Tageszeitung „Unzer Zeit" beteiligt gewesen war.[752] Die genaue Anzahl der jüdischen Deportierten aus Bessarabien und der Nordbukowina in sowjetische Lager ist bisher nicht ermittelt worden, die Schätzungen liegen zwischen 3.000 und 10.000.[753]

Die Vertreibung der Juden Bessarabiens 1941

Die größte Katastrophe für die Juden Bessarabiens war die Rückeroberung Bessarabiens durch die rumänische Armee im Juli 1941. Bereits im Juni 1941 hatte General Antonescu mit Hitler die „Säuberung" Bessarabiens, der Bukowina und Transnistriens von Juden und Russen abgesprochen.[754] Hitler hatte Antonescu als Zeichen seines Vertrauens den Befehl über alle vom rumänischen Territorium aus operierenden Einheiten anvertraut, also auch der 11. deutschen Armee.[755] Rumänische Sondereinheiten und die deutsche Einsatzgruppe D von Otto Ohlendorf töteten beim Einmarsch viele Juden in den Landgemeinden.[756] Danach wurden in den größeren Orten jene ermordet, welche die Gemeinden hätten organisieren können. Ein Bericht des deutschen Einsatzkommandos 11 aus Kischinew lautete lakonisch: „Einige Terror- und Sabotageorganisationen erfasst.

---

[751] In jenen Jahren gab es aber noch keine gegen die Juden als Ethnie gerichtete Politik in der Sowjetunion. Davon zeugt auch die Gründung des Jüdischen Antifaschistischen Komitees im April 1942. Vgl. Leonid Luks: Stalin und die „jüdische Frage" – Brüche und Widersprüche. In: Ders. (Hrsg.): Der Spätstalinismus und die jüdische Frage. Zur antisemitischen Wendung des Kommunismus. Köln/ Wien 1998, S. 276.

[752] Kissman, Zur Geschichte, S. 144; Șpitalnic, Evreii, S. 102.

[753] Levin, The Jews, S. 355-359.

[754] Der rumänische Botschafter in Berlin, Raoul Bossy, vermerkte Antonescus Aussage nach diesem Treffen in seinem Tagebuch am 11. Juni 1941: „Wenn einmal dieser Raum von Juden (pejorativ: „jidovi") und Russen gereinigt ist, beginnt die diplomatische Aktion zur Rückgewinnung des verlorenen Siebenbürgen." (Übers. M. H.) Vgl. Raoul Bossy: Jurnal (2 noiembrie 1940 – 9 iulie 1969) [Tagebuch. 2. November bis 9. Juni 1969]. București 2001, S. 52

[755] Nach dem ersten Widerstand schlug General von Schobert die konkreten Schritte vor. Vgl. Ion Gheorghe: Un dictator nefericit [Ein unglücklicher Diktator]. București 1996, S. 197

[756] Ancel: Contribuții, Bd 1., S. 123-125.

Führende Agenten erschossen."[757] In einigen Orten, wie zum Beispiel in Bălți, wo die rumänische Armeeführung die Exekution von 400 Juden angeordnet hatte, erhob ein deutscher Kommandeur Einspruch, weil „die technischen Vorbereitungen für die Durchführung des Planes unzulänglich waren".[758] Am 12. und 15. Juli 1941 erschoss ein Kommando der Einsatzgruppe D mehrere Juden und überließ danach der rumänischen Gendarmerie das Feld.[759]

Die Gendarmen trieben die bessarabischen Juden in Fußmärschen in Richtung Dnjestr. Jeder, der bei den Gewaltmärschen zurückblieb, wurde erschossen. Verpflegung gab es in den provisorischen Lagern auf freiem Feld nicht, Tausende kamen um.[760] Die Bukarester Leitung der „Föderation Jüdischer Gemeinden" bemühte sich im August vergeblich darum, die Versorgung der Vertriebenen in den Sammellagern Bessarabiens zu übernehmen. Das geschickte Geld verschwand.[761]

Auf Befehl der Militärverwaltung mussten alle Juden in Ghettos ziehen, das größte war das von Kischinew, das etwa 10.000 Personen auf engstem Raum erfasste.[762] Viele Juden wurden während der Zwangsarbeit erschossen oder starben im Ghetto an Mangelkrankheiten wie Typhus.[763] Die vorhergehende Konzentration der Juden sollte es den Vertretern der Rumänischen Nationalbank erleichtern, deren Wertgegenstände zu konfiszieren. Doch das Wachpersonal nahm die Möglichkeit zum Raub wahr, und noch Jahre später forschte eine Kommission nach dem verschwundenen Gold. Auch die Verpachtung der jüdischen Unternehmen kam weniger dem Staat zugute als Familienmitgliedern und Freunden des Leiters

---

[757] Zit. n. der deutschen Orginalkopie. Vgl. Yitzhak Arad/ Shmuel Krakowski/ Shmuel Spector (Hrsg.): The Einsatzgruppen Reports. New York 1989, im Vorspann ohne Seitenangabe.

[758] Zit. n. Andrej Angrick: Besatzungspolitik und Massenmord. Die Einsatzgruppe D in der südlichen Sowjetunion 1941-1943. Hamburg 2003, S. 165.

[759] Ebenda, S. 166f. Ein anderer Autor benannte die Wehrmachtssoldaten als die Mörder der Juden von Bălți. Vgl. I(on) C. Butnaru: The Silent Holocaust. Romania and its Jews. New York 1992, S. 107.

[760] Berichte über diese Vertreibung von Jaime Prutschi und Freda Rosenblat. Vgl. Felicia (Steigman) Carmelly (Hrsg.): Shattered! 50 Years of Silence. History and Voices of the Tragedy in Romania and Transnistria. Scarborough/ Toronto 1997, S. 349-376

[761] Matatias Carp (Hrsg.): Cartea Neagră. Suferințele evreilor din România 1940-1944 [Schwarzbuch. Die Leiden der Juden aus Rumänien 1940-1944], Bd 3. București 1996 (1. Auflage 1948). S. 117.

[762] Beim Einmarsch der ersten deutschen Einheiten waren nur noch 4.000 Juden in der Stadt, doch kehrten viele Flüchtlinge, die von den deutschen und rumänischen Truppen überrollt wurden, zurück. Vgl. Raul Hilberg: Die Vernichtung der europäischen Juden. Berlin 1982, S. 522.

[763] Paul A. Shapiro: The Jews of Chișinău (Kishinev): Romanian Reoccupation, Ghettoization, Deportation. In: Randolph L. Braham (Hrsg.): The Destruction of Romanian and Ukrainian Jews During the Antonescu Era. New York 1997, S. 151f.

der Behörde zur Rumänisierung.[764] Unter denjenigen Juden, die durch ihre guten Kontakte eine Sondergenehmigung bekamen und nicht nach Transnistrien mussten, war der Unternehmer Solomon Sur. Er hatte 1936 beim Innenministerium die Auflösung der „Union Jüdischer Gemeinden" verlangt und wurde im November 1941 als „guter Rumäne" eingestuft. Bei ihm und einigen anderen wurde vermerkt, dass sie Ausreisepapiere für Palästina hätten.[765]

Nachdem die rumänische Gendarmerie die ersten Hunderttausend Juden über den Dnjestr in das gerade eroberte Gebiet getrieben hatte, sperrte die Wehrmacht zwei Wochen lang die Brücken ab, da die Verbreitung von Epidemien durch diese völlig erschöpften Menschen unterbunden werden sollte. Die bereits vertriebenen Juden wurden teilweise zurückgeschickt. Diese Juden und die immer weiter eintreffenden Konvois aus dem Inneren Bessarabiens wurden in provisorischen Sammellagern am Dnjestrufer untergebracht, wo viele Juden an Mangelkrankheiten starben. Es gab keine Verpflegung und die Kolonnen waren unterwegs mehrfach ausgeplündert worden.[766]

Sicher war ein Teil der Juden Bessarabiens, deren Zahl 1930 noch über eine Viertelmillion betrug, vor dem Einmarsch der deutschen und rumänischen Einheiten in die Sowjetunion geflüchtet. Weil die deutschen Fronteinheiten sie nach Bessarabien zurückschickten, drängte General Antonescu am 16. August 1941 Hitler, sich an die Absprache bezüglich der Behandlung der „Ostjuden" zu halten. Noch im August wurden in Berlin zwei Entscheidungen gefällt: dass Rumänien einen Teil des südukrainischen Gebietes als Besatzungsgebiet erhalten sollte und dort zuvor möglichst viele Juden vernichtet würden. Die Einsatzgruppe D sollte laut eines „Führerbefehls" nicht mehr nur verdächtige Männer, sondern alle Juden unterschiedslos töten. Die Teilkommandos begannen nachweislich um den 20. August in Jampol, auch jüdische Frauen und Kinder zu töten. Es handelte sich um Orte am Dnjestrufer, die nicht mehr zu Bessarabien gehörten.[767]

Den umfassenden Befehl zur „Gesamtliquidierung der Juden im Osten" hatte Heinrich Himmler am 15. August bei seiner Teilnahme an einer E-

[764] Ancel, Contribuţii, S. 206-211.
[765] ANRM, 680, 1, 3686, S. 156 sowie ANRM, 706, 1, 22, S. 37-40, Zitat S. 37.
[766] Ancel, Contribuţii, S. 143-199. Der moldauische Historiker Iziaslav E. Levit schrieb, dass zwischen Juli und November etwa 50.000 Juden umkamen. Vgl. I(ziaslav) E. Levit: Pepel prošlogo stučit v naši serdca. Cholokost [Der Rauch der Vergangenheit erreicht unsere Herzen. Der Holocaust]. Kišinev 1997, S. 7.
[767] Peter Longerich: Politik der Vernichtung. Eine Gesamtdarstellung der nationalsozialistischen Judenverfolgung. München 1998, S. 291f. und 386f.

xekution in Minsk überbracht. Er sagte, dass er und Hitler die Verantwortung übernähmen.[768]

Nach dem Vertrag zwischen den deutschen und rumänischen Militärführern vom 30. August 1941 wurde Transnistrien, das Gebiet zwischen Dnjestr und südlichem Bug, rumänisches Besatzungsgebiet. Die in diesem Gebiet ansässigen Juden wurden zum großen Teil in den darauffolgenden Monaten umgebracht. Seit dem 8. Oktober 1941 wurden dorthin auch die Juden aus Bessarabien und der Nordbukowina deportiert, 1942 auch einige aus Altrumänien sowie Roma. Bei der Zählung vom 20. Mai 1942 gab es in Bessarabien nur noch 227 Juden, sie galten als „für die Kriegsführung wichtig".[769]

Was Antonescus „Heiliger Krieg" bedeutete, war allen Mitgliedern seiner Regierung bekannt. Am 6. Oktober 1941 hatte er dem Ministerrat berichtet, dass es nur mehr 10.000 Juden in Bessarabien gebe und diese nun über den Dnjestr vertrieben würden, „und wenn die Umstände es erlauben jenseits des Ural".[770] Der Gouverneur begründete die Deportationen mit angeblichen Angriffen von Juden auf die rumänische Armee 1940 und ihre Kollaboration mit den sowjetischen Behörden.[771]

Der Versuch der Ghetto-Leitung von Kischinew, während der Transporte auf die verzweifelte Lage der Juden aufmerksam zu machen, bewirkte wenig: Im Oktober 1941 gelangte der Anwalt Abraham Schapira, getarnt in der Uniform eines rumänischen Offiziers, bis Bukarest und informierte die Führung der „Föderation Jüdischer Gemeinden". Diese wiederum wandte sich über Mittelsleute an die Berater des Königs, die Botschaften neutraler Staaten und das Rote Kreuz. Doch es gab keine Hilfe. Schapira kehrte zurück und kam einige Monate später in Transnistrien um.[772]

Eine Folge des Hilferufs war der Appell von Wilhelm Filderman, dem Vorsitzenden der Jüdischen Föderation, an Ion Antonescu am 19. Oktober. Antonescu war Schulkollege von Filderman gewesen und antwortete in einem offenen Brief. Darin begründete er den Deportationsbefehl mit den angeblichen Angriffen der Juden Bessarabiens auf die rumänische Armee beim Rückzug 1940 und erneut bei ihrem Einmarsch im Juli

---

[768] Diese Aussage machten Beteiligte bei einem Prozess 1962. Vgl. Ralf Ogorreck: Die Einsatzgruppen und die „Genesis der Endlösung". Berlin 1996, S. 181.

[769] Andrej Angrick: Rumänien, die SS und die Vernichtung der Juden. In: Mariana Hausleitner/ Brigitte Mihok/ Juliane Wetzel (Hrsg.): Rumänien und der Holocaust. Zu den Massenverbrechen in Transnistrien 1941-1944. Berlin 2001, S. 124-134.

[770] Zit. n. Shapiro: The Jews, S. 165.

[771] ANRM, 706, 1, 22, S. 5.

[772] Ancel, Contribuții, S. 216ff.; Safran, Resisting the Storm, S. 79-83; Arnold Schwefelberg: Amintirile unui intelectual evreu din România [Erinnerungen eines jüdischen Intellektuellen aus Rumänien]. București 2000, S. 128.

1941.[773] Durch die Publikation des Briefes von Ion Antonescu erfuhr die Öffentlichkeit etwas über die Vertreibung. Aber selbst jüdische Intellektuelle in Bukarest glaubten die von den Zeitungen verbreitete Version, dass die rumänischen Truppen bei den Kämpfen um Odessa im Herbst 1941 hohe Verluste erlitten, weil dort 100.000 aus Bessarabien geflohene Juden Widerstand leisteten.[774] Auch der französische Botschafter in Bukarest ging in seinem Bericht davon aus, dass sehr viele Juden aus Kischinew geflohen seien. Er schilderte auch die Ausschreitungen gegen die im Ghetto konzentrierten Juden.[775]

Nachdem die rumänische Armee Bessarabien und die Nordbukowina eingenommen hatte, empfahl Iuliu Maniu, der Führer der verbotenen Nationalen Bauernpartei, in einem Brief an Ion Antonescu, dass die Militärverwaltung bald durch eine aus lokalen Kräften ersetzt werde. Bessarabien dürfe nicht, wie von vielen vorangegangenen Regierungen, als „Kolonie" behandelt werden, denn das habe zur Entfremdung geführt. Maniu warnte auch vor Ausschreitungen gegenüber den Nichtrumänen. Er sprach sich gegen einen Vorstoß über den Dnjestr aus, weil sonst die Rückgabe Nordsiebenbürgens unmöglich würde. Die ungarischen Politiker dürften keinen Auftrieb erhalten, die behaupteten, dass Rumäniens Lebensraum östlich der Karpaten sei.[776] Antonescu ignorierte nicht nur Manius Warnung bezüglich der Politik in Bessarabien. Die rumänische Armee stieß bis zum Asowschen Meer vor und erlitt besonders bei Stalingrad sehr große Verluste.[777]

Die Anzahl der in Bessarabien und Transnistrien während des Zweiten Weltkrieges umgekommenen Juden ist schwer zu bestimmen. Außer der Viertelmillion bessarabischen Juden, die 1930 gezählt wurde, sollen seit Juni 1940 aus Rumänien 150.000 Menschen, größtenteils Juden, nach Bessarabien und in die Nordbukowina eingewandert sein.[778] Wie vielen Juden die Flucht mit der Roten Armee Ende Juni 1941 gelang, ist nicht

---

[773] Beide Briefe in: Lya Benjamin: Prigoană şi rezistenţă în istoria evreilor din România 1940-1944 [Verfolgung und Widerstand in der Geschichte der Juden Rumäniens 1940-1944]. Bucureşti 2001, S. 375-386.

[774] Mihail Sebastian: „Voller Entsetzen, aber nicht verzweifelt. Tagebücher 1935-1944. Hrsg. Edward Kanterian. Berlin 2005, S. 556.

[775] Carol Iancu: La Shoah en Roumanie. Les Juifs sous le régime d'Antonescu (1940-1944). Documents diplomatiques français inédits. Montpellier 2000, S. 158.

[776] Ion Calafeteanu (Hrsg.): Iuliu Maniu – Ion Antonescu. Opinii şi confruntări politice 1940-1944 [Iuliu Maniu – Ion Antonescu. Meinungen und politische Auseinandersetzungen]. Cluj 1994, S. 75-80.

[777] Zu den Folgen der Zerschlagung von zwei rumänischen Armeen in Stalingrad für das Verhältnis der Bündnispartner vgl. Gerhard L. Weinberg: Eine Welt in Waffen. Die globale Geschichte des Zweiten Weltkriegs. Stuttgart 1995, S. 307 und 499.

[778] Ion Constantin: România, marile puteri şi problema Basarabiei [Rumänien, die Großmächte und das Problem Bessarabiens]. Bucureşti 1995, S. 103.

bekannt. Da nur Wehrdienstleistende und Arbeiter einiger Großbetriebe evakuiert wurden, dürften es nicht viele gewesen sein.[779] Nach der Befreiung der Juden aus den Lagern in Transnistrien im März 1944 kamen nur mehr wenige nach Bessarabien zurück. Viele Männer wurden zur Roten Armee eingezogen, daher ließen sich viele nicht registrieren. Nach 1945 setzte eine Auswanderungswelle ein. Die Zahl der jüdischen Opfer in Bessarabien, der Bukowina und Transnistrien schätzen Historiker auf 250.000 bis 410.000.[780]

Ion Antonescu legitimierte die Deportation 1942 damit, dass die Bevölkerung Bessarabiens von den Juden befreit werden musste, weil diese mit den sowjetischen Behörden kollaboriert hätten. Er ließ eine Publikation erstellen, in der die Schädlichkeit der Juden das Hauptthema ist und aus der in den neunziger Jahren in Rumänien öfters zitiert wurde.[781] „Das befreite Bessarabien" stellte die Juden als „Parasiten" dar, die sich widerrechtlich eine zentrale Rolle im Wirtschaftsleben angeeignet hätten.[782] Den Juden wurde unterstellt, dass sie an der Deportation von 100.000 Menschen unter der sowjetischen Herrschaft, die zu 97% Rumänen gewesen seien, mitgewirkt hätten. Sie seien maßgeblich an der Leitung der Kriegsgerichte beteiligt gewesen. Unter den namentlich erwähnten Kollaborateuren wurde der Anwalt Carol Steinberg angeführt.[783] 1942 wurde in Kischinew eine Ausstellung gezeigt, in der die Verbrechen des NKVD (Volkskommissariat des Inneren) herausgestellt wurden.[784]

Es gibt noch Historiker in Rumänien, welche die Verantwortung für die ermordeten Juden wie bereits in der kommunistischen Ära vor allem

---

[779] Zu den Betriebsverlagerungen vgl. Andrei Eşanu: Chişinău. File de istorie [Kischinew. Aspekte der Geschichte]. Chişinău 1998, S. 66. Zur Anzahl der Juden 1942 vgl. Krista Zach: Die Juden Rumäniens zwischen Assimilation und Auswanderung, in: Edgar Hösch/ Gerhard Seewann (Hrsg.): Aspekte ethnischer Identität. München 1991, S. 282.

[780] Ancel nennt mit 410.000 die höchste Anzahl, darunter rechnet er 140.000 aus Bessarabien und der Bukowina, die restlichen aus Transnistrien. Vgl. Jean Ancel: Transnistria [Transnistrien], Bd 3. Bucureşti 1998, S. 300f. Dagegen schätzt Ioanid vom Holocaust Memorial in Washington ihre Anzahl auf insgesamt 250.000. Vgl. Radu Ioanid: The Holocaust in Romania. Chicago 2000, S. 289. Die Kommission über den Holocaust gibt im Endbericht 280.000 bis 380.000 jüdische Opfer für die Gebiete unter rumänischer Verwaltung an. Vgl. Report on the Holocaust in Romania. Executive Summary. Vgl. www.yadvashem.org/., S. 31.

[781] Botoran/ Duţu (Hrsg.), Al doilea război mondial, S. 66 und 75.

[782] Guvernământul Basarabiei: Basarabia dezrobită. Drepturi istorice, neleguiri bolşevice, înfăptuiri româneşti [Das befreite Bessarabien. Historische Rechte, bolschewistisches Unrecht, rumänische Errungenschaften]. Bucureşti 1942, S. 54.

[783] Ebenda, S. 93-96. Auf die Gründe, die gegen seine Zusammenarbeit mit den sowjetischen Behörden sprechen, habe ich hingewiesen.

[784] Bulat, Basarabia, S. 190.

deutschen Einheiten oder rumänischen Einzelpersonen zuschreiben.[785] Doch inzwischen liegen auch Bücher mit Dokumenten vor, welche die Planung der Deportationen durch den rumänischen Generalstab belegen. Autoren, welche den Generalstab entlasten wollen, publizieren aus den Archiven des Verteidigungsministeriums jene Akten, die angelegt wurden, um die Ausschreitungen rumänischer Armee-Einheiten beim Rückzug 1940 zu legitimieren. Auf diese Weise tauchte wieder als ein Sündenbock der seit 1942 in rumänischen Publikationen nicht mehr erwähnte Carol Steinberg auf: „Steinberg organisierte den Terror gegen die Rumänen mit befreiten Häftlingen und der jüdischen Jugend".[786] Dieses Beispiel steht für andere, bei denen die Autoren die planmäßig durchgeführten Vernichtungsaktionen der rumänischen Armee an den Juden als Folge jüdischer Übergriffe umdeuten.

Seit Oktober 2004 liegt der Bericht einer Kommission über den Holocaust in Rumänien vor, die der Staatspräsident Rumäniens 2003 initiiert hatte. Die Historiker aus Rumänien, Israel, Deutschland und den USA stellen darin den Forschungsstand zu dieser Thematik vor. Der umfangreiche Bericht ist vorerst nur im Internet zugänglich, soll aber in Rumänien publiziert werden.[787]

---

[785] So meint Giurescu, man könne nicht der rumänischen Armee Verbrechen anlasten, die bestimmte „Personen oder Einheiten" begangen haben. Vgl. Dinu C. Giurescu: România în al doilea război mondial [Rumänien im Zweiten Weltkrieg]. București 1999, S. 168.

[786] Constantin Hlihor (Hrsg.): Armata Roşie în România. Documente [Die Rote Armee in Rumänien. Dokumente]. București 1995, S. 28.

[787] Report on the Holocaust in Romania. Vgl. www.yadvashem.org/.

5. Kontakte zwischen Deutschen und Juden und ihr Scheitern

Von der Annäherung zur Abgrenzung

Verglichen mit der österreichischen Bukowina lassen sich nur wenige Kontakte zwischen den Deutschen und Juden in Bessarabien feststellen. Zur Charakterisierung unterteile ich sie in drei Phasen von unterschiedlicher Dauer: von der Ansiedlung bis 1917, von 1918 bis 1933 und von 1933 bis 1940.

In der ersten Phase gab es nur punktuelle Kontakte zwischen Deutschen und Juden in Bessarabien. Da anders als in der Bukowina bei der Ansiedlung Wert auf national einheitliche Dörfer gelegt worden war, lebten die Deutschen völlig abgeschottet in ihren Ortschaften im Süden. Aufgrund ihrer Privilegien verhinderten die Kolonisten bis 1871 zumeist den Zuzug von Fremden in die Gemeinden.[788] Auch danach konnte die Gemeindeversammlung noch Einspruch gegen die Niederlassung von Fremden erheben. Weil die Modernisierung nur langsam voranschritt, waren vor 1917 die Handwerker und Kaufleute, die in den deutschen Orten gebraucht wurden, zumeist Deutsche. Viele Bauern betätigten sich in den Wintermonaten als Handwerker. Die Bevölkerung der Kolonien bestand 1890 aus 43.582 Deutschen und 2.927 Juden.[789]

Deutsche zogen selten in die seit Anfang des 20. Jahrhunderts kontinuierlich anwachsenden Städte. Diejenigen Männer, die kein Land erbten, blieben im Umkreis der deutschen Orte Bessarabiens oder in deutsche Kolonien auf der Krim und im Kaukasus. Da die meisten Deutschen in ländlichen Gebieten lebten, waren die konfessionellen Bindungen stark.[790] Aufgrund des evangelischen Glaubens heirateten Deutsche nur selten Partner aus anderen Ethnien.[791] Deutsch-jüdische Ehen, wie es sie besonders in Czernowitz häufig gab, sind aus Bessarabien kaum bekannt. Das

---

[788] Uhlig, Die bessarabische Frage, S. 50.

[789] Brandes, Von den Zaren, S. 462.

[790] Schmidt, Die Deutschen, S. 328.

[791] Die Nationalsozialisten gaben den Anteil der „Mischehen" in Bessarabien mit nur 2% an und hoben hervor, dass diese Frauen aus den deutschen Orten weggezogen waren. Einige meldeten sich aber zur Umsiedlung. Vgl. Gerhard Wolfrum (Hrsg.): Der Zug der Volksdeutschen aus Bessarabien und dem Nord-Buchenland. Berlin 1942, S. 16.

lag vor allem daran, dass in der Bukowina die Situation der Juden besser war: Sie hatten seit 1848 volle Bürgerrechte und galten als deutsche Kulturträger. Zusammen mit den Deutschen bildeten sie wichtige Institutionen wie den Theater- und den Musikverein in Czernowitz. In Bessarabien hatten die Juden bis 1917 keine politischen Rechte und waren aus vielen Berufszweigen ausgeschlossen. Dort besuchten Deutsche wie Juden seit den 1880er Jahren Schulen, deren Unterricht zunehmend russifiziert wurde. Doch von Akkulturation an die russischen Kreise konnte nur bei einer kleinen Schicht von städtischen Deutschen die Rede sein. Es handelte sich um Offiziere, Beamte, Ärzte und Rechtsanwälte, die zumeist in Kischinew lebten.[792] Bei den Juden, die größtenteils Städter waren, hinterließ die Russifizierung weitaus mehr Spuren. Zwar gab es wenige Ehen mit Russen aufgrund der von Tradition geprägten Beziehungen. Viele gebildete Juden schätzten jedoch die russische Kultur, weil sie diese mit dem Aufbruch aus ihrer engen Welt verbanden.

Berührungspunkte zwischen Deutschen und Juden kamen vor allem in zwei Krisensituationen zustande. Über den Einsatz des deutschen Bürgermeisters von Kischinew, Karl Schmidt, während und nach dem Pogrom von 1903 wurde berichtet. Die Flucht einiger Juden in deutsche Ortschaften während der Pogrome von 1905 deutet auf ein entspanntes Verhältnis hin. Das kann auf die religiöse Grundeinstellung, aber auch auf eine wachsende Nachfrage nach den Diensten von Ärzten und Kaufleuten zurückgeführt werden. Da Deutsche und Juden während des Ersten Weltkrieges von Diskriminierung betroffen waren, begrüßten ihre Vertreter den Sturz des Zaren. Unmittelbar nach der Februarrevolution bekamen die Deutschen und Juden die Möglichkeit, ihre Vorstellungen von kultureller Autonomie in die Praxis umzusetzen. Die deutschen und jüdischen Schulen wurden von der Zemstvo-Verwaltung subventioniert. Diese Regelung konnte durchgesetzt werden, weil es um ein Anliegen größerer Gruppen in Südrussland ging, das Zentrum der Politik war Odessa. Die Juden waren in den Städten Bessarabiens an den revolutionären Umbrüchen aktiv beteiligt, viele unterstützten die Sozialrevolutionäre, den sozialdemokratischen Jüdischen Arbeiterbund oder die liberalen Kadetten (Konstitutionell-Demokratische Partei). Die meisten hatten auf die gesamtrussische Konstituante gesetzt, welche die Bolschewisten auflösten. Dagegen waren viele Deutsche, die ihr Leben dem Bodenerwerb gewidmet hatten, verunsichert durch die Agitation für eine radikale Umverteilung des Bodens und gingen auf Distanz zum Umbruch. Über die Haltung der Deutschen in den Städten ist wenig bekannt. Jedenfalls gab es einige

---

[792] In Kischinew lebten kurz vor der Umsiedlung etwa 250 Deutsche, davor waren es noch weniger. Vgl. Schmidt, Die Deutschen, S. 31.

Unterstützer der neuen Ideen wie den Bürgermeister von Kischinew Alexander Schmidt.

Die zweite Phase beginnt 1918 mit dem Anschluss Bessarabiens an Rumänien, der unterschiedlich wahrgenommen wurde. Auch wenn in Kischinew die Vertreter der Juden und Deutschen gleichermaßen kein Votum für den Anschluss abgaben, stellte sich ihre Situation bald unterschiedlich dar. Die Deutschen begrüßten die Vertreibung marodierender Deserteure durch die Armee Rumäniens. Die deutschen Großbauern, die über 100 ha Land besaßen, reagierten erst bei der Durchführung der Agrarreform 1920 mit Unmut.

Dagegen sahen die Juden 1918/19 einer ungewissen Zukunft entgegen, weil in Rumänien die breite Mehrheit der Juden staatenlos war und ihnen daher viele Berufssparten verschlossen waren. Die Einbürgerung gelang zwar aufgrund des Drucks der Pariser Friedenskonferenz, die Rumänien Bestimmungen zum Minderheitenschutz auferlegte. Diese wurden jedoch bereits in den 20er Jahren schrittweise unterlaufen, indem das Schulwesen rumänisiert und der Aktivitätsradius der Kulturvereine der Minderheiten beschränkt wurde. In Bessarabien war die Lage durch den Ausnahmezustand besonders prekär, jede Kritik an den Verhältnissen wurde unterbunden: Er war von 1918 bis 1928 in Kraft. Obwohl der Druck auf die Gemeindestrukturen der Deutschen und Juden zunahm, kämpften die Vertreter jeder Gruppe nur in Kooperation mit Vertretern ihrer Ethnie aus anderen Teilen Großrumäniens. Es können im Wesentlichen drei Gründe angeführt werden, um den Unterschied zur Lage in der Bukowina, wo Vertreter der Deutschen und Juden gemeinsam ihre Schulen, Vereine und Genossenschaften verteidigten, zu erklären.

Erstens fehlte in Bessarabien eine legale Sozialdemokratie, die wie in der Bukowina als Brückenglied zwischen den Vertretern der Nichtrumänen hätte wirken können.[793] Jakob Pistiner vom Jüdischen Arbeiterbund vertrat als Abgeordneter von Czernowitz die Interessen aller Nichtrumänen an autonomen Strukturen. In Bessarabien dagegen war der „Arbeiterbund" nicht zugelassen. Auch die „Kulturliga" wurde ständig von der Polizei als „bolschewistisch" verfolgt. Von ihnen konnten die Deutschen keine Hilfe erwarten.

Zweitens gab es einen grundlegenden Unterschied zur Bukowina, wo alle Volksschulen verstaatlicht worden waren. Das war in Bessarabien nur bei den deutschen Volksschulen der Fall. Viele Juden besuchten dagegen nichtstaatliche Schulen, und daher trafen sie die Auswirkungen der Rumänisierung erst mit dem Gesetz über die Privatschulen von 1925.

---

[793] Zum Beispiel bei den Wahlen von 1927 bekamen die Sozialdemokraten insgesamt 50.059 Stimmen, von denen 16% auf die Bukowina und 0,5% auf Bessarabien entfielen. Vgl. Jurca, Socialdemocraţia, S. 72.

Drittens war die räumliche Situation unterschiedlich. Während in der Bukowina in den Städten Deutsche und Juden lebten, erschwerte in Bessarabien die Entfernung eine Kontaktaufnahme: Oberpastor Haase aus Tarutino traf den in Kischinew ansässigen Oberrabbiner Zirelsohn und andere bessarabische Abgeordnete vermutlich nur im Bukarester Parlament. Trotzdem ist schwer zu erklären, warum Haase nicht den jüdischen Abgeordneten Michel Landau aus Bessarabien unterstützte, als dieser seit 1925 entschieden gegen die Rumänisierung der Privatschulen auftrat. Das Gesetz des Unterrichtsministers beschnitt auch die Rechte der beiden deutschen Mittelschulen in Tarutino und der Lehrerbildungsanstalt in Sarata, die der evangelischen Kirche unterstanden. Vermutlich setzte Haase auf das Versprechen des Ministerpräsidenten Ion I. C. Brătianu, der Zugeständnisse als Dank für den freiwilligen Einsatz der Deutschen gegen die Aufständischen in Tatar Bunar im Parlament angeboten hatte. Doch auch als diese nicht zustande kamen und Landau mehrere Interpellationen zu den Privatschulen vorlegte, gab es keine Kooperation. 1931 gewann Landau für einen Gesetzentwurf, der selbstverwaltete Schulen vorsah, die Unterstützung mehrerer ukrainischer und bulgarischer Vertreter sowie von sechs Sozialdemokraten und vierzehn Abgeordneten der Bauernpartei. Der Deutsche Hans Hedrich unterschrieb diesen ebenfalls, doch Haase schloss sich nicht an.[794] Dabei war Selbstverwaltung eine Voraussetzung für die von Haase angestrebte Übernahme der deutschen Schulen durch die Kirche.

Auch bei einem weiteren Vorstoß von Landau hätte es eine Übereinstimmung der Interessen gegeben. 1929 kritisierte Landau im Parlament, dass nur rumänische Genossenschaften staatliche Subventionen erhielten, nicht aber die der Minderheiten. Die deutschen Genossenschaften in Bessarabien erholten sich gerade vom Bankrott und hätten Unterstützung nötig gehabt. Ihre Leitung hatte Otto Broneske übernommen, der sie nach dem Vorbild der „Selbsthilfe" in Siebenbürgen umstrukturierte. Vermutlich kam für ihn schon damals aus ideologischen Gründen eine Kooperation mit Juden nicht in Frage.

Obwohl in den 20er und 30er Jahren deutsche und jüdische Genossenschaften teilweise in denselben Orten wirkten, gibt es kaum Hinweise auf das Verhältnis ihrer Träger zueinander. Es sollen nur zwei Orte erwähnt werden, in denen es Anfang der 30er Jahre deutsche und jüdische Genossenschaften mit relativ ähnlichen Profilen gab. In Tarutino bestand ein jüdischer Verbund sowie die Zentrale des „Wirtschaftsverbandes" zwischen 1921 und 1931.[795] Auch in Bairamcea (Bairamtscha) gab es einen

---

[794] Gesetz-Projekt aus parlamentarischer Initiative. In: *Ostjüdische Zeitung* vom 4.2.1931.

[795] ANRM, 680, 3406, 1. Bd., S. 267.

deutschen und einen jüdischen Verein. Dort lebten 831 Russen, 805 Juden und 72 Deutsche. Bekannt war der Ort durch seinen Pferdemarkt, der vorwiegend in jüdischer Hand war. Da nichts Negatives über die Austauschbeziehungen zwischen Deutschen und Juden erwähnt wird, dürften sie entspannt gewesen sein.[796]

In der letzten Phase nach 1933 grenzten sich die Deutschen und Juden immer stärker gegenseitig voneinander ab. Dafür gab es verschiedene Gründe, wobei endogene und exogene Faktoren nicht zu trennen sind.

Die Radikalisierung innerhalb der deutschen Verbände ging von jungen Leuten aus, die Kontakte mit dem Deutschen Reich hatten. Die Ausbildungskurse im Deutschen Reich waren ein Hoffnungsanker angesichts der zunehmenden beruflichen Diskriminierung der Deutschen in Großrumänien. Die Stipendiaten konnten aus der patriarchalisch geprägten Welt ausbrechen und wurden bei ihrer Rückkehr als „Deutschländer" hoch geschätzt.[797] Über Radiogeräte erreichte die Propaganda vom wirtschaftlichen Aufschwung des Deutschen Reiches die entferntesten Kolonien. Auch erhielten die deutschen Verbände seit 1933 verstärkt unentgeltlich Presseorgane aus dem Deutschen Reich. Die deutschsprachigen Zeitungen in Bessarabien publizierten keine kritischen Berichte über die Gleichschaltung, wie sie in Siebenbürgen und dem Banat gelegentlich noch zu finden waren. Die finanzielle Unterstützung aus dem Deutschen Reich ließ den Einfluss der Antisemiten nach 1933 schnell wachsen. Jede Gruppe versuchte sich gegenüber den auswärtigen Dienststellen als noch eifrigere Anhänger des Nationalsozialismus zu profilieren. Die Konkurrenz verhinderte ein gemeinsames Vorgehen und verschaffte dem rumänischen Staat bessere Eingriffsmöglichkeiten. Die politisch interessierten Deutschen bildeten drei Richtungen: Die meisten unterstützen die „Volksgemeinschaft" von Otto Broneske, die sich seit 1934 bemühte, auch die Konservativen zu integrieren. Wenige Anhänger hatte die Deutsche Volkspartei/ DVR um Artur Fink. Doch sie arbeitete zeitweise mit der agilen Gruppe um Robert Koch zusammen, die sich 1937 der „National-Christlichen Partei" anschloss. Eine so weitgehende Integration in eine rumänische Partei hatte es zuvor nie gegeben. Kochs Anhänger forderten zusammen mit rumänischen, russischen und bulgarischen Antisemiten die Vertreibung der Juden aus dem Wirtschaftsleben und die Aufteilung ihres Bodeneigentums.[798] Ein großer Teil der Deutschen in Bessarabien kümmerte sich aber nicht um diese Organisationen und ging seiner Arbeit in der Landwirtschaft nach.

---

[796] Schimke/ Isert, Halle, S. 45.

[797] Darauf verwiesen ältere Deutsche aus Bessarabien bei Befragungen. Vgl. Schmidt, Die Deutschen, S. 337.

[798] Zum Programm der Partei von Goga und Cuza vgl. Iancu, Evreii, S. 206.

Auffällig ist, dass es auch bei den Juden um 1934 zu einer starken Polarisierung zwischen den politischen Strömungen kam. Obwohl bis dahin die Vertreter aller Strömungen in den genossenschaftlichen Strukturen kooperierten und bei der Boykott-Kampagne gemeinsam auftraten, distanzierte sich der Oberrabbiner Zirelsohn 1934 von seinen ehemaligen Mitstreitern. Er warf ihnen kommunistische Sympathien vor. Zirelsohn und die Honoratioren der Gemeinde waren von Linken und Zionisten kritisiert worden, weil ein zu geringer Anteil der Gemeindeabgaben (Sondersteuer für koscheres Fleisch) sozialen Projekten zugute kam.

Anfang der 1930er Jahre formulierten Anhänger der Deutschen Volkspartei und radikale Juden denselben Vorwurf an die jeweiligen Honoratioren: Sie würden sich nicht ausreichend um soziale Belange kümmern. Eine Sondersteuer zugunsten der Schulen wurde abgelehnt. Viele Juden und Deutsche waren wegen den Auswirkungen der Weltwirtschaftskrise unzufrieden mit den Abgaben an die Gemeinde und ihrer Verteilung. Die Ablösung jener Führer, die noch von der russischen Zeit geprägt waren und die auf eine Verhandlungspolitik mit den staatlichen Stellen gesetzt hatten, erfolgte bei beiden Ethnien um 1934. Nach der Verdrängung der deutschen Konservativen wurden Juden in Arzis, Sarata und Tarutino tätlich angegriffen. Einige deutsche Jugendliche konnten jüdische Händler und Ärzte verjagen, weil sowohl die Ortsbewohner wie auch die Gendarmen wegschauten. In der Bukowina gab es solche Exzesse nicht, doch die Verdrängung der Honoratioren erfolgte ebenfalls 1934/35, und daraus entwickelten sich die drei Strömungen, die für Bessarabien skizziert wurden.[799]

Die neuen Kräfte agierten erstmalig während der Boykott-Kampagne öffentlich. Statt der Interpellationen der Honoratioren wurden nun neue Aktionsformen gefunden. Die radikalen Juden organisierten Demonstrationen, Kundgebungen, Streiks und Belagerungen von Kinos. Auch einige Deutsche versuchten einen Boykott jüdischer Geschäfte durchzuführen, und durch diese Aktionen begannen sie sich mit dem Deutschen Reich und dem Nationalsozialismus zu identifizieren. Bei den Juden lösten Linke und Zionisten die ältere Generation ab und die Zukunftsvisionen wurden ebenfalls zunehmend jenseits der rumänischen Grenzen gesucht, in Palästina oder in der Sowjetunion. Damit waren jene Führer der beiden Ethnien, die noch im Russischen Reich die Verhandlungspolitik erlernt hatten, verdrängt worden. Weil die Nationalliberalen seit 1934 wieder die Maßnahmen zur Rumänisierung verschärften, konnte diese Generation keine Erfolge mehr vorweisen. Die Vertreter der Nichtrumänen mussten

---

[799] Die Verdrängung der Honoratioren um 1934 erfolgte dort nicht nur in den Vereinen der Deutschen, sondern auch in denen der Juden und Ukrainer. Vgl. Hausleitner, Die Rumänisierung, S. 269-275, 280-285 und 295-301.

zunehmend Unterstützung von außen suchen, wodurch sie in eine prekäre Lage kamen. Die Juden wandten sich an den World Jewish Congress, dessen Intervention von 1938 hatte jedoch für Rumänien nur eine kurze Wirkung. Seit 1940 orientierte sich die rumänische Außenpolitik nur noch am Deutschen Reich. Die Unterstellung der deutschen Minderheiten unter die Volksdeutsche Mittelstelle brachte zwar eine Rückendeckung gegenüber der rumänischen Regierung. Doch sie wurden zu Befehlsempfängern degradiert und ihre Interessen denen der rassistischen Umbaupläne des Deutschen Reiches untergeordnet.

Wahrnehmung der Juden durch die Deutschen

Befragt nach ihrem Verhältnis zu jüdischen Nachbarn geben Deutsche aus Bessarabien heute ein Bild der Harmonie wieder: Sie erwähnen nicht nur den Besuch derselben Schulen, sondern auch Freundschaften. Als Kinder hatten sie die Kinder der jüdischen Nachbarn besucht. Die Aussage, dass sich bis zur Boykott-Aktion gegen Hitlers Politik jüdische Geschäftsleute gerne mit deutschen Kunden unterhalten hätten, dürfte stimmen.[800]
In den 1970er Jahren wurde das Verhältnis in Publikationen der Landsmannschaft noch anders dargestellt. Hier seien nur zwei Zitate angeführt. So wird bezüglich Arzis Folgendes berichtet: „Im Gegensatz zum Handwerk, das größtenteils in deutschen Händen war, wurde der Handel vorwiegend von fremdstämmigen, in der Hauptsache von jüdischen Kaufleuten betrieben."[801] Und Richard Baumgärtner, der 1932 in der „Selbsthilfe" aktiv war, schrieb: „Den Beruf eines Bauern übten nur ganz wenige Juden aus, die durch Organisationen des Zionismus für diesen Beruf angeworben wurden und sich, wie zum Beispiel in Lambrowka, mit mehr oder weniger Erfolg mit Weinbau beschäftigten. (...) Es sind nur allzu viele Fälle bekannt geworden, in denen Gois, die bei den Juden Geld geliehen hatten, sich durch Zinsen von 24, 36 und mehr Prozent finanziell ‚zu Tode' bezahlten."[802]
War das ein Nachklang der nationalsozialistischen Propaganda oder wurden damit vorhandene Probleme angesprochen?
Ein unverdächtiger Zeuge ist der Journalist Heinrich Block aus Kischinew, der für liberale Zeitungen wie die „Prager Presse" schrieb. Auch er betonte, dass fast der gesamte Handel und die Banken Bessarabiens in jü-

---

[800] Schmidt, Die Deutschen, S. 329-331.
[801] Ziebart, Arzis, S. 99.
[802] Richard Baumgärtner: Bessarabien und seine Völkerschaften. In: *Heimatkalender Bessarabien*. Hannover 1972, S. 82.

dischen Händen seien.[803] Statistiken belegen weitere Disproportionen: 1923 waren von insgesamt 279 Eigentümern industrieller Betriebe nur 36 rumänischer Herkunft und 202 waren Juden.[804] Die Volkszählung von 1930 ermittelte, dass 77,4% der Juden vom Handel lebten.[805] Doch selbst Otto Broneske, der langjährige Führer der „Volksgemeinschaft", schrieb in den 1970er Jahren, dass Juden oft Deutschen einen Vorschuss auf ihre Ernte zahlten, weil ein gegenseitiges „Vertrauensverhältnis" bestand.[806]

Der in Bessarabien verglichen mit anderen Landesteilen besonders starke Einfluss jüdischer Geldverleiher war vor allem eine Folge der Abtrennung vom Russischen Reich. Bis 1918 hatten mehrere große russische Banken Filialen in Bessarabien. Nachdem diese Banken geschlossen wurden, eröffneten rumänische Banken nur zögernd Filialen, denn die Ausgabe von Krediten in diese völkerrechtlich nicht abgesicherte Provinz galt als Risiko. Daher waren private Geldverleiher gefragt und arme Bauern konnten sich auf diese Weise Bargeld beschaffen. Einige jüdische Intellektuelle erkannten dieses Problem, das auch Handwerker und kleine Kaufleute hatten. Sie bauten mit Unterstützung von ausländischen jüdischen Organisationen das Genossenschaftsnetz auf. Die deutschen Genossenschaften erhielten bis 1933 kaum Förderungen von außen. Sie standen 1925 vor dem Bankrott und erholten sich nur langsam davon. Die hohen Zinsen privater Geldverleiher sind belegt und sie dürften in Bessarabien durch die fehlende Konkurrenz besonders angestiegen sein. Nach Angaben eines Amerikaners entsprachen aber Zinsen bis zu 40% den durchschnittlichen Bedingungen in Rumänien.[807] Dass unter den Geldverleihern in Bessarabien viele Juden waren und einige die Not der Bauern besonders in den Krisenjahren ausnutzten, mag wohl stimmen. Angesichts des raschen Preisverfalls, der mit Niedrigangeboten auf dem Weltmarkt verbunden war, dürften viele Kreditnehmer sich ausgeplündert gefühlt haben. Vorschüsse auf die nächste Ernte waren problematisch in

[803] Heinrich Block: Bessarabien. In: *Zeitschrift für Geopolitik*, H. 9, 1925, S. 637. Die Polizei observierte den Journalisten Block ständig, weil er nicht nur für russische Zeitungen in Bessarabien schrieb, sondern auch für Publikationen in Prag und Litauen. Vgl. ANRM, 680, 3428, S. 412 und 443.

[804] Ioan Scurtu: Les minorités nationales de Roumanie entre 1918-1925. In: *Romanian Journal of International Affairs* 2(1996), H. 1-2, S. 91-101.

[805] Anton Golopenția: Populația evreiască a țării în lumina recensământului din 1930 [Die jüdische Bevölkerung des Landes im Licht der Volkszählung von 1930]. In: Institutul Central de Statistică: Recensământul României din 1941. București 1941, S. 247.

[806] Broneske, Deutsches Schicksal, S. 28.

[807] Charles U. Clark: România Unită [Vereintes Rumänien]. București 2001, S. 94. In Bessarabien hatten die Bauern 33,5% der Schulden bei Privatleuten und Zinsen bis zu 60% waren in Rumänien üblich. Vgl. Vasile Bozga: Criza agrară în România dintre cele două războaie mondiale [Die Agrarkrise in Rumänien in der Zwischenkriegszeit]. București 1975, S. 153 und 161.

Zeiten des Preisverfalls: 1930 war nur noch 30% des Weizen- und Mais-
preises von 1929 und bei Roggen nur 50% zu erhalten.[808] Viele Bauern
realisierten lediglich einen Bruchteil der erwarteten Einkünfte und mussten ständig neues Geld leihen, um die Steuern zu zahlen.

Die Propaganda der rumänischen und deutschen Antisemiten lastete das
wachsende soziale Elend den Machenschaften der Juden an. So wurde
behauptet, dass die Deutschen lange einen großen Teil ihres Gewinns an
jüdische Zwischenhändler verloren hätten. Erst durch den genossenschaftlichen Zusammenschluss wäre es gelungen, das jüdische Monopol
im Getreidehandel zu brechen.[809]

Der rumänische Staat hätte durch eine Förderung von Volksbanken und
Genossenschaften die Disproportionen in Bessarabien beseitigen können.
Doch nach 1918 ging es nicht um Modernisierung durch eine Vielfalt von
Initiativen, sondern um „Rumänisierung". Die Regierung unterstützte vor
allem rumänische Verbände. Als Begründung diente die Behauptung,
dass nur durch solche Sonderregelungen eine „rumänische Mittelschicht"
entstehen könne.

Unterschiede in der staatlichen Minderheitenpolitik

Die Legitimation von Sonderrechten mit dem Hinweis auf eine zu schwache russische oder rumänische Mittelschicht ist eine Schöpfung des 20.
Jahrhunderts. Der russische Staat hatte die Ansiedlung der Deutschen im
19. Jahrhundert gefördert, weil sie ein bis dahin nur zur extensiven Vieh-
zucht genutztes Gebiet in kurzer Zeit umwandeln konnten: Es wurde ein
Schwerpunkt des Getreideexportes. Auch der Zuzug vieler jüdischer
Händler, welche die landwirtschaftlichen Erzeugnisse aufkauften und
vermarkteten, wurde dort weniger behindert als in anderen Landesteilen.
Es bildeten sich aber unausgewogene soziale Strukturen heraus, die seit
Ende des 19. Jahrhunderts zu Spannungen und schrittweisen Beeinträch-
tigungen führten. Den Deutschen wurde vorgeworfen, dass sie zuviel
Land aufkauften und den Juden, dass sie den Handel dominieren würden.
Die Eingriffe des Staates behinderten zwar beide Minderheiten in ihrer
Entfaltung, schufen aber keine russische Mittelklasse in Bessarabien.

Auf den ersten Blick gibt es Gemeinsamkeiten zwischen der Politik der
Russifizierung und der Rumänisierung in Bessarabien, weil sie sich ähn-
licher Mittel bediente: Die Schulen der Minderheiten wurden geschlossen
und die kulturellen Vereine sowie Genossenschaften in ihrer Arbeit behindert. Es gibt aber wesentliche Unterschiede. Die ersten Maßnahmen
zur Russifizierung erfolgten in Bessarabien im Rahmen des Modernisie-

---

[808] Clark, România, S. 96.
[809] Pampuch, Heimkehr, S. 22 und 32.

rungsschubs in den 1870er Jahren. Damals wurden die autonomen Strukturen der deutschen Kolonisten und jüdischen Gemeinden beschnitten, um sie in ein neues Verwaltungssystem einzugliedern. Innerhalb der Zemstvo fanden beide Gruppen Möglichkeiten ihre lokalen Interessen einzubringen. Doch in der Duma in St. Petersburg hatten Deutsche und Juden keinen Einfluss. Sie konnten sich nicht wehren, als russische Organisationen mit antisemitischer und antideutscher Propaganda Mitglieder mobilisierten. Innerhalb des russischen Bürgertums gab es Kräfte, die sich für Gleichberechtigung einsetzten, sie hatten den stärksten Einfluss in der Revolution von 1905 und unmittelbar nach der Februarrevolution. In diesen Phasen wirkten Juden aus Bessarabien in russischen Parteien und Verbänden. Auch Vertreter der Deutschen nahmen an Kongressen diverser Räte teil, bis diese 1918 durch die Armee Rumäniens aufgelöst wurden.

Die Maßnahmen zur Rumänisierung seit den 20er Jahren wurden auch als Mittel zur Modernisierung der Strukturen in Großrumänien ausgegeben. Doch die Bukarester Eliten wollten nur ihre Macht in den neu angeschlossenen Gebieten verankern. Die dort ausgeprägtere politische Partizipation der Bevölkerung an der lokalen Verwaltung wurde als Bedrohung und nicht als Vorbild gesehen. Obwohl beim Anschluss Bessarabiens der Fortbestand des Landesrates garantiert worden war, wurde er zusammen mit der Zemstvo im November 1918 aufgelöst. Die selbstverwalteten Schulen wurden den zentralen Ministerien untergeordnet, damit ihr Personal ausgetauscht werden konnte. Gegen die Zerschlagung der selbstverwalteten Arbeiterversicherung wehrten sich im Generalstreik von 1920 besonders die Gewerkschaften in den ehemaligen Habsburger Gebieten.[810] Da in Bessarabien der Ausnahmezustand herrschte (er wurde nur zwischen 1928 und 1933 aufgehoben), konnten sich die Organisationen der Minderheiten nicht so entfalten wie in anderen Landesteilen. Jede Ethnie versuchte mühsam Angriffe auf ihre Institutionen durch Verhandlungen abzuwehren. Die gemeinsame Plattform, die in der Bukowina die drei deutschen Tageszeitungen schufen, fehlte. Zwar bildeten die russischen Tageszeitungen in Bessarabien eine Gegenöffentlichkeit, doch die konnte mit dem Bolschewismus-Verdacht leichter ausgeschaltet werden als die in der Bukowina. Die deutschen Zeitungen in Bessarabien konzentrierten sich vor allem auf regionale Belange. Die jiddische Tageszeitung „Unzer Zeit" konnten Deutsche aufgrund der hebräischen Schrift-

---

[810] Dort hatte die Sozialdemokratie noch Einfluss bewahren können, weil sie Vertreter in internationalen Organisationen hatte: So war der Bukowiner jüdische Abgeordnete Pistiner auch Leitungsmitglied der Sozialistischen Internationale. In Bessarabien wurden durch den Ausnahmezustand alle Vertreter der Linken und sogar der Bauernpartei als „Bolschewisten" verfolgt. Für sie traten im westlichen Europa wenige Unterstützer ein.

zeichen nicht lesen. Während in der Bukowina Nichtrumänen mit gemeinsamen Aktionen auf die Einschränkungen reagierten, kapselten sich die Organisationen in Bessarabien stärker ab.

Die Mehrheit der Bevölkerung Bessarabiens waren Bauern, die sich kaum um die staatliche Politik kümmerten und hart arbeiten mussten, um zu überleben. Durch Bildung hätten die präkapitalistischen Denk- und Verhaltensmuster auf dem Land dynamisiert werden können.[811] Es wurde zwar einiges getan, um die riesige Anzahl von Analphabeten in Bessarabien zu verringern: Ihr Anteil fiel von 85% im Jahre 1897 auf 62% im Jahre 1930.[812] Dieser Erfolg betraf vor allem die rumänische Bevölkerung, denn Juden und Deutsche hatten bereits vor 1918 kaum Analphabeten. Im Landesdurchschnitt gab es 43%.[813]

Die neuen Volksschulen waren zumeist dadurch zustande gekommen, dass die Schulen der Minderheiten in rumänische Institutionen umgewandelt wurden. Den Deutschen wurden die Gebäude entzogen, die aus Gemeindemitteln entstanden waren. Es stieg in Bessarabien nicht nur die Zahl rumänischer Volksschulen, sondern auch die Anzahl rumänischer Schüler an Lyzeen zwischen 1918 und 1938 um 30%. Viele von ihnen wollten auch Hochschulen besuchen. Die Verlagerung der Landwirtschaftlichen Hochschule sowie der Theologischen Fakultät von Iaşi nach Kischinew schuf aber neue Probleme, weil die Absolventen nicht in eine sich differenzierende Gesellschaft aufgenommen werden konnten. Gerade die Theologische Fakultät mit ihren 700 Studenten wurde zur Hochburg der Antisemiten. Die Juden wurden zum Sündenbock gemacht, weil die traditionellen Strukturen zerfielen, ohne dass neue Perspektiven für Jugendliche entstanden.[814]

Unter „Rumänisierung" verstanden rumänische Politiker, dass sie den besser ausgestatteten Minderheiten ihre Institutionen entzogen und mit staatlichen Mitteln vor allem rumänische Einrichtungen förderten. Die Deutschen und Juden setzten sich seit den 20er Jahren dafür ein, ihre Anstalten zumindest als Privatschulen und teilweise mit Unterstützung aus

---

[811] Vor dieser Aufgabe standen die Führungseliten vieler südosteuropäischer Staaten, vgl. Holm Sundhaussen: Alphabetisierung und Wirtschaftswachstum in den Balkanländern in historisch-komparativer Perspektive. In: Norbert Reiter/ Holm Sundhaussen (Hrsg.): Allgemeinbildung als Modernisierungsfaktor: Zur Geschichte der Elementarbildung in Südosteuropa von der Aufklärung bis zum Zweiten Weltkrieg. Wiesbaden 1994, S. 23.

[812] Solomon, Identitate, S. 165.

[813] Vlad Georgescu: Istoria românilor [Die Geschichte der Rumänen]. Bucureşti 1992 (3. Auflage), S. 218.

[814] Der Theologieprofessor Constantin Tomescu rief im August 1937 zum Ausschluss der Juden aus den staatlichen Bildungseinrichtungen und zur Vertreibung jüdischer Richter auf. Die Juden hätten sich in Bessarabien wie „Insekten" vermehrt. Vgl. ANRM, 680, 3810, Bd. 1, S. 557.

dem Ausland weiterführen zu können. Sie schufen sich Netzwerke, die bis zu den Krisenjahren 1930/31 die Schulen, Wohltätigkeitsvereine und Genossenschaften trugen. Doch diese Initiativen, die der Staat nur schwer kontrollieren konnte, waren den Behörden suspekt. Mit dem Hinweis, dass die Minderheiten nicht loyal seien, wurde die Arbeit in ihren Institutionen ständig behindert.

Die Behauptung, dass es zwischen 1918 und 1940 einen zweiten Modernisierungsschub in Bessarabien gab, lässt sich kaum belegen. Die angeführten Wachstumsraten in der Industrie beweisen nur, dass von einem niedrigen Stand in dieser Region ausgegangen wurde.[815] Auch in der Landwirtschaft wurde trotz der radikalen Agrarreform kein Durchbruch erzielt. Die zugeteilten Parzellen waren zu klein, um das Überleben der großen Bauernfamilien zu sichern. Die Abwanderung in die Städte vollzog sich langsam, weil dort wenige neue Arbeitsplätze entstanden. Die Bauern nahmen die Stadt weiterhin als fremde Welt wahr. Sie galt als Ort, wo die Preise manipuliert wurden und woher die Steuereintreiber kamen.[816] Wenn man die Ergebnisse der Volkszählungen von 1897 und 1930 vergleicht, ist ein Anwachsen der städtischen Bevölkerung von 293.332 auf 370.971 zu verzeichnen. Während das Wachstum für 33 Jahre relativ gering ist, erstaunt die veränderte ethnische Struktur. 1897 waren die Anteile der Ethnien: 37,2% Juden, 24,2% Russen, 15,8% Ukrainer, 14,2 Moldauer/ Rumänen und der Rest andere. 1930 dagegen führten die Rumänen mit 31,5%, gefolgt von Russen mit 26,8%, Juden mit 26,6% und an vierter Stelle Ukrainer mit nur 5,2%.[817] Dass durch den Zuzug von Staatsangestellten aus anderen Landesteilen der rumänische Anteil sprunghaft angestiegen war, ist ein Ausdruck der Rumänisierung. Die starke Reduzierung der Ukrainer dürfte weniger mit Abwanderung zu erklären sein, als damit, dass sich viele 1930 als Rumänen ausgaben.

Dass die neuen rumänischen Angestellten in der Verwaltung Bessarabiens nicht den ihrer Anzahl entsprechenden Nutzen brachten, hielten ausländische Beobachter fest.[818] Nicht nur Sprecher der Minderheiten sondern auch viele rumänische Politiker aus Bessarabien wurden von der Bukarester Elite nicht akzeptiert. Dimitrie Bogos wehrte sich 1938 gegen das verbreitete Vorurteil, Bessarabien sei „bolschwistisch".[819] Das rumänische Parlament war nicht in der Lage, Fehlentwicklungen in den neuen Provinzen zu korrigieren. Kritische Zeitgenossen bezeichneten den Par-

---

[815] Moraru, Istoria, S. 204-215; Nistor, Istoria, S. 321f.

[816] Fruntaşu betont, dass der Wechsel von der „Gemeinschaft" zur „Gesellschaft" noch nicht vollzogen wurde. Vgl. Fruntaşu, O istorie, S. 133.

[817] Solomon, Identitate, S. 160, 161, 171 und 172.

[818] Prost, Destin, S. 146.

[819] Bogos, La răspântie, S. 183.

lamentarismus als „Parodie", so der Publizist Constantin Mille kurz vor seinem Tod im Januar 1927. Er war der Herausgeber von zwei demokratischen Zeitungen und Mitbegründer der „Liga für Menschenrechte".[820] In solchen staatsunabhängigen Organisationen wirkten sehr wenige Personen. Die Parteien hatten weder eine stabile Mitgliederbasis noch eine institutionalisierte Struktur. Einige waren nur Interessenvereinigungen zur Verwaltung von Macht und Einfluss.[821] Die Macht übte eine kleine, in sich gespaltene Führungsschicht aus, wobei dem König die Aufgabe zukam, die Gegensätze auszugleichen.[822]

Diejenigen, die sich in Rumänien als Bürgertum verstanden, hatten ihren Besitz mittels des Staatsapparates und der Nationalbank erworben. Nach 1918 war ihr zentrales Anliegen, die Konkurrenz in den neu angeschlossenen Gebieten auszuschalten. Weil in Altrumänien einige Juden im Wirtschaftssektor großen Einfluss hatten, suchten die Bukarester Politiker mit deren Sprechern in den 20er Jahren einen Modus Vivendi. Die Bukarester „Föderation Jüdischer Gemeinden" hielt die Orientierung der Juden an der rumänischen Kultur für eine Selbstverständlichkeit und setzte sich nicht für die kulturelle Autonomie der russisch-, deutsch-, jiddisch- und ungarischsprachigen Juden in den neu angeschlossenen Gebieten ein. Dagegen waren die Interessen der nichtrumänischen Juden für die „Jüdische Partei" ein zentrales Anliegen und sie hatte besonders viele Anhänger in Bessarabien.

Seit Mitte der 30er Jahre strebte die Regierung der Nationalliberalen die Marginalisierung der Nichtrumänen im Wirtschaftssektor an. Die Propaganda der Antisemiten, dass die sozialen Probleme Rumäniens durch eine Enteignung der Juden zu lösen seien, fasste nun auch in den Parteien der Mitte Fuß. Die staatlichen Behörden förderten gezielt nur noch Bürger rumänischer Herkunft. Es wurde behauptet, dass nur durch die Ausgrenzung der Nichtrumänen eine rumänische Mittelschicht geschaffen werden könnte.[823] Die in den 20er Jahren verbreitete Vorstellung, dass größere staatliche Investitionen neue Arbeitsmöglichkeiten schaffen würden, war mit der Weltwirtschaftskrise aufgegeben worden. Nun ging es nur noch um Verteilungskämpfe. Mit der Benachteiligung der wirtschaftlich be-

---

[820] Tiberiu Avramescu: Constantin Mille. Tinereția unui socialist [Constantin Mille. Die Jugend eines Sozialisten]. București 1973, S. 398.

[821] Dieselbe Situation war auch in anderen Staaten Südosteuropas anzutreffen. Vgl. Holm Sundhaussen: Institutionen und institutioneller Wandel in den Balkanländern aus historischer Perspektive. In: Johannes Chr. Papalekas (Hrsg.): Institutionen und institutioneller Wandel in Südosteuropa. München 1994, S. 35-54.

[822] Im Vergleich mit dem westeuropäischen Parlamentarismus der Zwischenkriegszeit bezeichnet Heinen Rumänien als „gelenkte Demokratie". Vgl. Heinen, Die Legion, S. 482.

[823] Stephen Fischer-Galati: Jew and Peasant in Interwar Romania. In: *Nationalities-Papers*, 16(1988), 2, S. 204; Hitchins, Rumania, S. 340f.

sonders aktiven Juden wurde das Ziel der Modernisierung aufgegeben und durch „Rumänisierung" ersetzt. Unter der Losung „Rumänisierung" begann der Staat ab 1937 schrittweise mit der Enteignung der Juden. Parallel dazu verloren viele die Staatsbürgerschaft, damit dieser Prozess ohne Gegenwehr ablaufen konnte. Seit 1941 war die Behörde für „Rumänisierung" für die Verteilung des Eigentums von deportierten und ermordeten Juden an Rumänen zuständig.

Seit 1940 hatte sich in Rumänien die Vorstellung durchgesetzt, dass eine Konsolidierung des Staates nicht möglich sei, wenn an seinen Grenzen unzufriedene Minderheiten lebten. Kurz nach der Evakuierung Bessarabiens im Juli 1940 verkündete der nationalliberale Ministerpräsident Gheorghe Tătărescu, dass die Minderheitenfrage nur durch Bevölkerungsaustausch zu lösen sei. An Stelle der irredentistischen Minderheiten sollten Rumänen aus den Nachbarländern zurückgeführt werden.[824]

Die Nachbarländer zeigten kein Interesse an dieser Lösung und bis zum deutschen Angriff auf die Sowjetunion im Juni 1941 hatte Rumänien kein Territorium zur Verfügung, wohin die unerwünschten Minderheiten deportiert werden konnten. General Antonescu verkündete im Oktober 1941, dass nur homogene Staaten stark seien und deshalb während des Krieges die Gelegenheit für die ethnische „Purifizierung" genutzt werden müsse. Durch die Vertreibung aller Juden und Slawen wollte er die Zugehörigkeit Bessarabiens zu Rumänien langfristig sichern.[825] Selbst ehemalige Anhänger der Nationalen Bauernpartei waren nun eifrig dabei, diese „Homogenisierung" zu organisieren. Der Direktor des Zentralen Statistischen Amtes, Sabin Manuilă, legte einen Plan vor, der die Vertreibung von 3,5 Millionen Nichtrumänen aus Rumänien vorsah. Während Ungarn, Serben und Bulgaren aus Rumänien noch gegen auswärtige Rumänen ausgetauscht werden sollten, nannte Manuilă die Deportation von Juden und Roma „einseitigen Transfer".[826] Seine Behörde begann auch mit der Registrierung einiger verstreuter Rumänen im deutschen Besat-

[824] Gheorghe Tătărescu: Evacuarea Basarabiei şi a Bucovinei de Nord [Die Evakuierung Bessarabiens und der Nordbukowina]. In: Mihai Adauge/ Alexandru Furtună (Hrsg.): Basarabia şi basarabenii. Chişinău 1991, S. 308-309.

[825] Lya Benjamin: Definiţia rasială a calităţii de evreu în legislaţia din România 1938-1944 [Die rassistische Definition des Juden in der Gesetzgebung Rumäniens 1938-1944]. In: *Anuarul Institutului de Istorie Cluj*, 33(1995), S. 133.

[826] Anexa [Anhang] zu: Sorina Bolocan/ Ioan Bolocan: Problemele demografice ale Transilvaniei între ştiinţă şi politică 1920-1945 [Demografische Probleme Siebenbürgens zwischen Wissenschaft und Politik 1920-1945]. In: Camil Mureşan (Hrsg.): Transilvania între medieval şi modern [Siebenbürgen zwischen Mittelalter und Moderne]. Cluj 1996, S. 129-131.

zungsgebiet in der Ukraine. Die ersten wurden bereits 1942 in die ehemals von Deutschen bewohnten Kolonien in Bessarabien gebracht.[827]

Auch in Bessarabien, wo fast die Hälfte der Bevölkerung Nichtrumänen waren, verbreitete sich die Idee einer national homogenen Gemeinschaft. Pantelimon Halippa, der sich als Leitungsmitglied der Nationalen Bauernpartei in den 1920/30er Jahren für die Rechte der Nichtrumänen in Bessarabien eingesetzt hatte, wollte 1942 nur noch in seiner „rumänischen Familie" leben. Er forderte nach der Vertreibung der Juden, dass nun auch die Russen, Ukrainer, Bulgaren und Gagausen Bessarabien verlassen müssten.[828] Er setzte sich in der von ihm herausgegebenen Zeitung „Viaţa Basarabiei" (Das Leben Bessarabiens) für die Förderung rumänischer Kultur im besetzten Transnistrien ein.[829]

Nachdem im Sommer 1942 weitere Bukowiner Juden nach Transnistrien deportiert worden waren, gelang es im Herbst durch Interventionen und große Geldspenden die Deportation der Juden aus dem westrumänischen Banat in deutsche Konzentrationslager aufzuschieben.[830] Nachweise über die Planung dieser Deportationen in den Distrikt Lublin finden sich in den Unterlagen des Auswärtigen Amtes.[831] Im September 1943 sollte die Aussiedlung von fast einer Million Ukrainer und Russen beginnen. Aufgrund der militärischen Niederlage der deutschen und rumänischen Verbände an der Ostfront wurde dieser mörderische Plan jedoch nicht mehr umgesetzt.

Nach 1944 wurden die Fachleute der „ethnischen Homogenisierung" erneut gebraucht. Als Leiter des Zentralen Instituts für Statistik wirkte Sabin Manuilă an der Planung der Deportation der Deutschen aus Rumänien zur Zwangsarbeit in die Sowjetunion mit. 1947 konnte er sich in die USA in Sicherheit bringen.[832] Viele Politiker aus Bessarabien dagegen verpass-

---

827 Viorel Achim: Proiectul guvernului de la Bucureşti vizind schimbul de populaţie româno-ruso-ucrainian (1943) [Das Projekt der Bukarester Regierung den rumänisch-russisch-ukrainischen Bevölkerungsaustausch betreffend]. In: *Revista istorică*, XI, 5-6. Bucureşti 2000, S. 403 und 408.

828 Halippa, Publicistică, S. 171f.

829 Halippa, Publicistică, S. 151-153.

830 Zur Millionenspende des Unternehmers Baron Franz von Neumann vgl. Victor Neumann: Istoria evreilor din România. Studii documentare şi teoretice [Die Geschichte der Juden in Rumänien. Empirische und theoretische Studien]. Timişoara 1996, S. 226-227. Insgesamt zur Tätigkeit der verbotenen Föderation Jüdischer Gemeinden vgl. Leni Yahil: Die Shoah. Überlebenskampf und Vernichtung der europäischen Juden. München 1998, S. 476-479.

831 Hans-Jürgen Döscher: Das Auswärtige Amt im Dritten Reich. Diplomatie im Schatten der „Endlösung". Berlin 1987, S. 251f.; Longerich, Politik, S. 522f.

832 Sein Stellvertreter Anton Golopenţia und andere Mitarbeiter des Instituts wurden bei Verhören in den Jahren 1950/51 zur Tätigkeit in Transnistrien vernommen. Vgl. An-

ten den Zeitpunkt zur Flucht. Hier soll stellvertretend nur Pantelimon Halippa erwähnt werden, der bis 1933 mehrmals Minister oder Staatssekretär in Großrumänien war: Seit 1950 saß er im Gefängnis von Sighet. 1952 wurde er an die Sowjetunion ausgeliefert und war bis zur Amnestie von 1955 in sibirischen Lagern. Als er mit 72 Jahren nach Rumänien zurückkehrte, wurde er erneut für zwei Jahre inhaftiert.[833]

---

ton Golopenția: Ultima carte [Das letzte Buch]. Hrsg. Sanda Golopenția. București 2001.

[833] Colesnic, Generația, S. 225-226.

Archivbestände

Nationalarchiv der Republik Moldau/ Arhiva Naţională a Republicii Moldova (ANRM), Kischinew/ Chişinău

Fonds 39, Kišinevskij Okružnyj Sud [Kreisgericht von Kischinew], 1048.
Fonds 680, Inspectoratul General de Poliţie şi Siguranţă [Generalinspektor der Polizei und Sicherheit], Inventar 1, Dosar 3167.
Fonds 680, 1, 3168.
Fonds 680, 1, 3186.
Fonds 680, 1, 3189.
Fonds 680, 1, 3256.
Fonds 680, 1, 3406.
Fonds 680, 1, 3407.
Fonds 680, 1, 3428.
Fonds 680, 1, 3686.
Fonds 680, 1, 3708.
Fonds 680, 1, 3810, Bd. 1 und Bd. 2.
Fonds 706, Guvernământul Basarabiei [Gouvernement Bessarabien], Inventar 1, Dossier 22.
Fonds 706, 1, 555, Bd. 1.

Staatliches Archiv des Czernowitzer Bezirks/ Deržavnyj Archiv Černivs'koï oblasty (DAČO), Czernowitz/ Černivci, Ukraine

Fonds 38, Chestura Poliţiei/ Biroul Siguranţei [Polizeihauptamt/ Büro der Sicherheit], op. 1, 10958, S. 106-125.

Politisches Archiv des Auswärtigen Amtes (PA des AA), Berlin

Fonds Deutsche Gesandtschaft Bukarest, Kulturpolitik, R 60183 (1932), R 60184 (1933), R 60185 (1933), R 60186 (1934), R 60187 (1934), R 60188 (1934) u. R 60190 (1935).

Periodika

Aufgeführt werden hier nur diejenigen, deren ungezeichnete Artikel in der Bibliographie nicht aufscheinen.

Deutsche Zeitung Bessarabiens, Tarutino, Jahrgänge 1919-1940.
Ostjüdische Zeitung, Czernowitz, Jahrgänge 1928-1938.
Deutschtum im Ausland, Stuttgart, Jahrgänge 1938-1940.

Bibliographie

Achim, Viorel: Proiectul guvernului de la Bucureşti vizînd schimbul de populaţie româno-ruso-ucrainian (1943) [Das Projekt der Bukarester Regierung den rumänisch-russisch-ukrainischen Bevölkerungsaustausch betreffend]. In: *Revista istorică*, 11 (2000), H. 5-6, S. 395-421.

Ádám, Magda: Richtung Selbstvernichtung. Die Kleine Entente 1920-1938. Budapest 1988.

Ádám, Magda/ Litvan, György/ Ormos, Mária (Hrsg.): Documents diplomatiques français sur l'histoire du bassin de Carpates 1918-1932, Bd. 1. Budapest 1993.

Adams, Arthur E.: Bolsheviks in the Ukraine. The Second Campaign 1918-1919. New York/ London 1973 (2. Auflage).

Adauge, Mihai/ Furtună, Alexandru (Hrsg.): Basarabia şi basarabenii [Bessarabien und die Bessarabier]. Chişinău 1991.

Agrigoroaiei, Ion: România interbelică [Rumänien in der Zwischenkriegszeit]. Bd. 1. Iaşi 2001.

Agrigoroaiei, Ion: Probleme ale integrării Basarabiei în cadrul României întregite [Probleme der Integration Bessarabiens im Rahmen des vereinigten Rumäniens]. In: Solomon, Flavius/ Zub, Alexandru (Hrsg.): Basarabia. Dilemele identităţii [Bessarabien. Die Dilemmas der Identität]. Iaşi 2001, S. 165-174.

Aly, Götz: „Endlösung". Völkerverschiebung und der Mord an den europäischen Juden. Frankfurt a. M. 1995.

Ancel, Jean: Transnistria [Transnistrien], Bd. 3. Bucureşti 1998.

Ancel, Jean: Contribuţii la istoria României. Problema evreiască 1933-1944 [Beiträge zur Geschichte Rumäniens. Die jüdische Frage 1933-1944], Bd. 1. Bucureşti 2001.

Ancupov, (Ivan) A.: Russkoe naselenie Bessarabii i levoberežnogo Podnestrov'ja v konce XVIII-XIX v. [Die russische Bevölkerung am linken Dnjestrufer vom Ende des 18.-19. Jh.]. Kišinev 1996.

Andrei, Petre: Jurnal, memoralistică, corespondenţă [Tagebuch, Erinnerungen, Korrespondenz]. Iaşi 1993.

Angrick, Andrej: Rumänien, die SS und die Vernichtung der Juden. In: Hausleitner, Mariana/ Mihok, Brigitte/ Wetzel, Juliane (Hrsg.): Rumänien und der Holocaust. Zu den Massenverbrechen in Transnistrien. Berlin 2001, S. 113-138.

Angrick, Andrej: Besatzungspolitik und Massenmord. Die Einsatzgruppe D in der südlichen Sowjetunion 1941-1943. Hamburg 2003.

Arad, Yitzhak/ Krakowski, Shmuel/ Spector, Shmuel (Hrsg.): The Einsatzgruppen Reports. New York 1989.

Arbore, Zamfir: Basarabia în secolul al XIX-lea [Bessarabien im 19. Jahrhundert]. Bucureşti 1898.

Argetoianu, Constantin: Lupta contra comunismului [Der Kampf gegen den Kommunismus]. In: *Arhivele Totalitarismului*, II(1994), 1-2, S. 114-134.

Arimia, Vasile/ Ardeleanu, Ion/ Cebuc, Alexandru (Hrsg.): Istoria Partidului Naţional Ţărănesc. Documente 1926-1947 [Die Geschichte der Nationalen Bauernpartei. Dokumente 1926-1947]. Bucureşti 1994.

Armon, Theodor: „Enemies" and „Traitors" – Aspects of the Antisemitism of the Iron Guard. In: *Romanian Jewish Studies*, I(1987), H. 1, S. 67-76.

Armon, Theodor: The Economic Background of Antisemitism in Romania between the World Wars: C. Z. Codreanu and the Jewish Trade 1918-1940. In: *Shvut. Studies in Russian and East European Jewish History and Culture*, 1-2. 1995, S. 296-331.

Avramescu, Tiberiu: Constantin Mille. Tinereţia unui socialist [Constantin Mille. Die Jugend eines Sozialisten]. Bucureşti 1973.

Babel, Antony: La Bessarabie. Étude historique, éthnographique et économique. Paris 1926.

Babilunga, Nikolaj. B./ Bomeško, Boris G.: Pažin' din istorija plaiuluj natal [Skizzen aus der Geschichte des Heimatgebietes]. Tiraspol 1997.

Baberowski, Jörg: Der Rote Terror. Die Geschichte des Stalinismus. München 2003.

Badrus, Nadia: Das Bild der Siebenbürger Sachsen über die Juden. In: Gündisch, Konrad/ Höpken, Wolfgang/ Markel, Michael (Hrsg.): Das Bild des Anderen in Siebenbürgen. Stereotype in einer multiethnischen Region. Köln/ Weimar/ Wien 1998, S. 85-108.

Bahr, Richard: Deutsches Schicksal im Südosten. Hamburg 1936.

Balling, Mads: Von Reval bis Bukarest. Statistisch-biographisches Handbuch der Parlamentarier der deutschen Minderheiten in Ostmitteleuropa und Südosteuropa 1919-1945. Kopenhagen 1991.

Bancoş, Dorel: Social şi naţional în politica guvernului Ion Antonescu [Das Soziale und Nationale in der Politik der Regierung von Ion Antonescu]. Bucureşti 2000.

Banu, Florian: Asalt asupra economiei României de la Solagra la SOVROM 1936-1956 [Angriff auf die Ökonomie Rumäniens von Solagra zur SOVROM 1936-1956]. Bucureşti 2004.

Barbusse, Henri: Die Henker. Stuttgart 1927.

Bauer, Erich: „Väter und Mütter" der württembergischen Auswanderer aus Glaubensgründen im Jahre 1817. In: *Jahrbuch der Deutschen aus Bessarabien*, 54 (2003), S. 37-44.

Baumgärtner, Richard: Bessarabien und seine Völkerschaften. In: *Heimatkalender Bessarabien*. Hannover 1972, S. 78-88.

Becker, J(akob): Wie's daheim war. Der Schicksalsweg der Bessarabiendeutschen. Asperg 1950.

Becker, Jakob: Bessarabien und sein Deutschtum. Bietigheim 1965.

Beldiceanu, N. N.: Între Prut şi Nistru [Zwischen Pruth und Dnjestr]. Bucureşti 1922.

Beldiman, Dana/ Scurtu, Ioan/ Tampa, Natalia/ Troncotă, Cristian (Hrsg): Ideologie şi formaţiuni de dreapta în România [Ideologie und rechte Organisationen in Rumänien], Bd. 2. Bucureşti 2000.

Beller, Steven: Theodor Herzl. Wien 1996.

Ben-Itto, Hadassa: „Die Protokolle der Weisen von Zion". Anatomie einer Fälschung. Berlin 1998.

Benjamin, Lya (Hrsg.): Evreii din România între anii 1940-1944. Legislaţia antievreiască [Die Juden in Rumänien in den Jahren 1940-1944. Die antijüdische Gesetzgebung]. Bucureşti 1993.

Benjamin, Lya: Definiţia rasială a calităţii de evreu în legislaţia din România 1938-1944 [Die rassistische Definition des Juden in der Gesetzgebung Rumäniens 1938-1944]. In: *Anuarul Institutului de Istorie Cluj*, 33(1995), S. 125-135.

Benjamin, Lya (Hrsg.): Evreii din România între anii 1940-1944. Problema evreiască în stenogramele Consiliului de Miniștri. [Die Juden in Rumänien in den Jahren 1940-1944. Das jüdische Problem in den Stenogrammen des Ministerrates], Bd. 2. București 1996.

Benjamin, Lya: Paradigma Falik-Totu sau cum s-a transformat un fapt cotidian într-un caz de asasinat politic. [Das Paradigma Falik-Totu oder wie sich ein alltäglicher Vorfall in ein politisches Attentat verwandelte]. In: *Studia et Acta Historiae Iudaeorum Romaniae*, II(1997), S. 187-200.

Benjamin, Lya: Prigoană și rezistență în istoria evreilor din România 1940-1944 [Verfolgung und Widerstand in der Geschichte der Juden Rumäniens 1940-1944]. București 2001.

Bergmann, Werner: Geschichte des Antisemitismus. München 2002.

Bernstein, Simion: Die Judenpolitik der rumänischen Regierung. Kopenhagen 1918.

Bessarabia! The Roumanian Hell. A true Account of the Tatar-Bunar Rising, Hrsg. International Class War Prisoners Aid. London 1926.

Bessarabskaja gubernija. Sel'skohozjajstvennaja dejatel'nost [Bessarabisches Gouvernement. Landwirtschaftliche Tätigkeit]. In: Evrejskaja Enciklopedija, Bd. 4. St. Petersburg 1909-1913, S. 386-391.

Bessarabskij vopros i obrazovanie Pridnestrovskoj Moldavskoj Respubliki [Die bessarabische Frage und die Bildung der Moldawischen Dnjestr-Republik]. Tiraspol' 1993.

Block, Heinrich: Bessarabien. In: *Zeitschrift für Geopolitik*, H. 9, 1925, S. 626-637.

Böhm, Johann: Die Deutschen in Rumänien und die Weimarer Republik 1919-1933. Ippesheim 1993.

Böhm, Johann: Die Deutschen in Rumänien und das Dritte Reich 1933-1940. Frankfurt a. M. 1999.

Bogos, Dimitrie: La Răspântie. Moldova de la Nistru 1917-1918 [Am Scheideweg. Die Moldau am Dnjestr 1917-1918]. Chișinău 1998 (1. Auflage 1924).

Boilă, Zaharia: Amintiri și considerații asupra mișcării legionare [Die Bewegung der Legionäre in Erinnerungen und Einschätzungen]. Cluj 2002.

Bold, Emilian/ Seftiuc, Ilie: România sub lupa diplomației sovietice 1917-1938 [Rumänien unter der Lupe der sowjetischen Diplomatie 1917-1938]. Iași 1998.

Boldur, Alexandru: Istoria Basarabiei [Die Geschichte Bessarabiens]. Bucureşti 1992.

Boldur, Alexandru V.: Basarabia şi relaţiile româno-ruse [Bessarabien und die rumänisch-russischen Beziehungen]. Bucureşti 2000 (1. Auflage 1927).

Bolitho, Henry: Roumania under King Carol. London 1939.

Bolocan, Sorina/ Bolocan, Ioan: Problemele demografice ale Transilvaniei între ştiintă şi politică 1920-1945 [Demografische Probleme Siebenbürgens zwischen Wissenschaft und Politik 1920-1945]. In: Mureşan, Camil (Hrsg.): Transilvania între medieval şi modern [Siebenbürgen zwischen Mittelalter und Moderne]. Cluj 1996, S. 119-131.

Bornemann, Elke: Der Frieden von Bukarest 1918. Frankfurt a. M. 1978.

Bossy, Raoul: Amintiri din viaţa diplomatică 1918-1940 [Erinnerungen aus dem Diplomatenleben 1918-1940], 1. Bd. Bucureşti 1993.

Bossy, Raoul: Jurnal (2 noiembrie 1940 – 9 iulie 1969) [Tagebuch. Vom 2. November bis 9. Juni 1969]. Bucureşti 2001.

Botoran, Constantin/ Duţu, Alesandru (Hrsg.): Al doilea război mondial. Situaţia evreilor din România [Der Zweite Weltkrieg. Die Lage der Juden Rumäniens], Bd. 1. Cluj 1994.

Bozga, Vasile: Criza agrară în România dintre cele două războaie mondiale [Die Agrarkrise in Rumänien in der Zwischenkriegszeit]. Bucureşti 1975.

Brandes, Detlef: Von den Zaren adoptiert. Die deutschen Kolonien und die Balkansiedler in Neurussland und Bessarabien 1751-1914. München 1993.

Brandes, Detlef: Von den Verfolgungen im Ersten Weltkrieg bis zur Deportation. In: Stricker, Gert (Hrsg.): Deutsche Geschichte im Osten Europas. Russland. Berlin 1997, S. 131-151.

Broneske, Otto: Deutsches Schicksal in der Fremde. Stuttgart 1976.

Bruchis, Michail: Rusia, România şi Basarabia 1812, 1918, 1924, 1940 [Russland, Rumänien und Bessarabien 1812, 1918, 1924, 1940]. Chişinău 1992.

Bukowiner Arbeiterkalender für das Jahr 1928. Cernăuţi 1927.

Bulat, L. (Hrsg.): Basarabia. 1940 [Bessarabien]. Chişinău 1991.

Bunzl, John: Klassenkampf in der Diaspora. Zur jüdischen Arbeiterbewegung in Osteuropa. In: Krohn, Helga (Hrsg.): Arbeiter und Revolutionäre. Die jüdische Arbeiterbewegung. Frankfurt. a. M. 1996, S. 6-17.

Bureau du Congrès Juif Mondial: La situation de Juifs en Roumanie. Genève 1938.

Burger, Ulrich: Zwischen Konfrontation und Kooperation. Die „historischen" Parteien Rumäniens in der politischen Auseinandersetzung mit der Sowjetunion in den Jahren 1944 und 1945. Sankt Augustin 2003.

Butnaru, I(on) C.: The Silent Holocaust. Romania and its Jews. New York 1992.

Buzatu, Gheorghe: Aşa a început holocaustul împotriva poporului român [So begann der Holocaust gegen das rumänische Volk]. Bucureşti 1995.

Buzatu, Gheorghe: Românii în arhivele Kremlinului [Die Rumänen in den Archiven des Kremls]. Bucureşti 1996.

Calafeteanu, Ion (Hrsg.): Iuliu Maniu – Ion Antonescu. Opinii şi confruntări politice 1940-1944 [Iuliu Maniu – Ion Antonescu. Meinungen und politische Auseinandersetzungen]. Cluj 1994.

Calafeteanu, Ion: Români la Hitler [Rumänen bei Hitler]. Bucureşti 1999.

Camann, Alfred: Vom Volkstum der Deutschen in Bessarabien. Würzburg 1962.

Carmelly (Steigman), Felicia: Shattered! 50 Years of Silence. History and Voices of the Tragedy in Romania and Transnistria. Scarborough /Toronto 1997.

Cazacu, Matei/ Trifon, Nicolas: La Moldavie ex-soviétique. Histoire et enjeux actuels. Pantin 1993.

Cargher, J. M.: Die Judenfrage in Rumänien. Berlin 1918.

Carp, Matatias (Hrsg.): Cartea Neagră. Suferinţele evreilor din România 1940-1944 [Schwarzbuch. Die Leiden der Juden aus Rumänien 1940-1944], Bd. 3. Bucureşti 1996 (1. Auflage 1948).

Cazacu, Petre: Moldova dintre Prut şi Nistru 1812-1918 [Die Moldau zwischen Pruth und Dnjestr]. Iaşi 1924.

Cernovodeanu, Paul: Basarabia. Drama unei provincii istorice româneşti în context politic internaţional 1806-1920 [Bessarabien. Das Drama einer historischen rumänischen Provinz im internationalen politischen Kontext 1806-1920]. Bucureşti 1993.

Chasanowitsch, Leon/ Motzkin, Leo (Hrsg.): Die Judenfrage in der Gegenwart. Stockholm 1919.

Ciachir, Nicolae: Basarabia sub stăpînire ţaristă 1812-1917 [Bessarabien unter der Herrschaft der Zaren 1812-1917]. Bucureşti 1992.

Chiriac, Alexandru: Ion Pelivan. In: Arhivele Totalitarismului, VI (1998), H. 18, S. 234-236.

Chiriac, Alexandru: Membrii Sfatului Ţării 1917-1918 [Die Mitglieder des Landesrates 1917-1918]. Bucureşti 2001.

Ciobanu, Ştefan: Basarabia. Populaţia, istoria, cultura [Bessarabien. Bevölkerung, Geschichte, Kultur]. Bucureşti 1992 (1. Auflage 1941).

Ciobanu, Stefan: Unirea Basarabiei. Studiu şi documente cu privire la mişcarea naţională din Basarabia în anii 1917-1918 [Die Vereinigung Bessarabiens. Eine Studie und Dokumente zur nationalen Bewegung in Bessarabien in den Jahren 1917-1918]. Iaşi 2001 (1. Auflage Bucureşti 1929). Iaşi 2001.

Ciobanu, Vasile: Contribuţii la cunoaşterea istoriei saşilor transilvăneni 1918-1944 [Beiträge zur Kenntnis der Geschichte der Siebenbürger Sachsen]. Sibiu 2001.

Ciorănescu, George: Basarabia pământ românesc [Bessarabien, rumänischer Boden]. Bucureşti 2002.

Clark, Charles U.: Bessarabia: Russia and Roumania on the Black Sea. New York 1927.

Clark, Charles U.: România Unită. [Das Vereinigte Rumänien] Bucureşti 2001 (Übers. der engl. Ausgabe v. 1931).

Codreanu, (Corneliu): Eiserne Garde. Berlin 1939.

Codreanu, Corneliu: Aufzeichnungen im Kerker. München 1984.

Cohn, Norman: Die Protokolle der Weisen von Zion. Der Mythos von der jüdischen Weltverschwörung. Berlin/ Köln 1969.

Cojocaru, Gheorghe: Cu privire la problema Adunării Constituante în Basarabia în anul 1917 [In Bezug auf das Problem der Nationalversammlung in Bessarabien im Jahr 1917]. In: Revista de istorie a Moldovei, II(1991), 3, S. 3-18.

Colesnic, Iurie: Basarabia necunoscută [Das unbekannte Bessarabien]. Bd. 1. Chişinău 1993.

Colesnic, Iurie: Basarabia necunoscută [Das unbekannte Bessarabien], Bd. 4. Chişinău 2002.

Colesnic, Iurie: Generaţia Unirii [Die Generation der Vereinigung]. Chişinău 2004.

Confidenţial. Bucureşti-Berna. Rapoartele diplomatice ale lui René de Weck 1940-1944 [Vertraulich. Bukarest-Bern. Die diplomatischen Berichte von René de Weck 1940-1944]. Bucureşti 2002.

Conquest, Robert: Ernte des Todes. Stalins Holocaust in der Ukraine 1929-1933. Berlin 1990.

Constantin, Ion: România, marile puteri şi problema Basarabiei [Rumänien, die Großmächte und das Problem Bessarabiens]. Bucureşti 1995.

Constantiniu, Florin: 1941. Hitler, Stalin şi România [1941. Hitler, Stalin und Rumänien]. Bucureşti 2002.

Constantinescu-Iaşi, Petre: Pagini de luptă din trecut [Erinnerungsblätter des Kampfes in der Vergangenheit]. Bucureşti 1972.

Conte, Francis: Christian Rakovski (1873-1941): A Political Biography. Boulder 1989.

Copanschi, Iakov A.: Problemele învăţământului evreiesc în Basarabia interbelică [Probleme des jüdischen Unterrichts in der Zwischenkriegszeit in Bessarabien]. In: Hîncu, Dumitru/ Herivan, Dorina/ Vasiliu, Cella (Hrsg.): Jaloane pentru o viitoare istorie [Leitlinien für eine künftige Geschichte]. Bucureşti 1999, S. 168-174.

Cuza, Alexandru C.: Numerus clausus [Der Numerus clausus]. Bucureşti 1923

Cuza, Alexandru C.: Mişcările studenteşti şi cauzele lor [Die Studentenbewegungen und ihre Ursachen]. Bucureşti 1925.

Czernin, Ottokar: Im Weltkriege. Berlin/ Wien 1919.

Dascălu, Nicolae: Propaganda externă a României Mari 1918-1940 [Die Außenpropaganda Großrumäniens]. Iaşi 1998.

Délégation bessarabienne: Les Roumains devant le Congrès de la Paix, Paris 1919 (Nachdruck in: Seeds of Conflict, ser. 1, Rumania, Nedeln 1973).

Deletant, Dennis: România sub regimul comunist [Rumänien unter dem kommunistischen Regime]. Bucureşti 1997.

Diaconescu, Emil I.: Basarabia. Scurtă privire istorico-etnografică 1812-1918 [Bessarabien. Kurze historisch-ethnografische Darstellung]. Botoşani 1918.

Die Deutschen in Bessarabien, Saratow 1894.

Diner, Dan: Das Jahrhundert verstehen. Eine universalhistorische Deutung. München 1999.

Diplomaţi germani la Bucureşti 1937-1944. Din memoriile dr. Rolf Pusch, ataşat de legaţie şi dr. Gerhard Stelzer, consilier de legaţie [Deutsche Diplomaten in Bukarest 1937-1944. Aus den Erinnerungen von Dr. Rolf Pusch, Attaché der Gesandtschaft und Dr. Gerhard Stelzer, Legationssrat]. Bucureşti 2001.

Dobrinescu, Valeriu F.: Bătălia pentru Basarabia [Kampf um Bessarabien]. Iaşi 1991.

Dobrinescu, Valeriu F./ Constantin, Ion: Basarabia în anii celui de al doilea război mondial [Bessarabien in den Jahren des Zweiten Weltkrieges]. Iaşi 1995.

Dobrinescu, Valeriu F.: 1917-1939: Basarabia în raporturile româno-sovietice. In: Dosarele Istoriei, V(2000), H. 6. Bucureşti 2000, S. 33-38.

Dobrinescu, Valeriu Florin / Pătroiu, Ion (Hrsg.): Documente străine despre Basarabia şi Bucovina 1918-1944 [Ausländische Dokumente über Bessarabien und die Bukowina 1918-1944]. Bucureşti 2003, S. 60-63.

Döscher, Hans-Jürgen: Das Auswärtige Amt im Dritten Reich. Diplomatie im Schatten der „Endlösung". Berlin 1987.

Druc, Mircea / Chiriac, Alexandru: Deportările din Basarabia 1940-1941, 1944-1951. In: Arhivele Totalitarismului, III(1995), H. 3, S. 8-27.

Dubnow, Simon: Die neueste Geschichte des jüdischen Volkes, Bd. 3. Berlin 1923.

Dumbrava, Vasile: Sprachkonflikt und Sprachbewusstsein in der Republik Moldau. Frankfurt a. M. 2004.

Duradin, Catherine: Istoria Românilor [Die Geschichte der Rumänen]. Bucureşti 1998.

Duţu, Alesandru/ Botoran, Constantin: Al doilea război mondial [Der Zweite Weltkrieg], Bd. 1. Cluj 1994.

Duţu, Alesandru/ Retegan, Mihai: Eliberarea Basarabiei şi Nordului Bucovinei 22 iunie – 26 iulie 1941 [Die Befreiung Bessarabiens und des Nordens der Bukowina 22. Juni – 26. Juli 1941]. Bucureşti 1999.

Duțu, Tatiana/ Anghel, Florin: În legatură cu așa–zisa răscoala de la Hotin [Bezüglich des so genannten Aufstandes von Hotin]. In: *Glasul Bucovinei*, H. 3. București 1995, S. 3-10.

Easterman, A. L.: King Carol, Hitler and Lupescu. London 1942.

Eisfeld, Alfred (Hrsg): Die Russlanddeutschen. München 1992.

Eminescu, Mihai: Basarabia [Bessarabien]. Chișinău 1991.

Enciu, Nicolae: Populația rurală a Basarabiei în anii 1918-1940 [Die Landbevölkerung Bessarabiens in den Jahren 1918 bis 1940]. Chișinău 2002.

Ernst, Friedrich: Friedenstal in Bessarabien. Geschichte einer deutschen Siedlung und ihrer Menschen. Stuttgart 1984.

Eșanu, Andrei: Chișinău. File de istorie [Kischinew. Blätter der Geschichte]. Chișinău 1998.

Faerber, Meier Marcell: Österreichische Juden. Historische Streiflichter. Klagenfurt 1996.

Fahlbusch, Michael: Wissenschaft im Dienst der nationalsozialistischen Politik? Die „Volksdeutschen Forschungsgemeinschaften" von 1931-1945. Baden-Baden 1999.

Fassel, Luminița: O istorie de 126 de ani: germanii din Basarabia [126 Jahre Geschichte: Die Deutschen in Bessarabien]. In: *Patrimoniu*, 1(1991), H. 3, S. 15-26.

Fassel, Luminița: Ethnische Kontakte in Bessarabien. In: *Südostdeutsche Vierteljahresblätter*, 40(1991), 3, S. 127-133; 41(1992), 2, S. 139-145.

Fassel, Luminița: Das deutsche Schulwesen in Bessarabien 1812-1940. Eine komparativ-historische und sozio-kulturelle Untersuchung. München 2000.

Filiti, Georges: La Bessarabie. In: Cioranescu, Georges u.a.: La politique de russification. Aspectes des relations russo-roumaines. Paris 1967, S. 54-92.

Fischer-Galati, Stephen: Jew and Peasant in Interwar Romania. In: *Nationalities-Papers*, XVI (1988), 2, S. 201-208.

Fischer-Galati, Stephen: Twentieth century Rumania. New York 1991 (2. Ausgabe).

Frauenhoffer, Hans Ewald: Erinnerungen und Erlebnisse eines „Volksparteilers" aus der Zeit des Kampfes um die nationale Erneuerung des Banater Deutschtums. Gerlinden 1975.

Fruntaşu, Iulian: O istorie etnopolitică a Basarabiei 1812-2002 [Eine ethnopolitische Geschichte Bessarabiens 1918-2002]. Bucureşti/ Chişinău 2002.

Frunza, Ion: Bessarabien. Rumänische Rechte und Leistungen. Bukarest 1941 (2. Auflage).

Frunză, Victor: Istoria stalinismului din România [Die Geschichte des Stalinismus in Rumänien]. Bucureşti 1990.

Gafencu, Grigore: Însemnări politice 1929-1939 [Politische Aufzeichnungen 1929-1939]. Bucureşti 1991.

Gelber, Nathan M.: The Problem of the Romanian Jews at the Bucharest Peace Conference 1918. In: *Jewish Social Studies*, 12(1950), S. 223-246.

Gentrup, Theodor: Das Deutschtum an der mittleren Donau in Rumänien und Jugoslawien. Münster 1930.

Gheorghe, Ion: Un dictator nefericit [Ein unglücklicher Diktator]. Bucureşti 1996.

Georgescu, Vlad: Istoria românilor [Die Geschichte der Rumänen]. Bucureşti 1992 (3. Auflage).

Geyer, Dietrich: Der russische Imperialismus. Göttingen 1977.

Gherman, Ion: Istoria tragică a Bucovinei, Basarabiei şi ţinutului Herţa [Die tragische Geschichte der Bukowina, Bessarabiens und des Herţa-Gebietes]. Bucureşti 1993.

Ghibu, Onisifor: În vîltorea revoluţiei ruseşti. Însemnări din Basarabia anului 1917 [Im Strudel der russischen Revolution. Aufzeichnungen aus Bessarabien im Jahr 1917]. Bucureşti 1993.

Gitelman, Zvi: A Century of Ambivalence. The Jews of Russia and the Soviet Union. 1881 to the Present. New York 1988.

Giurescu, Dinu C.: România în al doilea război mondial: de la 15 septembrie 1939 la 23 august 1944 [Rumänien im Zweiten Weltkrieg: vom 15. September 1939 bis zum 23. August 1944]. In: Ders./ Pop, Ioan-Aurel (Hrsg.): O istorie a Românilor [Eine Geschichte der Rumänen]. Cluj 1998, S. 253-297.

Giurescu, Dinu C.: România în al doilea război mondial [Rumänien im Zweiten Weltkrieg]. Bucureşti 1999.

Glass, Hildrun: Zerbrochene Nachbarschaft. Das deutsch-jüdische Verhältnis in Rumänien 1918-1938. München 1996.

Glass, Hildrun: Minderheit zwischen zwei Diktaturen. Zur Geschichte der Juden in Rumänien 1944-1949. München 2002.

Glass, Hildrun: Schicksal und Verantwortung: Deutsche und Juden in Rumänien vom Ende des Ersten Weltkrieges bis zur kommunistischen Machtergreifung. In: Halbjahresschrift für südosteuropäische Geschichte, Literatur und Politik, XV(2003), H. 2, S. 27-41.

Golczewski, Frank: Die Ukraine in der Oktoberrevolution. In: Sundhaussen, Holm/ Torke, Hans-Joachim (Hrsg.): 1917-1918 als Epochengrenze?, Wiesbaden 2000, S. 135-153.

Golopenţia, Anton: Populaţia evreiască a ţării în lumina recensământului din 1930 [Die jüdische Bevölkerung des Landes im Licht der Volkszählung von 1930]. In: Institutul Central de Statistică (Hrsg.): Recensământul României din 1941. Bucureşti 1941.

Golopenţia, Anton: Ultima carte [Das letzte Buch]. Hrsg. Sanda Golopenţia Bucureşti 2001.

Goşu, Armand: Basarabia sub ocupaţia ţaristă [Bessarabien unter zarischer Besetzung]. In: Scurtu, Ioan/ Almaş, Dumitru/ Goşu, Armand, Pavelescu, Ion/ Ioniţă, Gheorghe: Istoria Basarabiei. De la începuturi până în 1994 [Die Geschichte Bessarabiens von den Anfängen bis 1994]. Bucureşti 1994, S. 43-79.

Graham, Malbone W.: The Legal Status of the Bukovina and Bessarabia. In: American Journal of International Law, 38(1944), 10, S. 667-673.

Grossu, Silvia: Presa din Basarabia în contextul sociocultural al anilor 1906-1944 [Die Presse in Bessarabien im soziokulturellen Kontext der Jahre 1906-1944]. Chişinău 2003.

Gündisch, Konrad: Siebenbürgen und die Siebenbürger Sachsen. München 1998.

Guvernământul Basarabiei: Basarabia dezrobită. Drepturi istorice, neleguiri bolşevice, înfăptuiri româneşti [Das befreite Bessarabien. Historische Rechte, bolschewistisches Unrecht, rumänische Errungenschaften]. Bucureşti 1942.

Haberer, Erich: Jews and Revolution in nineteenth-century Russia. Cambridge 1995.

Hagemeister, Michael: Die „Protokolle der Weisen von Zion" und der Basler Zionistenkongress von 1897. In: Haumann, Heiko (Hrsg.): Der Traum von Israel. Die Ursprünge des modernen Antisemitismus. Weinheim 1998, S. 250-273.

Halippa, Pan(telimon): Publicistică [Publizistik]. Hrsg. Iurie Colesnic. Chişinău 2001.

Haumann, Heiko: Geschichte der Ostjuden. München 1990.

Hausleitner, Mariana: Die nationale Frage in der rumänischen Arbeiterbewegung vor 1924. Berlin 1988.

Hausleitner, Mariana: Die sowjetische Osteuropapolitik in den Jahren der Perestrojka. Frankfurt a. M. 1994.

Hausleitner, Mariana: Die Rumänisierung der Bukowina. Die Durchsetzung des nationalstaatlichen Anspruchs Großrumäniens 1918-1944. München 2001.

Hausleitner, Mariana: Intervention und Gleichstellung – Rumäniens Juden und die Großmächte 1866-1923. In: *Jahrbuch des Simon-Dubnow-Instituts*, 1(2002), S. 476-531.

Hausleitner, Mariana: Die Republik Moldau – ein Staat mit umstrittenen Grenzen. In: Kahl, Thede/ Vyslozil, Elisabeth / Woldan, Alois (Hrsg.): Herausforderung Osteuropa. Die Offenlegung stereotyper Bilder. Wien 2004, S. 25-41.

Hausmann, Guido: Paradise Anticipated – The Jews of Odessa in the 19th and 20th Centuries. In: *Jahrbuch des Simon-Dubnow-Instituts*, 2(2003), S. 151-181.

Hecker, Hans: Die Deutschen im Russischen Reich, in der Sowjetunion und ihren Nachfolgestaaten. Köln 1994.

Heer, Erwin: Geschichte der Gemeinde Neu-Borodino. Mühlacker 1967.

Heinen, Armin: Der Hitler-Stalin-Pakt und Rumänien. In: Oberländer Erwin: Hitler-Stalin-Pakt 1939. Das Ende Ostmitteleuropas? Frankfurt a. M. 1989, S. 98-113.

Heinen, Armin: Die Legion des „Erzengel Michael". Ein Beitrag zum Problem des internationalen Faschismus. München 1986.

Heppner, Harald: Hauptstadt in Moldawien – ein Problem? In: Ders. (Hrsg.): Hauptstädte in Südosteuropa. Wien/ Köln 1994, S. 87-107.

Heppner, Harald: Intermezzo în Basarabia: Republica moldovenească 1917-1918 [Intermezzo in Bessarabien: Die moldauische Republik 1917-1918]. In: Ders.: Contribuţii la istoria României şi a românilor. Cluj 2002, S. 193-207.

Herlihy, Patricia, Odessa. A History 1794-1914. Cambridge 1986.

Hermann, Johann: Heim – und wenn ich sterben muss! In: Gerlach, Fritz: Erlebte Geschichte. Deutsche Umsiedler aus dem Südosten berichten von der Heimkehr. Berlin/ Leipzig 1941, S. 23-27.

Hertz, Jakob S. (Hrsg.): Doyres bundistn [Generationen von Bundisten], Bd.1. New York 1956.

Heumann, Pierre: Israel entstand in Basel. Die phantastische Geschichte einer Vision. Zürich 1997.

Hilberg, Raul: Die Vernichtung der europäischen Juden. Bd. 1-3. Berlin 1982 (2. Auflage).

Hildemeier, Manfred: Die Sozialrevolutionäre Partei Russlands. Agrarsozialismus und Modernisierung im Zarenreich 1900-1914. Köln 1978.

Hildemeier, Manfred: Die rechtliche Lage der jüdischen Bevölkerung im Zarenreich und in Polen: Einige vergleichende Aspekte. In: Rhode, Gotthold (Hrsg.): Juden in Ostmitteleuropa. Von der Emanzipation bis zum Ersten Weltkrieg. Marburg 1989, S. 181-196.

Hildemeier, Manfred: Die Russische Revolution 1905-1921. Frankfurt a. M. 1989.

Hillgruber, Andreas: Hitler, Regele Carol şi Mareşalul Antonescu. Relaţiile germano-române 1938-1944 [Hitler, König Carol und Marschall Antonescu. Die deutsch-rumänischen Beziehungen 1938-1944]. Bucureşti 1994.

Hitchins, Keith: The Russian Revolution and the Rumanian Socialist Movement 1917/18. In: *Slavic Review*, XXVII (1968), 2, S. 269-289.

Hitchins, Keith: Rumania 1866-1947. Oxford 1994.

Hitchins, Keith: Jewish Credit Cooperatives in Bessarabia and Integration 1920-1940. In: Stanciu, Ion (Hrsg.): The Jews in the Romanian History. Bucureşti 1997, S. 193-200.

Hlihor, Constantin (Hrsg.), Armata Roşie în România. Documente [Die Rote Armee in Rumänien. Dokumente]. Bucureşti 1995.

Hlihor, Constantin: Represiunea sovietică în Basarabia 1940-1941 [Die sowjetische Repression in Bessarabien 1940-1941]. In: *Arhivele Totalitarismului*, IV(1996), 11-12, S. 86-102.

Höllwarth, Baldur: Ein Pogrom in Akkerman. In: *Jahrbuch der Deutschen aus Bessarabien*, 56(2005), S. 79-80.

Hofbauer, Hannes/ Roman, Viorel: Bukowina, Bessarabien, Moldawien. Vergessenes Land zwischen Westeuropa, Russland und der Türkei. Wien 1993.

Hoffmann, Walter: Rumänien von heute. Bukarest/ Leipzig 1942.

Hosking, Geoffrey: Russland. Nation und Imperium 1552-1917. Berlin 2000.

Husărescu, Z. I.: Mişcarea subversivă în Basarabia [Die subversive Bewegung in Bessarabien]. Chişinău 1925.

Iancu, Carol: Emanciparea evreilor din România 1913-1919 [Die Emanzipation der Juden in Rumänien 1913-1919]. Bucureşti 1998.

Iancu, Carol: Evreii din România 1919-1938. De la emancipare la marginalizare [Die Juden in Rumänien 1919-1938 [Von der Emanzipation zur Marginalisierung]. Bucureşti 2000.

Iancu, Carol: La Shoah en Roumanie. Les Juifs sous le régime d'Antonescu (1940-1944). Documents diplomatiques français inédits. Montpellier 2000.

Idler, Christian: Im Großen Ring. In: Fiechtner, Friedrich: Heimat in der Steppe. Stuttgart 1964, S. 112-117.

Ihrig, Stefan: Welche Nation in welcher Geschichte? Eigen- und Fremdbilder der nationalen Diskurse in der Historiographie und in den Geschichtsbüchern in der Republik Moldova 1991-2003. Berlin 2005 (im Erscheinen).

Ioanid, Radu: The Holocaust in Romania. The Destruction of Jews and Gypsies Under the Antonescu Regime, 1940-1944. Chicago 2000.

Ioniţa, Elisabeta: Ecaterina Arbore. Bucureşti 1973.

Ioniţoiu, Cicerone : Viaţa politică şi procesul Iuliu Maniu [Das politische Leben und der Prozess Iuliu Maniu]. Bucureşti 1997.

Iorga, Nicolae: La vérité sur le passé et le présent de la Bessarabie. Bucarest 1940.

Iorga, Nicolae: Basarabia Noastră [Unser Bessarabien]. In: Ders.: Neamul Românesc în Basarabia [Das Rumänentum in Bessarabien]. Bucureşti 1995, S. 139-302.

Ipatiov, Filip: Ruşii-lipoveni din România [Russen-Lipowaner in Rumänien]. Cluj 2001.

Isert, Ingo Rüdiger/ Kehrer, Kuno: Kisil, ein Schwabendorf in Bessarabien. Stuttgart 1999.

Jachomowski, Dirk: Die Umsiedlung der Bessarabien-, Bukowina- und Dobrudschadeutschen. München 1984.

Jacobs, Jack: Sozialisten und die „jüdische Frage" nach Marx. Mainz 1994.

Jacobsen, Hans-Adolf (Hrsg.): Hans Steinacher. Bundesleiter des VDA 1933-1937. Erinnerungen und Dokumente. Boppard 1970.

Janowsky, Oscar I.: People at Bay. The Jewish Problem in East-Central Europe. London 1938.

Jewsbury, George F.: An Overview of the History of Bessarabia. In: Manoliu-Manea, Maria (Hrsg.): The Tragic Plight of a Border Area: Bessarabia and Bucovina. Los Angeles 1983, S. 1-18.

Die Judenpogrome in Russland, hrsg. im Auftrag des Zionistischen Hilfsfonds in London, Köln/ Leipzig 1910.

Judge, Edward: Ostern in Kischinjow. Anatomie eines Pogroms. Mainz 1995.

Jurca, Nicolae: Socialdemocraţia în România 1918-1944 [Die Sozialdemokratie in Rumänien 1918-1944]. Sibiu 1993.

Kallner, Rudolf: Herzl und Rathenau. Wege jüdischer Existenz an der Wende des 20. Jahrhunderts. Stuttgart 1976.

Kappeler, Andreas: Kleine Geschichte der Ukraine. München 1994.

Karasek-Strzygowski, Hertha: Es führet uns des Schicksals Hand. Bessarabisches Tagebuch. Marburg 1990.

Karchmar, Lucien: Communism in Romania 1918-1921. In: Banac, Ivo (Hrsg.): The Effects of World War I: The Class War after the Great War. Boulder/ Colorado 1983, S. 127-187.

Kareţki, Aurel/ Pricop, Aurel (Hrsg.): Lacrima Basarabiei [Die Träne Bessarabiens]. Chişinău 1993.

Karow, Adolf: „Ein Glück, das die Herzen zersprengen kann". In: Gerlach, Fritz (Hrsg.): Erlebte Geschichte. Deutsche Umsiedler aus dem Südosten berichten von der Heimkehr. Berlin/ Leipzig 1941, S. 48-50.

Kaufmann, Walter: Der Kampf „in der jüdischen Gasse" – Die Jüdische Sektion der Kommunistischen Partei in Odessa. In: *Jahrbuch des Simon-Dubnow-Instituts*, 2(2003), S. 293-313.

Kautsky, Karl: Das Massaker von Kischineff und die Judenfrage. In: *Die Neue Zeit*, XXI(1902/1903), Bd. 2, Nr. 36, S. 303-309.

Kessler, Karl: Rudolf Brandsch. Ein südostdeutscher Volksmann. München 1969.

King, Charles: The Moldovan ASSR on the Eve of the War: Cultural Policy in 1930s Transnistria, in: Treptow, Kurt W. (Hrsg.): Romania and World War II. Iaşi 1996, S. 9-36.

King, Robert R.: A History of the Romanian Communist Party. Stanford 1980.

Kissman, Joseph: Zur Geschichte der jüdischen Arbeiterbewegung „Bund" in der Bukowina. In: Gold, Hugo (Hrsg.): Geschichte der Juden in der Bukowina, Bd. 1. Tel Aviv 1958, S. 129-144.

Kleinmann, Yvonne: An zwei Meeren und doch am Land. Eine vergleichende Skizze des soziokulturellen Profils der jüdischen Bevölkerung St. Peterburgs und Odessas im 19. Jahrhundert. In: Metropolen im russischen Vielvölkerreich. Petersburg und Odessa seit dem 18. Jahrhundert, *Nordost-Archiv*, XII(2003), Lüneburg 2004, S. 135-166.

Klier, John D.: Imperial Russia's Jewish Question 1855-1881. Cambridge 1995.

Kniga pamjati zasčinikov Pridnestrov'ja [Erinnerungsbuch für die Verteidiger Transnistriens]. Tiraspol' 1995.

Kolar, Othmar: Rumänien und seine nationalen Minderheiten seit 1918 bis heute. Wien/ Köln 1997.

Kopanskij, Jakov M.: Džojnt v Bessarabii. Stranicy istorii [Der Joint in Bessarabien. Aspekte der Geschichte]. Kišinev 1994.

Kordouba, Myron: Le territoire et la population de l'Ukraine. Berne 1919.

Kotzian, Ortfried: Das Schulwesen der Deutschen in Rumänien im Spannungsfeld zwischen Volksgruppe und Staat. Augsburg 1983.

Knopp-Rüb, Gertrud: Festschrift zur Jubiläumsfeier „Unsere Umsiedlung vor 50 Jahren". Stuttgart 1990.

Kraus, Marianne: Staat und Kreditinstitute in Rumänien. Speyer 1939.

Kroner, Michael: Das Parteiensystem Rumäniens in der Zwischenkriegszeit 1918-1940. In: König, Walter (Hrsg.): Siebenbürgen zwischen den beiden Weltkriegen. Köln 1994, S. 33-54.

Kroupensky, A. N./ Schmidt, A. Ch.: Bessarabie et Roumanie. Paris 1919.

Kruševan, P(avel) A.: Bessarabija [Bessarabien]. Moskva 1903.

Kuller, Hary (Hrsg.): O istorie a evreilor din România în date [Eine Geschichte der Juden in Daten], Bd. 2. Bucureşti 2000.

Lacea, Constantin: La Bucovine, Paris 1919.

Landau, Michael: O viaţa de luptă [Ein kampferfülltes Leben]. Tel Aviv 1971.

Landau, Michel: Evreii în parlamentul român [Die Juden im rumänischen Parlament]. In: *Toladot*, III, 7. Jerusalem 1974, S. 16-24.

Laqueur, Walter: Black Hundred. The Rise of the Extreme Right in Russia. New York 1993.

Lasch, Katja: Die Entstehung Großrumäniens. Parallelen und Unterschiede des Anschlusses Siebenbürgens und Bessarabiens an Rumänien 1918. In: *Zeitschrift für Siebenbürgische Landeskunde*, XXVII(2004), H. 2, S. 176-194.

Lavi, Th(eodor): Activitatea parlamentară a lui Michael Landau [Die parlamentarische Tätigkeit von Michael Landau]. In: *Toladot*, VI(1977), H. 16, S. 3-21.

Layer, Ludwig: Von den fremdstämmigen Nachbargemeinden Lichtentals. In: *Heimatkalender der Bessarabiendeutschen*. Hannover 1972, S. 98-102.

Lazarev, Artem M.: Moldavskaja sovetskaja gosudarstvennost' i bessarabskij vopros [Die moldawische sowjetische Staatlichkeit und die bessarabische Frage]. Kišinev 1974.

Leibbrandt, Georg: Die Auswanderung aus Schwaben nach Russland 1816-1823. Ein schwäbisches Zeit- und Charakterbild. Stuttgart 1928.

Letschinsky, Jacob: Bessarabia. In: Universal Jewish Encyclopedia, Bd. 2. New York 1948, S. 244-248.

Levin, Dov: The Lesser of Two Evils. Eastern European Jewry Under Soviet Rule 1939-1941. Jerusalem 1995.

Levin, Nora: The Jews in the Soviet Union since 1917, Bd. 1. New York 1988.

Levit, I(zjaslav) E.: Pepel prošlogo stučit v naši serdca. Cholokost [Der Rauch der Vergangenheit erreicht unsere Herzen. Der Holocaust]. Kišinev 1997.

Liga Basarabeană contra bolşevismului (Hrsg.): Contra bolşevismului [Bessarabische Liga gegen den Bolschewismus. Gegen den Bolschewismus]. Bălţi 1919.

Lih, Lars T. /Naumow, Oleg /Chlewnjuk, Oleg (Hrsg.): Stalin. Briefe an Molotow 1925-1936. Berlin 1996.

Link, Arthur S. (Hrsg.): The Papers of Woodrow Wilson, Bd. 59. Princeton 1988.

Liptzin, Sol: A History of Yiddish Literature. New York 1985.

Livezeanu, Irina: Moldavia, 1917-1990: Nationalism and Internationalism. Then and Now. In: *Armenian Review*, 43(1990), 2-3, S. 153-193.

Livezeanu, Irina: Cultural Politics in Greater Romania. Regionalism, Nation Building and Ethnic Struggle 1918-1930. Ithaca/ London 1995.

Löwe, Heinz-Dietrich: Antisemitismus und reaktionäre Utopie. Russischer Konservatismus im Kampf gegen den Wandel von Staat und Gesellschaft. Hamburg 1978.

Lokšin, Aleksandr: Tsarist Policy Toward Zionism in Russia. In: Haumann, Heiko (Hrsg.): Der Traum von Israel. Die Ursprünge des modernen Antisemitismus. Weinheim 1998, S.170-185.

Logigan, Stefan: Rumäniens Eiserne Garde. Ein Legionär erinnert sich. München 1996.

Longerich, Peter: Politik der Vernichtung. Eine Gesamtdarstellung der nationalsozialistischen Judenverfolgung. München 1998.

Love, Joseph L.: Crafting the Third World. Theorizing Underdevelopment in Rumania and Brazil. Stanford 1996.

Luks, Leonid: Stalin und die „jüdische Frage" – Brüche und Widersprüche. In: Ders. (Hrsg.): Der Spätstalinismus und die jüdische Frage. Zur antisemitischen Wendung des Kommunismus. Köln/ Wien 1998, S. 271-292.

Lumans, Valdis O.: Himmlers Auxiliaries. The Volksdeutsche Mittelstelle and the German National Minorities of Europe 1933-1945. Chapel Hill/ London 1993.

Lungu, Corneliu M. /Negreanu, Ioana A.: România în jocul marilor puteri 1939-1940 [Rumänien als Spielball der Großmächte 1939-1940]. Bucureşti 2000.

Lustiger, Arno: Zum Kampf auf Leben und Tod! Vom Widerstand der Juden 1933-1945. Köln 1994.

Lustiger, Arno: Rotbuch: Stalin und die Juden. Berlin 2000.

Luther, Tammo: Volkstumspolitik des Deutschen Reiches 1933-1939. Die Auslandsdeutschen im Spannungsfeld zwischen Traditionalisten und Nationalsozialisten. Stuttgart/ Wiesbaden 2004.

Madgearu, Virgil N.: Evoluția economiei românești după războiul mondial [Die Entwicklung der rumänischen Wirtschaft nach dem Weltkrieg]. București 1995 (1. Auflage 1940).

Magocsi, Paul R.: A History of Ukraine. Seattle 1996.

Maior, Iosif: Problema românizării economiei naționale [Das Problem der Rumänisierung der Volkswirtschaft]. București 1940.

Malia, Martin: Experiment ohne Zukunft? Voraussetzungen und Folgen der Russischen Revolution. Hamburg 1989.

Maner, Hans-Christian: Parlamentarismus in Rumänien 1930-1940. Demokratie im autoritären Umfeld. München 1997.

Maner, Hans-Christian: Voraussetzungen der autoritären Monarchie in Rumänien. In: Erwin Oberländer u. a. (Hrsg.): Autoritäre Regime in Ostmittel- und Südosteuropa 1919-1944. Paderborn u.a. 2001, S. 431-469.

Manifest der Kommunistischen Balkan-Donauföderation. In: Die Kommunistische Internationale, II, Bd. 14. Moskau 1921, S. 231-244 (Neudruck: Erlangen 1973).

Maniu, Iuliu: Testament moral politic [Moralisch politisches Testament]. București 1991

Marghiloman, Alexandru: Note politice [Politische Aufzeichnungen], Bd. 4. București 1927.

Marghiloman, Alexandru: Note politice [Politische Aufzeichnungen]. Bd. 3. București 1995 (2. Auflage).

Marian, Liviu: Coloniștii nemți din Basarabia. Considerații istorice, politice și etnografice [Die deutschen Kolonisten in Bessarabien. Historische, politische und ethnografische Betrachtungen]. București 1920.

Mark, Rudolf A.: Die gescheiterten Staatsversuche. In: Golczewski, Frank (Hrsg.): Geschichte der Ukraine. Göttingen 1993, S. 172-201.

Martiriul evreilor din România [Das Martyrium der Juden in Rumänien]. Bucureşti 1991.

Martonne, Em(manuel): What I have seen in Bessarabia. Paris 1919 (Nachdruck: Seeds of Conflict, ser.1, Rumania, Nedeln 1973).

Marx, Karl: Insemnări despre români [Aufzeichnungen über die Rumänen]. Hrsg. von Andrei Oţetea / Stanislas Schwann. Bucureşti 1964.

Mayer, Konstantin: Der Weg aus der Steppe 1940. Ludwigsburg 1985.

Mendelsohn, Ezra: The Jews of East Central Europe between the World Wars. Bloomington 1983.

Meurs, Wilhelmus Petrus van: The Bessarabian Question in Communist Historiography. Nationalist and Communist Politics and History-Writing. New York 1994.

Michael, Louis Guy: More Corn for Bessarabia. Russian Experience 1910-1917. Detroit 1983.

Miege, Wolfgang: Das Dritte Reich und die Deutsche Volksgruppe in Rumänien 1933-38. Frankfurt 1972.

Mircu, Marius: Dosar Ana Pauker [Akte Ana Pauker]. Bucureşti 1991.

Mitrany, David: The Land and the Peasant in Rumania. New York 1968 (1. Auflage 1930).

Moisuc, Viorica: Bessarabia, Bukovina, Transylvania. 1918 Union. Bucharest 1996.

Moraru, Anton: Istoria Românilor. Basarabia şi Transnistria 1812-1993 [Die Geschichte der Rumänen. Bessarabien und Transnistrien 1812-1993]. Chişinău 1995.

Moţu, Iancu: România şi comunismul 1919-1939 [Rumänien und der Kommunismus 1919-1939]. Bucureşti 2000.

Müller, Dietmar: Agrarpopulismus in Rumänien. Programmatik und Regierungspraxis der Bauernpartei und der Nationalbäuerlichen Partei Rumäniens in der Zwischenkriegszeit. St. Augustin 2001.

Müller, Dietmar: Nationaler Code und Staatsbürgerschaft in Rumänien. In: *Studia Politica*, I(2001), 4, S. 1045-1063.

Müller, Johannes Florian: Ostdeutsches Schicksal am Schwarzen Meer. Regensburg 1981

Müller, Florin: Politica externă a Mişcării Legionare: ideologie şi strategii [Die Außenpolitik der Legion: Ideologie und Strategien]. In: *Arhivele Totalitarismului*, I(1993), 1, S. 32-40.

Murgoci, George: La Population de la Bessarabie. Paris 1920.

Nagy-Talavera, Nicholas M.: N. Iorga – o biografie [N. Iorga – eine Biografie]. Iaşi 1999.

Naor, Mordechai: Eretz Israel. Das Zwanzigste Jahrhundert. Köln 1998.

Natanson, Ephraim: Romanian Governements and the Legal Status of Jews between the two World Wars. In: *Romanian Jewish Studies*, 1(1987). S. 51-65.

Neagoe, Stelian (Hrsg.): Bătălia pentru Bucovina [Der Kampf um die Bukowina]. Timişoara 1992.

Nedelea, Marin: Prim-miniştrii României-Mari. Ideile politice [Die Ministerpräsidenten Großrumäniens. Die politischen Ideen]. Bucureşti 1991.

Negru, Gheorghe: Ţarismul şi mişcarea naţională a românilor din Basarabia [Der Zarismus und die nationale Bewegung der Rumänen aus Bessarabien]. Chişinău 2002.

Negru, Olga: Die Agrar- und Schulfrage nach dem Anschluss Bessarabiens an Rumänien. In: *Museum und Archiv des Heimatmuseums der Deutschen aus Bessarabien*, Mühlacker 1996, S. 73-90.

Neubacher, Hermann: Sonderauftrag Südost 1940-1945. Göttingen/ Frankfurt 1957.

Neukirch, Claus: Die Republik Moldau. Nations- und Staatsbildung in Osteuropa. Münster 1996.   .

Neumann, Victor: Istoria evreilor din România. Studii documentare şi teoretice [Die Geschichte der Juden in Rumänien. Empirische und theoretische Studien]. Timişoara 1996.

Neumann, Victor: Istoria evreilor din Banat [Die Geschichte der Juden im Banat]. Bucureşti 1999, S. 122.

Neutatz, Dietmar: Deutsche Bauern in den Steppen Russlands. In: Deutsches Historisches Museum Berlin (Hrsg.): Deutsche im Osten. Geschichte. Kultur. Erinnerungen. Berlin 1994, S. 129-148.

Nicolenco, Viorica: Extrema dreaptă în Basarabia 1923-1940 [Die extreme Rechte in Bessarabien 1923-1940]. Chişinău 1999.

Nistor, Ion: Istoria Basarabiei [Die Geschichte Bessarabiens]. Bucureşti 1991 (1. Auflage 1924).

Nolte, Hans-Heinrich: Kleine Geschichte Russlands. Stuttgart 1998.

Oebser, Arno: Das deutsche Genossenschaftswesen in den Gebieten der ehemaligen Tschecho-Slowakei, in Rumänien, Südslawien und Ungarn. Stuttgart 1940.

Ogorreck, Ralf: Die Einsatzgruppen und die „Genesis der Endlösung". Berlin 1996.

Oişteanu, Andrei: Imaginea evreului în cultura română [Das Bild des Juden in der rumänischen Kultur]. Bucureşti 2001.

Ornea, Zigu: Viaţa lui C. Dobrogeanu-Gherea [Das Leben von C. Dobrogeanu-Gherea]. Bucureşti 1982.

Ornea, Z(igu): Anii treizeci. Extrema dreaptă românească [Die dreißiger Jahre. Die extreme Rechte in Rumänien]. Bucureşti 1995.

Oster, Herbert: Die Skimbaschi. In: *Jahrbuch der Deutschen aus Bessarabien*, 56(2005), S. 85-88.

Palaghiţă, Ştefan: Garda de Fier spre reinvierea României [Die Eiserne Garde zur Erweckung Rumäniens]. Bucureşti 1993 (1. Auflage Buenos Aires 1951).

Pampuch, Andreas: Heimkehr der Bessarabien-Deutschen. Breslau 1941.

Panaitescu, Scarlat: Aspecte economice şi sociale din Basarabia 1920-1926 [Einige ökonomische und soziale Aspekte aus Bessarabien 1920-1926]. Chişinău 1926.

Parkes, J(ames): The Emergence of the Jewish Problem 1878-1939. London 1946.

Parlamentari evrei în forul legislativ al României 1919-1940 [Jüdische Parlamentarier im gesetzgebenden Forum Rumäniens 1919-1940]. Bucureşti 1998.

Pătrăşcanu, Lucreţiu: Reforma agrară [Die Agrarreform]. In: Ders.: Studii economice şi social-politice 1925-1945. Bucureşti 1978, S. 11-130.

Pauker, Marcel: Ein Lebenslauf. Jüdisches Schicksal in Rumänien 1896-1938. Hrsg. von William Totok und Erhard Roy Wiehn. Konstanz 1999.

Pelin, Mihai: Legendă şi adevăr [Legende und Wahrheit]. Bucureşti 1994.

Pelivan, Ion G.: L' Union de la Bessarabie à la Mère-Patrie – la Roumanie. Bucarest 1918, (Nachdruck in: Seeds of Conflict, ser. 1, Rumania. Nedeln 1973).

Pelivan, Ion G.: Ion Inculeţ şi Congresul de Pace de la Paris [Ion Inculeţ und der Pariser Friedenskongress]. In: Patrimoniu, 1. Chişinău 1991, S. 27-41.

Penter, Tanja: Kognitive Topographien 1917 – Odessas Juden zwischen kollektiver Selbstfindung und nationalem Erwachen. In: Jahrbuch des Simon-Dubnow-Instituts, 2(2003), S. 267-292.

Pesch, Karl L./ Schürmann, W.: Gnadenfeld. Ein Bericht über bevölkerungsbiologische, hygienische und gesundheitliche Untersuchungen in einer deutschen Siedlung in Bessarabien. Stuttgart 1938.

Petrencu, Anatol: The Installation of the Communist Regime in Moldavia between the Prut and Dneister Rivers. In: Romanian Civilization, II (1993), 2, S. 31-34.

Petrencu, Anatol: Problema evreilor din Basarabia 1941-1942 [Die jüdische Frage in Bessarabien 1941-1942]. In: Treptow, Kurt (Hrsg.): Romania and World War II. Iaşi 1996, S. 153-164.

Petrencu, Anatol: Basarabia în al doilea război mondial 1940-1944 [Bessarabien im Zweiten Weltkrieg 1940-1944]. Chişinău 1997.

Petrencu, Anatol: România şi Basarabia în anii celui de-al doilea război mondial [Rumänien und Bessarabien in den Jahren des Zweiten Weltkrieges]. Chişinău 1999.

Pickhan, Gertrud: „Gegen den Strom". Der Allgemeine Jüdische Arbeiterbund „Bund" in Polen 1918-1939. Stuttgart/ München 2001.

Pilat, Izrael': Iz istorii evrejstva Moldavy [Aus der Geschichte der Juden Moldawiens]. Kišinev 1990.

Pistiner Jakob: Die soziale Revolution. Czernowitz 1921.

Pistiner Jakob: Der Imperialismus der Randstaaten. In: Der Kampf, 18(1925), S. 375-380.

Pistiner Jakob: Der Faschismus in Rumänien. In: *Der Schutzbund*, Wien, 3(1925), H. 9, S. 4-5.

Pistiner, Jakob: Sturmzeichen in Rumänien. In: *Arbeiter-Zeitung*, Wien, 22.7.1930.

Pipes, Richard: Die Russische Revolution. Bd. 1: Der Zerfall des Zarenreiches. Berlin 1992.

Pop, Grigore Traian: Mişcarea legionară [Die Bewegung der Legionäre]. Bucureşti 1999.

Popa, Klaus (Hrsg.): Die Rumäniendeutschen zwischen Demokratie und Diktatur. Der politische Nachlass von Hans Otto Roth 1919-1951. Frankfurt a. M. 2003.

Popescu-Puţuri, Ion /Georgescu, Titu (Hrsg.): Purtători de flamuri revoluţionare [Träger revolutionärer Flammen]. Bucureşti 1971.

Popovici, Andrei: The Political Status of Bessarabia. Washington 1931.

Poştarencu, Dinu: O istorie a Basarabiei în date şi documente 1812-1940 [Eine Geschichte Bessarabiens in Daten und Dokumenten 1812-1940]. Chişinău 1998.

Proskurin, Aleksandr (Hrsg.): Vozvrašenie imena [Die Rückkehr der Namen], Bd. 1. Moskva 1989.

Prost, Henri: Destin de la Roumanie. Paris 1954.

Prothero, George W. (Hrsg.): Bessarabia. Handbooks prepared under the Direction of the Foreign Office. London 1920.

Protocoalele înţelepţilor Sionului [Die Protokolle der Weisen von Zion]. Oradea 1997.

Racovski, Cristian: Scrieri social-politice 1900-1916 [Sozial-politische Schriften 1900-1916]. Bucureşti 1977.

Rakovsky, Christian: Roumanie et Bessarabie. Paris 1925.

Reifer, Manfred: Menschen und Ideen. Erinnerungen. Tel Aviv 1952.

Reinerth, Karl M.: Zur politischen Entwicklung der Deutschen in Rumänien 1918-1928. Bad Tölz 1993.

Reinerth, Karl M.: Zu den innenpolitischen Auseinandersetzungen unter den Deutschen in Rumänien zwischen den beiden Weltkriegen. In: König, Walter (Hrsg.): Siebenbürgen zwischen den beiden Weltkriegen. Köln 1994, S. 149-167.

Reinerth, Karl M./ Cloos, Fritz: Zur Geschichte der Deutschen in Rumänien 1935-1945. Bad Tölz 1988.

Report on the Holocaust in Romania, www.yadvashem.org/.

Reshetar, John S.: The Ukrainian Revolution 1917-1920. New York 1972.

Riske, Christian: Mit den Bolschewisten kam die Hölle. In: Fritz Gerlach: Erlebte Geschichte. Deutsche Umsiedler aus dem Südosten berichten von der Heimkehr. Berlin/ Leipzig 1941, S. 18.

Roberts, Henry L.: Rumania. Political Problems of an Agrarian State. New Haven 1969 (1. Auflage 1951).

Rosen, Avram: Mari întreprinzători evrei în industria României 1900-1938 [Große jüdische Unternehmer in der Industrie Rumäniens 1900-1938]. In: Hîncu, Dumitru /Herivan, Dorina /Vasiliu, Cella (Hrsg.): Jaloane pentru o viitoare istorie [Leitlinien für eine künftige Geschichte]. Bucureşti 1999, S. 204-218.

Rüb, Albert: ...Da waren es nur noch drei! Schulpolitik in rumänischer Zeit. In: *Jahrbuch der Deutschen aus Bessarabien*, 55(2004), S. 59-61.

Rumänien. Eine neue Epoche der staatlichen Entwicklung. In: *Nation und Staat*, III, 12. Wien 1930.

Rumer, Willy: Die Agrarreformen der Donaustaaten 1917-1926. Innsbruck 1927.

Safran, Alexandre: Resisting the Storm. Romania 1940-1947. Memoirs. Jerusalem 1987.

Sandache, Cristian: Doctrina național-creştină în România [Die nationalchristliche Doktrin]. Bucureşti 1997.

Şandru, Dumitru: Mişcări de populaţie în România 1940-1948 [Bevölkerungsbewegungen in Rumänien 1940-1948]. Bucureşti 2003.

Sauer, Paul: Mut zum Neubeginn in der Fremde. Klöstitz, eine der ältesten deutschen Siedlungen in Bessarabien. In: *Jahrbuch der Deutschen aus Bessarabien*, 53(2002), S. 67-78.

Saurer, Andreas: Modernisierung und Tradition: Das Rumänische Dorf 1918-1989. St. Augustin 2003.

Schaary, David: The Romanian Authorities and the Jewish Communities in Romania between the Two World Wars. In: Greenbaum, A. (Hrsg.): Minority Problems in Eastern Europe. Jerusalem 1988, S. 89-95.

Schaary, David: „The Jewish Policy" in Great Romania between the Two World Wars. In: Stanciu, Ion (Hrsg.): The Jews in the Romanian History. Bucureşti 1997, S. 142-163

Schafferman, S. : Dr. W. Filderman. 50 de ani din istoria judaismului român. [Dr. W. Filderman. 50 Jahre aus der Geschichte des rumänischen Judentums] Tel Aviv 1986.

Scherer, Heinrich: Der Aufbruch aus der Mangelwirtschaft. Die Industrialisierung Russlands unter dem Zarismus (1860 bis 1914). Giessen 1985.

Scheuermann, Martin: Minderheitenschutz contra Konfliktverhütung? Die Minderheitenpolitik des Völkerbundes in den zwanziger Jahren. Marburg 2000.

Schimke, Alfred /Isert, Ingo Rüdiger: Halle (Alisowka). Eine deutsche Tochtersiedlung in Bessarabien. Stuttgart 2001.

Schirmunski, Viktor: Geschichtliches. In: Ders.: Linguistische und ethnographische Studien über die alten deutschen Siedlungen in der Ukraine, Russland und Transkaukasien 1926-1931. Hrsg. von Claus Jürgen Hutterer. München 1992, S. 19-28.

Schlarb, Cornelia: Die Neuordnung der evangelisch-lutherischen Kirche in Bessarabien nach dem 1. Weltkrieg. Marburg 1986 (unveröffentlichte Magisterarbeit).

Schlarb, Cornelia: Das Ringen um innere Selbständigkeit der Evang.-Luth. Kirche in Bessarabien in den 20er und 30er Jahren dieses Jahrhunderrts. In: Maser, Peter (Hrsg.): Der Kirchenkampf im deutschen Osten und in den deutschsprachigen Kirchen Osteuropas. Göttingen 1993, S. 248-265.

Schlarb, Cornelia: Der Vertrag zwischen der Ev. Landeskirche A.B. in Siebenbürgen und der Ev.-Luth. Landeskirche Bessarabiens. In: *Museum und Archiv des Heimatmuseums der Deutschen aus Bessarabien*, Jahresheft 1996, Mühlacker 1997, S. 20-34.

Schlarb, Cornelia: Bessarabiendeutsche im Spiegel der „Kirchlichen Blätter" aus der evangelischen Landeskirche A.B. in Siebenbürgen bzw. in Rumänien. In: *Jahrbuch der Deutschen aus Bessarabien*, 48(1997), S. 30-56.

Schlarb, Cornelia: Die evangelisch-lutherischen Frauenvereine in Bessarabien von ihren Anfängen bis zur Umsiedlung 1940 (Teil 1). In: *Jahrbuch der Deutschen aus Bessarabien*, 52(2001), S. 53-68.

Schlarb, Cornelia: Siebenbürgisch-sächsische Schulverhältnisse aus der Sicht des Direktor Mauch Anfang der 20er Jahre. In: *Jahrbuch der Deutschen aus Bessarabien*, 55(2004), S. 42-59.

Schlarb, Cornelia: Kirchenstreit in Bessarabien. In: *Museum und Archiv des Heimatmuseums der Deutschen aus Bessarabien*, H. 5, Stuttgart 2004, S. 68-94.

Schlechter, E.: Konradvetter. In: Fiechtner, Friedrich (Hrsg.): Heimat in der Steppe. Stuttgart 1964, S. 158-179.

Schmidt, Jochen: Populismus oder Marxismus. Zur Ideengeschichte der radikalen Intelligenz Rumäniens 1875-1915. Tübingen 1992.

Schmidt, Ute: Die Deutschen aus Bessarabien. Eine Minderheit aus Südosteuropa (1814 bis heute). Köln/ Wien 2003.

Schneefuß, Walter: Deutschtum in Süd-Ost-Europa. Leipzig 1939.

Schödl, Günter: Lange Abschiede: Die Südostdeutschen und ihre Vaterländer 1918-1945. In: Ders.: Land an der Donau. Berlin 1995 (Deutsche Geschichte im Osten Europas), S. 455-649.

Schödl, Günter: „Völkischer" Nationalismus im Karpatenbogen: Minderheit oder Vorposten? In: Ders.: Land an der Donau, S. 531-649.

Schreiber, Hugo: Die Deutschen in Bessarabien zwischen den beiden Weltkriegen. In: *Jahrbuch der Deutschen aus Bessarabien*, 48(1997), S. 16-30.

Schreiber, Hugo: Umsiedlung – Flucht – Neuanfang. Erlebte Geschichte. In: *Jahrbuch der Deutschen aus Bessarabien*, 53(2002), S. 176-179

Schwefelberg, Arnold: Amintirile unui intelectual evreu din România [Erinnerungen eines jüdischen Intellektuellen aus Rumänien]. Bucureşti 2000.

Scurtu, Ioan/ Hlihor, Constantin: Anul 1940. Drama românilor dintre Prut şi Nistru [Das Jahr 1940. Das Drama der Rumänen zwischen Pruth und Dnjestr]. Bucureşti 1992.

Scurtu, Ioan: Beiträge zur Geschichte der deutschen Parlamentspartei 1919-1937. In: König, Walter (Hrsg.): Siebenbürgen zwischen den beiden Weltkriegen, Köln 1994, S. 55-67.

Scurtu, Ioan/ Almaş, Dumitru/ Goşu, Armand/ Pavelescu, Ion/ Ioniţă, Gheorghe: Istoria Basarabiei. De la începuturi până în 1994 [Die Geschichte Bessarabiens von den Anfängen bis 1994]. Bucureşti 1994.

Scurtu, Ioan/ Boar, Liviu (Hrsg.): Minoritățile naționale din România 1918-1925. Documente [Die nationalen Minderheiten in Rumänien 1918-1925. Dokumente]. București 1995.

Scurtu, Ioan: Istoria României în anii 1918-1940 [Geschichte Rumäniens in den Jahren 1918-1940]. București 1996.

Scurtu, Ioan: Les minorités nationales de Roumanie entre 1918-1925. In: *Romanian Journal of International Affairs* 2(1996), H. 1-2, S. 91-101.

Scurtu, Ioan/ Dordea, Ioan (Hrsg.): Minoritățile naționale din România 1925-1931. Documente [Die nationalen Minderheiten in Rumänien 1925-1931. Dokumente]. București 1996.

Scurtu, Ioan: România și marile puteri 1918-1933 [Rumänien und die Groß-mächte 1918-1933]. București 1999.

Scurtu, Ioan: Minoritățile naționale din România 1931-1938. Documente [Die nationalen Minderheiten in Rumänien 1931-1938. Dokumente]. București 1999.

Sebastian, Mihail: Jurnal 1935-1944 [Tagebuch 1935-1944]. București 1996.

Sebastian, Mihail: „Voller Entsetzen, aber nicht verzweifelt. Tagebücher 1935-1944. Hrsg. Edward Kanterian. Berlin 2005

Sel'skohozjajstvennaja dejatel'nost' [Landwirtschaftliche Tätigkeit]. In: Evrejskaja Enciklopedija, Bd. 4. St. Petersburg 1909-1913.

Shapiro, Paul A.: The Jews of Chișinău (Kishinev): Romanian Reoccupation, Ghettoization, Deportation. In: Braham, Randolph L. (Hrsg.): The Destruction of Romanian and Ukrainian Jews During the Antonescu Era. New York 1997, S. 135-194.

Sima, Horia: Doctrina legionară [Die Doktrin der Legion]. Madrid 1980.

Șișcanu, Elena: Basarabia sub regimul bolșevic 1940-1952 [Bessarabien unter dem bolschewistischem Regime 1940-1952]. București 1998.

Șișcanu, Ion/ Vărătec, Vitalie (Hrsg.): Pactul Molotov-Ribbentrop și consecințele lui pentru Basarabia [Der Molotov-Ribbentrop-Pakt und seine Folgen für Bessarabien]. Chișinău 1991.

Siupiur, Elena (Hrsg.): Basarabia prin vocile ei [Bessarabien durch seine Stimmen]. Chișinau 1991.

Slonim, Marc: Bessarabskij vopros [Die bessarabische Frage]. In: *Volja Rossij*, III, 6/7. Prag 1924, S. 67-81.

Şoimaru, Tudor: Istoria vieţii publice în România. Vremea 1928-1938 [Die Geschichte des öffentlichen Lebens. Die Zeit 1928-1938]. Bucureşti 1938.

Solomon, Flavius: Identitate etnică şi minorităţi in Republica Moldova. O bibliografie [Die ethnische Identität und Minderheiten in der Republik Moldau. Eine Bibliographie]. Iaşi 2001.

Solomovici, Ţeşu: România Judaica. O istorie neconvenţională a evreilor din România [Eine unkonventionelle Geschichte der Juden Rumäniens], Bd. 1. Bucureşti 2001.

Someşan, Maria: Mişcarea studenţească din 1922. In: *Anuarul Institutului de Istorie Recentă,* I(2002), S. 175-206.

Sorrels, Kate: Ethnicity as Evidence of Subversion. National Stereotypes and the Secret Police Investigations of Jews in Interwar Bessarabia. In: *Transversal. Zeitschrift des Centrums für Jüdische Studien*, III(2002), 2, S. 3-18.

Spector, Sherman D.: Rumania at the Peace Conference. A Study of Diplomacy of Ioan C. Bratianu. New York 1962.

Şpitalnic, Sarra: Evreii în literatura, arta şi ştiinţa Moldovei [Die Juden in der Literatur, Kunst und Wissenschaft Moldawiens]. Chişinău 1994.

Špitalnik, Sarra: Evrejskij Kišinev [Die Juden von Kischinew]. Kišinev 1995.

Stanislawski, Michael: Russian Jewry, the Russian State, and the Dynamics of Jewish Emancipation. In: Birnbaum, Pierre/ Katznelson, Ira (Hrsg.): Path of Emancipation. Jews, States and Citizenship. Princeton 1993, S. 262-283.

Starr, Joshua D.: Jewish Citizenship in Rumania 1878-1940. In: *Jewish Social Studies*, III (1941), 1, S. 57-80.

Stati, Vasile: Istoria Moldovei [Die Geschichte Moldawiens]. Chişinău 2002.

Statistische Beschreibung Bessarabiens und des sogenannten Budschaks. Akkerman 1899. (Aus dem Russischen übersetzte Neuausgabe des Heimatmuseums der Deutschen aus Bessarabien. Mühlacker 1969).

Stavilă, Veaceslav: Economia Basarabiei în anii celui de-al doilea război mondial: românizare şi alogenizare [Die Wirtschaft Bessarabiens in den Jahren des Zweiten Weltkriegs: Rumänisierung und Überfremdung]. In: Treptow, Kurt (Hrsg.): Romania and World War II. Iaşi 1996, S. 165-172.

Stavilă, Veaceslav: De la Basarabia românească la Basarabia sovietică 1939-1945 [Vom rumänischen Bessarabien zum sowjetischen Bessarabien 1939-1945]. Chişinău 2000.

Stern, Adolphe: Din viaţa unui evreu român [Aus dem Leben eines rumänischen Juden]. Bd. 1. Bucureşti 2001 (2. Auflage).

Stoenescu, Alex Mihai: Armata, mareşalul şi evreii [Die Armee, der Marschall und die Juden]. Bucureşti 1998.

Stoianovich, Traian: Russian Domination in the Balkans. In: Hunczak, Taras (Hrsg.): Russian Imperialism from Ivan the Great to the Revolution. New Brunswick 1974, S. 198-238.

Stumpp, Karl: Deutschtum in Bessarabien. Berlin 1937.

Stumpp, Karl: Von der Urheimat und Auswanderung der Deutschen in Bessarabien. In: Sippenkunde des Deutschtums im Ausland, Stuttgart 1938, S. 3-13.

Stumpp, Karl: Zur Volksbiologie des Deutschtums im europäischen Osten. In: Volk und Reich, 2, 1940, S. 124-127.

Stumpp, Karl: Die Auswanderung aus Deutschland nach Russland in den Jahren 1763 bis 1862, Tübingen o. A.

Sturdza, Mihail: România şi sfârşitul Europei [Rumänien und das Ende Europas]. Paris 1994 (1. Auflage Madrid 1966).

Süss, Wladimir: Deutsch und Russisch im Widerstreit. Die Schulsituation in den „Odessaer Kolonien" 1803-1917. In: Metropolen im russischen Vielvölkerreich. Petersburg und Odessa seit dem 18. Jahrhundert, Nordost-Archiv, XX(2003). Lüneburg 2004, S. 247-270.

Sundhaussen, Holm: Alphabetisierung und Wirtschaftswachstum in den Balkanländern in historisch-komparativer Perspektive. In: Reiter, Norbert/ Sundhaussen, Holm (Hrsg.): Allgemeinbildung als Modernisierungsfaktor: Zur Geschichte der Elementarbildung in Südosteuropa von der Aufklärung bis zum Zweiten Weltkrieg. Wiesbaden 1994, S. 21-33.

Sundhaussen, Holm: Institutionen und institutioneller Wandel in den Balkanländern aus historischer Perspektive. In: Papalekas, Johannes Chr. (Hrsg.): Institutionen und institutioneller Wandel in Südosteuropa. München 1994, S. 35-54.

Sundhaussen, Holm: Die Königsdiktaturen in Südosteuropa. Umrisse einer Synthese. In: Oberländer, Erwin (Hrsg.): Autoritäre Regime in Ostmittel- und Südosteuropa 1918-1944. Paderborn 2001, S. 337-348.

Şuveică, Marcel: Basarabia în politica imperială a Rusiei 1212-1878 [Bessarabien in der imperialistischen Politik Russlands 1812-1878]. Iaşi 1999.

Şuveică, Svetlana: Integrarea Basarabiei la România şi minoritatea germană [Die rumänische Integration Bessarabiens und die deutsche Minderheit]. In: Turliuc, Cătălin/ Solomon, Flavius (Hrsg.): Punţi în istorie. Studii româno-germane. [Brücken in die Geschichte. Rumänisch-deutsche Studien]. Iaşi 2001.

Synadino, P. V.: Creditul din Basarabia [Der Kredit in Bessarabien]. In: *Buletin Oficial al camerei de comerţ şi industrie*. Chişinău 1929, S. 5-233.

Tabirsky, Jane (Hrsg.): Calendar of Soviet Documents on Foreign Policy. Westport 1982 (2. Auflage).

Tabureanu, Andrei: Istoria satului Tartaul [Die Geschichte des Dorfes Tartaul]. Chişinău 1996.

Tătărescu, Gheorghe: Internaţionala a III-a şi Basarabia [Die Dritte Internationale und Bessarabien]. Bucureşti 1926.

Tătărescu, Gheorghe: Istoria furată [Gestohlene Geschichte]. In: *Memoria*, 23. Bucureşti 1997, S. 19-26.

Tătărescu, Gheorghe: Bessarabie et Moscou, Bucarest 1926 (Nachdruck in: Seeds of Conflict, ser. 1, Rumania, Nedeln 1973).

Tătărescu, Gheorghe: Evacuarea Basarabiei şi a Bucovinei de Nord [Die Evakuierung Bessarabiens und der Nordbukowina]. In: Adauge, Mihai/ Furtună, Alexandru (Hrsg.): Basarabia şi basarabenii [Bessarabien und die Bessarabier]. Chişinău 1991, S. 300-310.

Tilea, Viorel V.: Acţiunea diplomatică a României [Die diplomatische Aktion Rumäniens]. Sibiu 1925.

Timberlake, Charles E.: The Zemstvo and the Development of a Russian Middle Class. In: Edith W. Clowes/ Samulei D. Kassow/ James L. West (Hrsg.): Between Tsar and People. Educated Society and the Quest for Public Identity in Late Imperial Russia. Princeton 1991, S. 164-179.

Tismaneanu, Vladimir: Stalinism for All Seasons. A Political History of Romanian Communism. Berkeley/ London 2003.

Titulescu, Nicolae: Basarabia pămînt românesc [Bessarabien, rumänischesr Boden]. Bucureşti 1992.

Toporul, J.: La situation de la Bessarabie et de la Bukovine. Leopol 1926.

Trandafilo, Franco: Bessarabia. Terra di dolore. Storia del secolare conflicto russo-romeno. Bucarest 1941.

Troncotă, Cristian: Istoria serviciilor secrete românești. De la Cuza la Ceaușescu [Die Geschichte der rumänischen Geheimdienste. Von Cuza bis Ceaușescu]. București 1999.

Turliuc, Cătălin: Naturalization of the Jews in Romania after First World War. In: Zub, Alexandru (Hrsg.): Identitate/ alteritate în spațiul cultural românesc. [Identität/ Alterität im rumänischen Kulturraum]. Iași 1996, S. 337-344.

Uhlig, Carl: Die bessarabische Frage. Eine geopolitische Betrachtung. Breslau 1926.

Ussoskin, Moshe: Struggle for Survival. A History of Jewish Credit Cooperatives in Bessarabia, Old-Rumania, Bukovina and Transylvania. New York 1975.

Vago, Bela: Evreii în alegerile din România între cele două războaie [Die Juden in den Wahlen in Rumänien in der Zwischenkriegszeit]. In: *Toladot*, 2. Jerusalem 1972, S. 10-21.

Vago, Bela: Umbra svasticii. Nașterea fascismului și antisemitismului în bazinul Dunării 1936-1939 [Der Schatten des Hakenkreuzes. Die Geburt des Faschismus und Antisemitismus im Donaubecken 1936-1939]. București 2003.

Vărătic, Vitalie: Preliminarii la raptul Basarabiei și nordului Bucovinei [Vorstufen zum Raub Bessarabiens und des Nordens der Bukowina]. București 2000.

Veiga, Francisco: Istoria Gărzii de Fier 1919-1941. Mistica ultranaționalismului [Die Geschichte der Eisernen Garde 1919-1941. Die Mystik des Ultranationalismus]. București 1993.

Viefhaus, Erwin: Die Minderheitenfrage und die Entstehung der Minderheitenschutzverträge auf der Pariser Friedenskonferenz 1919. Würzburg 1960.

Vital, David: A People Apart. The Jews in Europe 1789-1939. Oxford 1999

Vitcu, Dumitru/ Ivănescu, Dumitru/ Turliuc, Cătălin (Hrsg.): Modernizare și construcția națională în România. Rolul factorului alogen 1832-1918 [Modernisierung und die nationale Konstruktion in Rumänien. Die Rolle des allogenen Faktors]. Iași 2002.

Völkl, Ekkehard: Bessarabien – Moldova. In: Weithmann, Michael (Hrsg.): Der ruhelose Balkan. München 1993, S. 44-63.

Völkl, Ekkehard: Rumänien. Vom 19. Jahrhundert bis in die Gegenwart. Regensburg 1995.

Volovici, Leon: Ideologia naționalistă și „problema evreiască" în România anilor '30 [Die nationalistische Ideologie und das „jüdische Problem" im Rumänien der 30er Jahre]. București 1995.

Wagemann, Ernst: Der neue Balkan. Altes Land – junge Wirtschaft. Hamburg 1939.

Waldeck, Rosa G.: Athénée Palace. București 2000 (1. Ausgabe, englisch, 1942).

Watts, Larry L.: Carol and Antonescu. Attitudes towards the Use of Violence in Politics. In: *Romanian Civilization*, II (1993), 2, S. 3-23.

Wehenkel, Günter: Deutsches Genossenschaftswesen in Rumänien. Stuttgart 1929.

Weinberg, Gerhard L.: Eine Welt in Waffen. Die globale Geschichte des Zweiten Weltkriegs. Stuttgart 1995.

Weiss, Herbert: I han noch Deutschland wella? In: Friedrich Fiechtner: Heimat in der Steppe. Stuttgart 1964, S. 225-232.

Die Wernerschule und Lehrer Karl Baisch von 1844 bis 1883. Mühlacker 1969 (1. Auflage Odessa 1884).

Wexler, Theodor/ Popov, Mihaela (Hrsg.): Dr. Wilhelm Filderman. Un avocat al etniei sale. Un avocat al cauzei naționale a României [Dr. Wilhelm Filderman. Ein Anwalt seiner Ethnie. Ein Anwalt der nationalen Sache Rumäniens]. Bd. 1. București 2000.

Widmer, A(ndreas): Denkwürdigkeiten aus der Geschichte der deutschen Kolonien in Bessarabien. In: *Beiträge zur bessarabischen Geschichte und Kultur*, Museum und Archiv, H. 5, Stuttgart 2004, S. 6-16.

Wolff, Helmut: Ein Jahr Volksgemeinschaft der Deutschen in Rumänien unter Fritz Fabritius. Hermannstadt 1936.

Wolfrum, Gerhard (Hrsg.): Der Zug der Volksdeutschen aus Bessarabien und dem Nord-Buchenland. Berlin 1942.

Yahil, Leni: Die Shoah. Überlebenskampf und Vernichtung der europäischen Juden. München 1998.

Zach, Cornelius R.: König Carol II. und Deutschland. Einige Bemerkungen am Rande seiner Tagebuch-Aufzeichnungen. In: Zach, Krista/ Zach, Cornelius R.

(Hrsg.): Modernisierung auf Raten in Rumänien. Anspruch, Umsetzung, Wirkung. München 2004, S. 107-121.

Zach, Krista: Die Juden Rumäniens zwischen Assimilation und Auswanderung. In: Hösch, Edgar/ Seewann, Gerhard (Hrsg.): Aspekte ethnischer Identität. München 1991, S. 257-286.

Zeiler, Rudolf: Der Landfresser. In: Friedrich Fiechtner (Hrsg.): Heimat in der Steppe. Stuttgart 1964, S. 121-131.

Zernack, Klaus: Polen und Russland. Zwei Wege in die europäische Geschichte. Berlin 1994.

Ziebart, Alfred: Arzis, Bessarabien. Blick auf 150 Jahre Kolonistenleben und -schicksal 1816-1966. Ludwigsburg 1966.

Mehrsprachige Ortsbezeichnungen

Deutsch	Russisch (vor 1917)	Rumänisch (nach 1918)	Ukrainisch (nach 1940)
Akkerman	Akkerman	Cetatea Albă	Belgorod Dnestrovskij
Alt-Elft	Fere-Champenoise I	Ferşampenauz Mare	Sadowoje
Arzis	Arciz	Arcis	
Bairamtscha	Bairamča	Bairamcea	Nikolajevka-Novorussijskaja
Belz	Belcy	Bălţi	
Bender	Bendery	Tighina	
Beresina	Berezino	Berezina	Berezino
Borodino			
Brienne	(zu Arciz)	Brieni	
Budschak	Budžak	Bugeac	
Chotin	Chotin	Hotin	
Emmental		Emental	Pervomaisk
Friedenstal	Friedenstal		Mirnopolije
Gnadental	Gnadental		Dolinovka
Ismail	Izmail	Ismail	
Kalarasch	Kalaraš	Călăraş	
Kischinew, (Kischineff)	Kišinev	Chişinău	
Klöstitz		Cleaşiţa	Veselaja Dolina
Krasna	Krasnoe	Crasna	
Kulm	Kulm	Culmea	Podgornoe
Leipzig	Leipzig		Serpnevoe
	Lipkany	Lipcani	
	Novoselicy		
	Rybnica	Răbniţa	
Sarata		Sărata	
Schabo	Šabo	Şaba	
Soroka	Soroki	Soroca	
Tarutino			
Tatar Bunar	Tatar Bunar	Tătăreşti	Tatarbunary
Teplitz	Teplic	Topliţa	
Tiraspol	Tiraspol'		
Wolontirowka	Volontirovka	Volontiri	

Personenregister

Alexander I. (Zar von Russland) 19, 20, 21

Alexander II. (Zar) 29, 30, 32, 38, 39

Alexander III. (Zar) 33, 39

Alexandri, Nicolae 54, 57, 78, 103, 106

Alistar, Elena 54

Almendinger, Philipp 76, 79

Altman, Moise 121

Andrei, Petre 181

Angelescu, Constantin 147, 152

Antonescu, Ion (General, Marschall) 12, 111, 182, 184, 185, 186, 187, 202

Arbore, Ecaterina 95, 96

Arbore-Ralli, Zamfir 50, 52, 53, 95

Averescu, Alexandru (General) 73, 116, 142, 148

Babel, Antony 95

Babici, Elena 129

Baisch, Johann Karl 24

Balamez, Ştefan 76

Bancic, Olga 134

Barbusse, Henri 82, 93

Baumann, Immanuel (Oberpastor) 156

Baumgärtner, Richard 162, 163, 195

Behrends, Hermann 161

Berljand, Solomon 115, 132

Bernstein-Kogan, Jakob 40, 42, 48, 63, 115, 116, 117, 123

Berthelot, Henri (General) 85

Berzon, Z. 117

Bittau, Daniel 142

Block, Heinrich 106, 195

Bogos, Dimitrie 71, 200

Boldur, Alexandru V. 97

Bonfert, Alfred 157

Brandes, Detlef 15

Brandsch, Rudolf 113, 125, 150

Brătianu, Ion I. C. 84, 87, 89, 91, 113, 147, 192

Brodschi, Isaia 131, 136

Broneske, Otto 15, 147, 149, 155, 156, 157, 158, 159, 160, 162, 164, 169, 172, 192, 193, 196

Broşteanu, Ernest (General) 69, 70, 71

Buciuşcan, Gavril 79

Călinescu, Armand 111, 164

Carol I. (König von Rumänien) 51

Carol II. (König von Rumänien) 98, 111, 112, 136, 138

Cateli, Emanoil 59, 61, 62, 70

Cazacliu, Grigore 95, 129, 135

Cazacu, Petre 52, 58, 102

Ceauşescu, Nicolae 13

Čičerin, Georgij V. 89

Čičiagov, Serafim (Metropolit) 47

Ciobanu, Ştefan 59, 106, 135

Ciugureanu, Daniel 54, 70, 72, 74, 79, 102, 103

Ciumacenco, Procop 71, 72

Codreanu, Corneliu Zelea 97, 98,

Dokumentarischer Anhang

Deutsches Konsulat
Czernowitz
Czernäuti

Durchschlag gegeben am _____

Czernowitz, den 20. April 1933.

J.Nr.106

Aus. Amt VI A 874
Eing. 2. MAI 1933

1 Anl
4 Abschr.

halt: Undeutsches Verhalten des
utschen Kulturvereins und der
angelischen Gemeinde in Kischineff.

4 Durchschläge
1 Anlage fünffach

In der Anlage beehre ich mich Abschrift eines Berichts des Vizekonsuls Hirsch zu übersenden. Es geht daraus hervor, dass der Deutsche Dr. Kurtz sich als Vizepräsident der Ärztekammer dem von dieser beschlossenen Boykott deutscher Medikamente
nicht widersetzt hat, und dass der Deutsche Kulturverein und die
deutsche evangelische Gemeinde in Kischineff, deren Vorsitzender
Dr. Kurtz ist, sein Verhalten mit überwiegender Mehrheit gebil-
ligt haben.

Es ist mir unerklärlich, wie diese Stellungnahme
möglich war. Es können nur rein opportunistische Erwägungen dazu
geführt haben. Die Deutschen bilden in Kischineff eine ganz ver-
schwindende Minorität, man hat anscheinend befürchtet, durch ein
Auftreten gegen die Juden sich wirtschaftlich zu schädigen. Damit
will ich keineswegs die Gesinnungslosigkeit entschuldigen.

Ich habe Kischineff zweimal besucht und dabei von
den dortigen Deutschen einen guten Eindruck gewonnen, insbesondere
von den Pastor Gutkewitsch, einen Deutsch-Balten. Der Deutsche
Kulturverein in Kischineff ist in den Jahren 1929 und 1930 vom
Auswärtigen Amt mit der in Anbetracht der kleinen Zahl von Deutschen sehr erheblichen Summe von je 8000 RM unterstützt worden.

Ausserdem

Das Auswärtige Amt

B e r l i n
============

248

Ausserdem erhält er fortgesetzt eine Anzahl deutscher Zeitschriften unentgeltlich. Erst vor kurzem habe ich mich mit einem an die Gesandtschaft in Bukarest erstatteten Bericht von 28.XI.1932-D.3 dafür eingesetzt, dass diese Zeitschriften weiter geliefert werden. Ob der Kulturverein und die evangelische Gemeinde auch noch von anderen Stellen in Deutschland unterstützt werden, entzieht sich meiner Kenntnis. Ich darf aber gehorsamst anheimstellen, den V.D. und den Evangelischen Kirchenausschuss von dem Inhalt dieses Berichts Kenntnis zu geben.

Die Gesandtschaft in Bukarest hat Abschrift des Berichts erhalten.

Die Hetz-und Greuelpropaganda hier in Kischineff hatte
Ende des Monats fast nachgelassen. Als ich jedoch von einer
fünftägigen Reise nach Bukarest nachts hier zurückkam, sagte man
mir schon auf dem Heimwege, dass das Boykottabwehrkomité unter
Führung des Rabbiners Dr. Izirelson hier schärfer vorginge und
die Kaufleute terrorisiere.

Leider habe ich auch erfahren müssen, dass sich der hie-
sige Ärzteverein dem Boykott angeschlossen hat. Der Vizepräsident
dieser Organisation, Dr. Kurtz, ist gleichzeitig Vorsitzender des
Deutschen Kulturvereins und der deutschen evangelischen Kirchengemeinde. Trotsdem soll er gegen den Beschluss nicht protestiert
und nicht einmal darauf hingewiesen haben, dass die Statuten des
Ärztevereines die Beschäftigung mit politischen Fragen nicht zu-
lasse.

Am nächsten Morgen habe ich Herrn Dr. Wohlgemuth
(Deutscher) gesprochen, der mir auf meine Frage erklärte, er sei
nicht auf der Versammlung gewesen, aber er habe, dabei zeigte er
auf seine Tasche, Beweise, dass es für Dr. Kurtz nichts anderes
gebe, als entweder seinen Posten als Vizepräsident im Ärzteverein
niederzulegen oder aber seine beiden Vorstandsämter in den deutschen Gemeinde-Vereinigungen. Am nächsten Tage war ich bei Herrn
Pastor Gutkewitsch, der jedoch nach meiner Darstellung in der Haltung des Dr. Kurtz nichts Schlechtes sah, trotsdem ich ihn versi-
cherte, dass Dr. Kurtz nicht im Ärzteverein wegen des Boykotts
protestiert habe. Mein anschliessender Besuch bei Herrn Dr. Flex-
ner, dem Ehrenvorsitzenden der Gemeinde, ergab das gleiche Resul-
tat,

tat, ja er sagte, er hätte in gleicher Weise gehandelt wie Dr.Kurtz,
also auch nicht protestiert. Hierauf habe ich Herrn Pastor Gutkewitsch
wieder aufgesucht und dort in Beisein von Herrn Dr. Flenner verlangt,
dass Dr. Kurtz wegen seiner Haltung seine beiden Vorstandsposten bei
uns niederlege. Weder Herr Pastor Gutkewitsch noch Herr Dr. Flenner
haben dies eingesehen, und sie sagten, sie müssten den Fall erst untersuchen und könnten höchstens Letzteren bitten, Herrn Dr. Kurtz zu veranlassen, von sich aus eine Vorstandssitzung einzuberufen, die, wenn
meine Angaben auf Wahrheit beruhen, beschliessen müssten, was zu tun
sei. In der Zwischenzeit hat man versucht die Sache zu vertuschen und
hat Herrn Dr. Wohlgemuth und Herrn Dr. Schoepf beauftragt, sich zu dem
Präsidenten des Ärztevereins, Herrn Dr. Duvan, einen Freund von Herrn
Dr. Kurtz, zu begeben und Einsichtnahme in die Protokolle des Ärztevereins zu nehmen. Diese beiden Herren haben dies auch getan und die Einsichtnahme in einem Protokoll niedergelegt, dass die Unterschriften der
Herren Dr. Duvan, Dr. Wohlgemuth und Dr. Schoepf getragen hat. Da aus
dem Protokoll hervorging, dass entgegen der mir gemachten Erklärung, der
Vorwurf, Dr. Kurtz habe in der Vorstandssitzung des Ärztevereins keinen
Protest abgegeben, gerechtfertigt war, wurde geäussert:„ Um Gotteswillen
jetzt hat ja Konsul Hirsch Recht, der darf keinesfalls Recht behalten,
wir können nicht verhandeln und die Sitzung einberufen". Hierauf hat man
versucht, die Herren zu veranlassen, die Sache totzuschweigen. Herr Dr.
Wohlgemuth hat auf die Einwirkungen der Herren Pastor Gutkewitsch und
Dr. Flenner wohl seine Unterschrift auf diesem Tatbestandsprotokoll wieder ausgestrichen und mir gesagt:„ Wenn ich gewusst hätte, was in dem
offiziellen Protokoll steht, wäre ich nicht hingegangen". Herr Dr.
Schoepf liess sich jedoch nicht beugen und beeinflussen, sondern verlangte ein Ehrengericht über Dr. Kurtz unter Beisein aller Mitglieder
beider

beider Vereinigungen. Hierauf hat man mir einen Brief geschrieben vom
11.4. datiert, dass für den 12.4. abends eine Sitzung beider Vorstände
einberufen sei, in der ich meine Anschuldigungen vorbringen könne, man
werde dann untersuchen, was Wahres daran sei. Im letzten Satze des
Schreibens äusserte man sich, dass ich, wenn ich nicht erscheinen würde,
damit meine Anschuldigungen nicht aufrecht erhalte. Auf dieser Sitzung
habe ich den Herren, die anwesend waren

Pastor Gutkewitsch	Toll
Dr. Flenner	Rönnich
Dr. Kurtz	Strobel
Dr. Schoepf	Suchomlinoff
Schönstein	Cywinsky
Broneske	Frau Schönstein
Bielmayer	Frau Strobel

meinen Standpunkt wiederholt und verlangt, dass Dr. Kurtz aus seinen
Verhalten die Konsequenzen ziehen müsse, oder die Versammlung müsse
sich äussern unter namentlicher Abstimmung. Den Inhalt des Dr. Kurtz
belastenden Protokolls hat man mir auf dieser Sitzung verschwiegen, und
mir gegenüber hat Dr. Kurtz noch versucht, einen Einwand glaubhaft zu
machen, den er auf der Vorstandssitzung des Ärztevereins gemacht habe,
und zwar will er gesagt haben , man solle, wenn man schon den Boykott
beschliesst, nicht jeden einzelnen Arzt streng verpflichten, ihn einzu-
halten, sondern es jedem, je nach dem Zustand des Kranken überlassen,
deutsche Heilmittel zu verschreiben. Dieser Einwand scheint mir aber nur
erfunden worden zu sein, um eben Dr. Kurtz zu helfen. In den Protokollen
ist er nicht enthalten. Hierauf habe ich von Herrn Dr. Schoepf erfahren,
dass Dr. Poleff behaupte, Dr. Kurtz habe auch diesen Einwand nicht gebracht, ein Besuch bei Herrn Dr. Poleff, der in München studiert hat,
ergab die Richtigkeit dieser Mitteilung, und Dr. Poleff ist auch gern
bereit, dies schriftlich zu bestätigen, da er keine Angst habe vor den
Juden

Juden, denn er verstehe seine Praxis und fürchte die Juden nicht. Im weiteren Verlaufe der Versammlung habe ich den Aufruf des Bundes der Auslandsdeutschen, den Herr Dr. Flenner als Ehrenmitglied angehört, wie folgt vorgelesen:

„ Verantwortungslose Elemente haben mit Hilfe eines Teiles der Presse fast aller Länder eine beispiellose Lügenpropaganda gegen das neue Deutschland und seine Regierung eingeleitet, um auf diesem Wege über das Ausland der Reichsregierung und ihrem Werke der nationalen Einigung und des Wiederaufbaues in den Rücken zu fallen. Pflicht eines jeden Deutschen im Auslande ist es, dieser verbrecherischen Hetze, die in einzelnen Ländern sogar zu Ansätzen einer Propaganda für den Boykott deutscher Waren geführt hat, aufklärend entgegenzutreten und das verleumderische Treiben der Drahtzieher dieser Bewegung in schärfster Weise zu brandmarken."

Ferner habe ich den Anwesenden den Aufruf der deutschen Ärzte in Rumänien vorgelesen:

„ Der Hauptausschuss der siebenbürgisch-deutschen Ärzteschaft in Rumänien hat als berufene Vertretung der deutschen Ärzteschaft in Rumänien mit grossem Bedauern zur Kenntnis genommen, dass die jüdischen Ärzte Rumäniens eine organisierte Propaganda gegen deutsche Heilmittel eingeleitet haben. Er hat beschlossen, bei den zuständigen Behörden und in der Presse dagegen feierlich zu protestieren. Seiner Überzeugung nach steht es in Widerspruch mit der ärztlichen Ethik leidende Menschen zum Objekt politischer Leidenschaften zu machen un irgendwelche Heilmittel aus solchen Gründen zu boykottieren, insbesondere aber die deutschen Heilmittel, unter denen solche sind, die nicht ersetzt werden können.

   Hermannstadt, den 31.3.1933 ges. Dr.Adolf Eitel,Vorsitzender
                  Dr.Egon Gundhart,Hauptsekretär

hierauf hat Dr. Flenner erwidert, das könne für uns nicht in Betracht. In Deutschland seien ebenso wie in Transylvanien andere Verhältnisse. Man hat mich hierauf gnädigst entlassen und es ist dann unter einem einzigen Protest des Herrn Dr. Schoepf, der seinen Austritt aus dem Kirchenrat und

und Kulturverein schriftlich unter Protest erklärt hat, beschlossen
worden, Herrn Dr. Kurtz das Vertrauen auszusprechen und zwar ohne eine
Gegenstimme, also einstimmig, nachdem Dr. Schoepf unter Protest die
Versammlung verlassen hatte, nach grossem Zank.

Ich habe heute morgens 10 Uhr Herrn Pastor Gutkewitsch persönlich einen Brief eingehändigt (Beilage) und erwarte die beiden Protokolle, welche ich dann einsenden werde. Auch heute habe ich mit Herrn
Pastor eine fruchtlose heftige Auseinandersetzung gehabt, in der er darauf pocht, dass Dr. Kurtz als Vorsitzender beider Vereine unbedingt
bleiben werde. Hierbei muss noch erwähnt werden, dass in letzter Zeit
ausser mir noch mehrere Mitglieder aus dem Kirchenrate ausgetreten sind,
und dass sich ein grosser Teil der Kischineffer Deutschen schon seit
Monaten von dem Verein ferngehalten hat, da sie mit der selbstherrlichen
Haltung des Vorstandes nicht einverstanden sind, und weil jeder Einspruch sofort als persönliche Beleidigung aufgefasst wird. Dr. Wohlgemuth hat mir heute bestätigt, dass es ihn anekelt, wie man diese Sachen
verdrehe und immer persönlich behandele.

gez. Hirsch

Karte Bessarabiens

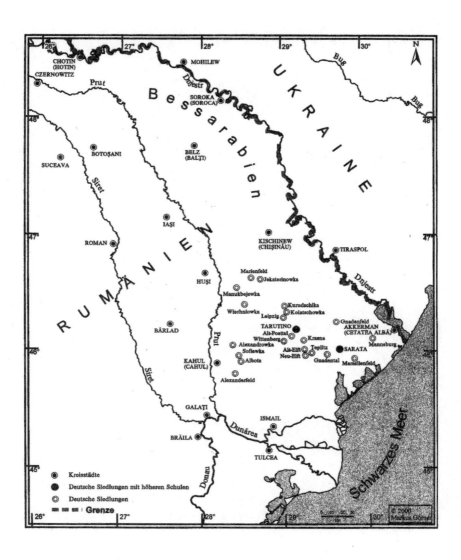

Aus dem Band von Luminița Fassel: *Das deutsche Schulwesen in Bessa-rabien (1812-1940). Eine komparativ-historische und sozio-kulturelle Untersuchung.* München 2000.